W0389240

C.Bertelsmann

Jürgen Todenhöfer

# Und folgt dir keiner, geh allein

Geschichte eines Lebens

C.Bertelsmann

Die im vorliegenden Buch geschilderten Ereignisse sind zum Teil schon in früheren Büchern des Autors beschrieben, in dieser Autobiografie aber einer Neubewertung unterzogen worden.

MIX
Papier | Fördert gute Waldnutzung
FSC® C014496

Penguin Random House Verlagsgruppe FSC® N001967

1. Auflage

in der Penguin Random House Verlagsgruppe GmbH,
Neumarkter Str. 28, 81673 München
produktsicherheit@penguinrandomhouse.de
(Vorstehende Angaben sind zugleich
Pflichtinformationen nach GPSR)

Umschlaggestaltung: Büro Jorge Schmidt, München
Umschlagabbildung: © Sabrina Feige
Satz: Uhl + Massopust, Aalen
Druck und Bindung: GGP Media GmbH, Pößneck
Printed in Germany
ISBN 978-3-570-10548-1

www.cbertelsmann.de

# Inhalt

**Und folgt dir keiner, geh allein! 13**
*Warum ich tue, was ich tue 13 · Meine Suche nach der Wahrheit 16 · Was habe ich erreicht? 20*

**1. Kapitel**
**Wegen afghanischen Kindern den Bundestagswahlkampf abbrechen? 23**
*Unser humanistisches Manifest – und was es konkret auch von mir verlangte 24 · Von Kabul nach Dar-ul-Omeid 28 · Wie sich die deutsche Regierung um gefährdete afghanische »Ortskräfte« kümmerte 30 · Wajeds Geschichte 32 · Plötzlich ist Deutschland wieder weit weg 34 · Treffen mit den Taliban 35 · Das Gezerre mit der deutschen Regierung 38 · Überraschende Gespräche mit den Taliban über die Stellung der Frau in der afghanischen Gesellschaft 40 · Der malerische Mandai-Markt 42 · Der sechstausendvierhundert Kilometer entfernte deutsche Wahlkampf 43 · Die gute Nachricht 44 · Mission erfüllt? 45*

**2. Kapitel**
**Don Quijote oder Lancelot? 46**
*Die Zerstörung Hanaus 47 · Warum ich mich als Vierjähriger vor amerikanische Panzer legte 49 · Mein Vater – Mitläufer oder Held? 50*

**3. Kapitel**
**Algerien: als Zwanzigjähriger im Krieg 54**
*Frankreichs Kolonialismus 56 · Die Kasbah, das No-go-Viertel Algiers 57 · Die bewusste Demütigung der Opfer 60 · Bomben*

*auf Bizerta 61 · Wenn auch »Opfer« lynchen wollen 63 · Gibt es sympathische Kriegsverbrecher? 66 · Was kann ein Einundzwanzigjähriger gegen die Ungerechtigkeit der Welt tun? 68*

**4. Kapitel**
**Kleine Träume, große Träume 70**
*Reiten 71 · Fliegen 72 · Fallschirmspringen 74*

**5. Kapitel**
**Die Macht des Schicksals 75**
*Mein Bruder Joachim wäre so gerne Berufssoldat geworden 76 · Mein Vater wird Senatspräsident 77 · Was man nie wiedergutmachen kann 79 · Darf man zu Rassismus schweigen? 80*

**6. Kapitel**
**Die Jobsuche – wenn keiner auf dich wartet 83**
*Vom Reiseleiter zum Ehren-Girlscout 84 · Begegnung mit den Berühmtheiten der CDU 85 · Erste Treffen mit Helmut Kohl 87 · Intermezzo als Staatsrechtslehrer in Freiburg 88 · Strafrichter Jürgen Todenhöfer 90 · Audiatur et altera pars 92 · Der Bundestagskandidat 94 · War ich ein braun gebrannter Playboy? 95 · Manchmal kann Wahlkampf richtig gefährlich sein 96*

**7. Kapitel**
**Als Skiakrobat im Bundestag 100**
*Kohls zorniger Anruf 102 · Die ersten Debatten, das Interesse der Medien 102 · Träumer oder bunter Hund? 104 · Sepp Herberger und der Respekt 105*

**8. Kapitel**
**Die ersten Reisen in Kriegsgebiete 106**
*Das Massaker von Wiriyamu 107 · Der Ölboykott der OPEC und die Reise zu König Faisal 110 · Die Bitte von Strauß um »Abstimmung« 112*

**9. Kapitel**
**Das Treffen mit Chiles Diktator Pinochet 113**
*Ostertage bei Pinochet 115 · Der Aufschrei in Deutschland 117*

**10. Kapitel**
**Reisen, Reisen, Reisen 120**
*»Entwicklungshilfe« für Guerillas? 120 · Plötzlich hatte ich wieder viele Feinde 122 · Der Zuspruch Peter Scholl-Latours 124 · Reisen in der Holzklasse 125 · Mein Treffen mit Indira Gandhi 127 · Somalia – Warten auf einen Diktator 128 · Fidel oder Ramón Castro? 130 · Vietnam und der nie eingetretene Dominoeffekt 132 · Die Opiumkriege des Westens gegen China 133*

**11. Kapitel**
**Wachsende Distanz zu Kohl 135**
*Darf man einen Parteivorsitzenden kritisieren? 138 · Wie erobert man einen neuen Wahlkreis, wenn der Bundesparteivorsitzende das nicht will? 140 · Wenn die große Liebe der letzte Verbündete ist 141 · Tag der Entscheidung 143 · Wie macht man jemanden zum Kanzlerkandidaten, der das gar nicht will? 145*

**12. Kapitel**
**Zu Fuß in das von den Sowjets überfallene Afghanistan 149**
*»Auspeitschen und erschießen«: Die Reaktion der sowjetischen Führung 154 · Treffen mit dem »Marschall der Sowjetunion« 155 · Abdul – Symbol des Leidens eines Volkes 156*

**13. Kapitel**
**Triumph in Tübingen – Absturz in Bonn 160**
*Kohls Revanche 161 · Kohls konstruktives Misstrauensvotum 163 · Mein »Comeback« 164 · Ist die nukleare Zielplanung in Ost und West völkerrechtswidrig? 166 · Mein Alleingang bei chemischen Waffen 167 · Die Entscheidung über die Stationierung von Atomraketen 169*

**14. Kapitel**

**Hubert Burda: »Werde mein Stellvertreter!« 170**

*Verabschiedung von Kohl 172 · Der Stellvertreter 173 · Papa, wo wohnst du? 175 · BKA-Personenschützer 176 · Trennung von meinen politischen Mandaten? 178 · Osterferien eines Firmenvorstands im Hindukusch 180*

**15. Kapitel**

**Der Traum von der Wiedervereinigung 183**

*Wollte Kohl die Wiedervereinigung? 184 · Die friedliche Revolution 185 · Bonns Zögern 186 · Wenn man einen Kanzler zu seinem Glück drängen muss 187 · »Kanzler der Einheit« 188 · Mein »Beitrag« zur Wiedervereinigung 189*

**16. Kapitel**

**Hatte ich auch ein Privatleben? 191**

*Die Zeit mit meinen Kindern 193 · Die Wiederentdeckung des Fußballspielens 194 · Bergsteigen 196 · Meine Gitarre, meine Lieder 200 · Meine alte Freiburger Mansarde 201 · Der Tod wollte mich nie 203 · Intermezzo Merkel 204 · Jahre des Aufbaus, Jahre des Glücks 205 · Meine Hinterhofwohnung: wo einst die Synagoge stand 206 · Und immer wieder Bücher schreiben 207 · Nie erwachsen werden? 208*

**17. Kapitel**

**Die Welt nach 9/11 209**

*Die Antwort des Westens 210 · Was tun, wenn ein Freund schlimme Fehler macht? 212 · Freddy packt an 214 · Vatis Tod 215 · Die Zerstörung des Lebens der kleinen Spoghmai 216 · Kunduz – ein deutscher Oberst schlägt zu 217 · Ursula von der Leyen und die Winterhilfe für die Opfer von Kunduz 219 · Die Kriegsverbrechen des Westens in Afghanistan 221 · Kann man den Terror auch ohne Kriege bekämpfen? 222*

**18. Kapitel**

**Irak – der Wahnsinn geht weiter 223**

*Der Anruf der verschollenen Marwa 223 · Der Irakkrieg 225 · Gab es Chancen für einen Frieden? 226 · 2002/03: Irakbesuche mit meinen Kindern 227 · Bushs Angriff auf Bagdad 229 · Richard Perle: »Es ging nie um Demokratie« 230 · Wann sind Kriege gerechtfertigt? 231 · Die Zahl meiner Gegner steigt 232*

**19. Kapitel**

**Der Kampf gegen Rassismus 234**

*Die antiislamische Motivation westlicher Kriege 234 · Die Kampagne gegen den Islam 235 · Westliche und muslimische Gewalttätigkeit 237 · Sind Muslime antisemitisch? 238 · Der Koran 239*

**20. Kapitel**

**Die Freude des Schenkens 241**

*Die Pflicht, sein Glück zu teilen 243 · Über die Unwichtigkeit von Beifall und Kritik 245 · Warum man Hunden nicht die Überwachung einer Wursttheke übertragen sollte 246*

**21. Kapitel**

**Beim irakischen Widerstand in Ramadi 248**

*In einer irakischen Familie 249 · Zaids Geschichte 251 · Spätfolgen eines Buches 255 · Die Karawane durch die Sahara 256*

**22. Kapitel**

**Aus heiterem Himmel: die Arabische Revolution 258**

*Wer stand hinter der Arabischen Revolution? 260 · Libyen – der Tod eines Freundes 261 · Beschießung in der Wüste 264 · Der Angriff 265*

**23. Kapitel**

**Die syrische Tragödie 269**

*Die Morde von Daraa 271 · Empörung in Deutschland 274 · Einreiseverbot in Damaskus 275 · Bei den Rebellen von Homs 276 · Schlächter, Hamlet oder beides? 278 · »Stellen Sie sich an die*

*Spitze der Demokratiebewegung!« 280 · Mein erstes TV-Interview als Interviewer 281 · Protest von allen Seiten 283 · Die Brutalität des Syrienkriegs 284 · Was tun? 286 · Vermittlung für das Weiße Haus? 286 · Wieder bei Assad 287 · Die Reaktion eines israelischen Freundes 288 · Reaktion des Weißen Hauses 289 · Angela Merkel und Syrien 290 · Assads Angebot an Merkel 291 · Die Stärkung des Terrorismus – eine bewusste Entscheidung der USA? 294 · Krieg gegen das eigene Volk 295 · Habe ich bei den Recherchen Fehler gemacht? 296 · Todesstraße nach Aleppo 298 · Die verschwiegene Tragödie von West-Aleppo 299 · Die Prothesen des Pater Suleiman 300 · Der Blitzsieg der Rebellen aus Idlib 301*

**24. Kapitel**
**Gaza 303**

*Gaza – traurig und doch schön 306 · 2014: »Rasenmähen« – Krieg in Gaza 307 · Die Nächte von Gaza 308 · Das Schifa-Krankenhaus 309 · Die Empörung der Lobbyisten 310 · Bin ich Israelhasser und Antisemit? 312 · Knoblochs »Erfolge« 313 · Das ganz und gar nicht gefakte Foto aus Gaza 315 · Ein Fußballplatz für Gaza 317 · Meine Kritik an der Hamas 319 · Die Hamas und Gandhi 320 · Meine »Gandhi-Demo« 321 · Warum ich dennoch beschossen wurde 322 · Die Entschuldigung der israelischen Regierung 326 · Und wieder Krieg in Gaza 327 · Besuch in Kriegszeiten: Israel und das Westjordanland 332 · Israel, ein tief verwundetes Land 334 · Huthi-Raketen gegen Israel 336 · Gibt es Lösungen im Palästinakonflikt? 338*

**25. Kapitel**
**Im »Islamischen Staat« 340**

*Waren die Gefahren zu groß? 341 · Die Reise durch den »Islamischen Staat« 343 · Was trieb diese Leute an? 345 · »Einmal im Leben etwas Großes wagen« 345 · Die wachsende Aggression 347 · Die Diskussion über eine Hinrichtung 348 · Der Größenwahn des IS 350 · Die Rückkehr 350 · Zurück in Deutschland 351 · Die Welt schlägt zurück und der Bundestag »biegt sich das Grundgesetz zurecht« 353 ·*

*Vor-Ort-Recherche in Mosul 354 · Mit der »Golden Division« an der Front 355 · Wenn die Bergung von Raketen wichtiger ist als die Bergung von Menschen 357 · Die Opferzahlen von Mosul 358 · Ist der IS besiegt? 359 · Was aus unserem IS-Begleitkommando wurde 360*

**26. Kapitel**
**Vergessene Völker, vergessene Gewalt 361**
*Kein Visum für Myanmar 362 · Grenzzaun nach Myanmar 364 · Krankenhaus des Schreckens 366 · Was hatte ich erreicht? 367 · Traumland Jemen 368 · Der lange Weg ins Land der Huthi 369 · Im Bummelbus durch ein Bürgerkriegsland 371 · Im Land der Huthi 372 · Bomben auf Sanaa 374 · Iranische Waffen für die Huthi? 375 · An der Front 376 · Die verhungernden Kinder von Sanaa 378 · Die Rückreise 379 · Drahtzieher Saudi-Arabien 380 · Geheimnisumwitterter Prinz Turki ibn Faisal 381 · Im saudischen Untergrund 382 · Von Riad nach Teheran 384*

**27. Kapitel**
**Gehasster und geliebter Iran 385**
*Was ist Wahrheit, was Vorurteil? 387 · Bierzelt-Thesen über den Iran 389 · Ahmadinedschad und Israel 389 · Meine Rede an der iranischen Diplomatenschule 391 · Gespräche mit schiitischen Geistlichen 393 · Kontaktvermittlung zu den USA? 394 · Das iranische Angebot 395 · Der späte »Erfolg« 397 · Der Iran wird reaktionärer 398 · Der Tod von Mahsa Amini 400 · Wie sich der Schwerpunkt meiner Reise verschob 402 · Teheran, die Zehnte 403 · Plädoyer für Nasrin Sotudeh 406 · Was war wichtiger: Protest gegen das System oder Einsatz für eine Bürgerrechtlerin? 408 · Unterwegs in Teheran 410 · Angst 411*

**28. Kapitel**
**Kindersklaverei im Kongo – der Preis des westlichen Lebensstils 412**
*Der Krieg um Kobalt und Coltan 413 · Die halsbrecherische Fahrt ins Bergdorf Numbi 414 · Die vierzehnjärige Zipora und die fünfzehn-*

*jährige Chance 415 · Die Verantwortung der Rohstoffprofiteure 417 · Hatte auch ich eine Verantwortung? 418*

**29. Kapitel**
**Russland–Ukraine: noch so ein irrer Krieg? 420**
*David stoppt Goliath 421 · »Eine Playstation 5!« – der Traum des kleinen Wowa 422 · Der Kampf um die Vororte 423 · Die Jagd auf Kollaborateure 423 · Rückblende: Maidan – Krim 425 · Deutschlands Verhältnis zu Russland 427 · Die Antwort des Westens: Ausdehnung der NATO 428 · Meine fünf Tage in Moskau 429 · Die Studentinnen von Moskau 430 · Gedanken auf dem Nachhauseweg: Waren Verhandlungen nicht doch möglich? 431 · Kritik in Deutschland 433 · Was hätten Brandt, Schmidt und Kohl getan? 433 · Gebrochene Versprechen 434 · Moral oder Geostrategie? 435 · Rückblende: Abendessen mit Gorbatschow 436*

**30. Kapitel**
**Warum um Himmels willen gründet ein vernunftbegabter Mensch eine Partei? 437**
*Merkels Ja zu Kriegen 439 · »Herr Todenhöfer, gründen Sie eine neue Partei!« 440 · Wahlkampf in Zeiten von Corona 442 · Die eigenen Taschen füllen oder leeren? 444 · Begeisterung auf den Straßen 446 · Der Wahlabend in Kabul 447 · Warum ich letztlich der Hauptschuldige an dieser Niederlage war 448 · Was ich daraus lernte 449*

**Gedanken über den Tod 451**

Personenregister 453

Bildnachweis 461

# Und folgt dir keiner, geh allein!

Wer konsequent für die Wahrheit eintritt, ist oft allein. Unbequeme Wahrheiten haben keine Mehrheiten hinter sich. Ich war in meinem Leben viel allein. Manchmal dachte ich dann an Mahatma Gandhi, den großen Kämpfer für Frieden und Gewaltlosigkeit. Jahrelang wurde er verhöhnt, verspottet. In den Stunden totaler Einsamkeit sang er ein altes indisches Volkslied, das, frei übersetzt und gekürzt, lautet:

Fürchte die Einsamkeit nicht, wenn du die Wahrheit kennst! Geh allein! Gib nicht auf, wenn niemand deine Meinung achtet!

Auf deinem Weg wird es Stürme und Hindernisse geben. Halte an deinem Glauben fest. Eines Tages werden sie auf dich hören und deinen Ratschlägen folgen.

## *Warum ich tue, was ich tue*

Das werde ich seit Jahrzehnten gefragt. Vor allem, wenn ich wieder einmal den Mainstream, die Diktatur der herrschenden Meinung, gegen mich habe. Und deshalb ausgelacht, beschimpft und manchmal auch ausgegrenzt werde. Merke ich denn nicht, dass ich mir damit vieles verbaue? Dass mein ganzes politisches Leben anders verlaufen wäre, wenn ich häufiger zu politischen Fehlentwicklungen geschwiegen hätte? Oder war ich wirklich ein unbelehrbarer, eitel-naiver Besserwisser, ein Israelfeind, ein Terroristen- und Diktatorenfreund, ein »Gutmensch« oder ein Populist? Konnte ich mich nicht wenigstens ab und zu taktisch klüger verhalten?

Musste ich wirklich – zusammen mit einem jungen Palästinenser – Strafanzeige gegen die deutsche Bundesregierung erstatten, als diese im Gazakrieg Waffen für den längst völkerrechtswidrigen Krieg Israels lieferte? Machte ich mich durch derartige Aktionen nicht automatisch zu einem Außenseiter, dem Anhänger des Mainstreams öffentlich gar nicht zustimmen konnten? Selbst dann nicht, wenn sie ähnlich dachten wie ich? Machte ich es meinen Freunden und Anhängern nicht verdammt schwer?

Warum setze ich mich überhaupt so heftig gegen Kriege und Waffenlieferungen ein, selbst wenn die herrschende Meinung des Westens wieder einmal erklärt, wenigstens dieses eine Mal noch müsse ein Krieg ausnahmsweise sein! Werde ich von fremden Mächten finanziert? Warum trete ich gegen den wachsenden islamophoben Rassismus selbst dann ein, wenn ein junger Migrant gerade wieder einmal eine besonders widerliche Gewalttat begangen hat? Bin ich heimlich zum Islam konvertiert?

Warum verschenkte ich den größten Teil meines Vermögens an vereinsamte alte Menschen, an Schwerstkranke oder an Kriegsopfer im Mittleren Osten und auch in Afrika? War das möglicherweise einfach ein geniales Finanzmodell? »Was ist Ihr steuerlicher Trick?«, fragte mich ein wohlmeinender Journalist. »Rechnet sich das?« Manche Gegner sprechen verschwörerisch vom »Modell Todenhöfer«, wenn sie erfahren, dass ich auch das Honorar meiner Bücher an Menschen in Not spende. Sie denken, ich würde durch das Verschenken meines Einkommens und meines Vermögens reich. Doch inzwischen besitze ich keine fünf Prozent mehr von dem, was ich einst besaß. Weil ich viel mehr verschenkt habe, als man in den Augen unserer Finanzbehörden verschenken sollte. Warum mache ich das alles? Warum lasse ich mich für all das auch noch öffentlich beschimpfen? Warum riskiere ich dafür immer wieder sogar mein Leben? Etwa in den achtziger Jahren gegenüber den sowjetischen Besatzern in Afghanistan. Bis heute erinnert mich der Splitter einer Kalaschnikowpatrone im linken Knie an die Beschießung in den Bergen des Hindukusch. Ähnliches passierte mir auch durch befreundete westliche Staaten. 2019 schossen mir im Gazastreifen israelische Sicherheitskräfte mit einem Hartplastikgeschoss in den Rücken, als ich dort gewaltfrei und respektvoll für ein besseres Miteinander von Israelis und Palästinensern demonstrierte. Für die goldene Regel westlicher, östlicher und auch israelischer Ethik, andere Menschen so zu behandeln, wie man selbst behandelt werden will. Drei schwere Schulteroperationen hat mir diese Beschießung durch israelische Scharfschützen eingebracht. Schulterschmerzen bis an mein Lebensende. Zwei Fälle von mehreren. Ich stand auf den Todeslisten der RAF und stehe auf der Abschussliste des IS.

Warum mache ich das? Warum dulde ich, dass mich – wegen meines Eintretens für Diplomatie statt Krieg und für Respekt statt Rassismus – eine mächtige Zeitung wie die *Bild* als »proislamistisch und antisemitisch mit Vorliebe für Diktatoren und Massenmörder« bezeichnete? Warum wehre ich mich nicht einmal juristisch gegen derartige Verleumdungen? Warum nehme ich schweigend hin, dass eines Morgens vor der von mir gegründeten Stiftung »Sternenstaub« ein Galgen hing, an dem ich offenbar hängen sollte. Dass mir Menschen seit Jahrzehnten Sätze schreiben wie: »Ich stech' dich ab, du Dreckschwein!« Und: »Tod dem Höfer!« Dass zeitweise sogar meine Kinder von der Polizei geschützt werden mussten? Warum? Habe ich darauf wirklich eine überzeugende Antwort?

Wahrscheinlich hat mich der frühe Tod meines Bruders zum Nachdenken darüber gebracht, wie ich mein weiteres Leben sinnvoll gestalten sollte, ja, musste. Mein Bruder war bei seinem Freitod zweiundzwanzig, ich fünfundzwanzig Jahre alt. Bis dahin hatte ich das Leben mit vollen Zügen genossen und nichts ausgelassen. Hätte ich weiter so gelebt, säße ich heute vielleicht als Junkie in irgendeinem Park Münchens. Ich spürte damals, dass es nicht so weitergehen konnte.

Bei meiner grundsätzlichen, fast philosophischen Ablehnung von Kriegen spielte vieles eine Rolle. Dass ich die Schrecken der Bombennächte des Zweiten Weltkriegs noch sehr konkret miterlebt hatte. Dass ich später erfahren hatte, was Deutsche und andere Europäer in jener Zeit den Juden angetan hatten. Als Zwanzigjähriger hatte ich dann in Algerien und im tunesischen Bizerta hautnah erlebt, wie verächtlich europäische Kolonialisten die arabische Bevölkerung behandelten. War ich nicht auch ein Teil dieser westlichen Zivilisation, die weltweit trotz ihrer angeblich humanistischen Ziele ständig gegen die einfachsten Regeln menschlichen Zusammenlebens verstieß? Musste ich als Teil dieser Zivilisation nicht irgendwie mithelfen, dass die schlimmen Dinge, von denen ich wusste und die ich erlebt hatte, nie wieder geschahen? War das nicht die Aufgabe von uns allen?

Es waren die wilden sechziger Jahre. Der Kampf um den richtigen Weg wurde damals an den Universitäten, aber auch auf den Straßen, teils mit Gewalt, ausgetragen. Wer hatte recht? Der kapitalistische Westen oder der marxistische Osten? Ich hatte, offen gesagt, keine große Ahnung. Hatten die Wortführer der linken Straßendemos eine Ahnung?

Ich wusste nur, dass ich wenig wusste.

## *Meine Suche nach der Wahrheit*

Unter dem Schock meines totalen Versagens beim Tod meines Bruders machte ich mich auf die Suche nach der Wahrheit. Und nach den sich daraus ergebenden Pflichten im Leben. Eine Suche, die ich bis heute nicht erfolgreich beenden konnte. Ich begann alle großen Philosophen zu lesen. Alle! Von Plato und Aristoteles über die großen Stoiker bis zu Kant. Meine damaligen Freundinnen und Freunde staunten. War ich nicht bis vor Kurzem ein zielloser Gammler gewesen, der nur Spaß und Vergnügen im Kopf hatte? Neben meinem Bett fanden sie plötzlich Bücher von Kant und Marx. Was war denn mit mir geschehen?

Ich las ferner alle großen Historiker, die ich in die Hände bekommen konnte. Bis heute. Ich musste herausfinden, was die Menschen früher geglaubt hatten und warum sie sich immer wieder geirrt und verirrt hatten. Warum waren selbst größte Zivilisationen untergegangen? Was sagte und dachte dazu der Römer Tacitus oder der Brite und US-Bürger Niall Ferguson? Was der Israeli Yuval Noah Harari, dessen Bücher ich verschlang? »Spinnt« Harari wirklich ein bisschen, wie mir Wolfgang Schäuble, der ihn auch mit Genuss gelesen hatte, schmunzelnd sagte?

Die nie endende Suche nach der Wahrheit war – neben meiner großen Neugier und auch einer Abenteuerlust – die Hauptmotivation meiner vielen Reisen. Ich fuhr nicht nur in den Mittleren Osten, sondern auch kreuz und quer durch Lateinamerika und Asien. Nach Kuba, Vietnam, China. Und immer wieder in die USA. Die letzte Fassung dieses Buches habe ich in Südamerika geschrieben. Auch meine Kinder nahm ich auf mehreren Reisen mit. Meine älteste Tochter Valérie musste außerdem Marx und Kant lesen, wie sie mir kürzlich schaudernd erzählte. Mein ganzes Leben wurde zu einer großen, spannenden Reise.

Die wichtigsten Erkenntnisse meiner Reisen und meiner Lektüre waren recht früh:

1. Es gibt keine anständigen Kriege. Man kann anderen nicht auf anständige Weise den Schädel einschlagen. Wer Kriege vor Ort miterlebt hat, weiß, dass die Legende vom »gerechten« Krieg eine der größten Lügen der Menschheitsgeschichte ist. Um ein aktuelles Beispiel zu nennen: Wahrscheinlich haben Anhänger der Hamas am 7. Oktober 2023 auch Frauen vergewaltigt. So wie israelische Beamte in den dortigen Gefängnissen immer wieder junge Palästinenser vergewaltigen. Wir müssen alle Kriege ächten. Adeln müssen wir den Frieden.
2. Rassismus ist nicht nur ein Verstoß gegen alle ethischen Regeln unserer Zivilisation, sondern auch ein Zeichen von Ignoranz. Wer die Welt auch nur ein bisschen kennt, kann gar nicht Rassist sein. Die moderne Genforschung hat längst bewiesen, dass wir Mitteleuropäer seit Jahrtausenden eine

bunte Mischung aus afrikanischen Auswanderern, anatolischen Ackerbauern und osteuropäisch-iranischen Steppenvölkern sind. Johannes Krause hat in seinem faszinierenden Buch *Die Reise unserer Gene* überzeugend dargestellt: Die Urbevölkerung Europas war nicht hellhäutig, blond und blauäugig, sondern schwarz. Alice Weidel ist, wie wir alle, zu je einem Drittel Schwarze, Anatolierin und iranisch-russischer Abstammung.
3. Reichtum verpflichtet. Egal, ob er marktwirtschaftlich oder sozialistisch erarbeitet wurde. Wenn es einem gut geht, sollte man sein Glück teilen.

Die westliche Zivilisation hat sich mit den Werten Freiheit, Gleichheit und Brüderlichkeit, mit Demokratie und Menschenrechten wertvolle Ziele gesetzt. Doch es reicht nicht, diese Werte zu deklamieren, wie die meisten unserer Politiker das tun. Man muss sie leben. Selbst dort, wo es den Verzicht auf die Durchsetzung kurzfristiger eigener Interessen bedeutet.

Das war in etwa mein Erkenntnisstand schon als Dreißigjähriger. Fünfzig Jahre weiteren Suchens nach der Wahrheit durch zahllose Reisen und Bücher, aber auch durch meine beruflichen Erfahrungen als Richter, Politiker, Unternehmensvorstand und Publizist haben diese drei zentralen Erkenntnisse immer wieder bestärkt. Sie sind meine Wahrheit. Doch diese Erkenntnisse standen schon damals wie riesige Berge vor mir. Wie sollte ich diesen großen Forderungen unserer Zivilisation gerecht werden? War nicht die Generation unserer Eltern und Großeltern gerade an diesen Aufgaben erbärmlich gescheitert? Konnte ich mir nicht kleinere Ziele setzen? Oder muss man nicht gerade als Jugendlicher groß träumen, wenn man die Welt irgendwann verändern will?

Ich fand, dass es die Aufgabe meiner und auch späterer Generationen war, die Welt zu einem humaneren Ort zu machen. Mitzuhelfen, dass wir nie mehr dort landeten, wo unsere Eltern gelandet waren. In Krieg und Rassismus. Ich fand, dass die Verhinderung von Krieg und Rassismus kein Größenwahn, sondern schlicht unsere gemeinsame Pflicht war. Und natürlich auch meine. Als Dreißigjähriger schwor ich mir, mich nie von diesen Zielen und Werten abbringen zu lassen. Und dafür bis an meine Grenzen zu gehen. Notfalls auch darüber hinaus. Wie andere junge Menschen auch.

Dann begann mein vielfältiges Berufsleben. Mit großen Herausforderungen, aber auch großen Versuchungen. Doch dem Schwur meiner Jugendjahre bin ich bis heute treu geblieben. Dass ich deswegen manchmal ausgelacht und verflucht wurde, war mir nicht ganz gleichgültig. Manchmal war das sogar ziemlich bitter. Jeder Mensch braucht Zuneigung. Auch ich. Doch ich wusste, dass harte Kritik bis zum Ausschluss aus der Gesellschaft nun mal der Preis war, den man zahlen muss, wenn man sich nicht der Diktatur der herrschenden Meinung unterwirft. Die Wahrheit ist fast immer in der Minderheit, wie schon der dänische Philosoph Kierkegaard bitter feststellte.

Viele Politiker haben genau deshalb panische Angst vor der Wahrheit. Das verleitete beispielsweise den deutschen Gesundheitsminister Lauterbach – als er gefragt wurde, was falsch daran sei, die Wahrheit zu sagen – zu dem entsetzten Geständnis: »Die Wahrheit, also die Wahrheit führt in sehr vielen Fällen zum politischen Tod, ich bitte Sie!« Für die meisten Politiker hat die Wahrheit keinen Stellenwert. Mehrheiten sind ihnen wichtiger.

Ich habe einiges einstecken müssen, weil ich versuchte, auch unbequeme Wahrheiten sehr offen auszusprechen. Aber durfte ich mich über diese Kritik wirklich immer beschweren? Musste ich, nachdem ich andere hart kritisiert hatte, nicht akzeptieren, dass diese genauso hart zurückschlugen?

Und ich wurde ja nicht nur kritisiert. Zahlreiche Menschen haben mir viel Liebe entgegengebracht. Mehr, als ich erwarten durfte. Bis heute. Wenn ich durch die Straßen Münchens oder Berlins gehe, sprechen mich junge und alte Menschen an, nur um danke zu sagen. Weil ich ihnen aus dem Herzen gesprochen oder weil ich ihnen eine Stimme gegeben hätte. Mir hat diese Zuneigung von Menschen aller Bevölkerungsgruppen viel Kraft gegeben.

### *Was habe ich erreicht?*

Außerdem hatte ich ein faszinierendes Leben. Erfüllter und spannender, als ich es mir jemals erträumt hatte. Es gibt kaum etwas, was ich nicht erlebt habe. Ich traf Präsidenten und Ganoven, Freiheitskämpfer und Terroristen, Bettler und Milliardäre, Waffenschieber und Friedensaktivisten. Menschen, die mich hassten, und Menschen, die mich liebten. Menschen trugen mich auf den Schultern über den Tahrirplatz in Kairo oder durch ihr Dorf in Gaza.

Habe ich einen Beitrag geleistet, die Welt zu einem humaneren Ort zu machen? Kaum! Das ist eine Aufgabe, der sich jede Generation stets von Neuem stellen muss – eine Sisyphusarbeit. Der riesige Felsbrocken, den König Sisyphus den Berg hochrollen sollte, rollte immer wieder herunter. Als Strafe der Götter für seinen Hochmut. Vielleicht war auch ich oft zu hochmütig. Aber vielleicht habe ich auch einige Menschen zum Nachdenken gebracht. Vielleicht erreichen sie eines Tages mehr als ich. Vielleicht geht die Saat irgendwann auf. Vielleicht schaffen es die Jüngeren, Krieg, Rassismus und ähnliche Schändlichkeiten erfolgreicher zu ächten als ich. So, wie es heute niemand mehr wagt, offen für Sklaverei oder Hexenverbrennung einzutreten. Krieg und Rassismus sind nicht besser.

Verändert habe ich allenfalls das Leben des jungen Afghanen Abdul, der ohne meine Unterstützung keine Überlebenschance hatte. Oder das Leben der kongolesischen Kindersklavinnen Zipora und Chance, denen ich helfen konnte, eine Alternative zu ihrer Arbeit in den Minen des Kongo zu finden. Oder das Leben der hundert verzweifelten syrischen Kinder, denen ich Arm- und Beinprothesen besorgen konnte. Das war am Ende wahrscheinlich alles, was ich erreicht habe. Mehr war nicht drin.

Es war nichts Großes, aber auch nicht nur Kleines. Ich danke allen, die mir geholfen haben, diesen Weg zu gehen. Auch meinen Kritikern. Sie haben mich nachdenklich, aber auch stärker gemacht.

Ich weiß, dass ich diesen Weg gehen musste. Mein Bauchgefühl, mein »innerer Gerichtshof«, wie Kant das nannte, haben mir diesen Weg vorgeschrieben. Ich konnte gar nicht anders. Immer, wenn ich kurz davor war, den Mut zu verlieren, sagte mir mein Gewissen: »Und folgt dir keiner, geh allein!«

# 1. Kapitel

## Wegen afghanischen Kindern den Bundestagswahlkampf abbrechen?

München, 16. August 2021: Straßenwahlkampf in München! Vor allem junge Menschen kamen in jenen Augusttagen immer wieder strahlend auf mich zu. Weil sie sich freuten, dass ich eine neue Partei gegründet hatte, die ziemlich anders war als andere. »Krass, endlich kann man Sie wählen!«, bekam ich immer wieder zu hören.

Als Dreißig- und Vierzigjähriger hatte ich fünf erfolgreiche Wahlkämpfe für die CDU geführt. Im Wahlkreis Tübingen-Hechingen hatte ich Erststimmen-Ergebnisse von bis zu siebenundfünfzig Prozent erreicht. Die meisten Menschen meines Wahlkreises hatten mich offensichtlich richtig gemocht. Doch eine Begeisterung wie jetzt hatte ich noch nie erlebt.

Durch das Schaufenster eines Friseursalons sah ich, wie ein Mann mitten in der Rasur seine »Bartschürze« wegwarf und auf die Straße rannte. »Cool, dass Sie das endlich machen«, lachte er und umarmte mich. Eine ältere Dame rief ihrem fünfzig Meter entfernten Mann, dem Inhaber eines Buchladens, mit lauter Stimme zu: »Oskar, komm! Der Todenhöfer ist da!« Es herrschte eine Stimmung wie in einem Stadion vor einem großen Sportereignis, auf das man sich lange gefreut hat.

Wenn ich gebeten wurde, das Motto meiner Partei in einem Satz zu erklären, sagte ich: »Wir wollen einen neuen Politikertypus, dem das Wohl des Landes wichtiger ist als seine eigene Karriere.« Man darf ja träumen.

### *Unser humanistisches Manifest – und was es konkret auch von mir verlangte*

Unser Parteiprogramm hatte ich auf unzähligen Gesprächen mit den besten Köpfen Deutschlands aufgebaut. Mit Forschern, Chefredakteuren, Dax-Vorständen, Regierungschefs, Bundestagspräsidenten und Bundesverfassungsrichtern. Allen hatte ich dieselbe Frage gestellt: »Welches sind die drei wichtigsten Dinge, die Sie ändern würden, wenn Sie Kanzler würden?« Meine Gesprächspartner, wie etwa der Chefredakteur der *Zeit,* Giovanni di Lorenzo, wussten nicht, warum ich ihnen diese Frage stellte. Er weiß es bis heute nicht. »Danke, Herr di Lorenzo, Ihre Antworten haben mir sehr geholfen.« Am Ende war ein leidenschaftliches »humanistisches Manifest« entstanden, das selbst führende Politiker unseres Landes »bemerkenswert« fanden.

Auch deshalb lief vor allem am Anfang alles gut. Junge Menschen umarmten mich oder hauten mir auf die Schulter, obwohl ich genau das vermeiden wollte. Meine Schultern waren nach meinen Schulteroperationen meine verletzlichste Stelle. Aber da Indianer bekanntlich keinen Schmerz kennen, lächelte ich fröhlich in all die begeisterten Gesichter und all die Handys, die Selfies machten.

In Wirklichkeit war ich überhaupt nicht fröhlich. Weil die Taliban Mitte August Kabul erobert hatten. Nach einem sinnlosen und mörderischen zwanzigjährigen Krieg, vor dem ich meine damalige Partei, die CDU, von Anfang an immer wieder gewarnt hatte. Ein paar tausend Taliban hatten – wie in einem Slapstickfilm – auf Mopeds und Motorrädern die Stadt erobert. Andere waren in zerrissenen Sandalen als Sieger in die afghanische Hauptstadt marschiert. Hypermodern ausgerüstete amerikanische GIs waren mit ihren Panzern, Humvees und Jeeps panisch Richtung Flughafen geflüchtet. Die mit den USA verbündete afghanische Regierung wurde – wie so oft in der Geschichte amerikanischer Kriege – über die Kapitulation nicht informiert. Man hatte sie schlicht vergessen. Es waren ja nur Afghanen.

Vor etwa zehn Jahren hatte ich in der Nähe von Kabul mein zweites Waisenhaus gebaut. Eine grüne Oase, ein kleines Paradies für die Kinder von Kunduz, die 2009 durch den Bombardierungsbefehl eines deutschen Obersts ihre Ernährer verloren hatten. Jungen und Mädchen, die durch die Aufnahme in unser Waisenhaus wieder eine Perspektive gefunden hatten. Dar-ul-Omeid, »Haus der Hoffnung«, hieß ihre neue Heimat. Doch wenn die neuen Taliban genauso reaktionär waren wie die Taliban der neunziger Jahre, hatte unser Waisenhaus jetzt ein Riesenproblem. Würden die neuen Machthaber unsere »Mädchenschule« akzeptieren? Wie sollte das Waisenhaus weiter finanziert werden? Wie üblich hatten die USA auf ihre militärische Niederlage mit einem wirtschaftlichen Totalboykott geantwortet.

Was sollte ich tun? Konnte ich die Kinder und ihre Betreuer, die in ihrem Leben schon genug Schreckliches durchgemacht hatten, jetzt wegen meines Wahlkampfes schulterzuckend allein lassen? Oder musste ich nicht versuchen, mit den neuen Machthabern Kontakt aufzunehmen, um »unsere« Waisenkinder vor weiteren Katastrophen zu schützen, obwohl ich niemanden aus der Führungsriege der Taliban kannte? Unsere Mitarbeiter im Waisenhaus waren in großer Sorge. Kaum einer glaubte, dass sich die neuen Taliban wesentlich von den alten unterschieden.

Telefonisch fragten sie mehrfach, ob ich nicht irgendwie helfen könne. Die Lage sei katastrophal. Die Kabuler Banken hätten wegen der US-Sanktionen Auszahlungen weitgehend eingestellt.

Auf der anderen Seite konnte ich auch nicht einfach unseren Wahlkampf abbrechen, in den ich so viel eingebracht hatte: nicht nur Geld, sondern auch all meine Erfahrungen als Richter, als langjähriger Sprecher der CDU/CSU-Bundestagsfraktion für Entwicklungspolitik und Rüstungskontrolle, meine zweiundzwanzig Jahre als Konzernchef und sechzig Jahre Reisen in die Krisengebiete unserer Welt. Außerdem hatten alle

Fluglinien inzwischen ihren Flugverkehr nach Kabul eingestellt. Selbst wenn ich es schaffen würde, mich irgendwie nach Kabul durchzuschlagen, war es fraglich, ob ich in dieser chaotischen Situation in Afghanistan irgendetwas bewegen konnte.

Außerdem hatte unsere Partei in diesen Sommertagen einen richtigen Lauf. Das angesehene große Meinungsforschungsinstitut INSA hatte mich nach einer repräsentativen August-Umfrage darüber informiert, dass wir – trotz eines niedrigen Bekanntheitsgrades von nur dreißig Prozent – ein Wählerpotential von neun Prozent hatten. Anfang September konnten sich laut INSA sogar zwölf Prozent der Wahlberechtigten »vorstellen, bei der kommenden Bundestagswahl »Team Todenhöfer« zu wählen. Auch unsere Bekanntheit war leicht gestiegen. Mussten wir jetzt nicht Vollgas geben? Der Chef von INSA, Hermann Binkert, hatte mir am Telefon lachend gesagt: »Wenn Sie jetzt noch einen Auftritt bei Anne Will bekommen, gehen Sie durch die Decke. Ihr einziges Problem ist der Bekanntheitsgrad. Knapp vierzig Prozent sind zu wenig.« Doch ich bekam natürlich – anders als früher – keinen Auftritt bei Anne Will mehr. Da saßen wie üblich nur die Altparteien. Bei mir gaben sich nur die großen ausländischen TV-Sender die Klinke in die Hand. In einem Ausmaß, das ich noch nie erlebt hatte. Doch in deren Ländern standen wir nicht auf den Wahlzetteln.

Dennoch: Wir hatten Rückenwind. Ich spürte das auf den Straßen in unserem Land jeden Tag mehr. Bei unseren Kundgebungen hatten wir meist mehr Zuhörer als etwa der Ministerpräsident Bayerns, Markus Söder, der um ein Haar Kanzlerkandidat von CDU/CSU geworden wäre. Manchmal sogar doppelt so viele.

Die wenigen Parteifreunde, denen ich von meiner Überlegung berichtet hatte, meinen Wahlkampf wegen der dramatischen Ereignisse in Afghanistan zu unterbrechen, schauten mich fassungslos an. »Jetzt, wo wir so viel Zuspruch bekommen?«, fragten sie so entsetzt, dass ich beschloss, nicht mehr über dieses Thema zu sprechen. Doch ich wusste, ich stand vor einer schweren Entscheidung. Unsere Partei mit ihrem humanistischen Programm war meine Lebensphilosophie. Wir traten für eine gewaltlose humanistische Revolution ein. Für mehr Menschlichkeit, Mitgefühl und Respekt. Für die Würde jedes Menschen, egal, ob er groß und mächtig oder klein und ohnmächtig war. Gegen alle Kriege und gegen jeden Rassismus.

Würde ich nicht fundamental gegen diese Werte verstoßen, wenn ich unsere Waisenkinder jetzt allein ließ? Die Tage vergingen. Es gab noch immer keine Flugverbindungen nach Kabul. Mein Büro telefonierte alle in Betracht kommenden Fluglinien ab. Auch einige Botschafter rief ich an. Vergeblich!

Doch plötzlich erhielt ich aus Katar die Nachricht, man könne mich am 20. September mit einer Militärmaschine von Doha nach Kabul fliegen. Nach zwei, drei Tagen würde uns dieselbe Maschine wieder nach Katar zurückfliegen. Ich solle mich am 19. September nachts um drei Uhr am Militärflughafen Al Udeid in Doha einfinden. Das passte perfekt. Die München-Doha-Maschine landete in Doha um ein Uhr nachts. Die Kataris wollten mir erkennbar helfen. Ich konnte meine Entscheidung nicht mehr aufschieben und sagte zu.

Am 18. September hielt ich meine letzte große Kundgebung in München ab. Mit Jubel und Beifall. Aber auch mit Melancholie. Ich wusste, ab jetzt verlor ich jeden Einfluss auf den Wahlkampf, der in seine entscheidende Phase trat. Die großen Parteien lancierten gerade das Argument, die Stimmen für »neue Parteien« seien alle verschenkt und verloren. Neue Parteien hätten alle keine Chance, die Fünfprozenthürde zu überspringen. Im Kopf-an-Kopf-Rennen um die Zukunft Deutschlands dürfe jetzt niemand seine Stimme verschenken. Es war das gefährlichste und wirkungsvollste Argument der alten Parteien gegen die neuen. Ich spürte das ab Anfang September jeden Tag auf den Straßen Deutschlands fast körperlich.

Gegen dieses Argument der »verschenkten Stimmen« hätte ich mit einer großen Anzeigenkampagne ankämpfen müssen. Unter Hinweis auf unser von INSA prognostiziertes Potential von zwölf Prozent, das leider kaum jemand kannte. Wir hätten hämmern, hämmern, hämmern müssen, dass wir bei weit mehr als fünf Prozent lagen. Dann hätten wir eine realistische Chance gehabt. Dass wir das nicht getan haben, war mein größter strategischer Fehler während des gesamten Wahlkampfs. Doch in meinem Kopf war ich längst weit weg. Ich war bei fünfzig afghanischen Kindern, deren Zukunft gerade massiv gefährdet war. Ich weiß, dass das naiv klingt. Und wahrscheinlich auch ist. Die Wahl wurde schließlich in Deutschland entschieden und nicht in Afghanistan. Aus meinen vielen Wahlkämpfen wusste ich, dass die letzte Woche vor der Wahl die wichtigste ist. Aber ich fühlte mich auch an die tiefe Wahrheit von Talmud und Koran gebunden: »Wenn du auch nur einem das Leben rettest, rettest du die ganze Welt.«

## *Von Kabul nach Dar-ul-Omeid*

Zwei Tage später landete ich zusammen mit meinem Freund und Mitarbeiter Spanta Azizi mit einem riesigen katarischen Militär-Transporter erschöpft in Kabul. Wenig später standen wir in der lärmend bunten orientalischen Welt von Kabul, in der die USA und die gesamte NATO einschließlich Deutschlands gerade eine blutige und peinliche Niederlage erlitten hatten. Durch hunderttausend »Steinzeitkrieger«, wie die Amerikaner sie nannten. Mit denen ich jetzt sprechen musste. Obwohl man mit diesen Leuten nach Auffassung unserer politisch korrekten Sofastrategen nicht sprechen durfte.

Im Hotel Serena in der Innenstadt Kabuls, in dem ich bei meinen Afghanistanbesuchen meist wohnte, versuchte ich, meine bleierne Müdigkeit mit einer kalten Dusche loszuwerden. Ich schaffte es nicht. Wenigstens war das Hotel dieses Mal sicher. Bei meinem letzten Aufenthalt war es frühmorgens von den Taliban mit Raketen beschossen und das große Fenster gegenüber der Rezeption zerstört worden. Jetzt bewachten die

Taliban selbst das Hotel. Sie schützten es vor allem vor dem IS, der in Kabul noch immer präsent war.

In einem kleinen Auto ging es Richtung Dar-ul-Omeid, unserem Waisenhaus. Es lag dreißig Minuten vom Hotel entfernt Richtung Dschalalabad. Die Straße führte vorbei an verlassenen amerikanischen Militäranlagen, an ärmlichen Geschäften und an noch ärmlicheren Lehmbehausungen. Der Verkehr wurde immer spärlicher. Die Straße schlängelte sich schließlich vorbei an einem Friedhof, bis wir einen Checkpoint der Taliban erreichten. Die winkten uns desinteressiert durch. In der Ferne sahen wir die malerischen Ausläufer des Hindukusch. Dann standen wir am Eingangstor von Dar-ul-Omeid. Wir fuhren auf das große grüne Grundstück.

Das Waisenhaus bestand aus drei malerischen einstöckigen Gebäuden. Auf der rechten Seite lag der Sportplatz, auf dem die Kinder gerade Fußball und Cricket spielten. Die Traubenhaine, der prächtige Rosengarten, Mandelbäume, Obstbäume, der Küchengarten und die großen Grünflächen hatten Dar-ul-Omeid über die Jahre in eine blühende Oase verwandelt. Garten und Haus waren liebevoll gepflegt. Mir ging das Herz auf. Unsere Gärtner und Hausmeister hatten ganze Arbeit geleistet.

Doch unsere Mitarbeiter waren äußerst angespannt. Sie konnten nicht einordnen, was die Machtübernahme der Taliban für sie bedeutete. Die Sorgen überwogen. Wann hatten die Menschen Afghanistans in den vergangenen fünfundvierzig Jahren jemals normale Zeiten erlebt? Die fünfundzwanzig Jungen des Waisenhauses waren zwischen sechs und fünfzehn Jahren alt – und lustig und frech wie alle Jungen der Welt in diesem Alter. Die dreiundzwanzig etwa gleichaltrigen Mädchen hingegen waren total verschüchtert. Sie wussten vor allem nicht, wie es mit dem Schulunterricht für Mädchen weitergehen sollte.

Drei der Mädchen sollten jetzt gerade in die siebte Klasse kommen. Aber angeblich wollten die Taliban Schulunterricht für Mädchen nach der sechsten Klasse verbieten. Tieftraurig fragten sie mich, was sie jetzt machen sollten. Ich wusste es nicht. Ich versprach, darüber mit den Taliban zu sprechen.

Nach dem festlichen Mittagessen unterhielt ich mich lange mit allen Mädchen. Ich musste viele Scherze machen, bis sie endlich auftauten und offen über ihre Sorgen und Träume sprachen. Sie sehnten sich nach Frieden, nach einer guten Ausbildung und danach, eines Tages mit einem interessanten Beruf ihre Familien ernähren zu können. Dass sie in Dar-ul-Omeid leben konnten, empfanden sie als größtes Glück in einem Leben, das ihnen nur wenige Augenblicke des Glücks beschert hatte.

Als wir uns nach einigen Stunden verabschiedeten, wusste ich, dass ich mit den Taliban viel zu besprechen hatte. Und dass es – unabhängig von der zu erwartenden Kritik in Deutschland – meine Pflicht war, in Gesprächen mit der Taliban-Führung die Zukunft der Mädchen von Dar-ul-Omeid zu sichern. Deutschland und erst recht der deutsche Wahlkampf waren nun ganz weit weg.

### *Wie sich die deutsche Regierung um gefährdete afghanische »Ortskräfte« kümmerte*

Zurück im Serena-Hotel fand ich auf meinem Handy den Hilferuf eines ehemaligen deutschen Polizeibeamten. Er bat mich, bei der Evakuierung eines afghanischen Übersetzers der Bundeswehr zu helfen. Sein Sohn sei vom IS aus Rache für seine Zusammenarbeit mit den Deutschen entführt und siebzehn Monate lang gefoltert worden. Wenn die elfköpfige Familie nicht schnell aus Afghanistan rauskomme, drohe ihr der sichere Tod, sagte der deutsche Ex-Beamte.

Doch ich musste bald zurück nach Deutschland. Heute war Montag. In sechs Tagen war die Bundestagswahl. Ich konnte meine Partei nicht länger warten lassen. Das katarische Außenministerium und der außerordentlich hilfsbereite türkische

Botschafter hatten mir versprochen, mich so schnell wie möglich auszufliegen.

Was tun? Ich schrieb dem deutschen Ex-Polizeibeamten, der gefährdete Afghane solle sich bei mir melden. Schon am nächsten Morgen stand Abdul Wajed, der Vater der bedrohten elfköpfigen Familie, im parkähnlichen Garten des Serena-Hotels vor mir. Der mittelgroße, sympathische Mittfünfziger mit kurz geschnittenem Haar und gepflegtem Dreitagebart trug die landestypische afghanische Bekleidung: einen grauen »Peran Tumban« mit grauem Jackett. Er war ängstlich und schaute sich immer wieder um. Wir zogen uns unter eine schattige Baumgruppe zurück.

Er fragte, ob er mir ein Video seines entführten fünfunddreißigjährigen Sohns Amanullah zeigen dürfe. Aufgenommen während dessen langer IS-Gefangenschaft. Ich sagte Ja und werde dieses Ja ein Leben lang bereuen. Obwohl es unvermeidbar war. Bis heute gehen mir die Schreckensbilder dieses Videos nicht aus dem Kopf. In knapp vier Minuten zeigt es die Auspeitschung eines fast völlig nackten, vor Schmerzen schreienden Mannes. Mit einer Metallkette gefesselt, hatte er keine Chance, den Peitschenhieben seiner Peiniger auszuweichen. Am Oberkörper, insbesondere auf den Schultern, hatte er teils verkrustete, teils stark blutende Wunden. Verzweifelt flehte er auf dem Video seinen Vater an, das von den Entführern geforderte Lösegeld zu zahlen. Wenn dieser nicht zahlen könne, wolle er sterben. Er werde täglich geschlagen und entwürdigt. Er könne und wolle nicht mehr leben.

Die Bilder des gebrochenen, blutenden Mannes trafen mich tief. Am liebsten hätte ich das Handy seinem Vater sofort zurückgegeben. Doch der schaute mich bittend an. Er war kreidebleich. Ich wahrscheinlich auch.

Aus Respekt vor dem leidenden Vater sah ich mir ein weiteres Video an. Auf ihm wurde sein gefesselter, nackter Sohn in einer Duschkabine mit einem roten Schlauch ausgepeitscht. Seinen Mund hatten die Täter mit Klebeband verschlossen. Der Mann mit der Peitsche trug schwarze Handschuhe. Amanullah versuchte den Schlägen auf Kopf, Gesicht und Schultern auszuweichen. Er war chancenlos. Der Folterer drehte sich sein gefesseltes Opfer immer wieder so zurecht, dass er alle Körperteile traf. Irgendwann ging Amanullah zu Boden. Wehrunfähig ließ er, am Boden sitzend, die nicht endenden Schläge auf Kopf und Hände niederprasseln. Er blutete immer stärker.

Ich konnte das nicht länger anschauen. Ich konnte nicht ständig das ganze Leid und Elend dieser Erde auf mich nehmen. Ich hatte das schon zu oft getan. Ich war hierhergekommen, um nach den Kindern unseres Waisenhauses zu sehen. Jetzt sollte ich offenbar auch noch Folteropfer des IS retten. Das konnte und wollte ich nicht. Aus meiner Sicht war meine Mission fast erfüllt. Ich musste nur noch mit der Führung der Taliban über unser Waisenhaus sprechen. Dann musste ich zurück nach Deutschland, um im Wahlkampf zu retten, was noch zu retten war. Wortlos gab ich dem Vater das Handy zurück. Er wischte sich die Tränen aus dem Gesicht und schaute mich an. Dann sagte er leise: »Bitte helfen Sie uns!« Verdammt noch mal! Warum bitten mich immer wieder Menschen, unmögliche Dinge zu tun? Warum um Himmels willen hatte ich den Mann zu mir ins Hotel eingeladen? »Wie ist das alles passiert?«, fragte ich Wajed nach langem Schweigen.

### *Wajeds Geschichte*

Langsam erzählte Wajed seine Geschichte. Seit seiner Jugend war er Berufssoldat der damals noch kommunistischen afghanischen Armee. Später bei der Nationalen Volksarmee der DDR war er zum Leutnant ausgebildet worden. Dabei hatte er perfekt Deutsch gelernt. 2002 hatte er im deutschen »Camp Warehouse« in der Nähe von Kabul wegen seiner sprachlichen und militärischen Kenntnisse eine Anstellung als Übersetzer der Deutschen Bundeswehr bekommen. Schon damals erhielt er wegen seiner

Zusammenarbeit mit den Deutschen Morddrohungen. 2014 floh er deshalb mit seiner Familie – mit Ausnahme seines Sohnes Amanullah – nach Deutschland. Auch dort arbeitete er als Übersetzer. Nur sein Sohn Amanullah blieb mit seinen sechs kleinen Kindern in Kabul.

Ende März 2020 wurde Amanullah im Haus seiner Tante von fünf IS-Terroristen überfallen. Sie zwangen ihn mit Waffen, in ein wartendes Auto zu steigen, und fesselten ihn mit Klebeband. Über seinen Kopf stülpten sie eine schwarze Tüte. Nach einer langen Fahrt brachten sie ihn in ein Haus, das er fünfzehn Monate lang nicht mehr verlassen sollte. Sie erklärten ihm, sein Vater sei wegen seiner Zusammenarbeit mit den Deutschen ein Verräter, ein Kollaborateur. Sie forderten drei Millionen Dollar Lösegeld.

Von nun an wurde er alle drei bis fünf Tage ausgepeitscht. Die Entführer rissen ihm die Kopf- und Barthaare aus. Demonstrativ, als Revanche gegen die Kriegsführung der USA, wendeten sie amerikanische Foltermethoden an. »Waterboarding« etwa, vorgetäuschtes Ertränken. Amanullah wurde mehrfach ohnmächtig. Mindestens einmal im Monat musste er seinem Vater in Deutschland per SMS ein Foltervideo schicken. Sein Vater brach jedes Mal zusammen. Völlig verzweifelt versuchte er Geld aufzutreiben, um seinen Sohn freizubekommen. Er verkaufte seine Wohnung in Afghanistan, sein Bruder lieh ihm fünfzigtausend Dollar, seine Tochter veräußerte ihr kleines Haus in der Türkei. Doch auch so kamen nicht mehr als hundertzwanzigtausend Dollar zusammen.

Endlose Verhandlungen mit dem IS begannen. Schließlich stimmte der IS zu, Amanullah im Austausch für hundertzwanzigtausend Dollar freizulassen. Die Terrororganisation hatte herausbekommen, dass Wajed wenig besaß. Im Frühjahr 2021 waren Wajed und seine Frau nach Kabul geflogen, um ihren Sohn rauszuholen. Am 26. Juli sollte die Geldübergabe stattfinden. Per Handy wurde Wajed von den Entführern kreuz und quer durch Kabul gelotst, bis er plötzlich aufgefordert wurde, das Geld aus dem Auto zu werfen. Kurz danach bestätigten die Entführer telefonisch, dass die Geldübernahme geklappt habe. Über die Freilassung von Amanullah verloren sie kein Wort.

Erst Stunden später meldete sich der IS erneut. Er schlug vor, Wajed solle seinen Sohn in einer halben Stunde auf einem Friedhof abholen. Wajed rutschte das Herz in die Hose. Friedhof? Hatte der IS ihn doch noch reingelegt? Voller Panik raste er los. Nach einer Stunde kam er endlich an dem genannten Friedhof an. Überall standen vermummte IS-Kämpfer. Mindestens fünfzehn Mann. Was hatte das zu bedeuten? Dann sah er plötzlich seinen Sohn. Lebend, frei. Weinend schloss Wajed ihn in seine Arme. Als sich die beiden wieder losließen, war der IS verschwunden.

### *Plötzlich ist Deutschland wieder weit weg*

Für Wajeds Familie folgten Tage des Glücks. Alle wollten jetzt so schnell wie möglich nach Deutschland. Doch alles kam anders. Am 15. August marschierten die Taliban in Kabul ein, die Amerikaner verließen Hals über Kopf das Land. Die Bundeswehr war schon Ende Juni geflohen. Nun war Wajed, der gemeinsam mit der Bundeswehr gegen die Taliban gekämpft hatte, plötzlich – zusammen mit der Familie seines Sohnes – Gefangener im eigenen Land. Er hatte keine Ahnung, wie die Taliban mit den afghanischen »Ortskräften« der Deutschen umgehen würden. Auch der IS war für Wajed und Amanullah plötzlich wieder ein großes Problem. Die Taliban hatten viele Gefangene freigelassen – darunter auch vier IS-Terroristen, die an der Entführung Amanullahs beteiligt gewesen waren. Wie sollte Wajed mit seiner Familie aus Afghanistan rauskommen? Es gab keine Flugverbindungen mehr. Außerdem hatten nur Wajed und seine Frau gültige Pässe. Die achtköpfige Familie seines Sohnes besaß weder Pässe noch Visa für Deutschland. Wajeds Familie saß in der Falle. Ich allerdings auch.

Um Wajeds elfköpfige Familie nach Deutschland zu bringen, brauchten wir unter anderem

- afghanische Pässe für Amanullahs Kinder,
- eine ausdrückliche Ausreisegenehmigung der Taliban,
- die Bereitschaft der Kataris, Wajeds Familie nach Katar auszufliegen,
- sowie eine Zusage Deutschlands, die Familie in Deutschland aufzunehmen.

Viel komplizierter ging es nicht. Es war Dienstag, der 21. September. Ich wollte am Donnerstag wieder in Deutschland sein, wie sollte ich das schaffen? Wajeds Ausreise konnte nur funktionieren, wenn Afghanistan, Katar und Deutschland eng zusammenarbeiteten. Doch die Deutschen sprachen nicht mehr mit Afghanistan. Zwanzig Jahre lang hatte Deutschland zusammen mit seinen westlichen Verbündeten das Land mit Krieg überzogen. Doch jetzt ließ die Bundesregierung ihre Freunde in Afghanistan einfach im Stich.

### *Treffen mit den Taliban*

Am nächsten Vormittag hatte ich über einen deutsch-afghanischen Freund einen Termin beim neuen Außenminister der Taliban, Amir Khan Muttaqi, erhalten. Während ich verwaschene blaue Jeans und ein schwarzes Hemd anhatte, trug der Außenminister die traditionelle weiße afghanische Tracht, eine schwarze Weste, einen kunstvoll gebundenen schwarzen Turban mit feinen weißen Nadelstreifen und pechschwarze, blitzsaubere Sandalen. Fast schämte ich mich meiner Kleidung. Ich hätte ruhig ein Jackett mitnehmen können. Wenigstens Spanta war ordentlich gekleidet. Er trug afghanische Kleidung. Er rettete die Ehre unserer kleinen Delegation.

Ich erzählte Muttaqi von meinen Reisen in den achtziger Jahren ins sowjetisch besetzte Afghanistan, von den Beschießungen durch die Sowjets, von den zwei Waisenhäusern, die ich gebaut hatte, und von unseren mit Solarstrom betriebenen Brunnen bei Dschalalabad. Ich erzählte, dass ich in den neunziger Jahren in Deutschland zwanzig Millionen D-Mark für afghanische Flüchtlingskinder gesammelt hatte. Meinen Bericht belegte ich mit zahlreichen Fotos aus alten Zeiten.

Das Gesicht Muttaqis entspannte sich zunehmend. Vor allem, nachdem er auf einigen Fotos Legenden des afghanischen Widerstands entdeckt hatte, die er ebenfalls kannte. Ich fragte ihn, ob ich ihn anrufen dürfe, wenn unser Waisenhaus irgendwann ein wichtiges Anliegen habe. Es gehe ja nicht um mich, sondern um afghanische Kinder. Muttaqi nickte. Natürlich sprach ich auch den Wunsch der Mädchen an, die Schule bis zum Abitur zu besuchen und danach studieren zu dürfen. Er fand diesen Wunsch zu meiner Überraschung uneingeschränkt berechtigt. Er wies aber darauf hin, dass die US-Regierung leider den gesamten Staatshaushalt Afghanistans von zehn Milliarden Dollar beschlagnahmt habe. Das mache es den »Reformern« in der afghanischen Regierung nicht gerade leicht, sich für eine Modernisierung des Landes einzusetzen. Man sei zurzeit nicht in der Lage, auch nur einen Staatsbeamten, Polizisten oder Lehrer zu bezahlen. Außerdem seien die Taliban erst seit fünf Wochen an der Macht. Sie seien über die panikartige Flucht der Truppen der USA und Deutschlands genauso überrascht gewesen wie die gesamte Weltgemeinschaft. Sie seien auf vieles gar nicht vorbereitet gewesen.

Das Gespräch schien ihm erkennbar Spaß zu machen. Ich dachte, jetzt sei der Augenblick günstig, um ihm mein zweites Anliegen vorzutragen, die Ausreise von Wajeds Familie. Ich wusste, dass derartige Fragen nie auf Ministerebene behandelt wurden. Ich fragte den afghanischen Außenminister trotzdem vorsichtig, ob er mir einen großen Gefallen erweisen könne. Natürlich wollte er wissen, welchen.

Doch ich wollte Wajed nicht mit der Erzählung von Details in

Schwierigkeiten bringen. Immerhin hatte er für einen Feind der Taliban, für die Bundeswehr, gearbeitet. Ich erwiderte deshalb, ich hätte den Afghanen in den letzten vierzig Jahren doch auch mehrfach geholfen, ohne lange zu fragen. Ob ich jetzt wenigstens einen Wunsch frei hätte. Er lachte, doch er zögerte weiter. Ich streckte ihm meine geöffnete Hand entgegen und bat ihn um sein Ehrenwort, dass er mir helfen werde. Lange schaute er mich an, dann schlug er ein. Er werde helfen, sagte er.

Ich erzählte ihm Amanullahs siebzehnmonatiges Martyrium. Dass die Familie jetzt alle paar Tage die Wohnung wechseln müsse, um nicht wieder in die Hände des IS zu geraten, der nach ihr suche. Muttaqi rief seinen Stabschef Feda Rahman zu sich und wechselte auf Paschtu einige Worte mit ihm. Dann sagte er: »Wir helfen Ihnen. Die Familie kann mit Ihnen zusammen ausreisen. Feda Rahman steht zu Ihrer Verfügung. Ich auch.« Dann stand er auf und verließ den Raum. Mir fielen Felsbrocken vom Herzen. Die Taliban hielten in dieser Frage Wort. Sie hatten zwar nach der Machtübernahme die Abteilung, die Pässe druckte, geschlossen und die Mitarbeiter nach Hause geschickt. Doch für uns holten sie sie zurück und warfen die Druckmaschinen an.

Trotz der überraschend großen Hilfsbereitschaft der Taliban ging mir alles zu langsam. Ich musste nach Deutschland zurück. Meine katarischen Freunde und der türkische Botschafter hatten mir doch versprochen, dass sie meinen schnellen Rückflug irgendwie hinkriegen würden. Die Familie Wajeds konnte ja gemeinsam mit meinem Freund Spanta nachkommen. Spanta hatte sich ohnehin zum Chefkoordinator unserer vielfältigen Kontakte entwickelt. Ich unterrichtete ihn, dass ich jetzt nach Deutschland zurückkehren müsse, und bat ihn, die erforderlichen Abschlussgespräche mit den Kataris und den Deutschen allein zu führen. Spanta schaute mich ernst an und sagte: »Ihnen ist klar, dass Wajeds Familie dann nie mehr rauskommt; und wenn sie dem IS über den Weg läuft, ist ihr Schicksal besiegelt. Die Familie muss schnell raus. Das können nur Sie durchsetzen.

Das wissen Sie.« Natürlich wusste ich das. Aber ich wusste auch, dass der IS hier auch für mich zunehmend zu einem Problem wurde. Seit Jahren stand ich auf seiner Abschussliste. Das hatten die Terroristen schließlich ganz offen in ihrer Internet-Zeitschrift *Dabiq* mitgeteilt.

Hinzu kam, dass ich, wenn ich jetzt nicht zurückflog, selbst den Wahlabend verpasste. Kaum jemand würde das verstehen. Inzwischen hatte sich in Deutschland bei den meisten potentiellen Wählern unserer Partei herumgesprochen, dass ich im Wahlkampf-Endspurt gar nicht mehr in Deutschland wäre. Das sprach nicht gerade für ein großes Interesse des Vorsitzenden unserer Partei am Bundestagswahlergebnis. Doch Wajeds Familie war auch mir ans Herz gewachsen. Ich hätte es mir nicht verziehen, wenn ihr etwas zustoßen würde. Ich rief meinen Sohn Frédéric an und erklärte ihm, dass ich vor dem Wahlabend nicht mehr zurückkommen würde. Das Thema Bundestagswahl war für mich gelaufen. Aus und vorbei. Nur wenige werden verstehen, was dieser endgültige Ausstieg aus dem Wahlkampf für mich bedeutete.

### *Das Gezerre mit der deutschen Regierung*

Ab jetzt begann ein schwieriges bürokratisches Ringen um die Ausreise der elf Afghanen. Vor allem mit dem deutschen Auswärtigen Amt. Ein Kampf mit ständigen Rückschlägen. Schon nach wenigen Tagen hatten wir zwar vom afghanischen Außenministerium die erforderlichen Pässe erhalten. Das Ehrenwort des Außenministers hatte eine unglaubliche Wirkung gezeigt. Doch wir brauchten zusätzlich noch eine formelle Ausreisegenehmigung. Die konnten die Afghanen aber erst geben, wenn die katarische Botschaft bestätigte, dass sie die elfköpfige Familie auch ausfliegen würde. Die katarische Botschaft aber erklärte, sie könne die Familie nur dann auf ihre Flugliste nehmen, wenn die deutsche Regierung bestätigte, dass sie die elf Afghanen in Deutschland aufnehmen werde. Das habe die deutsche Regierung bisher nicht getan.

Alles hing jetzt an den Deutschen, für die Wajed jahrelang seine Knochen hingehalten und sein Leben riskiert hatte. Ich rief das Auswärtige Amt in Berlin an und bat, in das sogenannte Lagezentrum, das »Krisenreaktionszentrum«, durchgestellt zu werden. Ich hatte schon auf früheren Reisen gelegentlich die Hilfe des Auswärtigen Amts in Anspruch nehmen müssen. Immer war ich kompetent und freundlich behandelt worden. Doch diesmal war alles anders. Obwohl ich dem zuständigen Beamten im Auswärtigen Amt die Dringlichkeit des Falles schilderte, brüllte er mich unvermittelt an und beendete das Gespräch. Bei weiteren Anrufversuchen legte er sofort auf. Meine Tochter Valérie versuchte daraufhin von Deutschland aus, ins Lagezentrum vorzudringen. Doch auch sie wurde extrem unfreundlich behandelt. Im Grunde war das unterlassene Hilfeleistung. Die Bundesregierung hatte mehrfach öffentlich versprochen, sich engagiert um unsere Ortskräfte in Afghanistan zu kümmern. Jetzt aber, wo sich Wajed und seine Familie in akuter Lebensgefahr befanden und dringend deutschen Schutz brauchten, wurden sie wie Dreck behandelt.

Wie kam es, dass Wajed als hoch gefährdete Ortskraft auf den Listen von BAMF (Bundesamt für Migration und Flüchtlinge), Pro Asyl und KAS (Konrad-Adenauer-Stiftung) stand, während das Auswärtige Amt so tat, als kenne es ihn nicht einmal? Von menschlichem Engagement konnte keine Rede sein. Meine katarischen und afghanischen Kontaktpersonen bekamen das Desinteresse des Auswärtigen Amts an der Evakuierung Wajeds leider mit. Ich habe mich richtig geschämt. Wegen des demonstrativen Desinteresses des deutschen Außenministeriums kamen wir einfach nicht weiter, obwohl ich parallel in Katar und in Kabul jeden einschaltete, den ich einschalten konnte. Befreundete Botschafter, Minister, Diplomaten, die Chefs von Fluglinien und weitere einflussreiche Personen. Zeitweise sah es ernsthaft so aus, als müsse sich Wajeds Familie zu Fuß über

Pakistan nach Deutschland durchschlagen. Wajeds Blick wurde immer trauriger und ängstlicher. Die Tage vergingen, die Gefahr für Wajeds Familie stieg. Das Auswärtige Amt verhielt sich schändlich.

### *Überraschende Gespräche mit den Taliban über die Stellung der Frau in der afghanischen Gesellschaft*

Die Zeit zwischen den vielen Koordinierungstreffen, die nun notwendig wurden, nutzte ich zur Übergabe der erbetenen Medikamente, die ich in zwei großen Koffern mitgebracht hatte. Und – inzwischen afghanisch gekleidet – zu zahlreichen Gesprächen mit der Zivilgesellschaft. Unter anderen mit dem neuen Chef der Universität Kabul Mohammad Ashraf Ghairat und mit Frauenrechtlerinnen.

Hauptthema war überall das Recht der afghanischen Mädchen und Frauen auf Schul- und Universitätsausbildung. Fast alle meiner Gesprächspartner betonten, dass der Islam die Ausbildung von Frauen ausdrücklich als äußerst wichtig ansah. Aisha, die Frau des Propheten Mohammed, sei hochgebildet gewesen. Mohammed habe sich engagiert für die Rechte der Frauen eingesetzt. Der Prophet sei viel progressiver gewesen als manche prominente Muslime unserer Zeit. Aber es gebe neben dem Islam eben auch die uralte patriarchalische Kultur der Paschtunen, die den Frauen nicht die gleichen Rechte zubillige wie Männern. Diese Kultur sei älter als der Islam und schwer zu überwinden.

Ein besonders langes, mitternächtliches Gespräch führten Spanta und ich mit dem siebenundzwanzigjährigen Anas Haqqani. Er war der jüngere Bruder des von den USA steckbrieflich gesuchten Innenministers Sirajuddin Haqqani, des Chefs des gefürchteten Haqqani-Networks. Anas hatte offiziell kein Amt, galt aber innerhalb der Taliban als einflussreich. Er hatte mehrere Jahre im US-Flughafengefängnis von Bagram gesessen, mehrere Monate davon in brutaler Einzelhaft. Die Amerikaner hatten ihn dabei in einen winzigen Metallkäfig gesperrt, der selbst für einen Hund zu klein gewesen wäre. Er konnte darin weder aufstehen noch sich hinlegen. Die Amerikaner und die Menschenrechte, das sei ein Thema für sich, meinte Anas lächelnd.

Auch er wies auf den großen Unterschied zwischen paschtunisch-patriarchalischer Kultur und dem Islam hin. Er trete uneingeschränkt für gleichen Bildungschancen von Frauen und Männern ein. Seine Schwestern und Cousinen hätten alle studiert. Er würde großen Ärger mit ihnen bekommen, wenn in Zukunft die Ausbildung von Mädchen und Frauen behindert werde. »Das Paradies liegt zu Füßen der Mütter«, sagte er. Wer das nicht verstehe, habe vom Islam nichts verstanden. Er bestritt nicht, dass es in der Taliban-Führung weiter starke Kräfte gebe, denen der männerfreundliche Patriarchalismus wichtiger sei als der frauenfreundlichere Islam. Es gebe in dieser Frage einen harten Machtkampf. Manche paschtunischen Führer argumentierten, ihre Vorfahren hätten bei der Übernahme des Islam nie versprochen, ihre jahrtausendealten kulturellen Überzeugungen aufzugeben. Wir diskutierten bis ein Uhr dreißig nachts.

Lange sprach ich auch mit dem früheren Präsidenten Afghanistans Hamid Karsai. Wir kannten uns von früher. Genauer gesagt: seit über dreißig Jahren. Er meinte, man könne die neuen Taliban nicht mit den Taliban der früheren Jahre vergleichen. Sie hätten durch ihre Auslandsaufenthalte, aber auch durch das Internet ihren Horizont erweitert und viel dazugelernt. Allerdings müssten sie endlich ihre Haltung zu den Frauen korrigieren. Das erreiche die US-Regierung aber nicht damit, dass sie Afghanistans Staatshaushalt stehle. Der werde für die Bezahlung der Lehrkräfte dringend benötigt. Die deutsche Wirtschaft forderte er auf, in Afghanistan zu investieren. Hier gebe es riesige Mengen wertvoller seltener Bodenschätze. Sie seien

Trillionen Dollar wert. Die Amerikaner hätten sich in Afghanistan merkwürdigerweise für ökonomische Dinge wenig interessiert. Die geostrategische Lage Afghanistans gegenüber China, Indien und Russland sei ihnen wichtiger gewesen. Der größte Fehler der Amerikaner aber sei gewesen, dass sie mit Waffen gekommen seien. Sie hätten dadurch viele Chancen verspielt.

### *Der malerische Mandai-Markt*

Mehrmals ging ich auf einen der größten und ältesten Märkte Kabuls, den Mandai-Markt. Wie immer ohne Bodyguards. Bunter, vielfältiger kann ein Markt nicht sein. Hier gibt es alles, was das Herz begehrt.

Trockenfrüchte, Stoffe, schwarze und grüne Teesorten aller Herren Länder, leckere Süßigkeiten, alte und neue Kleidung, Gold- und Silberschmuck, Gewürze, Uhren, Lebensmittel jeglicher Art, Schuhe »Made in Afghanistan«, Werkzeuge, Nähmaschinen, Parfums, Shampoos, Kosmetika und unzählige weitere Waren.

In den verwinkelten Gassen des Marktes versteckten sich Hunderte Geschäfte. In diesem bunten Trubel huschten schwer beladene Lastenträger mit einer Leichtigkeit vorbei, die jeden westlichen Besucher in Staunen versetzen musste. Leider gab es außer mir keine Westler. Immer wieder bot mir einer der Händler ein Glas süßen Tees an. Dankbar nahm ich die Geste an. »Where do you come from?«, wurde ich von jungen und alten Händlern gefragt. Wenn ich »Germany« sagte, strahlten sie. Auch zwanzig Jahre Krieg hatten die Sympathien der Afghanen für uns Deutsche nicht zerstört.

Auch viele Frauen waren auf dem Markt unterwegs. Nur etwa ein Zehntel hatte den Ganzkörperschleier Burka an – überwiegend ältere Frauen, wie man am Gang erkannte. Die meisten trugen nur ein leichtes Kopftuch. Viele waren geschminkt und ohne die angeblich zwingend vorgeschriebene männliche Begleitung. Höflich sprach ich einige der Frauen an. Ich fragte, ob sie nicht fürchteten, wegen ihrer lässigen Kleidung Ärger mit den Taliban zu bekommen. Die meisten schüttelten den Kopf. Einige lachten: »Die sollen ruhig kommen. Eine Burka werde ich nie mehr anziehen.« Vieles war anders, als ich gedacht hatte.

Und vieles war offenbar noch nicht endgültig entschieden. Wichtig wird sein, wie sich der Westen verhalten wird. Ob er dem Land, das während des Kriegs noch ärmer geworden ist, wegen seiner militärischen Niederlage wie üblich den Rücken kehrt. Oder ob er ihm die Hand reicht, um Afghanistan gemeinsam wieder aufzubauen. Die gesamte afghanische Gesellschaft würde von dieser Zusammenarbeit mit dem Westen profitieren. Vor allem die Frauen.

## *Der sechstausendvierhundert Kilometer entfernte deutsche Wahlkampf*

Dass ich in diesen Tagen in Deutschland Wahlkampf führen sollte und dort nach wie vor Plakate meine Reden ankündigten, hatte ich fast vergessen. Aber eben nur fast. Ich wusste, ich durfte meine Mitstreiter in Deutschland nicht ganz hängen lassen. Also ließ ich mich per Zoom zu »meiner« Abschlusskundgebung in Berlin zuschalten. Ungewöhnlich wenig Anhänger waren zu der Veranstaltung gekommen. Die meisten potentiellen Zuschauer wussten, dass ich nicht mehr im Land war und bei »meiner Kundgebung« auch nicht reden würde.

Während einer Wahlkundgebung in Berlin den Spitzenkandidaten aus Kabul zuzuschalten, mochte originell sein. Aber es war nicht geeignet, die Anhänger zu einem energischen Schlussspurt zu motivieren. Selbst ich als Spitzenkandidat fand ja andere Dinge offenbar wichtiger. So erzählte ich über Skype ein wenig über die Lage in Afghanistan. Und etwas verklausuliert über den schwierigen Versuch, die Familie einer afghanischen »Ortskraft«, die für Deutschland gearbeitet hatte, vor der Rache des IS zu schützen. Doch all das war nicht Wahlkampfthema in Deutschland. Ich redete völlig an den Menschen vorbei.

Den Wahlabend am kommenden Tag verfolgte ich ebenfalls im Internet. Allein in der Lobby meines Hotels. Wegen der Zeitverschiebung von zweieinhalb Stunden erfuhr ich erst nach Mitternacht afghanischer Zeit, dass der erste Anlauf unserer zehn Monate zuvor gegründeten humanistischen Partei total gescheitert war. Krachender ging es gar nicht. 0,5 statt 12 Prozent, ich kann es bis heute nicht fassen. Natürlich war es meine ganz persönliche Niederlage. Aber ich wusste nicht, was ich hätte anders machen können. Menschlichkeit war in unserer Zeit offenbar kein Verkaufsschlager. War es das jemals? Ich habe in dieser Nacht meiner größten politischen Niederlage nicht viel geschlafen.

## *Die gute Nachricht*

Irgendwann hatten wir alle Papiere für die Ausreise zusammen. Und dann – nach zahllosen weiteren Telefonaten mit Deutschland und Katar sowie mit den Botschaftern der UN-Vertretungen in Österreich und der Schweiz – kam die erlösende Nachricht: Wir waren für den 3. Oktober auf der katarischen Nachmittagsmaschine nach Doha gebucht. Alle zusammen. Überglücklich lagen wir uns alle in den Armen.

Für Wajeds Familie war die Fahrt zum Flughafen wie ein Märchen. Sie war zwei Jahre lang durch die Hölle gegangen. Jetzt aber saß sie in einem eleganten weißen Bus – eskortiert von einem afghanischen Pick-up, auf dem zu ihrem Schutz schwer bewaffnete Taliban saßen. Ein bizarres Bild! Die afghanischen Taliban waren hilfreicher als das deutsche Auswärtige Amt. Was für eine Schande!

Auch am Flughafen Kabul verlief alles glatt. Nur für mich nicht. Ein afghanischer Grenzbeamter weigerte sich, mich an Bord des Flugzeugs zu lassen, weil ich kein Einreisevisum für

Afghanistan vorweisen konnte. Dass ich mit einer katarischen Militärmaschine gekommen sei, glaubte er mir nicht. Die Intervention meiner katarischen Begleiter lehnte er empört ab. Die Kataris hätten in Afghanistan nichts zu sagen. Erst nach einer halben Stunde hitziger Diskussionen schaffte auch ich es an Bord. Dort, in der Economy-Klasse, saßen noch immer fast ungläubig meine elf neuen Freunde. Spanta und ich waren in der Ersten Klasse untergebracht. Doch das passte uns gar nicht. Ich ging in die Economy zurück, schnappte mir Wajed und seine Frau und brachte sie zu unseren Erste-Klasse-Sitzen. Sie hatten so viel für Deutschland erlitten, sie hatten sich dieses kleine Dankeschön verdient. First Class ging es für sie Richtung Katar.

### *Mission erfüllt?*

Am 4. Oktober 2021, neun Tage nach der Bundestagswahl, landeten Spanta und ich nach einem Zwischenstopp in Doha wieder in München. Unsere elf neuen Freunde flogen vom sicheren Doha aus mit einer späteren Maschine nach Deutschland. Die Wahl hatte ich spektakulär verloren. Trotzdem hatte ich vielleicht das Richtige getan. Ich hatte mich um achtundvierzig Waisenkinder gekümmert und elf »Ortskräften« geholfen, dem IS zu entkommen. Konnte ich sagen: Mission accomplished? Nicht wirklich. Ich hatte ganz allein eine Bundestagswahl verloren. Der bittere Geschmack einer der größten Niederlagen meines Lebens ist bis heute nicht völlig verschwunden.

## 2. Kapitel

## Don Quijote oder Lancelot?

Die *Rheinische Post* hatte einmal geschrieben, man wisse bei mir nie genau, ob ich verrückt sei wie Don Quijote oder mutig wie Lancelot, der Ritter der Tafelrunde von König Artus. Ich habe mich das manchmal selbst gefragt. Vielleicht konnte man ja beides sein. Letztlich machte ich ja nur das, was mein Gewissen, mein Bauch von mir verlangten. Ich war am Ende meist gut damit gefahren.

Auch in meiner Kindheit, die ich während des Zweiten Weltkriegs in Hanau verbrachte. In einem kleinen alten Haus in der Burgallee. Ich sehe und rieche noch immer den kleinen wilden Garten meines Großvaters mit seinem Hasenstall, den verführerischen Mirabellenbäumen und den leckeren Himbeeren, die mir die nie endenden Sommertage versüßten.

Ab 1942 gab es immer wieder amerikanische und britische Bombenangriffe auf meine kleine Stadt. Die Amerikaner bombten meist tags, die Briten nachts. Ab Ende 1944 wurden die Angriffe immer heftiger. Wenn Bomben auf den Feldern in der Nähe unseres Hauses einschlugen, büxte ich manchmal aus. Ich wollte herausfinden, was da wirklich geschah und wovor alle Angst hatten. Ich war mit vier Jahren schon ziemlich unternehmungslustig.

Also suchte ich auf den Feldern nach Bombensplittern. Am liebsten nachts. Da konnten mich meine Mutter und meine Großeltern nur selten aufhalten. Wenn es Luftalarm gab, schauten sie zwar, ob meine Geschwister und ich brav schliefen. Doch da ich das wusste, schloss ich die Augen und rührte mich nicht.

Sobald meine Mutter das Licht gelöscht hatte, präparierte ich das Bett so, als hätte ich mir wegen des Bombenlärms die Bettdecke über den Kopf gezogen. Dann stand ich auf und schlich auf Zehenspitzen aus dem Haus.

Nun begann eine spannende Suche. Eine realistische Chance, Bomben- oder Granatsplitter zu finden, hatte ich nur, wenn nicht zu weit entfernt von unserem Haus bombardiert wurde. Ich wartete stets, bis die Bomber abdrehten. Dann rannte ich los. Selten zu brennenden Häusern, sondern eher auf die weiten Felder in der Nähe unseres Hauses. Fast immer fand ich Bomben- oder Granatsplitter, manche waren noch warm.

Sorgfältig trug ich meine Fundstücke nach Hause. Dort versteckte ich sie stolz in einem alten Karton neben dem Hasenstall meines Großvaters. Ich Knirps kam mir wie ein Detektiv vor, der auf der Suche nach der Wahrheit wichtige Beweisstücke gesichert hatte. Damit also führten die Menschen Krieg. Damit terrorisierten sie sich, damit eroberten sie die Welt. Ich wollte das verstehen, aber ich verstand es nicht. Diese Neugier, dieser Versuch, der Wahrheit auf den Grund zu gehen, hat mich ein Leben lang begleitet. Anschließend schlich ich zurück ins Kinderzimmer. Ich hörte den ruhigen Atem meiner zwei Geschwister und wusste, dass meine Mutter nichts gemerkt hatte. Schnell schlief ich ein.

### *Die Zerstörung Hanaus*

Am 19. März 1945, neun Tage vor dem Einmarsch der US-Truppen in Hanau, begann kurz nach vier Uhr morgens der schwerste Bombenangriff auf meine Stadt. Fliegeralarm hatte es keinen gegeben. Durch das mörderische Krachen der einschlagenden Bomben wachte ich trotzdem auf. Ich war damals viereinhalb Jahre alt. Wegen der ständigen Angriffsgefahr lagen wir vollständig angezogen im Bett. Wir mussten im Falle eines Angriffs auf unser Haus schnell aus dem Keller raus und in den nächstgelegenen Luftschutzkeller flüchten. Nur Schuhe hatten wir keine an.

So schnell wie dieses Mal war ich noch nie auf die Straße gerannt. Die Schuhe hatte ich in der Hand. Was ich sah, war ein höllisches Spektakel. Auf das von britischen Spezialflugzeugen fast taghell ausgeleuchtete nahe Stadtzentrum regnete es Feuer. Ununterbrochen schlugen Bomben ein. Die Innenstadt brannte lichterloh. Fassungslos stand ich auf der Straße. Ich sah brennende Menschen, die sich in Straßengräben warfen, um die Phosphor-Flammen zu ersticken, die sich in sie hineinfraßen. Die Flut der Bomben, die auf meine Stadt herabstürzten, riss nicht ab.

Heute weiß ich, dass damals zweihundertneunundsiebzig Flugzeuge der britischen Luftwaffe mit zweitausend Mann Besatzung dreihundertsiebzigtausend Spreng- und Brandbomben auf die Innenstadt warfen. Über zweitausend Hanauer starben, darunter mehrere meiner Spielkameraden. Militärisch war der Angriff völlig überflüssig. Sein Ziel war ausschließlich die Zivilbevölkerung. Die in den Außenbezirken liegende Industrie interessierte Luftmarschall Arthur Harris, der den Angriff befehligte, nicht. »Moral Bombing« nannte das »Bomber-Harris«, wie er später genannt wurde. Man wollte den Deutschen die Moral aus dem Leib bomben. Sie hatten schließlich das mörderische Naziregime mitzuverantworten.

Nach siebzehn Minuten war alles vorbei. Ich glaube, dass dieser Angriff auf Hanau mein ganzes späteres Leben verändert hat. Ich hatte in diesen siebzehn Minuten zu viel gesehen. Wenn mir heute jemand erklären will, dass manchmal – wie in Afghanistan oder der Ukraine – Krieg oder Waffenlieferungen an Kriegsparteien unvermeidlich seien, atme ich tief durch. Ich weiß, dass er nicht weiß, wovon er redet. Egal, ob er Putin, Scholz oder Biden heißt. Diese Leute haben keine Ahnung, was Krieg bedeutet. Sie haben ihn nie am eigenen Leib erlebt.

## *Warum ich mich als Vierjähriger vor amerikanische Panzer legte*

Schon wenige Wochen später ratterten amerikanische Panzer durch die Straßen von Hanau. Sie fuhren auch durch die schmale Burgallee, in der wir wohnten. Dabei richteten sie auf der geteerten Straße viel Schaden an. Das erschwerte manche unserer einfachen Spiele. Außerdem mussten wir jedes Mal, wenn die Panzer angefahren kamen, blitzschnell von der Straße runter.

Meine Mutter und meine Großeltern hatten sich an das laute Spektakel vorbeiratternder Panzer schnell gewöhnt. Sie schauten gar nicht mehr hin. Nur einmal waren sie verdutzt, als der Lärm der Panzer so ganz anders, weicher, sandiger klang. Ein Blick aus dem Fenster zeigte ihnen, dass die Panzer kurz vor unserem Haus auf den Gehweg abbogen und erst fünfzig Meter weiter zurück auf die Straße fuhren. Meine neugierige Großmutter ging an unser kleines Gartentor, um zu sehen, was da vor sich ging. Als sie es sah, stieß sie einen Schrei des Entsetzens aus. »Edith,« – rief sie meiner Mutter zu – »dein Sohn liegt auf der Straße. Er zwingt die Panzer zum Ausweichen!«

Entsetzt stürzten die beiden Richtung Straße, baten die Panzerfahrer mit den Armen fuchtelnd um Durchlass und stürzten zu der Stelle, an der ich mich quer über die Straße gelegt hatte. Ich muss mich fürchterlich geärgert haben, denn die respektlose Art, wie sie mich von der Straße zerrten, beendete den aus meiner Sicht heldenhaften Widerstand in unangemessener Weise. So leicht war es nun auch nicht, sich vor laut dröhnende Panzer zu legen, die oft erst wenige Meter vor mir quietschend abgebogen waren. Als mich meine Großmutter an den Ohren packen und wegführen wollte, schimpfte ich wie ein Rohrspatz und rannte weg.

Erst als ich sah, dass meine Mutter weinte, kam ich zurück und suchte ihren Schutz. Schluchzend schloss sie mich in die Arme. »Bitte mach das nie mehr«, bat sie inständig. Aber ich wusste, dass ich so etwas nicht versprechen konnte. Gegen Panzer, die Kinder am Lachen und Spielen hinderten, musste man sich wehren dürfen. Meine Mutter hat mir die »Panzergeschichte« später, als ich erwachsen war, immer wieder erzählt. Manchmal schien sie ein bisschen stolz auf meinen kindlichen Protest zu sein. Aber vielleicht rede ich mir das auch nur ein.

### *Mein Vater – Mitläufer oder Held?*

Meinen Vater kannte ich damals noch nicht richtig. Bewusst hatte ich ihn das letzte Mal auf einem Heimaturlaub gesehen, als ich knapp drei Jahre alt war. Jetzt, nachdem der Krieg zu Ende war, galt er als verschollen, als vermisst. Wir wussten nicht, ob er in den letzten Kriegsmonaten gefallen war oder ob er in einem Kriegsgefangenenlager saß. Die Wochen und Monate vergingen, ohne dass wir eine Nachricht erhielten. Meine Mutter weinte viel. Ich lief dann auf die Straße, um zu spielen.

Eines Tages sah ich weit entfernt auf der Burgallee eine Gestalt auf uns zuhumpeln. Je näher sie kam, desto besser konnte ich erkennen, wie zerlumpt und ausgemergelt sie war. Als sie vielleicht noch fünfzig Meter entfernt war, schoss mir wie ein Blitz ein Gedanke durch den Kopf. Das war Vati, den ich eigentlich gar nicht kannte. Schon gar nicht in dieser Verfassung. Ich rannte zu unserem Haus, riss das kleine Gartentor auf und rief, so laut ich konnte: »Der Vati ist da! Der Vati ist da!«

Meine Mutter schaute mich kreidebleich an und rannte los. Dann lagen die beiden sich irgendwo mitten auf der Straße in den Armen. Da meine Mutter merkte, dass er verletzt und völlig erschöpft war, nahm sie ihn vorsichtig bei der Hand und führte ihn in unser kleines Haus. Er war aus kanadischer Gefangenschaft geflohen und wochenlang nachts Richtung Hanau gelaufen. Tagsüber hatte er in irgendwelchen Scheunen übernachtet. Manchmal bekam er von hilfreichen Bauern etwas zu essen und zu trinken, manchmal auch nicht. Irgendwann war er krank geworden. Doch er lief weiter. Er wollte nach Hause. Mit diesem verdammten Krieg wollte er nichts mehr zu tun haben.

Jetzt hatte er es geschafft. Doch sein Körper konnte nicht mehr. Nach dem Übertreten der Türschwelle brach er zusammen. Tagelang rang er mit dem Tod. Wir Kinder waren in diesen Tagen mucksmäuschenstill. Wir hatten endlich unseren Vater wieder. Der durfte jetzt nicht mehr weggehen. »Bitte geh nicht weg!«, sagte meine Mutter, die tagsüber neben ihm saß, immer wieder, wenn er von Fieberschüben geschüttelt wurde. Irgendwann, nach Wochen, schaffte er es, er überlebte.

Die Zeiten nach dem Krieg waren für die meisten Deutschen hart. Wir hatten fast nie genug zu essen. Mein Vater wollte daher so bald wie möglich als Staatsanwalt oder Richter arbeiten – wie vor dem Krieg. Aber in Hessen gab es zu wenige Planstellen, und in Baden, wo er früher gearbeitet hatte, war er zu Beginn des Kriegs von den Nazis aus politischen Gründen gefeuert worden. Er war damals Staatsanwalt in Offenburg gewesen. Er war dadurch »unabkömmlich« und musste nicht wie seine Freunde in den Krieg ziehen. Wie alle Staatsanwälte Deutschlands war er Mitglied der »Partei«. So aktiv wie nötig, so passiv wie möglich. Anders als sein jüngerer Bruder fand er die Nazis »ordinär«.

Trotzdem war er, wie er offen einräumte, nie Widerstandskämpfer. Davon gab es in der Nazizeit ohnehin nur wenige. Erst nach dem Krieg stieg ihre Zahl mit jedem Tag in die Höhe. Mein Vater sah sich als Diener des Rechts, der Gerechtigkeit. Politik interessierte ihn nicht.

Weder vor noch nach dem Krieg. Nie sprach er mit mir über Politik. Er hatte zu viele Staatsformen erlebt, alle forderten sie bedingungslose Gefolgschaft: die Monarchie, die Weimarer Republik, die Nazis, die Bundesrepublik Deutschland und von einem seiner Brüder auch noch das Bekenntnis zur sozialistischen DDR. Zu Politikern hatte mein Vater kein Vertrauen.

Als »Staatsdiener« fand er es völlig normal, auch gegen Nationalsozialisten vorzugehen, wenn diese eine Straftat begangen hatten. Als er 1940 erfuhr, dass drei SA-Führer aus Offenburg angeblich Wirtschaftsstraftaten begangen hatten, ließ er ihre Häuser durchsuchen. Als sich dadurch der Verdacht erhärtete, ließ er alle drei verhaften. Natürlich wusste er, dass das in jenen Zeiten eine ungewöhnliche Maßnahme war. Aber er fand sie normal. Er hatte dem Recht zu dienen und nicht »der Partei«. Außerdem hatte ja genau diese Naziregierung dieses Gesetz gemacht.

Kurz danach wurde er aufgefordert, sich bei der vorgesetzten Landesjustizbehörde in Karlsruhe zu melden. Mit mulmigem Gefühl fuhr er nach Karlsruhe. Das Gespräch war kurz. Der zuständige Vorgesetzte erklärte ihm kühl, er habe mit der Verhaftung der drei SA-Führer mangelndes Urteilsvermögen gezeigt und maßlos überzogen. Es gebe jetzt noch zwei Möglichkeiten. Entweder nehme er seine Entscheidungen gegen die drei Offenburger Nazigrößen freiwillig zurück, oder er melde sich freiwillig an die Ostfront in Russland.

Wenige Tage später saß mein Vater zusammen mit anderen Soldaten im Zug nach Russland. Der traurige Abschied von seiner kleinen Familie hatte seine Zweifel verstärkt, ob die Verhaftung der drei Nazis wirklich eine kluge Entscheidung war. Aber er wusste auch nicht, wie er sich anders hätte verhalten können, ohne alles aufzugeben, woran er glaubte. Im Krieg erhielt er zwei Lungenschüsse. Diese schweren Verwundungen hatten die Zweifel an der Klugheit seiner damaligen Entscheidung massiv erhöht.

Kurz nach seiner Genesung fuhr mein Vater wieder nach Karlsruhe. Dahin, wo man ihn rausgeworfen hatte. Er fragte den neuen Chef der badischen Justizverwaltung, ob er Verwendung für ihn habe. Er habe ja schon früher hier gearbeitet. Der hohe Beamte schaute kurz auf seine Papiere. Dann sagte er kühl, für hessische Preußen habe man in Baden keine Verwendung. Er solle wieder dahin gehen, wo er hergekommen sei. Schweigend und niedergeschlagen verließ mein Vater den Raum. Er wusste, dass es jetzt schwer würde, die Familie zu ernähren.

Er ging gerade wieder Richtung Bahnhof, als ihn ein Justizbeamter, der ihm nachgelaufen war, fragte, ob er nochmals zu seinem Chef kommen könne. Natürlich konnte er, und so stand er kurz danach wieder vor dem hohen Justizbeamten, der ihn gerade rausgeworfen hatte. Der erhob sich von seinem Stuhl und sagte fast feierlich: »Ich habe gerade noch einmal in Ihren Akten geblättert und einen seltsamen Vermerk über Sie gefunden. Sind Sie der Wahnsinnige, der sich in Offenburg mit der SA angelegt hat?« Mein Vater nickte. Er fragte sich, was das mit seinem Einstellungswunsch zu tun hatte. In Baden gab es ja angeblich keine Planstellen für gebürtige Hessen. Doch der Justizbeamte schaute ihn plötzlich fast freundlich an: »Sie können im nächsten Monat im badischen Renchen als Amtsrichter anfangen.« Dann schüttelte er meinem Vater ungewöhnlich heftig die Hand.

Wie vier Millionen Deutsche musste auch mein Vater ein von den Alliierten gefordertes »Entnazifizierungsverfahren« durchlaufen. Es ging erträglich für ihn aus. Neben »entlasteten«, also unschuldigen Personen, gab es vier »Belastungskategorien«: »Hauptschuldige«, »Belastete«, »Minderbelastete« und »Mitläufer«. Mein Vater wurde in die unterste Belastungsstufe eingestuft. Als »Mitläufer«. Ruhmreich war das nicht. Doch für mich war er beides: Mitläufer und Held. Von ihm habe ich gelernt, dass man auch in schwierigsten Situationen seine Überzeugungen nicht aufgeben sollte. Danke, Vati! Ich habe dich unendlich geliebt.

## 3. Kapitel

## Algerien: als Zwanzigjähriger im Krieg

Aus meiner Kindheit sind mir vor allem das bescheidene Leben meiner Eltern, meine Faulheit als Schüler, die häufigen körperlichen Bestrafungen durch meine Lehrer und meine Begeisterung fürs Fußballspielen in Erinnerung. Schulische Bestrafungen gab es praktisch vom ersten Tag an. Oft für fast lächerliche Missetaten. Als ich sieben war, wurde mein Vater dringend in die Schule gebeten, weil ich bei der Bildung von Sätzen mit dem Verb »bedürfen« geschrieben hatte: »Die Jungfrau bedarf der Liebe.« Und in Klammern: »der Kavalier auch«. Wie ich auf derart beunruhigende Sätze komme, fragte der Lehrer. Mein Vater wusste keine Antwort. Ich auch nicht.

Doch auch die häufigen Umzüge und Ortswechsel wegen der Beförderungen meines Vaters, durch die ich immer wieder meine Freunde verlor, habe ich bis heute nicht vergessen. Sie waren ganz schön bitter. Von Hanau nach Renchen, von dort nach Offenburg und dann nach Freiburg, wo mein Vater Senatspräsident am Oberlandesgericht wurde.

Gegen den Willen der meisten meiner Lehrer bestand ich das Abitur und begann in München, Freiburg und Paris Rechts- und Staatswissenschaften zu studieren. Genauer gesagt, ich schrieb mich an den dortigen Universitäten ein. Studiert habe ich damals nicht wirklich. Ich studierte das Leben. Das fand aus meiner damaligen persönlichen Sicht nicht an den Universitäten statt. Manche Kritiker würden sagen, dass ich die Zeit schlicht vergammelt hätte. Aber das wäre nicht ganz fair.

Denn sowohl in der Schulzeit als auch während des Studiums hatte ich immer hart in irgendwelchen Jobs gearbeitet. Viele Jahre als Hilfsarbeiter im Baugewerbe und im Gleisbau sowie am Wochenende als Nachhilfelehrer. Die vielen Monate als Bauhilfsarbeiter haben mich stark geprägt. Zwei Mark und einundvierzig Pfennige bekam ich pro Stunde. Ich weiß, was harte Arbeit ist.

In Paris arbeitete ich als Fotograf in Nachtclubs. Mit mäßigem Erfolg. Und als Zuarbeiter für Theaterkritiker. Hierzu musste ich mir bestimmte Theaterstücke ansehen – was ich begeistert tat. Dann musste ich einen Rezensionsentwurf schreiben, den mein Theaterkritiker, kaum geändert, unter seinem Namen veröffentlichte. Das Geld, das ich dabei verdiente, sparte ich eisern. Für größere Pläne, die ich schon damals hatte. Zum Leben benutzte ich lediglich die zweihundert Mark, die mir mein Vater monatlich schickte. Für Paris, wo schon mein ärmliches Zimmer umgerechnet hundertundfünfzig Mark kostete, erhöhte mein Vater die monatliche Überweisung nach zwei Hungermonaten auf dreihundert Mark.

Am bittersten war in Paris die Ächtung, die manche Franzosen mir wegen der Kriegsverbrechen unserer Väter entgegenbrachten. Zwar lag das Kriegsende schon fünfzehn Jahre zurück, und ich war erst im Krieg zur Welt gekommen. Trotzdem verließen immer wieder Franzosen unter Protest den Ort, an dem ich mich mit anderen Franzosen aufhielt. Weil ich Deutscher war. »C'est un boche« – »das ist ein verfluchter Deutscher«, sagten sie und entschwanden. Voller Verachtung für mich, aber auch für die jungen Franzosen, die sich mit mir einließen.

Für viele Europäer gab es in jener Zeit eine deutsche »Kollektivschuld«. Danach trugen alle Deutschen ein »Verbrecher-Gen« in sich. Die deutschen Massenmorde während des Zweiten Weltkriegs hätten das klar bewiesen. Wir Deutsche wurden damals nicht nur in Frankreich, sondern in vielen europäischen Ländern geächtet. Ähnlich wie heute in bestimmten Kreisen unseres Landes Muslime und andere Migranten geächtet werden. Die meisten Deutschen haben vergessen, aus welchen Abgründen der Verachtung wir uns hocharbeiten mussten. Und es schließlich auch schafften. Weil wir uns klar zur historischen Schuld und Verantwortung Deutschlands bekannten.

### *Frankreichs Kolonialismus*

Frankreich war damals seit sechs Jahren selbst in einen barbarischen Krieg verwickelt. Er hatte nicht die Dimension des Zweiten Weltkriegs, aber er kostete nach manchen algerischen Angaben zwei Millionen Algeriern das Leben. Frankreich gibt inzwischen bereits dreihundertfünfzigtausend Tote zu. Im Studentenviertel Quartier Latin, in dem ich wohnte, kam es wegen dieses Kriegs ständig zu großen Demonstrationen. Manchmal mit Zehntausenden Teilnehmern. Die einen schrien »Algérie française«, die anderen »Algérie algérienne«. Oft prallten die Demonstranten an der Kreuzung des Boulevard Saint Germain und des Boulevard Saint Michel aufeinander. Als Erstes rissen sie sich gegenseitig die Brillen vom Gesicht, dann prügelten sie aufeinander ein.

Immer wieder kam es zu Schwerverletzten. Wenn kasernierte Spezialeinheiten der Polizei, die berüchtigten CRS, eingesetzt wurden, kam es auch zu Toten, die anschließend in die Seine geworfen wurden – wie etwa 1961. Meist waren die Toten Algerier. Auch in Frankreich wird das inzwischen nicht mehr bestritten. Das Land war in der Algerienfrage tief gespalten. Für die einen war Algerien seit über hundert Jahren französisches »Mutterland«. Für die anderen gehörte es den Algeriern, die von der französischen Rechten als »Terroristen« bezeichnet wurden.

Wer hatte recht? Durch bloße Zeitungslektüre kam ich nicht weiter. Linke Medien gaben eher den Algeriern recht, rechte Medien fanden, dass Algerien zu Frankreich gehörte. Ich wusste, dass ich, um die Wahrheit herauszubekommen, nach Algerien musste. Dorthin, wo gekämpft wurde. Nach Constantine oder Algier. Die Wahrheit würde ich nur vor Ort erfahren.

Dazu musste ich aber erst nach Marseille fahren. Ich hatte nicht genug Geld, um mir eine Bahnfahrt nach Marseille zu leisten. Also fuhr ich per Anhalter, ich trampte. Für junge Leute war das damals etwas Normales.

In Marseille ging ich an Bord eines schrottreifen Dampfers, der heutzutage keine Lizenz mehr für Passagiertransporte bekommen würde. Für fünfzig Francs buchte ich einen klapprigen Liegestuhl im untersten Deck. Bei der nächtlichen Überfahrt kam Sturm auf, der Seegang unseres alten »Seelenverkäufers« wurde immer schwerer. Ein Passagier nach dem andern übergab sich. Mir machte das Schlingern und Stampfen des Schiffes wenig aus. Dachte ich. Denn irgendwann gab das laute Jammern, Ächzen und Stöhnen der vielen seekranken Mitpassagiere, vor allem aber ihr übler Geruch, auch mir den Rest. Kurz vor der Ankunft in Algier wurde mir kotzübel. Mit den bekannten Folgen.

## *Die Kasbah, das No-go-Viertel Algiers*

Doch dann stand ich am Kai von Algier, und die frische Seeluft veränderte alles. Vor mir lag »Alger la blanche«, die »weiße« Hauptstadt Algeriens. Die helle Hauptstadt eines dunklen Kriegs. Doch von Krieg war nichts zu sehen. Die französische Armee unter Führung des Fallschirmjägergenerals Jacques Massu hatte die algerische Freiheitsbewegung FLN vor drei Jahren – zumindest in Algier – vernichtend geschlagen.

Folter war dabei ein gut funktionierendes Instrument gewesen. Die Franzosen folterten gefangene FLN-Kämpfer derart brutal, dass diese irgendwann ihre gesamte Führung verrieten. An diesen Folterungen waren nicht nur viele Algerier körperlich und seelisch zerbrochen, sondern selbst französische Folterer.

Plötzlich kam es am Kai, nicht weit von mir, zu großer Hektik. Zwei Algeriern waren die Kehlen durchschnitten worden. Kranken- und Polizeiwagen rasten herbei. Alltag in Algier. »Un règlement de comptes«, sagte ein neben mir stehender Franzose. »Jetzt werden Rechnungen beglichen.« Ansonsten aber schien in Algier alles ruhig zu sein.

Gefährlich sei nur noch die »Kasbah«, die burgähnliche Altstadt Algiers, meinte der Franzose. Dort habe es die schwersten Kämpfe des gesamten Kriegs gegeben. Mit unzähligen toten Algeriern. Er schaute sich um, um zu sehen, ob jemand zuhörte. Dann sagte er leise: »Wahrscheinlich ist das der schmutzigste Krieg, den Frankreich je geführt hat. Mit Massenerschießungen und systematischer Folter. Algerier, die damals verhaftet wurden, sind nie mehr aufgetaucht. Dieser Krieg ist Frankreichs Schande! Als Franzose sollten Sie dort nicht hingehen.« Offenbar hielt er mich für einen Franzosen.

Ich finde alle Altstädte unserer Welt spannend. Weil ich dort der Geschichte, der Kultur, der Seele des Landes begegne. Deshalb wollte ich selbstverständlich in die Kasbah Algiers. Auch um den Krieg zu verstehen. Doch umgebracht werden wollte ich auch nicht. Es musste einen Weg geben, heil in die Kasbah rein und genauso heil wieder rauszukommen. Doch wie? Auf dem Weg Richtung Kasbah sprachen mich drei junge Algerier an. Neugierig fragten sie, woher ich komme. Als sie hörten, dass ich Deutscher war, strahlten sie. »Was, Deutscher bist du? Klasse! Wir haben hier seit Jahren keine Deutschen mehr gesehen.«

Als ich sagte, dass ich die Kasbah besichtigen wollte, zögerten sie. »Wenn die Leute dich für einen Franzosen halten, wird es schwer für dich. Die Bewohner der Kasbah haben zu viel unter den französischen Besatzern gelitten.« Doch sie hatten eine Idee, die wir sofort umsetzten. In den gewundenen, engen Gassen ging der Kleinste von ihnen einfach einige Meter voraus und rief den Bewohnern zu: »C'est un allemand« – »das ist ein Deutscher.« Das war hier, anders als in Frankreich, kein Schimpfwort. Die zwei größeren Jungen gingen neben und hinter mir – als Körperschutz.

Es waren mulmige, gespenstische Stunden im gefährlichsten

Viertel Algiers. Ich war wahrscheinlich der einzige Europäer, der sich seit dem Massaker von 1957 hierher verirrt hatte. Tausende Einheimische waren bei der blutigen Schlacht um Algier von französischen Spezialeinheiten getötet oder verschleppt worden. Verschleppt, um gefoltert zu werden. Je mehr Einzelheiten ich von den Bewohnern der Kasbah erfuhr, desto klarer wurde mir, warum Europäer die Kasbah inzwischen völlig mieden. Und warum ich trotz meiner algerischen Begleiter höllisch aufpassen musste.

Auch einer der Brüder meiner Begleiter war von den Franzosen gefoltert worden. Wir trafen ihn in einem ungewöhnlich schmalen Haus der Kasbah. Er erzählte, französische Verhörspezialisten hätten ihn wochenlang gefoltert, um die Namen führender FLN-Kämpfer herauszubekommen. Er habe sich lange gewehrt. Doch irgendwann hatte er keine Kraft mehr und begann zu sprechen. Dabei nannte er nicht die Namen echter FLN-Kämpfer, sondern Namen von Leuten, die aus seiner Sicht jederzeit ihre Unschuld beweisen konnten. Zusätzlich erfand er Personen, die es gar nicht gab – ein Trick vieler Folteropfer. Er kam sich sehr clever vor. Sein Folterer war cleverer. Nachdem er die genannten Namen sorgfältig aufgeschrieben hatte, hatte er ihn gebeten, die Namen zu wiederholen. Der Junge war chancenlos. Vor allem an die erfundenen Namen konnte er sich nicht mehr erinnern.

Der Vernehmungsbeamte war daraufhin aufgestanden und hatte ihn gnadenlos zusammengeschlagen. Ab da packte er – wie andere Gefolterte – aus. Sein Widerstand war gebrochen. An diesem herausgeprügelten Verrat an Freunden und Verwandten waren viele algerische Familien zerbrochen. Er schaute mich bleich an: »Ab einem bestimmten Punkt hast du keine Chance mehr.«

In Deutschland wurde der brutale Sieger von Algier, General Massu, trotz seiner weltweit bekannten Kriegsverbrechen Ehrenbürger von Baden-Baden. 1968 erhielt er das Bundesverdienstkreuz. Doch nicht nur die Franzosen, auch die »Freiheitskämpfer« der FLN folterten. Meine algerischen Gesprächspartner gaben das offen zu. Schon damals ahnte ich: Es gibt auch keine anständigen Befreiungskriege.

### *Die bewusste Demütigung der Opfer*

Die meisten französischen Siedler und Soldaten in Algerien verachteten die Algerier. Sie drückten sie – wie Jean-Paul Sartre es formulierte – auf die Stufe von »höheren Affen« herab. Man jagte sie wie Tiere. Vor allem »Kopfabschneiden« war eine französische, keine arabische Spezialität. Junge Frauen und auch junge Männer wurden johlend geschändet.

Unzählige Augenzeugenberichte und grauenvolle Fotos belegen das. Ich habe vor Jahren einige dieser Fotos, die ich in Pariser Buchläden gefunden hatte, veröffentlicht. Jean-Paul Sartre, den ich 1960 im Pariser »Café de Flore« persönlich kurz kennengelernt hatte, empörte vor allem, dass seine Landsleute die Algerier bewusst und gezielt demütigten. Sie töteten sie nicht nur, sie rissen ihnen vorher noch »ihren Stolz aus dem Herzen«.

Ich spürte die Verachtung für die Algerier überall. Bei den französischen Siedlern, mit denen ich bis in die Nacht diskutierte. Oder bei den Fremdenlegionären, mit denen ich im Zug von Algier nach Constantine reiste. Mit einem dieser ausländischen Söldner habe ich mich lange unterhalten. Er war vierzig Jahre alt und hatte einige Jahre zuvor in Deutschland eine Straftat begangen. Er war daraufhin aus Deutschland geflohen. Er wollte lieber französischer Fremdenlegionär sein als deutscher Strafgefangener.

Als wir uns in Algier im Zug trafen, war er bereits ziemlich angetrunken. Er erzählte mir sein ganzes Leben. Auf dem Bahnsteig bemühten sich währenddessen kleine Algerier, ihre Limonadeflaschen an den Mann zu bringen. Der deutsche Legionär schaute ihnen gelangweilt zu. Doch plötzlich schien er Lust auf Limonade zu bekommen. Er rief einem der kleinen Jungen zu, er wolle die ganze Kiste. Der Kleine stemmte sie strahlend hoch. All seine Kumpel beneideten ihn. Endlich mal ein richtiges Geschäft! Der Legionär verstaute die Kiste auf dem Boden unseres Zugabteils. Ächzend, quietschend setzte sich der Zug in Bewegung. Der Kleine trabte neben dem Zug her. »Mein Geld!«, rief er bittend. Doch der Legionär schaute ihn mit seinen glasigen Augen nur spöttisch an.

Der Zug wurde schneller, der Junge musste rennen, um mitzuhalten. »Mein Geld«, flehte er, »mein Geld!« Der Fremdenlegionär grinste noch mehr. Dann packte er den Getränkekasten, hielt ihn hoch und schmetterte ihn auf den Bahnsteig. Genau vor die Füße des Jungen. Die Flaschen zersplitterten. Der kleine Algerier, der dem Soldaten vertraut hatte, schrie schluchzend auf, während der Fremdenlegionär in ein röhrendes Lachen verfiel. Was ihm besonders gefiel: Er hatte dem kleinen Algerier nicht nur Schaden zugefügt, er hatte ihm – wie Sartre es gesagt hätte – den letzten Stolz aus dem Herzen gerissen.

Ich war nach Algerien gereist, um der Wahrheit des Kriegs näher zu kommen. Und um den Kolonialismus zu verstehen. Ich sprach mit friedlichen algerischen Familien, bei denen ich auch wohnte, und mit weniger friedlichen Rebellen und Terroristen. Und immer wieder auch mit französischen Soldaten. Selbst mit der geheimen französischen Terrororganisation OAS konnte ich sprechen. Ich gestehe: Ich habe diesen Krieg, der überall und nirgendwo stattfand, nicht verstanden. Nur eines war mir am Ende meiner Reise klar: Die Franzosen waren in Algerien nicht »die Guten«. Die Rebellen allerdings auch nicht.

### *Bomben auf Bizerta*

Für mich war das, was ich in Algerien erlebt hatte, ein tiefer Schock. Weil ich in Paris Frankreich lieben gelernt hatte. Die Franzosen waren für mich Vorkämpfer unserer Zivilisation, Pioniere von Freiheit, Gleichheit und Brüderlichkeit. Wie passte das zu ihren Massakern, Vergewaltigungen und Kopfabschneide-Orgien in Algerien? Woher kam dieser Widerspruch?

Der Algerienkrieg der Franzosen wurde überwiegend von Bizerta aus geführt, einem französischen Militärstützpunkt im benachbarten Tunesien. Dass Tunesien seit 1956 von Frankreich unabhängig war, interessierte die Franzosen nicht. Auf wiederholte Bitten des tunesischen Präsidenten, den Militärstützpunkt den Tunesiern zurückzugeben, reagierten die Franzosen 1961 mit einer Verlängerung der Landebahn ihres Stützpunktes. Sie wollten noch schwerere Bomber nach Algerien schicken. Das alles geschah ein Jahr nach meinem Besuch in Algerien.

Die tunesische Volksseele explodierte. Tausende Tunesier, Studenten, Frauen, Kinder errichteten in Bizerta Barrikaden und sperrten die Zufahrt zum nahe gelegenen Militärstützpunkt. Die Antwort der Franzosen kam wie üblich schnell. Sie bestand aus Bombern, Kriegsschiffen, Panzern, Raketen und Hunderten von Fallschirmjägern. Nach vier Tagen war alles vorbei: Die tunesische Bevölkerung war aus Bizerta vertrieben, weit über fünfhundert tunesische Freiwillige waren bei den Kämpfen getötet worden. Frankreich hatte gewonnen, der Algerienkrieg konnte noch intensiver weitergehen. Von Tunesien aus.

Wenige Tage nach der Vertreibung der Tunesier aus Bizerta beschloss ich, mir die Sache vor Ort anzusehen. Mit einer alten Propellermaschine, mit der der Flug nur wenige französische Franken kostete, flog ich nach Tunis. Dort holten mich Freunde am Flughafen ab. Schon im Auto spürte ich eine seltsame fanatisch-patriotische Stimmung. Nicht nur durch die aufpeitschende Militärmusik im Autoradio, sondern auch durch die vaterländische Erregung, die auch meine Gastgeber erfasst hatte.

Krieg schien die Menschen zu verändern. Immer wieder wurde die Bevölkerung im Radio aufgefordert, nach französischen Fallschirmjägern zu suchen, die der starke Wind angeblich nach Tunis abgetrieben hatte. Es konnte nicht schwer sein, sie zu finden. In der Regel sahen französische Fallschirmjäger nun mal anders aus als Tunesier.

Mein Gastgeber Junis, Herausgeber eines kleinen tunesischen Wirtschaftsmagazins, schaute ständig aus dem Auto. Er hoffte, irgendwo einen französischen Fallschirmjäger zu entdecken. Selbst ich ertappte mich bei gelegentlichen forschenden Blicken aus dem Seitenfenster unseres klapprigen französischen Wagens. Hatte mich die allgemeine Erregung der Tunesier angesteckt?

### *Wenn auch »Opfer« lynchen wollen*

Wie fanatisiert die Menschen hier waren, erfuhr ich schon am ersten Abend am eigenen Leib. Ich schlief bereits, als mein tunesischer Gastgeber panisch in mein Zimmer stürzte. »Hörst du die Menge draußen? Die wollen das Haus stürmen. Sie sagen, du seist ein französischer Fallschirmjäger. Wir müssen was tun!« Ich hörte, wie Fäuste gegen die Haustür hämmerten und draußen erregt gebrüllt wurde. Immer wieder hörte ich das Wort »parachutiste« oder »para«, was so viel heißt wie »Fallschirmjäger«. Die wütende Menge wollte offenbar ihrem Vaterland einen Dienst erweisen, indem sie mich aus »meinem Versteck« herausholte, um mich zu lynchen.

Ich gab Junis meinen Pass und bat ihn, damit rauszugehen. Wenn er meinen deutschen Pass vorzeige, könne es nicht wirklich schwer sein, die Menge zu beruhigen. Junis zögerte. Er fragte, ob ich nicht selbst rausgehen könne. Doch ich hatte noch weniger Lust als er, im Dunkeln von wütenden Tunesiern erschlagen zu werden. Ähnlich dachte wohl auch Junis, der wahrscheinlich längst den Augenblick verfluchte, in dem er mich in sein Haus eingeladen hatte. Zögernd versuchte er die Tür nur so weit zu öffnen, dass die Fanatiker der ersten Reihe nicht sofort in sein Haus eindringen konnten. Ich hörte durch die kurz geöffnete Tür, wie einige aus der Menge schrien, Junis solle endlich den verdammten Franzosen rausrücken. Dann war die Tür wieder zu. Draußen begann eine wüste Brüllerei zwischen Junis und der fanatisierten Menge.

Nach einer Viertelstunde kam er zerzaust, bleich und außer Atem zurück: »Du musst raus. Sie stürmen sonst das Haus. Sie haben mir kein Wort geglaubt.« Ich war gekommen, um das Phänomen französischer Kriege zu verstehen. Jetzt aber erlebte ich blinden tunesischen Fanatismus, mit dem ich überhaupt nicht gerechnet hatte. Was sollte ich tun? Wenn ich nicht rausging, stürmte die Menge möglicherweise tatsächlich das Haus. Wenn ich jedoch rausging, bestand die Gefahr, dass die Lage außer Kontrolle geriet und die johlende Menge mich lynchte. Leider sah ich mit Khakihemd und Khakihose in den Augen enthemmter Tunesier nicht viel anders aus als französische Fallschirmspringer. Draußen war es stockdunkel. Wie war ich bloß in diese lebensgefährliche Situation gekommen?

Ich hatte gar keine Wahl: Ich musste nach draußen, obwohl dort das kleinste Missverständnis katastrophale Folgen haben konnte. Ich nahm meinen Pass, öffnete ihn und drückte mich durch die Tür, die Junis einen Spalt weit für mich geöffnet hatte. Die über hundert Menschen wichen nur so weit zurück, dass ich aus dem Haus rauskonnte. »C'est un français«, rief einer, »das ist doch ganz klar ein Franzose«, rief ein anderer. Mein hochgehaltener Pass schien niemanden zu interessieren. Den kannten sie schon von Junis. Wenn ich jetzt einen Fehler machte, war alles vorbei. Die Leute schrien wild durcheinander und drängten immer weiter nach vorne.

So freundlich ich konnte, schaute ich einen direkt vor mir stehenden Tunesier an. Dann streckte ich ihm meinen Pass entgegen. »Lies das bitte! Und erzähl deinen Freunden, was du gelesen hast!«, sagte ich auf Französisch. Verblüfft nahm er den Pass in die Hände, obwohl auch er mich, wie die anderen, wahrscheinlich für einen Franzosen hielt. Ob er in der Dunkelheit etwas lesen konnte, wusste ich nicht. Neben ihm zischte einer: »Glaub ihm kein Wort! Das ist ein Franzose.« Ein anderer fauchte: »Un parachutiste.« Die Leute waren wütend und erregt. Dass ich jetzt einfach vor ihnen stand, mich praktisch in ihre Hände begeben hatte, hatte sie vielleicht verblüfft, aber nichts entschieden. Sie wollten etwas für ihr Land tun, das von den Franzosen wieder einmal gedemütigt worden war. Sie wollten die verdammten Fallschirmjäger ausschalten, die sich angeblich in Tunis versteckt hielten.

Der Mann, dem ich den Pass gegeben hatte, blätterte und blätterte. Ich dachte: »Junge, bitte sag was!« Auf dem Pass steht doch überall in großen Buchstaben »Deutschland, Germany«. Ich schaute ihn beunruhigt an und sagte: »Et alors« – »Und jetzt?« Er blickte mich immer wieder prüfend an. Mit meinen siebzig Kilo sah ich nicht wirklich wie einer jener französischen Fallschirmjäger aus, die meist vor Kraft kaum laufen konnten. Dann schaute er in die Menge, die immer ungeduldiger auf sein Urteil wartete. Schließlich holte er tief Luft und sagte mit fast trauriger Stimme: »C'est un allemand« – »Er ist Deutscher!« Doch was in Frankreich fast ein Schimpfwort war, war hier das größte aller Komplimente.

Jeder rief jetzt dem andern zu: »Er ist Deutscher, Deutscher!« Und plötzlich wurde aus der hasserfüllten Erregung unbeschreiblicher Jubel. Als hätte jemand ein wichtiges Tor geschossen. Ich hatte plötzlich hundertfünfzig Freunde, die mir alle die Hand geben oder mich umarmen wollten. Ein Deutscher, der in diesen schwierigen Tagen nicht wie andere Ausländer abgehauen war und an ihrer Seite stand. Vor Kurzem wollten sie mich noch lynchen, jetzt liebten sie mich. Ja, ich fand sogar einen Bizertaner, der bereit war, mich am nächsten Tag in das militärisch gesperrte Bizerta zu fahren, so gefährlich das auch sein mochte. Erst um zwei Uhr nachts kam ich wieder ins Haus, wo Junis auf den Ausgang der Dinge gewartet hatte. »Du hast so ein Glück« sagte er, »die wollten dich wirklich erschlagen.«

Am nächsten Tag stand ich im zerstörten Bizerta. Mit meiner kleinen Box-Kamera, die mich zehn Mark gekostet hatte, fotografierte ich die schweren Zerstörungen der Stadt. Wir waren erstaunlich ungehindert in die menschenleere Stadt gelangt. Mehmed, mein mutiger tunesischer Fahrer, hatte an allen französischen Checkpoints mit leidender Miene erklärt, er müsse in seinem Haus dringend lebenswichtige Medikamente holen. Dagegen konnten die französischen Soldaten nichts haben. Großmütig hatten sie uns durchgewunken.

In Bizerta bot sich uns ein Bild der Zerstörung. Dass meine Freunde, die Franzosen, den Straßenkampf gegen tunesische Studenten, Frauen und Kinder mit Flugzeugen und Kriegsschiffen, mit Bomben und Raketen führen würden, hätte ich mir nie vorstellen können. Darüber wollte ich in Deutschland und Frankreich schreiben. Aber wenn ich etwas über Bizerta schrieb, musste ich es auch belegen können. Also fotografierte ich auf Teufel komm raus.

Plötzlich stoppte neben uns ein Militärjeep mit quietschenden Reifen. Einer der zwei mit Maschinenpistolen bewaffneten französischen Soldaten sprang heraus und baute sich vor mir auf. »Was machst du da?«, fragte er. »Fotografieren!«, antwortete ich. »Hier herrscht Kriegsrecht. Hier wird nicht fotografiert«, gab er zurück. Ich versuchte auf Mehmeds Medikamentenproblem hinzuweisen, doch der Soldat hatte keine Lust, zu diskutieren. »Aufsitzen!«, sagte er und gab uns mit seiner Maschinenpistole ein Zeichen, in den Jeep zu steigen. Kurz danach raste er los. Ich wollte immer mal mit einem Jeep fahren. Aber seit dieser Fahrt in Bizerta will ich das nicht mehr. Der junge Soldat fuhr wie ein Henker durch die verwinkelten Straßen und Gassen von Bizerta. Manchmal auf drei Rädern. Auf den hinteren Sitzen gab es nichts, woran wir uns festhalten konnten.

Wenig später saßen wir vor dem französischen Stadtkommandanten. Mehmed hatte nun richtig Angst. Tunesier wurden in französischen Militärgefängnissen nicht gut behandelt. Auch mir war mulmig. Bei Verstößen gegen das Kriegsrecht verstanden die Franzosen keinen Spaß. Das Verhör war schroff. Immer wieder herrschte der Stadtkommandant uns an, weil wir gegen mehrere Bestimmungen des Kriegsrechts verstoßen hatten. Bis er – beim Gespräch über mein Studium in Paris – plötzlich feststellte, dass wir in Paris gemeinsame Freunde hatten. Von da an war der hohe französische Offizier der freundlichste und hilfsbereiteste Mensch, den man sich vorstellen konnte. Wie war das möglich? Der Mann war mitverantwortlich für das Massaker von Bizerta, das Hunderten tunesischen Zivilisten das Leben gekostet hatte. Der Mann war ein Kriegsverbrecher, ein Mörder! Können Mörder sympathisch sein?

Diese Frage sollte mich ein Leben lang begleiten. Wenn ich an die getöteten oder schwer verletzten tunesischen Studenten, Frauen und Kinder dachte, war die Antwort klar. Sie lautete Nein. Wenn ich jedoch an die Familie des französischen Stadtkommandanten dachte, für die der Kommandant als Vater, Ehemann und Bruder ein »Held« war, der gerade eine Schlacht gegen tunesische Aufständische gewonnen hatte, wurde es komplizierter. Hätte er, wenn er die Tötung von Zivilpersonen als Kriegsverbrechen erkannt hätte, eine Chance gehabt, das Massaker zu verhindern? Hatte er nicht klare Befehle seiner Vorgesetzten, den Widerstand der Tunesier zu brechen? Auch den Befehl seines Präsidenten und Oberbefehlshabers General Charles de Gaulle? Ab welchem Punkt muss ein Offizier Widerstand leisten? Und wenn der plötzlich so hilfsbereite Stadtkommandant Widerstand geleistet hätte, wäre er dann nicht sofort entlassen, bestraft und am Ende von der Mehrheit der Franzosen als Versager, als Weichling verachtet worden?

Auf all diese Fragen wird es erst eine gerechte Antwort geben, wenn der Krieg eines Tages genauso kategorisch geächtet werden wird wie Sklaverei, Hexenverbrennung, öffentliches Foltern, offener Rassismus und ähnliche Irrwege der Menschheit. Bis dahin werden die Menschen immer irgendwelche Gründe finden, warum das Totschlagen von Menschen unter bestimmten Voraussetzungen zulässig, gerecht, ja, sogar eine Heldentat ist. Ich wusste das damals noch nicht. Aber ich ahnte es.

### *Was kann ein Einundzwanzigjähriger gegen die Ungerechtigkeit der Welt tun?*

Von Deutschland aus schrieb ich im tunesischen Wirtschaftsmagazin *Technique et Homme*, das Junis gehörte, einen Artikel über das, was ich in Bizerta gesehen und erlebt hatte. Vielleicht war mein Bericht zu zornig. Aber Junis war begeistert. Und doch schrieb er mir kurz danach, dass er meine Reportage leider nicht veröffentlichen könne. Er werde sonst die meisten seiner französischen Anzeigenkunden verlieren. Gegen Geld hat es die Wahrheit es immer schwer.

Durfte ich nun aufgeben? Meine ersten Reisen in die arabische Welt hatten mich nachdenklich gemacht. Musste ich nach all dem, was ich erlebt hatte, nicht mithelfen, über die französischen Kriege in Nordafrika aufzuklären? Musste ich als Kind des Zweiten Weltkriegs nicht zum Protest gegen den mörderischen Algerienkrieg der Franzosen aufrufen? Gegen den Kolonialismus, der die Einheimischen zu Menschen zweiter Klasse, zu Sklaven degradierte? Gegen die schamlose Ausbeutung der Kolonien, auf der bis heute ein Großteil des europäischen Wohlstands beruht? Das Versagen unserer Eltern im Holocaust ging mir nicht aus dem Kopf. Musste ich nicht lauter protestieren?

Musste ich nicht auch über den islamfeindlichen Rassismus der Europäer in Nordafrika berichten und versuchen, den Islam fairer darzustellen? Die Menschen, die ich dort kennengelernt hatte, waren – wenn sie nicht gerade hinter französischen Fallschirmjägern her waren – herzlich, liebenswert und von einer Gastfreundlichkeit, die mir bis dahin unbekannt war. Der gelebte Islam in Nordafrika war – anders, als ich immer wieder gelesen hatte – eine ausgesprochen menschenfreundliche, barmherzige Religion. Musste ich nicht über die vielen Ähnlichkeiten von Judentum, Christentum und Islam berichten, die mich bei meinen Besuchen in Synagogen, Kirchen und Moscheen so verblüfft hatten?

Wer wusste in Europa schon, dass Jesus für Muslime ein hochgeehrter Prophet war, das »Erkennungszeichen des Jüngsten Tags«, und dass seine Mutter Maria im Koran viel häufiger erwähnt wird als Prophet Mohammed? Aber waren diese großen Aufgaben für mich nicht mehrere Nummern zu groß? Ich war damals gerade einmal Anfang zwanzig. Ich war niemand.

Meine Anfragen bei deutschen Zeitungen, ob ich als Augenzeuge etwas über Algerien oder Bizerta schreiben könne, wurden von keiner Zeitung beantwortet. Ich hatte keinerlei politische Kontakte und damals nicht einmal ein abgeschlossenes Studium. Die Zeit, zu handeln, war noch nicht gekommen. Ich wusste, sie würde kommen. Der Gedanke, dass meine Generation dem Bösen in der Welt nicht tatenlos zuschauen durfte, ließ mich nicht mehr los. Der Zweite Weltkrieg und der Holocaust hatten mich tief geprägt.

# 4. Kapitel

## Kleine Träume, große Träume

Es wurde Zeit, mich meinem Studium zu widmen. In Bonn, der damaligen Bundeshauptstadt, gab es einen berühmten Repetitor, der angeblich in der Lage war, selbst den faulsten Studenten in kürzester Zeit die zentralen Grundsätze der Juristerei beizubringen. Ich fuhr dorthin. Je nach Wissensstand brachte der Repetitor seine Schüler in unterschiedlichen Räumen unter. Ich landete im sogenannten Gammelkäfig, in den die gesetzt wurden, die aus Sicht des strengen Repetitors nur mäßig an Jura interessiert waren. Das gefiel mir überhaupt nicht. Meine ursprünglich hohe Motivation, mich auch in trockene Bereiche der Juristerei einzuarbeiten, sank täglich.

Außerdem gab es auf dieser Welt noch zu viel zu entdecken, als dass ich hinnehmen konnte, ein ganzes Jahr in einem »Gammelkäfig« zu verbringen und mir Dinge eintrichtern zu lassen, die mich nicht interessierten. Ich wusste, dass ich auch in meinem Studium irgendwann richtig loslegen musste, so, wie ich es ein halbes Jahr vor dem Abitur gemacht hatte. Aber eben noch nicht jetzt. Ich hatte noch so viele unerfüllte Träume.

Ich wollte Reiten, Fliegen und Fallschirmspringen lernen. War das verrückt? Natürlich. Doch für die Realisierung dieser Träume hatte ich jahrelang gejobbt und gespart. Jetzt war der Zeitpunkt gekommen, sie zu verwirklichen. Vielleicht zeigte sich sogar, dass diese kleinen Träume der große Traum, das wahre Leben, waren.

Wie andere junge Menschen bewunderte ich den Amerikaner Charles Lindbergh, der es als Fünfundzwanzigjähriger geschafft hatte, in einer winzigen Propellermaschine als Erster den Atlantik zu überqueren. Oder Hans Günter Winkler, der trotz einer schweren Verletzung 1956 Olympiasieger im Springreiten geworden war. Das waren damals meine Idole im Fliegen und Reiten, denen ich nacheifern wollte.

## *Reiten*

Ich wurde nie ein großer Reiter, obwohl ich diesem Sport wunderbare Stunden verdanke. Meine erste Reitstunde im Freien an der Longe eines achtzehnjährigen blonden Mädchens, das leider in einen viel älteren Reitlehrer verliebt war, war filmreif. An jenem Tag war es brütend heiß. In der Nähe des Reitplatzes war ein dunkles Gewitter aufgezogen. Bei jedem Donnerschlag bäumte sich mein mächtiges Pferd auf und schleuderte mich in den Sand. Besorgt fragte mich das hübsche junge Mädchen immer wieder, ob ich mir wehgetan hätte. Da ich ihr imponieren wollte, verneinte ich lächelnd. Trotz höllischer Schmerzen an der Hüfte stieg ich immer wieder auf das bockige Tier. Kurz darauf lag ich wieder im Sand.

Ich weiß nicht mehr, wie oft ich abgeworfen wurde. Doch als die Reitstunde vorüber war, tat mir jeder Knochen weh. Natürlich zeigte ich das nicht. Von meiner kleinen Reitlehrerin verabschiedete ich mich mit einem lässigen Sprung über das Holzgatter, das den Reitplatz umgab. Zumindest war das meine Absicht. Doch meine Beine spielten nicht mehr mit. Sie versagten einfach ihren Dienst. Der Kampf mit dem Riesenpferd hatte alles in und an mir erschöpft. Kläglich blieb ich an den Spitzen des Gatters hängen und landete in einem Brennnesselfeld. Ich sah mich nicht um. Mir war klar, dass sich die Reitlehrerin jetzt vor Lachen bog.

Ich wusste, dass nach diesem Auftritt alles nur besser werden konnte, und es wurde besser. Nie werde ich die späteren Ausritte mit meiner Reitlehrerin an den Ufern des Rheins vergessen. Unsere Ritte durch den Wald. Auch heute noch reite ich gelegentlich. Im Schnee des Südtiroler Bergdorfes Sulden oder an der Atlantikküste Portugals. Noch immer sind das Sternstunden meines Lebens.

### *Fliegen*

Parallel zu meinen Reitkursen besuchte ich die Flugschule in Hangelar bei Bonn. Ich wollte fliegen lernen. Gleich am ersten Tag flog der Fluglehrer mit einer kleinen roten Piper P8 mit mir die ersten »Platzrunden«. Mein Steuerknüppel war an seinen gekoppelt, sodass ich nichts falsch machen konnte. Hundert Meter rasten wir über die Wiese des Flugplatzes, dann zogen wir den Steuerknüppel leicht an uns heran. Und schon erhob sich die Maschine in die Lüfte. Es war ein tolles Gefühl. Nach der nur wenige Minuten dauernden Runde um den Platz kam die weiche Landung. Kinderleicht – aber ich flog ja auch nicht selbst, sondern machte nur vorsichtig alle Bewegungen des Fluglehrers mit. Nach jeder Runde ließ er mich etwas selbstständiger starten und landen.

Am zweiten Tag fragte er mich nach der insgesamt neunten Platzrunde: »Na, wie findest du die Fliegerei?« »Kinderleicht«, antwortete ich. »Ok«, sagte er, »wenn das so leicht ist, dann fliegst du jetzt allein.« Sagte es, zog seinen Steuerknüppel aus der Halterung und stieg aus.

Regungslos saß ich in der Maschine. Das konnte nicht wahr sein. Ich sollte, ich durfte ganz allein fliegen? Erst vorsichtig und dann mit aller Kraft gab ich Gas. Ich rollte, dann raste ich über das Flugfeld. Als die Piper wegen der steigenden Geschwindigkeit zu hüpfen begann, zog ich den Steuerknüppel erst vorsichtig, dann entschlossen an mich.

Dann flogen wir. Wir flogen, die Piper und ich – ganz allein. Mich erfasste ein derartiges Glücksgefühl, dass ich anfing, zu singen und mit den Füßen gegen den Boden der Piper zu trommeln. Ich flog, Leute! Keiner kann sich vorstellen, wie das ist.

Ein paar Monate später hatte ich den Pilotenschein, obwohl mir am Schluss das Geld ausging. Doch ab jenem Tag wusch ich das Auto eines reichen rheinischen Industriellen, der ebenfalls den Pilotenschein machte. Täglich! Auch wenn das Auto blitzsauber war. Ich war wahrscheinlich der teuerste Autowäscher, den der rheinische Industrielle je hatte. Aber anders hätte ich die letzten Flugstunden nicht bezahlen können.

Ich besaß meinen Pilotenschein vor meinem Autoführerschein. Zu den jeweiligen Flugplätzen musste ich daher immer mit dem Fahrrad fahren. Wenn der nächste Flugplatz zu weit entfernt war, fuhr ich per Anhalter. Die sechs Jahre, die ich mir den teuren Pilotenschein leisten konnte, waren grandios. Obwohl ich einmal versehentlich auf einem amerikanischen Militärflugplatz landete, was – zurückhaltend ausgedrückt – zu großem Ärger mit den Amerikanern führte. Ein anderes Mal flog ich in den Schweizer Bergen mitten in ein Militärmanöver hinein, weil ich mich vorher nicht über die Lage im Schweizer Luftraum informiert hatte. Und im Hochnebel über Freiburg wäre ich nach einer missglückten Steilkurve beinahe abgestürzt. Fast senkrecht »schmierte« mein kleines Flugzeug ab. Gelegentlich habe ich mich auch verflogen. Im Tiefflug ging's dann runter zu Bahnhöfen oder Autobahnkreuzen, an deren Schildern ich erkennen konnte, wo ich mich gerade befand. Ich war kein guter Pilot. Eigentlich war ich eine Gefahr für den deutschen Luftraum. Doch ich flog leidenschaftlich gerne.

Fast immer, wenn ich später beruflich als Abgeordneter oder als Manager in einem Privatjet, Militärjet oder Hubschrauber saß, fragte ich den oder die Piloten, ob ich die Maschine eine Weile fliegen dürfe. Ich durfte immer. Selbst US-Militärjets durfte ich über Amerika fliegen. Die mitfliegenden US-Offiziere waren nach ein, zwei Steilkurven meist kreidebleich und erkennbar erleichtert, wenn ich mich wieder zu ihnen nach hinten setzte.

## *Fallschirmspringen*

Ein paar Jahre später konnte ich mir auf einer belgischen Fallschirmspringer-Schule auch den Traum vom Fallschirmspringen erfüllen. Wie alle Fallschirmspringer erlebte ich diesen einen großen Augenblick, den man nie vergisst: Wenn sich in tausend oder zweitausend Metern Höhe die Flugzeugluke öffnet, der steife Wind einem den Atem nimmt und der Pilot das Kommando gibt: »Spring!« Wenn du deine Angst überwindest und in die Tiefe springst. Wenn die Luft dich wie ein Kissen auffängt und trägt, bis sich mit rüdem Ruck der Fallschirm öffnet und dich zur Erde trägt.

Es war gut, dass ich mir all diese Jugendträume erfüllen konnte. Weil sie faszinierend und fordernd waren. Aber auch, weil sie mir zeigten, dass sie nicht das wirkliche Leben und schon gar nicht meine Mission waren. Ich erkannte schnell, dass es Wichtigeres im Leben gab. Auch wenn ich damals noch nicht genau wusste, was das war. Was ist unsere Aufgabe auf dieser Welt, was war meine Aufgabe? Hatte ich überhaupt eine Aufgabe?

## 5. Kapitel

## Die Macht des Schicksals

Bei dieser Art zu leben kam mein Studium weiterhin eindeutig zu kurz. Nach dem fünften Semester fragte mich mein Vater, ob ich ihm einmal meinen »Schönfelder« zeigen könne. Das war eine zehn Zentimeter breite, gebundene Loseblattsammlung mit allen wichtigen deutschen Gesetzen. Nach fünf Semestern waren bei einem normalen Studenten mindestens die Blätter des Bürgerlichen Gesetzbuchs oder des Strafgesetzbuchs abgegriffen, wenn nicht zerfleddert. Die Blätter meiner Gesetzessammlung aber waren alle blütenrein. Ich wollte mir und meinem Vater diese Peinlichkeit ersparen und erwiderte: »Du vertraust mir nicht?« »Doch«, antwortete mein Vater, »ich will nur sehen, ob mein Vertrauen berechtigt ist.«

Ich wusste, dass ich jetzt loslegen musste. Ich tat dies auch. Alles hatte seine Zeit. Das Ergebnis war anderthalb Jahre später ein ordentliches Examen. Es wurde nur deshalb kein Prädikatsexamen, weil ein bekannter sensibler und betont eleganter Staatsrechtsprofessor mein Lächeln während der gesamten mündlichen Prüfung falsch verstand. Ich lachte ihn an, weil alles so gut lief. Er glaubte, ich lachte ihn aus.

Verärgert und gekränkt gab er mir lediglich einen von fünfzehn möglichen Punkten. Er wollte verhindern, dass ich ein Prädikat bekam, das alle andere Professoren mir geben wollten. Obwohl seine Kollegen heftig und lange protestierten, blieb er bei seiner Strafnote. Seinem Assistenten, der mein bester Freund war – was er allerdings nicht wusste –, erzählte er, ich sei regelrecht in meinem Stuhl gelegen. Es hätte nicht viel daran gefehlt, dann hätte ich ihm die Füße vors Gesicht gestreckt.

Was der verärgerte Staatsrechtslehrer ebenfalls nicht wusste, war, dass sich sein Assistent gelegentlich sein elegantes Cabrio »auslieh«, um mit mir im Schwarzwald die Schauinsland-Rennstrecke hochzurasen. Dass er dabei einmal vergaß, die Handbremse zu lösen, brachte ihm viel Ärger ein. Insgesamt aber hatten wir mit dem Cabriolet des Staatsrechtsprofessors viel Spaß. Und ich hatte durch den Ärger mit dem professoralen Feingeist auch etwas gelernt. Im Leben kommt man nur vorwärts, wenn man die Kunst beherrscht, Menschen zu gewinnen. Ich habe darauf viel zu wenig geachtet. Das war einer meiner größten Fehler. Vor allem, wenn es um wichtige Dinge ging.

## *Mein Bruder Joachim wäre so gerne Berufssoldat geworden*

Die dem Staatsexamen folgende Referendarzeit ging ich wieder beschaulich an. Erstmals erhielt ich ein regelmäßiges Gehalt. Zweihundertsiebzig D-Mark gab es damals pro Monat. Das war selbst für jene Zeiten zu wenig. Meine ältere Schwester Inge, die Lehrerin war, verdiente viel mehr.

Mein drei Jahre jüngerer Bruder Joachim, der sich freiwillig als Berufssoldat gemeldet hatte und gerade mitten in der Offiziersprüfung steckte, hatte ebenfalls nur ein bescheidenes Einkommen. Damals, Anfang der sechziger Jahre – nur rund fünfzehn Jahre nach der Katastrophe des Zweiten Weltkriegs –, war es nicht einfach, sich zur Bundeswehr zu bekennen. Joachim wurde wegen seiner Uniform oft auf der Straße oder im Zug angerempelt und angepöbelt. Doch er war Idealist. Für ihn bedeutete Soldat zu sein die Bereitschaft, die Menschen Deutschlands zu schützen. Bereit zu sein, für andere notfalls sein Leben zu geben.

Joachim war ein auffallend gut aussehender, großer, schlaksiger Junge. Mit seinen ein Meter neunzig war er größer als ich. Er war scheu und in sich gekehrt. Eigentlich war er zu gut für diese Welt. Wenn andere unfair zu ihm waren, schlug er nicht zurück. Er zog sich eher zurück und schwieg. Ich habe nie erlebt, dass er zu anderen Menschen schroff oder ruppig war. Wenn Joachim verletzte Lebewesen sah, versuchte er ihnen zu helfen. Insekten oder Vögel legte er ins schützende hohe Gras, Vögeln stellte er Wasser hin, verwundete Tiere brachte er ins Tierheim. Er wollte später einmal ein kleines Tierheim oder etwas Ähnliches gründen. Daneben wollte er Techniker oder Ingenieur werden. Er war Tüftler, Bastler. Doch dann beschloss er völlig überraschend, Soldat zu werden. Für ihn war das kein normaler Job, sondern etwas ganz Großes. Mein stiller Bruder hatte seine Berufung gefunden.

## *Mein Vater wird Senatspräsident*

Auch mein Vater hatte endlich jenes Erfolgserlebnis, von dem er immer geträumt hatte: Er wurde Senatspräsident am Oberlandesgericht Freiburg. Noch nie habe ich ihn so glücklich erlebt wie in diesen Tagen. Er hatte sich dieses Glück hart erarbeitet. Man konnte nicht fleißiger sein als mein Vater. Nie blieben bei ihm Akten liegen. Samstags arbeitete er immer durch. Sein Mittagessen im Gericht bestand aus einem gut belegten Brot. Zum Gericht fuhr mein Vater mit dem Fahrrad. Ein Auto besaß er nicht. Wir lebten in einer bescheidenen Altbauwohnung. Was mein Vater sparen konnte, legte er für den Lebensabend und für die Ausbildung seiner Kinder zurück.

Jetzt war er Senatspräsident, jetzt hatte er es geschafft. Manchmal war das Leben eben doch gerecht. Zum ersten Mal plante mein Vater, einen kleinen Empfang zu geben. Zwar nur zu Hause und auch nur für zehn, zwölf Personen. Aber immerhin einen echten »Empfang«. Wenige Tage nach seiner Beförderung saß er mit meiner Mutter in seinem Stammsessel im Wohnzimmer und schrieb die Namen der Gäste auf, als plötzlich das Telefon klingelte. Fast beschwingt ging er in den Flur, wo unser Telefon stand. Mein Gott, konnte das Leben schön sein! Er war zum Senatspräsidenten befördert worden, gab einen Empfang, alles hatte sich gelohnt.

Durch die nicht ganz geschlossene Wohnzimmertür hörten wir, wie er bestätigte, dass er Werner Todenhöfer sei. Warum er das gefragt werde, wollte er wissen. Dann kam offenbar eine längere Begründung. Und dann plötzlich ein verzweifelter lauter Schrei: »Nein!« Dann hörten wir ein lautes Schluchzen. Völlig gebrochen kam mein Vater ins Wohnzimmer zurück, in dem er noch Minuten vorher das reinste Glück seines Lebens erlebt hatte. »Edith«, sagte er, »unser Joachim ist tot!« Dann weinte die ganze Familie.

Natürlich rief mein Vater den General, der ihn über Joachims Tod informiert hatte, noch mehrmals an. Immer wieder fragte er ihn, ob nicht alles ein Irrtum sein könnte. Aber es war kein Irrtum. Mein Vater kannte Friedrich Schillers Erkenntnis: »Des Lebens ungemischte Freude ward keinem Irdischen zuteil.« Das hatte er mehrfach erlebt. Aber musste ihm das Schicksal diese Erkenntnis so brutal in Erinnerung rufen?

Joachim hatte fast zur gleichen Zeit, als mein Vater zum Senatspräsidenten befördert wurde, seine Offiziersprüfung bestanden. Sein großer Traum war in Erfüllung gegangen. Doch dann hatte ihm sein Vorgesetzter mitgeteilt, dass er nicht als Offizier übernommen werde. Er sei für diesen Beruf nicht geeignet. Zu sensibel, zu anders als die anderen. Für Joachim brach die kleine Welt zusammen, auf die er so stolz gewesen war.

Ja, er war nicht der Urtypus eines Offiziers, kein strammer Soldat, kein Macho. Er war sensibel und eher technisch und musisch begabt. Aber braucht eine Armee nicht auch solche Soldaten? Er hatte sich bei Nachtmärschen die Füße blutig gelaufen, alles bis zur totalen Erschöpfung mitgemacht, mitgefeiert und mitgetrunken, um zu zeigen, dass er das auch konnte.

Doch seinen Vorgesetzten reichte das nicht. Er war kein »Kerl«, sein Vorgesetzter hatte es ihm ausdrücklich gesagt. Er war nichts. Sein Vater war gerade zum Senatspräsidenten befördert worden, er aber taugte angeblich nicht einmal zum Berufssoldaten.

Zum letzten Mal hörte er sich seine Lieblingssinfonie an, Tschaikowskis Sechste. Dann setzte er sich in seinen winzigen Fiat, um aus diesem Leben zu scheiden, in dem er nicht gebraucht wurde. Nicht einmal zur Verteidigung des Landes, das er liebte. Sterbend kritzelte er auf einen Zettel einen Gruß an seinen Vater. Er schrieb, dass er ihn sehr liebe. Dass er leider nie schaffen werde, was dieser geschafft hatte.

Mein Vater hatte sich stets liebevoll um Joachim gekümmert. Ich nicht. Ich hatte ihn nie verstanden. Wir waren völlig verschiedene Menschen. Er konnte technisch jedes Problem lösen und erfand ständig irgendwelche Dinge, die ich nicht verstand. Ich bin technisch unbegabt.

Joachim saß immer allein in seinem kleinen Zimmer. Wahrscheinlich hatte er keine Freunde. Und ich habe ihn nie zu meinen Freunden mitgenommen. Vielleicht war er auch deshalb zur Bundeswehr gegangen. Um Kameraden zu finden. Ich hatte nicht ein einziges Mal ernsthaft mit ihm diskutiert. Ich war nie da, wenn er mich möglicherweise brauchte. Ich wusste nicht einmal, dass er mich brauchte. Ich hatte als Bruder völlig versagt. Ich werfe mir das bis heute vor. Ich beschloss, mein Leben total zu ändern. Privat und beruflich.

## *Was man nie wiedergutmachen kann*

Der Tod meines Bruders hatte mich bis in die Grundfesten meines Denkens und Fühlens erschüttert. Ich wollte von nun an auch härter arbeiten. Unter zwölf Stunden am Tag ging jetzt nichts mehr. Ich habe das bis heute durchgehalten.

Außerdem heiratete ich in dieser tiefsten Depression meines Lebens mit dreiundzwanzig Jahren meine achtzehnjährige

Freundin. Die Ehe hielt sechs Monate. Sie war ein Drama. Für uns beide. Meine totale Hingabe an die Juristerei und unsere Studentenehe passten nicht zusammen. Hatte ich erneut versagt?

Wenigstens mein Zweites Staatsexamen und meine Promotion profitierten von der nach zwanzig Jahren urplötzlich erwachten Arbeitswut. Beim Zweiten Staatsexamen war ich bereits unter den besten zehn Prozent in Baden-Württemberg, die Doktorarbeit schloss ich mit magna cum laude ab. Ich erlebte, dass man mit Fleiß fast alles erreichen kann. Fleiß ist ein Zaubermittel. Die Achtzig-Stunden-Woche fiel mir nie schwer. Weil ich gerne arbeite und weil ich in meiner Arbeit glücklich bin. Vor allem, wenn es um das Recherchieren von Wahrheiten und um die Suche nach Lösungen geht.

### *Darf man zu Rassismus schweigen?*

Politisch betätigte ich mich auch weiterhin nicht. Bis auf eine Ausnahme: In Baden-Württemberg erlebte die rechtsradikale NPD 1967/68 einen phänomenalen Aufschwung, der schließlich bei den Landtagswahlen zu einem Ergebnis von fast zehn Prozent führte. Eine ihrer größten zentralen Veranstaltungen fand kurz vor der Wahl 1968 in einer großen südbadischen Halle statt. Ich fand das Comeback dieser Neonazis, ähnlich wie den Aufstieg der heutigen AfD, beängstigend. Ich hatte schließlich im Zweiten Weltkrieg und danach erlebt, wozu die Politik dieser Leute geführt hatte.

Obwohl ich noch nie auf einer politischen Veranstaltung gewesen war, trieb mich irgendetwas in die überfüllte Halle. Mehrere Tausend Menschen waren gekommen, um den Reden der Führungsmannschaft der NPD zu lauschen. Ich war alleine gekommen. Ähnlich wie ein paar Dutzend weitere, nicht organisierte junge Leute. Wir fanden nur noch an den Seitengängen der Halle und direkt vor dem Podium Platz. Die meisten von uns kannten sich nicht. Wir hatten nur ein ähnliches Motiv: die Ablehnung eines Comebacks von Nazis.

Als der Beifall des Publikums für die offen antisemitische Rede des Bundesvorsitzenden der NPD immer stürmischer wurde, forderten wir in Sprechchören eine Diskussion. Das Publikum begann, uns wütend auszupfeifen. Als die Veranstalter sahen, dass das Publikum auf ihrer Seite war, unterbrachen sie plötzlich und boten uns an, unsere Kritik dem Publikum vom Rednerpult aus mitzuteilen. Das war clever. Reden war schwieriger als Demonstrieren. Ich stand ganz vorne an der Podiumstreppe und hoffte, dass wenigstens einer der hinter mir Stehenden das Bedürfnis verspürte, vor dreitausendsechshundert laut pfeifenden und buhenden Leuten eine Rede zu halten. Doch angesichts der Feindseligkeit des Publikums wollte keiner so richtig aufs Podium.

Ich stand ganz vorne. Mir blieb gar nichts anderes übrig, als mich zu melden. Vor allem, nachdem sich der Bundesvorsitzende der Partei vor mir aufgebaut hatte und laut rief: »Stören kann jeder. Wenn ihr Kerle seid, müsst ihr sagen, was ihr anders machen wollt.« Bei der Vorstellung, dass ich jetzt vor dieser brüllenden Menge eine Rede halten sollte, wurde mir flau im Magen. Ich hatte noch nie eine Rede gehalten. Nicht einmal auf einem Kindergeburtstag. Doch ich hatte keine Wahl. Mit weichen Knien stieg ich auf die Bühne.

Das Pfeifen und die Buhrufe waren noch lauter geworden. Ich hatte keine Ahnung, wie man vor Tausenden wütenden Leuten spricht. Ich bekam kaum Luft. Doch dann nahm ich mein bisschen Mut zusammen und sagte, das Mikrofon ganz nah am Mund, um wenigstens akustisch durchzudringen: »Ich bin kein Politiker, der behauptet, dass er alles weiß. Aber eines weiß ich sicher. In Deutschland darf nie wieder eine Partei an die Macht kommen, die mit Antisemitismus Wahlkampf macht.«

Weiter kam ich nicht. Zum einen, weil mir nichts mehr einfiel, zum anderen, weil die meisten Zuschauer aufgesprungen waren, mir drohend die Fäuste entgegenhielten und einen solchen

Lärm machten, dass man sein eigenes Wort nicht mehr verstand. Das Publikum tobte. Gegen mich. Unter wüsten Schmähungen und Pfuirufen verließ ich die Bühne. Doch irgendwie war ich auch erleichtert: Ich hatte meine Angst besiegt. Und gegen eine wütende Menge eine Rede gehalten. Keine große Rede, doch das Wichtigste hatte ich gesagt: »Ihr nie wieder!« Von diesem Tag an spielte Angst in meinem Leben endgültig keine Rolle mehr.

# 6. Kapitel

## Die Jobsuche – wenn keiner auf dich wartet

Manche glauben, ich hätte in meinem Leben einfach mehr Glück gehabt als andere. Aufgrund von Beziehungen und weil ich angeblich aus einem wohlhabenden Haus kam. Doch mein Vater war als Richter nicht wirklich wohlhabend, und alles, was er nicht meiner kranken Schwester schenkte, versuchte er zu sparen. Unser Leben war bescheiden. »Beziehungen« hatte ich keine. Mein Vater pflegte letztlich nur Kontakte zu seinen Richterkollegen. Und seine Brüder, die ich alle nur flüchtig kannte, kümmerten sich nie um mich.

Als ich 1969 meinen Doktortitel erhielt, dachte ich, dass ich nun mit Jobangeboten überschüttet würde. Doch niemand bot mir irgendetwas an. Vielleicht hätte ich an der Universität Freiburg Assistent werden können, aber ich wollte in die damalige deutsche Hauptstadt, ich wollte nach Bonn. Dort aber kannte ich niemanden. Auch nicht den ehemaligen Bundeskanzler Kurt Georg Kiesinger – auch wenn einige meiner Kritiker immer wieder das Gegenteil behaupten. Kiesinger war damals außerdem längst machtlos. Er hatte gerade die Bundestagswahl gegen das Bündnis Brandt-Scheel verloren. Weder in der CDU noch in der SPD/FDP kannte ich jemanden.

Die arbeitslose Zeit nutzte ich, um meine Kenntnisse in Bereichen auszubauen, in denen ich Schwächen hatte. Meine größte Schwäche lag darin, dass ich als Bewohner der französischen Besatzungszone auf der Schule neben Latein nur Französisch, aber nie Englisch gelernt hatte. Mein Französisch war zwar fast perfekt, aber das reichte schon lange nicht mehr, um die Welt zu erobern. Die große Zeit Frankreichs, als man als gebildeter Mensch in Europa Französisch beherrschen musste, war vorbei. Ich zog daher für zwei Monate nach London, um Englisch zu pauken und vor allem zu sprechen.

### *Vom Reiseleiter zum Ehren-Girlscout*

Auf einer Party in London lernte ich die Chefs eines internationalen Reiseunternehmens kennen. Ihnen war gerade der Reiseleiter für eine Europatour mit amerikanischen Pfadfinderinnen wegen Krankheit abhandengekommen. Ob ich nicht einspringen wolle, fragten sie. Natürlich wollte ich. Ich war arbeitslos und brauchte dringend Geld. Ich sagte zu. Und so stand ich am nächsten Tag um sechs Uhr früh vor zwanzig amerikanischen Girlscouts und erzählte Ihnen etwas über die dreizehn Länder, die wir in den nächsten zwölf Tagen mit einem großen Reisebus bereisen wollten.

Mein Englisch war inzwischen ordentlich. Mein Hauptproblem war, dass ich die meisten Städte, die ich vorstellen sollte, nicht kannte. Doch mit einem »Reiseführer« auf den Knien und viel Verständnis der Girlscouts für gelegentliche Pannen hatten wir richtig Spaß. Wie später in der Politik waren auch hier einige Standardsprüche hilfreich. Wenn ich etwa im burgenreichen Italien über Lautsprecher erzählte: »Links seht ihr wieder eine jahrhundertealte Burg. Erbaut von deutschen Kaisern und …«, so riefen die zwanzig Mädchen im Chor in meine Sprechpause hinein: »… zerstört von amerikanischen Truppen.« Sie wussten, dass das mein Standardsatz war, wenn ich in meinem Reiseführer nichts über die betreffende Burg gefunden hatte.

Nach unseren gemeinsam verbrachten zwölf Tagen in dreizehn Ländern waren alle zufrieden. Als Belohnung wurde ich zum weltweit einzigen nicht-amerikanischen »US-Ehren-Girlscout« ernannt.

Außerdem hatte ich in den zwölf Tagen dreitausend Mark verdient, da die Mädchen viel einkauften und ich in den Geschäften ungefragt kräftig Provision bekam. Und ich erhielt eine mehrwöchige Einladung nach Jacksonville in Florida, die ich natürlich annahm. Schon um meine Sprachkenntnisse weiter zu verbessern. Parallel schrieb ich weiter erfolglose Bewerbungen.

Irgendwann kam ganz spät und überraschend dann doch noch ein Job-Angebot aus Bonn. Von einer Unterorganisation des »Wirtschaftsrats der CDU«, die sich »Sicherheit durch Fortschritt« nannte. Sie bastelte an Gesetzesalternativen zur sogenannten betrieblichen Mitbestimmung.

Die Bezahlung war mäßig. Tolle Beziehungen hatte ich nun mal nicht. Wie die meisten Menschen musste ich mir meinen Weg nach oben allein erkämpfen. Es begann eine langwierige Suche nach einer sinnvolleren Aufgabe, die ich konkret noch gar nicht kannte. Ich wusste nur, dass ich – wie viele junge Menschen – einen Beitrag zu einer besseren Welt leisten wollte. Aber ich hatte auch erkannt, dass niemand auf diesem Weg auf mich wartete.

### *Begegnung mit den Berühmtheiten der CDU*

Durch Freunde bekam ich nach einigen Wochen eine Einladung zu einem Empfang der CDU Deutschlands. Gastgeber waren die »Ex-Größen« der CDU Kiesinger und Erhard, außerdem Barzel und Heck. Ich kannte sie nur aus dem Fernsehen. Schon deshalb ging ich zu dem Empfang. Dort sprach ich dann einen Spitzenpolitiker der CDU nach dem anderen direkt an. Es ging gar nicht anders. Auf eine solche Gelegenheit hatte ich schließlich immer gewartet, die kam so schnell nicht wieder. Als Erstes war der Generalsekretär der CDU Bruno Heck dran.

Ich verwickelte den jovialen Mann in ein zwanzigminütiges Gespräch. Am Ende fragte er mich, ob ich sein Persönlicher Referent werden wolle. Oder Stellvertretender Sprecher der CDU Deutschlands. Ich bekam vor Überraschung fast keine Luft mehr. Monatelang hatte ich vergeblich einen Job gesucht, und jetzt bot mir der Generalsekretär der CDU die Position des Stellvertretenden Sprechers der CDU an, obwohl ich nicht einmal Mitglied dieser Partei und parteipolitisch ziemlich ahnungslos war?

Ich lernte an diesem Abend fast alle CDU-Größen kennen. Vielleicht hatte die verlorene Bundestagswahl sie so zugänglich gemacht. Schon am nächsten Tag saß ich im Büro von Bruno Heck. Er eröffnete das Gespräch mit der Mitteilung, dass er mir anstandshalber mitteilen müsse, dass Ex-Bundeskanzler Kiesinger ihn meinetwegen angerufen habe. Kiesinger wolle mich ebenfalls als Persönlichen Referenten einstellen. Ich kam aus dem Staunen nicht heraus. Ich wurde plötzlich richtig umworben.

Natürlich lehnte ich Kiesingers Angebot ab. Ich wusste, dass er mit einem meiner Onkel befreundet war, und den hatte ich bewusst nicht eingeschaltet. Ich wollte meinen Weg allein gehen und nicht mit Hilfe von Beziehungen. Als mein Onkel später von meinem Job als Persönlicher Referent des Generalsekretärs der CDU erfuhr, war er baff. Er kannte Heck gar nicht.

So begann meine bescheidene politische Karriere. Heck setzte mich trotz meiner jugendlichen siebenundzwanzig Jahre in allen politischen Fragen als persönlichen Berater ein. Er holte mich zu den wichtigsten Gesprächen dazu, egal ob er mit Chefredakteuren, Ministerpräsidenten oder Polit-Größen des Auslands sprach. Während seiner langen Sommerurlaube brach allerdings meist jede telefonische Verbindung ab. Zumindest angeblich. In Wahrheit wollte Heck einfach seine Ruhe haben. Ab diesem Tag konnte ich, wenn ich diskret und klug vorging, in der CDU schalten und walten, wie ich wollte.

Etwa, als – während eines solchen Sommerurlaubs von Heck – die geheimen Verhandlungen der sozialliberalen Bundesregierung mit den Führern der Sowjetunion über die sogenannten Ostverträge bekannt wurden. Sie wurden sofort politisches Top-Thema weltweit. Der SPD-Kanzler Willy Brandt und sein engster außenpolitischer Vertrauter Egon Bahr versuchten, den schweren Konflikt Deutschlands mit der Sowjetunion durch »Entspannungspolitik« zu lösen. Die großen Medien wollten sofort alle die Haltung der CDU, der bisherigen Regierungspartei, erfahren. Von Heck, dem Generalsekretär der CDU. Doch der war weit weg. Sie bekamen die Stellungnahme der CDU trotzdem. Von mir.

Keiner wusste, dass Heck wieder einmal im Urlaub »verschollen« war. Und nicht wollte, dass bekannt wurde, dass er unerreichbar war. So »mächtig« wie in jenen Tagen wurde ich während meines ganzen politischen Lebens nicht mehr. Ich nahm zu allem und jedem Stellung – natürlich nicht in meinem Namen, sondern im Namen der CDU. Als es später wegen meiner manchmal etwas kühnen Formulierungen Ärger gab, verteidigte Heck alles, was ich in seinem Namen entschieden hatte. Er ließ mich nicht im Regen stehen.

### *Erste Treffen mit Helmut Kohl*

Heck war ein enger Freund des damaligen Ministerpräsidenten von Rheinland-Pfalz Helmut Kohl. Dadurch lernte ich Kohl gut kennen. Auf fröhlichen Wanderungen durch den Pfälzer Wald oder bei Abendessen, auf denen Kohls Freude am Essen mit seinem Plan, endlich abzunehmen, harte Kämpfe ausfocht. Kohls Esslust siegte immer. Von Kohl habe ich trotzdem viel gelernt. Etwa, wie man mit Niederlagen umgeht. 1969 bewarb er sich auf einem Bundesparteitag der CDU um die Nachfolge Kiesingers als Parteivorsitzender. Sein Konkurrent war der Fraktionschef der CDU/CSU Rainer Barzel. Kohl verlor krachend. Er bekam gerade einmal ein Drittel der abgegebenen Stimmen. Es war eine richtige Klatsche.

Als das Ergebnis bekannt gegeben wurde, saß ich direkt hinter ihm auf dem Podium. Kohl drehte sich zu mir um und raunte mir zu: »Todddenhöfer, gehen Sie hoch zu Windelen und sagen Sie ihm, dass ich noch was sagen will!« Ich ging sofort zu Heinrich Windelen, dem Versammlungsleiter, der den Tagesordnungspunkt »Neuwahl des Bundesvorsitzenden« gerade abschließen wollte. Er unterbrach sofort die Tagesordnung und erteilte Kohl das Wort. Kohl hielt eine extrem kurze Rede, die ihm den Respekt aller Delegierten zurückbrachte. Er sagte ernst, aber auch kämpferisch, er werde den Sieger selbstverständlich unterstützen und weiter für die gemeinsamen Ziele der CDU kämpfen. Diese Ziele seien wichtiger als alles andere. Er erhielt donnernden Beifall. Seine selbstbewusste, faire Reaktion auf seine Niederlage war die Basis seines späteren Aufstiegs.

Aber jetzt hatte er erst einmal richtig verloren. Auch sein Freund Heck hatte nun keine Lust mehr und ich auch nicht. Das Angebot des neuen Generalsekretärs an mich, an seiner Seite in derselben Funktion weiterzumachen, lehnte ich dankend ab. Mir reichte es erst einmal. Persönlicher Referent des Generalsekretärs Bruno Heck zu sein hatte eine tägliche Arbeitszeit von meistens sechzehn Stunden bedeutet. Ich sehnte mich nach einem etwas beschaulicheren Leben. Mein erster Angriff auf die Bundeshauptstadt war gescheitert.

### *Intermezzo als Staatsrechtslehrer in Freiburg*

Wenige Wochen später war ich wieder in meinem geliebten Freiburg. Dort lernte ich den Freiburger Hochschulprofessor für Öffentliches Recht Werner von Simson kennen. Er fand, dass ich Professor werden solle. Er schlug mir eine Habilitation zum Thema »Demokratie und Kirche« vor. Nebenher müsse ich nur noch eine kleine »Vorlesung« in Staatsrecht übernehmen – für den »kleinen Schein im Öffentlichen Recht«. Bei der Korrektur der Klausuren, die ich schreiben lassen würde, würden mir zwei

Assistenten zur Seite stehen. Ich sah den würdigen Professor erstaunt an: »Aber ich bin gerade mal dreißig Jahre alt und sehe leider aus wie zwanzig. Die Studenten lachen mich doch aus!« »Das macht nichts«, schmunzelte er. »Sie werden dabei viel lernen. Außerdem müssen Sie Geld verdienen. In die Politik gehen können Sie später immer noch.«

Er warf mich einfach ins Wasser. Ich fand das gut. So las ich alles, was ich über die Geschichte der Demokratie und die Auseinandersetzung der katholischen Kirche mit dieser für sie nicht ganz einfachen Staats- und Herrschaftsform finden konnte. Außerdem hielt ich einmal in der Woche eine Vorlesung in Staatsrecht, über die ich anschließend Klausuren schreiben ließ. Auch jener elegante, sensibel-eitle Professor, der mir im Ersten Staatsexamen im Öffentlichen Recht nur einen von fünfzehn möglichen Punkten gegeben hatte, hatte diese Übung einst abgehalten. Das Schicksal geht seltsame Wege.

Wie erwartet, staunten die Studenten über den jungen Lehrbeauftragten, der kaum älter sein konnte als sie selbst. Aber sie gewöhnten sich daran. Ein arbeitsreiches und doch beschauliches Leben in der Schwarzwaldstadt Freiburg begann. Bis eines Tages mein Vater mich ganz aufgeregt aus meiner Dachmansarde herunterklingelte. »Der Herr Ministerpräsident Dr. Kohl will dich sprechen«, sagte er fast etwas stolz, aber auch ungläubig.

Am Telefon hörte ich die sonore Stimme von Helmut Kohl. Er war wie immer sehr direkt: »Todddenhöfer, Wievielter waren Sie im Zweiten Staatsexamen in Baden-Württemberg?« »Fünfundzwanzigster von zweihundertfünfzig«, antwortete ich verblüfft. Wieso interessierte sich Kohl für mein Zweites Staatsexamen? »Sehr gut, Todddenhöfer!«, brummte Kohl. »Haben Sie Lust, in Kaiserslautern Richter zu werden und später Abgeordneter im Bundestag?«, fragte er. Hä, dachte ich, wird man so leicht Bundestagsabgeordneter? Aber das sagte ich natürlich nicht. Ich fragte nur: »Kann ich mich nebenher weiter habilitieren?« »Aber natürlich!«, schwindelte Kohl. »Denken Sie in Ruhe nach. Wenn Sie auf beides Lust haben, kommen Sie zu mir in die Staatskanzlei in Ludwigshafen.« Wumm! Wieder hatte mich das Schicksal überrascht.

Kurz darauf saß ich bei Kohl in der Staatskanzlei. Alles hier war gemütlich und kumpelhaft. Nur seine schelmische Sekretärin Juliane Weber musterte mich skeptisch. »Also, wenn Sie Richter werden wollen, sollten Sie sich einen ordentlichen Anzug kaufen. Dieses graue Zeug, was Sie da anhaben, geht ja gar nicht.« Ich murmelte etwas von Maßanzug, aber sie lachte nur fröhlich. »Werfen Sie den schnell weg!« Kohls Vorschlag war klar und fair: »Sie werden möglichst bald Richter an der Großen Strafkammer in Kaiserslautern. In zwei Jahren, 1973, sind Bundestagswahlen. Sie bekommen bei uns in Rheinland-Pfalz Platz fünf der Landesliste. Hinter Weizsäcker, Geißler, Blüm und Pieroth. Das ist ein guter Platz. Wenn wir nicht alle Wahlkreise direkt gewinnen, zieht er. Dann sind Sie im Bundestag. Wenn nicht, sind Sie Richter. Haben Sie Lust?«

Natürlich hatte ich Lust. Außerdem mochte ich Kohl und seine kumpelhafte Art. In wenigen Wochen war Semesterende. Mein Förderer an der Universität Freiburg, von Simson, würde stolz sein, dass er mir geholfen hatte. Und Kohl hatte es natürlich imponiert, dass ich schon kurz nach meiner Zeit in Bonn an der Universität Freiburg eine Vorlesung in Staatsrecht hielt und nicht arbeitslos herumhing. Mein Leben nahm Tempo auf.

### *Strafrichter Jürgen Todenhöfer*

Nur wenige Wochen später war ich in Kaiserslautern. Die Stadt wird auch K-Town genannt, weil damals in Kaiserslautern und Umgebung hunderttausend US-Amerikaner stationiert waren, mehr als irgendwo anders auf der Welt. Bei Kaiserslautern lag mit Ramstein der größte amerikanische Militärflughafen außerhalb der USA. Und in Landstuhl das größte Militärlazarett der US-Streitkräfte. Was ich damals nicht wusste, war, dass Ramstein bei den Kriegen der USA eine zentrale Rolle spielte. Heute ist es eines der Zentren der Drohnenkriege der USA gegen »internationale Terroristen«.

Die Pfälzer sind ein besonders liebenswertes Völkchen. Sie nahmen mich herzlich auf. Meine Richterkollegen waren nur anfangs skeptisch. Doch nachdem sie meine Note und meine »Platzziffer« im Zweiten Staatsexamen erfahren hatten, waren sie kollegial und hilfsbereit. Sie wussten, mit meiner Examensnote hätte ich überall Richter werden können. Und ihnen war klar, dass auf mich eine harte Zeit wartete: tagsüber Richter, abends Politiker.

Geschont wurde ich in der Großen Strafkammer nicht. Ich bekam von ihrem Vorsitzenden viel Arbeit zugewiesen. Zum Beispiel im »Fall Jünschke«. Zwei Tage vor Weihnachten 1971 war bei einem Banküberfall in Kaiserslautern der achtundzwanzigjährige Polizist Herbert Schoner erschossen worden. Einer der Täter war nach Auffassung der Staatsanwaltschaft der vierundzwanzigjährige Psychologiestudent Klaus Jünschke. Einst christlicher Pfadfinder, wurde er schließlich »Kämpfer« der linksextremistischen Terrororganisation »Rote Armee Fraktion« (RAF). Seit Monaten saß er in der Landesvollzugsanstalt Zweibrücken in Einzelhaft.

Da Jünschke noch lebt, möchte ich über seinen Fall nur wenig schreiben. Nur, dass dieser Terrorist anders war, als man sich einen Terroristen vorstellt. Klaus Jünschke, dessen Briefe ich als Richter lesen und »kontrollieren« musste, war kein finsterer Killer, sondern ein verirrter Idealist. Er sah sich wegen des Vietnamkriegs und anderer nationaler und internationaler Abscheulichkeiten in einer »weltrevolutionären Situation«. Im bewaffneten Kampf mit dem westlichen System.

Für die RAF kann man trotzdem keine Sympathien haben. Ich, als Anhänger Gandhis und seiner Lehren von Gewaltlosigkeit, ohnehin nicht. Die RAF hat viele unschuldige Menschen ermordet. Gnadenlos. 1977 ermordete sie meinen Freund Hanns Martin Schleyer, einen der warmherzigsten Menschen, die ich kannte. Er war wie ich in Offenburg geboren worden und ebenfalls Sohn eines Richters. Er war einer meiner wenigen echten Freunde und hatte immer zu mir gehalten.

Auch das Umfeld der RAF war teilweise brutal. 1973, ein Jahr nach meiner Tätigkeit als Richter in Kaiserslautern, wurde das Dienstzimmer des zuständigen Ermittlungsrichters Wolfgang Strack von RAF-Sympathisanten besetzt. Später fand man vor seiner Wohnung eine Bombe. Mehrere meiner früheren Kollegen mussten unter Polizeischutz gestellt werden.

Durch seine Beteiligung an der Ermordung Herbert Schoners hatte Klaus Jünschke große Schuld auf sich geladen. Es gibt keine Rechtfertigung für Mord an unschuldigen Dritten. Herbert Schoner hatte als Führer einer Polizeidiensthundestaffel mit dem Vietnamkrieg nichts zu tun. Deshalb wurde Jünschke später auch wohl zu Recht verurteilt. Welches sein konkreter Beitrag an dem schrecklichen Mord der RAF an Herbert Schoner war, wurde allerdings nie geklärt.

## *Audiatur et altera pars*

Auch aus meinem zweiten größeren Fall, in dem ich sogar »Berichterstatter« war, habe ich viel gelernt. Ein junger amerikanischer Soldat hatte in Kaiserslautern einen Taxifahrer vom Hintersitz aus bis zur Bewusstlosigkeit gewürgt. Kurz bevor der Fahrer ohnmächtig wurde, konnte er noch den Alarmkopf drücken und Kollegen herbeirufen.

Diese überwältigten den GI, der nun wegen versuchten Mordes in Haft saß. Vor mir lagen die dicken Akten der Anklage. Sie zeichneten ein vernichtendes Bild des jungen amerikanischen Soldaten. Je länger ich las, desto zorniger wurde ich. Das Strafmaß, das ich zu diesem Zeitpunkt für angemessen hielt, stieg und stieg. Dieser Mann musste lange weggeschlossen werden.

In den Tagen danach nahm ich mir die Schriftsätze der Verteidigung vor. Ich erfuhr, dass der Täter Vollwaise war. Und dass ihn mehrere Adoptiveltern – weil er offenbar sehr schwierig war – wieder aus der Familie ausgeschlossen hatten. So landete er immer wieder in Waisenhäusern, bis ihn erneut eine Adoptivfamilie aufnahm. Sein Vertrauen in die Menschen war total gestört. Er war psychisch am Ende. Ich versuchte meine Kollegen frühzeitig auf die Kompliziertheit des Falles hinzuweisen. Doch für meine Richterkollegen war er einfach ein Brutalo, der nur dank der schnellen Hilfe der Kollegen des angegriffenen Taxifahrers nicht zum Mörder wurde. Meine Kollegen standen voll auf der Seite des Staatsanwalts. Der aber wollte ihn sehr lange einsperren lassen.

Die Hauptverhandlung bestätigte eher die Sicht der Verteidigung. Vor uns stand ein scheuer, schüchterner junger Mann, der seelisch kaputt war, aber unstreitig eine schwere Straftat begangen hatte. In der Beratung hinter verschlossenen Türen versuchte ich noch einmal ein gutes Wort für ihn einzulegen. Der GI hatte ein furchtbares Leben hinter sich. Seine ganze Kindheit war eine einzige Zurückweisung. Nie hatte er Zuneigung erfahren. Das machte seine brutale Tat nicht besser. Aber der Mann war krank. Ich schlug vor, ihn hart zu bestrafen, aber nicht zu vernichten. Und ihn in psychologische Behandlung zu geben.

Ich war chancenlos. Meine vorsichtige Anregung gegenüber meinen Kollegen, über sechs Jahre Gefängnis nachzudenken, wurde zornig abgelehnt. Einen so milden Strafvorschlag hatten sie von mir nicht erwartet. Ich blieb bei meinem Votum: sechs Jahre und nicht mehr. Auch aus verhandlungstaktischen Gründen. Meine Kollegen schlugen als »mildesten« Kompromiss neun Jahre vor. Eigentlich wollten sie eine noch höhere Strafe. »Lebenslang«, brummte ein Kollege. Da ich den Kompromissvorschlag meiner Richterkollegen ablehnte, kam es zu einer formalen Abstimmung. Ich wurde glatt überstimmt, das Urteil hieß neun Jahre. Wahrscheinlich hatten meine Kollegen recht.

Für mein späteres Leben aber hatte ich aus diesem »Mordfall« gelernt: »Höre dir immer bei beide Seiten an« – »audiatur et altera pars«. Ohne das intensive Studium der Akten der Verteidigung hätte ich für eine noch höhere Strafe plädiert als meine Kollegen. Und das wäre ungerecht gewesen. Dieser Prozess war letztlich einer der Gründe, warum ich später immer wieder versuchte, mit beiden Seiten zu sprechen. Ich konnte dadurch viele Fehleinschätzungen vermeiden. Auch deshalb sprach ich mit Diktatoren und Terroristen. Um wenigstens in die Nähe von Wahrheit und Gerechtigkeit zu kommen. Jeder kluge Richter geht so vor.

### *Der Bundestagskandidat*

Parallel zu meiner Tätigkeit als Strafrichter wurde ich von den Kreisverbänden Kaiserslautern Stadt und Land mit großer Mehrheit zum Bundestagskandidaten gewählt. Nur im Landkreis Kusel hatte ich einen Gegenkandidaten. Aber nach drei Mutmacher-Schnäpsen, die ich vor der Veranstaltung in einem Nachbardorf getrunken hatte, war ich bei der Vorstellungsrede gut drauf. Ich zog Jacke und Krawatte aus, krempelte die Ärmel hoch, trank wie mein Publikum das Bier aus der Flasche und legte los. Da ich sonst fast nie Alkohol trinke, war ich extrem locker. Mein Gegenkandidat, ein Rechtsanwalt, der seine Bewerbungsrede im eleganten Anzug mit Krawatte hielt, hatte an diesem Tag gegen mich keine Chance. Ich hielt eine packende, humorvolle Rede und gewann klar. Jetzt war ich im Nebenberuf Bundestagskandidat, im Hauptberuf Richter. Diese Kombi machte mir richtig Spaß. Am meisten allerdings der Beruf als Richter. So durfte das ruhig noch eine Weile weitergehen.

Doch das Leben hatte erneut andere Pläne als ich. In Bonn verlor Kanzler Brandt im Zusammenhang mit seiner Ostpolitik mehrere Abgeordnete an die CDU/CSU. Deren Fraktionschef Rainer Barzel versuchte daraufhin, mit einem konstruktiven Misstrauensvotum selbst Kanzler zu werden. Doch er scheiterte, weil die ostdeutsche Stasi offenbar zwei Unionsabgeordnete gekauft hatte – Leo Wagner und Julius Steiner. Die brauchten aufgrund ihres nicht sehr seriösen Lebenswandels ständig Geld. Der eine war Spieler, der andere Trinker. Die Stasi kaufte Steiner mit gerade einmal fünfzigtausend D-Mark. Wagner dürfte wegen seiner Spielschulden etwas teurer gewesen sein. Die genaue Summe ist unbekannt.

Wegen des dadurch entstandenen Patts löste der Bundespräsident den Bundestag auf und zog die Bundestagswahl um ein Jahr auf 1972 vor. Nicht nur Rainer Barzel war gescheitert. Auch meine herrliche Richter-Politiker-Kombi war zu Ende. Wegen des beginnenden Bundestagswahlkampfs musste ich als Richter zumindest vorübergehend in eine Art Ruhestand gehen. Ich war nun mit meinen einunddreißig Jahren Deutschlands jüngster Richter a. D. So etwas wollte ich eigentlich schon immer einmal werden. Der Vorsitzende der Großen Strafkammer, ein liebenswerter älterer Kollege, der der SPD nahestand, musste mir nun ein Dienstzeugnis schreiben. Er konnte mich gut leiden und hielt meinen Übergang in die Politik für falsch. In seinem Dienstzeugnis, das er mir schmunzelnd unter die Nase hielt, stand: »Dauerhafte Übernahme als Richter dringend empfohlen.« Das war zwar ein Kompliment für mich als Richter. Aber seine Aussage hieß auch: »Wehe, Sie gewinnen die Wahl!« Doch Kaiserslautern war eine SPD-Hochburg und für die CDU direkt nicht zu gewinnen.

### *War ich ein braun gebrannter Playboy?*

Die Frage, ob mein Wechsel in die Politik ein Aufstieg oder ein Abstieg war, war schnell beantwortet. In den Augen der meisten Menschen war es ein Abstieg. Die Beschimpfungen bei den beginnenden Wahlveranstaltungen zeigten mir, dass das Ansehen von Politikern weit unter dem von Richtern lag. Nie hätte es jemand während meiner Richterzeit gewagt, mich Lügner,

Betrüger oder Gauner zu nennen. Auf Wahlveranstaltungen war das Alltag.

Es kam teilweise noch schlimmer. In Otterberg bei Kaiserslautern wurde ich während einer Veranstaltung mit einer Bierflasche beworfen. Sie verfehlte mich zwar knapp, doch ich war anschließend klatschnass. Außer mich interessierte das niemanden. Dass ich den Flaschenwerfer herausfinden wollte, galt als kleinlich. Von dem Respekt, den man mir als Richter entgegengebracht hatte, war nichts übrig geblieben. Die SPD Kaiserslautern schaltete in der Regionalzeitung *Rheinpfalz* große Anzeigen mit meinem Foto und der Schlagzeile: »Wir brauchen keinen braungebrannten Playboy.«

Nach einer Podiumsdiskussion der Bundestagskandidaten in der größten Halle Kaiserslauterns kam es zu Hassausbrüchen junger SPD-Fans gegen mich. Eine junge Frau baute sich vor mir auf und zischte: »Am liebsten würde ich Ihnen Ihre Schminke aus dem Gesicht kratzen.« Ich bin außer bei Fernsehauftritten nie geschminkt, im Fernsehen ist das praktisch Zwang. Die junge Dame wurde später immerhin Kultusministerin von Rheinland-Pfalz.

Andererseits brachten mir auch damals viele Menschen ungewohnt große Zuneigung entgegen. Nicht nur Mitglieder meiner Partei. Hass und Zuneigung hielten sich die Waage. Wildfremde Menschen umarmten mich, und wildfremde Menschen griffen mich wütend an. Auch körperlich.

## *Manchmal kann Wahlkampf richtig gefährlich sein*

Bei einer Radtour durch den Wahlkreis hielten wir bei einer *Kerwe* an, einer pfälzischen Mischung aus Kirchweih und Schützenfest. Dort wird viel getrunken. Auch wir wollten schnell etwas trinken, aber höchstens einen Saft, wir mussten noch lange radeln. Natürlich wollten wir auf der Kerwe auch

Werbung machen. An unseren Fahrrädern hingen Wahlplakate mit lustigen Sprüchen. Es war ein strahlender Sommertag.

Plötzlich stürzte sich ein stark angetrunkener junger Mann mit einem Schlachtermesser auf mich. Zum Glück warfen sich sofort zwei Mitglieder der Jungen Union von hinten auf den riesigen Kerl und hinderten ihn daran, auf mich einzustechen. Allein hätte ich keine Chance gehabt. Weil er stärker war als ich, aber auch, weil er betrunken war und vor Wut raste. Immer wieder versuchte er, meine Begleiter abzuschütteln und sich auf mich zu stürzen. Wir suchten Deckung hinter einem VW-Bus, der an einer Mauer stand. Doch nun begann er zusammen mit zwei anderen Betrunkenen, den Bus zum Schaukeln zu bringen, um ihn auf uns zu kippen. Sein irrer Angriff dauerte mindestens fünfzehn Minuten. Verzweifelt stemmten wir uns gegen den Bus. Wir mussten den Mann daran hindern, uns gegen die Mauer zu quetschen. Meinen Begleitern gelang es, Hilfe herbeizurufen. Schließlich überwältigten ihn Dorfburschen. Ein Arzt eilte herbei. Leider nicht, um uns zu helfen, sondern um die stark blutende Hand des betrunkenen Messerstechers zu verbinden.

Das war während meiner politischen Arbeit nicht der einzige körperliche Angriff auf mich. In Tübingen trat mich nach einer emotionalen Betriebsversammlung des um sein Überleben kämpfenden Hausgeräteherstellers Zanker ein Unbekannter mit einem »Karate-Sprungkick« in den Rücken. Ich flog zu Boden, rappelte mich aber sofort wieder auf. Ich habe mich bei niemandem darüber beschwert. Ich wollte nicht Opfer sein. Doch zwei Jahre lang musste ich ein Stützkorsett tragen. Selbst beim Sport. Was ist der Grund, warum manche Menschen so emotional auf mich reagieren? Mir ist das bis heute nicht wirklich klar. Sprach ich die Dinge, die ich für richtig hielt, zu offen aus?

Insgesamt aber machte mir Wahlkampf immer Spaß. Wenn ich nicht gerade auf Messerstecher traf oder mit einer Bierflasche beworfen wurde. Ab sechs Uhr morgens machte ich Werbung in den Vorortzügen, die Arbeiterinnen und Arbeiter zu ihren Fabriken brachten. Danach stand ich mit zwei, drei Freunden vor den Toren der Fabriken: »Guten Morgen, ich bin Jürgen Todenhöfer, Ihr Bundestagskandidat. Bitte gehen Sie wählen!« »Mich!«, rief ich ihnen lachend hinterher. Mehr konnte ich den vorbeihastenden Arbeitern meistens nicht zu- oder nachrufen. Es war Herbst und um diese Uhrzeit noch ziemlich kühl.

Irgendwann gefror mein freundliches Lächeln, die Lippen erstarrten, und ich streckte den Menschen meinen Prospekt wortlos zu. Manchmal reichte es noch zu einem freundlichen Hallo. Nur selten warf jemand den Prospekt weg. Später ging es dann auf einen Obst- und Gemüsemarkt von K-Town oder vor irgendein größeres Lebensmittelgeschäft. Hier konnte ich mit den Menschen endlich auch diskutieren. Nachmittags gab's in einer angemieteten Gaststätte das erste politische »Bürgergespräch«, abends zwei weitere.

Wochenlang zog ich so durch die Städte und Dörfer des Wahlkreises, besuchte Fabriken in Kaiserslautern, Steinbrüche in Kusel und Bauernhöfe in den Landgemeinden. Erst gegen Mitternacht sank ich erschöpft in mein Bett. Sonntags veranstaltete ich außerdem noch einen politischen »Frühschoppen« und dirigierte oft nachmittags in irgendeinem Festzelt die Blaskapelle. Manchmal gab es Beifall, manchmal wurde ich gnadenlos ausgepfiffen. Wahlkampf ist ein hartes Geschäft.

Endlich kam der Wahltag. Ich hatte alles gegeben. Mit vielen frechen, neuen Ideen, über die teilweise sogar die *Bild*-Zeitung auf Seite eins berichtete. Unter den Parteimitgliedern herrschte eine euphorische Stimmung. Der SPD-Kandidat, der den Wahlkreis immer haushoch gewonnen hatte, war mit den Nerven fix und fertig. Er war angezählt. Trotzdem gewann er die Wahl haushoch.

Die Union hatte bundesweit stark verloren. Wir waren einer der wenigen Wahlkreise in Deutschland, in dem die CDU wenigstens bei den Erststimmen ordentlich abgeschnitten hatte. Wie war es möglich, dass der SPD-Kandidat so klar vor mir lag, obwohl selbst seine eigene Partei am Schluss keinen Pfifferling mehr auf ihn gegeben hatte? Zwar war ich über die Landesliste Rheinland-Pfalz in den Bundestag gewählt worden. Listenplatz fünf hatte gezogen.

Doch das war für mich ein schwacher Trost. Ich hatte so leidenschaftlich gekämpft. Ich hatte mit meinen inzwischen zweiunddreißig Jahren offenbar keine Ahnung von Massenpsychologie, Herdentrieb und all den merkwürdigen Dingen, die bei Wahlen eine Rolle spielen. Das Einzige, was mir klar wurde, war, dass man gegen den Trend keine Chance hat. Die Deutschen wollten damals mehrheitlich Willy Brandt, und dagegen hatte auch der vorlaute junge »Todddenhöfer« keine Chance.

# 7. Kapitel

## Als Skiakrobat im Bundestag

Nach der eindrucksvollen Wahl Willy Brandts zum Kanzler fuhr ich Ende 1972 mit meinem Freund Hubert Burda zum Skifahren nach St. Moritz. Ich war nie gerne in diesem Schweizer Nobelskiort. Er ist mir zu pompös. Doch in St. Moritz wohnte neben Hubert Burda noch ein weiterer Freund, den ich sehr mochte: Willy Bogner, der bekannte deutsche Skirennfahrer, der die sensationellen Skiszenen im James-Bond-Film *Im Geheimdienst Ihrer Majestät* produziert hatte. Mit Willy Bogner erlebte ich spektakuläre Abfahrten. Präziser gesagt: Willy fuhr spektakulär, ich stürzte spektakulär. Vor allem im Tiefschnee. Manchmal musste mich Willy lange suchen. Die Tatsache, dass ich mich merkwürdigerweise nie verletzte, erklärte ich mit dem intensiven Torwarttraining in meiner Jugendzeit.

Willy Bogner stellte mich auch dem Schah von Persien vor. Es war eine unvergessliche Szene: Ich saß auf dem Geländer der Seilbahn Lagalb in Pontresina und wartete auf die nächste Kabine. Plötzlich tauchte Willy mit dem Schah auf. Der war seit fünf Jahren selbsternannter »König der Könige«. Entsprechend tief, fast bis zum Boden, verneigten sich meine Freunde vor »seiner Majestät«. Als würden sie versuchen, den Saum seines kaiserlichen Mantels zu küssen. Obwohl er Skikleidung trug. Ein »Skischuh-Kuss« sozusagen. Meine Freunde waren tief ergriffen. Ihre Skimützen hatten sie, als Willy sich mit dem Schah näherte, sofort heruntergerissen. Ich fand das übertrieben und blieb, mit den Beinen baumelnd, auf der Balustrade sitzen.

Willy kam mit dem Schah trotzdem zu mir und stellte ihn

mir als »Seine kaiserliche Majestät« vor. Ich gab dem Schah freundlich die Hand: »Hi, I am Jürgen Todenhöfer«, sagte ich freundlich vom Geländer der Seilbahn herab. Meine Freunde erstarrten. Wie konnte ich da oben sitzen bleiben, während man mir einen Kaiser vorstellte. Einen echten Kaiser! Ich versuchte später zu erklären, dass ich vom Volke gewählt sei, der Schah nicht. Und dass ich sehr freundlich gewesen sei, wie der Schah auch. Doch sie hielten mich für größenwahnsinnig. Nur Willy schmunzelte ein bisschen. Obwohl auch er erbleicht war. Aber unterwürfige Auftritte kann ich nun mal nicht.

Die Silvesternacht verbrachte ich in Willys Haus. Weil viele nette Menschen mitfeierten, blieb ich bis fünf Uhr morgens. Für mich war diese Uhrzeit ungewöhnlich. Deshalb wollte ich am nächsten Tag auch nicht Skifahren. Zumal der Himmel bedeckt war und man praktisch nichts sah. Die Farbe des Schnees und die des Himmels waren kaum zu unterscheiden. Doch Hubert Burda überredete mich, wenigstens ein oder zwei Fahrten im Skigebiet Suvretta zu machen. Als wir oben auf dem Hang standen, hatte Hubert eine seiner gefürchteten visionären Eingebungen. Ich wollte gerade losfahren, als er sagte: »Jürgen, ich spüre es ganz fest: Das neue Jahr wird für uns beide noch erfolgreicher als das alte.« Zwanzig Sekunden später lag ich mit schlimmen Schmerzen an einem Gegengang, den ich wegen der schlechten Lichtverhältnisse nicht gesehen hatte. Mein rechtes Bein war fünfmal gebrochen.

Als ich nach einer rumpeligen Abfahrt in einem Akja-Rettungsschlitten im Tal ankam, stieg Willy Bogner dort gerade in sein Auto. Als er realisierte, was geschehen war, litt er erkennbar mit. »Mensch, Jürgen«, sagte er, »sag nie wieder nie!« Noch am selben Abend wurde ich operiert. Am schmerzhaftesten war der Versuch, meinen eingedrückten Skischuh mit Gewalt zu öffnen. Ich brüllte vor Schmerzen. Hubert Burda hielt mir tapfer die Hand. Ihm ging es fast noch schlechter als mir. In Vollnarkose wurden die fünf Bruchstellen meines rechten Beines mit Metallschienen zusammengeschraubt.

### *Kohls zorniger Anruf*

Da die Medien breit über meinen Unfall berichteten, bekam ich einen Anruf von Kohl. Er war sehr zornig: »Ich habe Sie nicht als Skiakrobat in den Bundestag geschickt. Ich erwarte, dass Sie bei der ersten Bundestagssitzung in zwei Wochen anwesend sind. Und nicht irgendwo rumliegen.« Keine Genesungswünsche, kein Mitgefühl, nichts. Kohl war stocksauer.

Zwei Wochen später humpelte ich trotz ärztlichen Verbots kreidebleich auf zwei Krücken zur ersten Sitzung des Bundestags im neuen Jahr.

Meine Behinderung hatte die erstaunliche Wirkung, dass mir jeder helfen wollte. Niemand mehr wollte mir die Schminke abkratzen, niemand mehr wollte mit Bierflaschen auf mich werfen oder mich abstechen, alle hatten Mitleid. Als kurz darauf die Sprecher der CDU/CSU-Fraktion gewählt wurden, fragten mich Mitglieder des Fraktionsvorstands, ob ich nicht für das Amt des »Entwicklungspolitischen Sprechers der CDU/CSU« kandidieren wolle. Nicht ich fragte den Vorstand, der Vorstand fragte mich. Irre! Natürlich akzeptierte ich und wurde mit großem Vorsprung vor einem bekannten Unionspolitiker gewählt. Wieder einmal fuhr das Leben Achterbahn mit mir. Jetzt war ich wieder oben.

### *Die ersten Debatten, das Interesse der Medien*

Meine ersten Debattenbeiträge im Deutschen Bundestag waren ein einziger Triumph. Nach meiner ersten Rede, in der ich den Star der Linken, Erhard Eppler, offen herausforderte, bekam ich stürmische Ovationen von meiner Fraktion. Das Interesse der Medien war riesig. Ständig wollten mich Fernseh- und Radiosender, Zeitungen und Zeitschriften interviewen.

Die starke Medienpräsenz brachte mir allerdings zwei unfreundliche Anrufe ein. Bruno Heck, der ebenfalls wieder Abgeordneter war, fragte mich, was ich mit all diesen Interviews bezwecke. Der Neid der Kollegen werde doch jeden Tag größer. »Gehen Sie raus aus *Bild*, *Stern* und *Spiegel*! Auch Ihre Fernsehauftritte braucht niemand. Das bringt Sie um.« Kurz danach rief auch Kohl an und fragte mürrisch: »Wann arbeiten Sie eigentlich in Ihrem Wahlkreis?« Doch da hatte er unrecht. Auch im Wahlkreis war ich sehr fleißig.

Ich hätte die Warnungen von Kohl und Heck ernster nehmen sollen. Denn kurz danach stimmte die CDU/CSU im sogenannten Rechnungsprüfungsausschuss zusammen mit der SPD offen gegen mich und für meinen Kontrahenten, den sozialdemokratischen Entwicklungsminister Erhard Eppler. Am Vorabend einer von mir genau zu diesem Thema beantragten Bundestagsdebatte. Wie war so etwas möglich? Die Debatte war damit schon im Voraus verloren.

Ein paar Jahre später saß neben mir im Flugzeug der damalige Obmann der CDU/CSU im Rechnungsprüfungsausschuss Erich Riedl. Er war leicht angetrunken und bot mir wohl auch deshalb gleich das Du an. Ich fragte ihn, warum mir seine Arbeitsgruppe damals ein Bein gestellt hatte. Er lachte. »Wir fanden: Der ist zu viel in den Medien. Für wen hält der sich eigentlich?« Ich habe den Neid lange unterschätzt. Vor allem in Deutschland ist er sehr mächtig. Ich begann gegenzusteuern.

Ab jener Zeit fuhr ich das denkbar kleinste Auto. Als ein bekannter Modeschöpfer mir den Titel »Mister Bundestag« verlieh, kleidete ich mich von da an so bescheiden und unmodisch, dass die Frauenvereinigung der CDU Kaiserslautern begann, Geld für ein neues Jackett zu sammeln.

### *Träumer oder bunter Hund?*

Für viele Journalisten war ich ein Paradiesvogel, ein bunter Hund. Weil ich anders war als die anderen, nicht ganz so angepasst. Schon damals, als noch strenger Krawattenzwang herrschte, zog ich meinen Schlips aus, wenn es mir im Bundestag zu warm wurde. Das brachte mir eine strenge Ermahnung des Bundestagspräsidenten ein. »In diesem Hohen Haus trägt man Krawatte«, sagte er mit missbilligendem Blick. Als ich antwortete, dass »in einem richtig Hohen Haus die Klimaanlage funktioniere«, brummte er, das nächste Mal werde er mir eine formelle Rüge verpassen.

Als der *General-Anzeiger* aus Bonn über mich ein Porträt »Der sanfte Rebell« schrieb, meinte der Autor vor allem derartige Äußerlichkeiten wie die Weigerung, eine Krawatte zu tragen. Aber mein Anliegen als junger Abgeordneter war ein ganz anderes. Ich hatte nach wie vor den Traum, dass es unsere verdammte Pflicht als Politiker war, die Welt zu einem besseren Platz zu machen. Ich wollte für eine gerechtere, menschlichere Welt kämpfen. Im Sinne der Stoa, im Sinne Senecas oder Epiktets. Ich träumte vom Humanismus, vom Respekt vor der Würde jedes Menschen, von Gewissensfreiheit und Gewaltfreiheit.

Ich träumte davon, dass es uns gelingen müsse, Krieg und jede Form von Rassismus zu ächten. Und ich träumte davon, mitzuhelfen, die fatale Teilung Deutschlands zu überwinden. Weil es nicht gerecht sein konnte, dass ein Teil der Schicksalsgemeinschaft Deutschland in Freiheit und Wohlstand lebte, der andere aber in Unfreiheit und Armut. Für mich war die Deutschlandfrage vor allem eine Gerechtigkeitsfrage. Waren meine Träume wirklich naiv? Ich fand, dass eher die Kritik an diesen idealistischen Träumen kurzsichtig und naiv war. Wenn wir die Grundziele des Humanismus nicht erreichen, wird der Mensch weiter ein zwar hochintelligentes, aber bösartiges Wesen bleiben. Und wir werden alle Katastrophen unserer Geschichte wieder und wieder erleben.

Mein damaliger Pressesprecher war gleichzeitig Sprecher des 1. FC Kaiserslautern. Er öffnete mir dort alle Türen. In den Katakomben des Fußballstadions von Kaiserslautern lernte ich den aus meiner Sicht größten Fußballtrainer Deutschlands aller Zeiten kennen, Sepp Herberger. Er hatte 1954 – das damals verfemte – Deutschland aus dem Nichts zum Fußballweltmeister gemacht.

Er erzählte mir zu meinem Erstaunen, dass er meinen Weg schon lange verfolge. Und riet mir, bei Niederlagen nie aufzugeben. Sieger unterschieden sich von Verlierern nicht dadurch, dass sie nie verlören.

Sondern dadurch, dass sie trotz Niederlagen nie aufgäben. Waren ihm meine gelegentlichen Niederlagen aufgefallen? Die deutsche Fußballnationalmannschaft um die Kaiserslauterer Legende Fritz Walter hatte bei jener legendären Fußballweltmeisterschaft in der Zwischenrunde gegen Ungarn 8:3 verloren. Eine Welle bösartiger Kritik, ja, Wut brach über Herberger herein. Er wurde beschimpft und verhöhnt. Doch im Endspiel gewann seine Mannschaft gegen dasselbe Ungarn 3:2. Ich war damals dreizehn Jahre alt und unendlich begeistert. Und jetzt sprach ich mit dem listigen Chef des Wunders von Bern über humanistische Werte. Ich fragte den alten Fuchs, welches der wichtigste Wert sei, den er seinen Spielern zu vermitteln suche. »Respekt«, sagte er. Respekt vor anderen. Auch vor dem Gegner.

# 8. Kapitel

## Die ersten Reisen in Kriegsgebiete

Mein Leben bestand nun aus Wochenenden in Kaiserslautern, die mit »Bürgerstammtischen« vollgepackt waren, sowie aus stundenlanger Lektüre von Fachliteratur in meinem Abgeordnetenbüro in Bonn. Ich las jeden Tag bis in die späten Abendstunden. Wahrscheinlich war ich der einzige Abgeordnete, der abends wie ein Pennäler paukte. Die meisten meiner Kollegen saßen zu dieser Zeit in der »Parlamentarischen Gesellschaft« und aßen leckere Speisen zu massiv subventionierten Preisen. Vor allem konnten sie dort an ihrer Karriere basteln und Seilschaften gründen. Mich interessierte das nicht. Ich wollte erst einmal die Dinge, über die ich sprach und schrieb, verstehen.

Ich musste dafür viel reisen. Vor allem in Länder des südlichen Afrikas, dessen Völker schon lange verzweifelt versuchten, das Joch des Kolonialismus abzuschütteln. Ich war in Südafrika, dessen Präsident Vorster wütend aufsprang, als ich erklärte, dass Apartheid keine Perspektive habe. Ich bereiste Namibia, Zimbabwe, Angola und Mosambik, aber auch die bereits befreiten Länder Botswana sowie Sambia.

Spannende, bewegende, oft erschütternde Reisen. Überall versuchte ich mit beiden Seiten zu sprechen, den Kolonialherren und den Freiheitskämpfern. In Deutschland wollte ich das berichten, was ich erlebt hatte. Egal, ob es dem Mainstream entsprach oder nicht.

Schwierig war vor allem die Frage zu beantworten, welche Mittel die Freiheitsbewegungen bei ihrem legitimen Kampf gegen den europäischen Kolonialismus anwenden durften. Ab wann wurden aus Freiheitskämpfern Terroristen? Diese Frage ist bis heute aktuell. Siehe den Widerstand der Hamas. Meine Antwort war und ist: Gezielte Gewalt gegen Zivilisten ist immer Terrorismus. Man konnte den Kolonialismus der Europäer auch ohne Gewalt gegen Zivilisten abschütteln. Siehe Gandhi. Dem damaligen Zeitgeist entsprach das jedoch ganz und gar nicht. Der französische Philosoph André Glucksmann schrieb 2005 im *Spiegel* resigniert: »Terroristische Methoden haben die Ziele fast aller modernen Befreiungsbewegungen vergiftet, von Algerien bis Vietnam.«

Meine Ablehnung von Gewalt gegen Zivilisten ist ein Kernpunkt meines politischen Denkens. Sie brachte mir in Deutschland wütende Kritik ein. Ich war für meine Kritiker jener Zeit ein Feind der Freiheitskämpfer. Für sie heiligte der gerechte Zweck auch die ungerechtesten Mittel. Das war eine verhängnisvolle Einstellung. Weil oft beide Seiten glauben oder behaupten, sie kämpften für eine gerechte Sache.

### *Das Massaker von Wiriyamu*

Im Juli 1973 berichtete die Weltpresse breit über das »Massaker von Wiriyamu«. Das NATO-Mitglied Portugal hatte in Mosambik angeblich vierhundert Dorfbewohner ermordet. Die autoritäre portugiesische Regierung von Marcelo Caetano dementierte sofort, die NATO stellte sich geschlossen hinter sie.

Ich nahm mit der portugiesischen Regierung Kontakt auf und bat sie, mir eine Ortsbesichtigung zu ermöglichen. Wenn die Berichte über das Massaker Lügen seien, hätte sie von einem früheren Strafrichter nichts zu befürchten. Nach einigem Hin und Her stimmte die portugiesische Regierung meinem Reisewunsch zu. Es wurde eine dramatische Reise. In Mosambik versuchte die portugiesische Regierung erst einmal, mich kräftig an der Nase herumzuführen. Sie wollte mich nur in sogenannte befriedete Gebiete lassen. Also in Gegenden, die unter ihrer Kontrolle standen. Einen Ort namens Wiriyamu gebe es nicht, erklärte sie. Ich sagte den Offizieren, die mich begleiteten, dass ich dann eben die Reise abbrechen müsse. Ich packte demonstrativ meine Sachen.

Als die Portugiesen merkten, dass ich es ernst meinte, begann ein hektisches Hin und Her zwischen Maputo und Lissabon. Man bot mir tolle Safari-Touren an, nur leider nicht Wiriyamu, das es bekanntlich ja auch nicht gab. Erst als ich ein Taxi zum Flughafen bestellte, schlugen mir die Offiziere vor, mich dorthin zu fliegen, wo nach den Behauptungen eines englischen Paters Wiriyamu angeblich lag.

Mit Minensuchfahrzeugen und offenen Militärlastwagen voll junger portugiesischer Soldaten ging es durch den dichten Urwald. Befriedet war in dieser Gegend nichts. Überall konnten wir auf die Guerillas der Frelimo stoßen, die für die Freiheit ihres Landes kämpften und bei der Wahl ihrer Mittel nicht zimperlich wären. Zumindest erzählten uns das die Offiziere, die uns begleiteten. Nachts schliefen wir im Freien auf Bastmatten. Genauer: Wir versuchten zu schlafen. Das war nicht nur wegen der Hitze schwierig. Sondern auch wegen der Trommeln der Frelimo-Rebellen, die nicht weit entfernt sein konnten.

Am frühen Morgen ging es im Hubschrauber weiter. Er flog so tief, dass ich manchmal glaubte, wir würden die Wipfel der Bäume streifen. Doch diese Tiefflüge waren die einzige Möglichkeit, nicht von der Frelimo abgeschossen zu werden. Nach einer Woche zu Fuß, im Lastwagen und per Hubschrauber waren wir endlich da, wo Wiriyamu einst existiert hatte.

Ich hatte mich inzwischen mit einigen der Soldaten, die hier ihren Wehrdienst leisteten, angefreundet. Einer meiner neuen Freunde führte mich zu verbrannten Hütten und Ställen. »Das hier ist das Dorf, das die Einheimischen Wiriyamu nannten. Hier hat die portugiesische Armee als Akt der Vergeltung Frauen, Kinder und alte Männer erschossen. Keine vierhundert, aber sehr viele. Wiriyamu ist unsere Schande!« Er sprach sehr leise und drehte sich mehrfach um, um zu schauen, ob jemand zuhörte. Als er sah, dass wir völlig allein waren, fügte er hinzu: »Dieser Krieg und diese Regierung haben keine Zukunft, das wird alles bald zu Ende sein.«

Dann bat er mich, ihm zu folgen. Er führte mich zu seinem Jeep. »Ich will Ihnen noch was zeigen. Wir brauchen nur zwanzig Minuten.« Er brachte mich zu zwei weiteren verwüsteten und verbrannten Dörfern. »Das war die Frelimo. Sie haben die beiden Dörfer angegriffen und ausgeraubt. Die Frelimo hat Versorgungsprobleme.« Als ich fragte, warum die »Freiheitsbewegung« Frelimo ihre eigenen Landsleute ermordete, schaute er mich erstaunt an. »Das ist Krieg«, sagte er, noch immer überrascht über meine Frage. Zwischen den verbrannten Hütten fand ich chinesische Munition, die ich später im deutschen Fernsehen präsentieren konnte. An diesem Krieg waren offenbar mehrere Länder beteiligt. Schweigend fuhren wir mit unserem Jeep zurück.

In Deutschland berichtete ich über das Massaker unseres NATO-Partners Portugal, aber auch über die Massaker der Frelimo. Der Bericht ging um die Welt. Ich wurde von allen Seiten kritisiert. Von der SPD wegen meiner kritischen Anmerkungen zur Frelimo, obwohl ich deren Recht auf Widerstand ausdrücklich unterstrichen hatte. Aber auch von Mitgliedern meiner eigenen Fraktion. Ich hatte einen NATO-Partner kritisiert, ja, überführt. Das ging gar nicht.

Im Frühjahr 1974 wurde – wie von dem jungen Soldaten vorausgesagt – die Regierung Caetano durch einen Putsch linker Offiziere gestürzt. War mein Freund dabei? Die nachfolgende demokratische Regierung schloss kurz danach mit der Frelimo einen Waffenstillstand. Der Kolonialismus in Mosambik war zu Ende.

## *Der Ölboykott der OPEC und die Reise zu König Faisal*

Im Herbst 1973 kam es am höchsten Feiertag Israels zum Jom-Kippur-Krieg zwischen Ägypten und Syrien auf der einen und Israel auf der anderen Seite. Weitere arabische Staaten schlossen sich dem Krieg an.

Das total überraschte Israel stand tagelang am Rande einer dramatischen Niederlage. Erst eine militärische Luftbrücke der USA brachte die Wende. Die arabische Welt, die von einem Sieg über Israel geträumt hatte, kochte. Als Akt der Solidarität mit den Ägyptern, Syrern und Palästinensern verringerte die OPEC (Organisation erdölexportierender Länder) unter der Führung Saudi-Arabiens die Ölfördermengen. Der Ölpreis in Deutschland vervierfachte sich. Wie andere Länder des Westens kam Deutschland dadurch wirtschaftlich stark unter Druck. Das Land stürzte in eine schwere Wirtschaftskrise.

Die Regierung Brandt erließ Sonntagsfahrverbote und drastische Geschwindigkeitsbeschränkungen für Autos. Viele Menschen, auch ich, nutzten die Autobahnen vier Wochen lang sonntags zu Spaziergängen, zum Radfahren und zum Rollschuhlaufen. Gleichzeitig nahm Willy Brandt damals dankend das Angebot der Sowjetunion an, ab sofort mehr Gas und Öl nach Deutschland zu liefern. Die Bundesregierung beschloss ferner, über vierzig neue Kernkraftwerke zu bauen.

Kurz nach der Verhängung der Boykottmaßnahmen durch die OPEC saß ich in Riad beim saudischen König Faisal. Für die dortigen Verhältnisse war er ein bescheidener Monarch, der den Luxus der großen Königsfamilie beschnitt und den Import von Luxusgütern in sein Land verbot. Faisal wagte es auch, gegen die Abhängigkeit seines Landes von den USA zu kämpfen. Wie sich zeigen sollte, war das auch damals ein lebensgefährliches Unternehmen.

Ich versuchte, dem König zu erklären, wie sehr auch Deutschland unter dem Ölboykott litt, obwohl Saudi-Arabien doch in erster Linie die USA treffen wollte. Aber für das »Leid« der Deutschen hatte Faisal kein Ohr. Deutschland habe schließlich auch kein Ohr für das Leid der Palästinenser. Faisal ging es bei dem Ölboykott um zwei Dinge. Um die Enttäuschung der arabischen Staaten darüber, dass die USA ihnen den »Sieg« über Israel »gestohlen« hatten, und über die Abhängigkeit seines Landes von den USA. Er sagte, sein Land wolle nicht länger »Amerikas Tankstelle« sein. Anderthalb Jahre später wurde König Faisal von einem gerade aus den USA zurückgekehrten Neffen ermordet. Die Gerüchte rissen nicht ab, dass seine Ermordung ein Auftragsmord war. Bewiesen wurde diese Verschwörungstheorie nie.

Ich konnte den Ölboykott der OPEC natürlich nicht beenden. Das war auch nicht das Ziel der Reise. Aber ich konnte König Faisal ausführlich die deutschen Interessen darlegen und ihm klarmachen, dass der Boykott die Falschen traf. Auch wenn meine Reise ohne konkrete Ergebnisse verlief, habe ich die Gespräche über die saudische Ölstrategie viele Jahre lang fortgesetzt. Aber nicht mit König Faisal, sondern mit seinem Ölminister Ahmed Zaki Yamani, der fast ein Freund wurde.

Stundenlang haben wir über seine These diskutiert, dass Öl viel zu wertvoll sei, um verbrannt zu werden. Er hatte eine ganze Reihe von Ideen, was man eines Tages alles mit dem Öl machen könne. Yamani war lange Zeit der mächtigste saudische Politiker, der nicht der Königsfamilie entstammte.

In meinem Wahlkreis und in Rheinland-Pfalz interessierte mein Besuch beim König von Saudi-Arabien niemanden. Obwohl ich nach meiner Rückkehr in den Nachrichten des deutschen Fernsehens über mein Treffen mit König Faisal berichten konnte.

In jenen Tagen hatte ich eine öffentliche Kundgebung in Pirmasens. Der CDU-Stadtverbandsvorsitzende empfing mich vor dem Veranstaltungslokal voller Stolz und sagte, er habe mich gerade im Fernsehen gesehen. Welchen Teil meiner Ausführungen das Fernsehen ausgestrahlt habe, fragte ich ihn. Das wisse er nicht mehr, sagte der gute Mann. Es sei irgendetwas mit Öl gewesen. Aber was ihm richtig gut gefallen habe, sei meine tolle Krawatte gewesen. Seine Frau habe ihm gesagt, so eine solle er sich auch kaufen. Meine Ausführungen zur Ölkrise hatten ihn nicht interessiert. Äußerlichkeiten spielen in der Politik oft eine größere Rolle als komplizierte Inhalte.

### *Die Bitte von Strauß um »Abstimmung«*

Nach einer meiner Reisen ins südliche Afrika setzte sich Franz Josef Strauß im Bundestag plötzlich neben mich. Ich wurde damals in der Öffentlichkeit wegen meiner Ablehnung von Gewalt gegen Zivilisten wieder einmal heftig kritisiert. Ich kannte den bayerischen Ministerpräsidenten nicht persönlich. »Mutig, was Sie da machen!«, sagte er lachend. »Da haben Sie ja in ein richtiges Wespennest gestochen. Aber wäre es nicht klüger, Sie würden sich gelegentlich mit mir abstimmen?«

Vorher abstimmen? Wieso denn das, dachte ich. Da müsste ich mich doch ganz früh festlegen. Das ging gar nicht. Ich sagte ihm das auch. Strauß schaute mich erstaunt an. »Wie Sie meinen«, murmelte er und zog brummend ab. Aber irgendwie schien ihm das zu gefallen. Das Gespräch dauerte gerade einmal fünf Minuten. Aber ab da hatte ich bei ihm einen Stein im Brett.

## 9. Kapitel

## Das Treffen mit Chiles Diktator Pinochet

Am 11. September 1973 putschte in Chile das Militär gegen den demokratisch gewählten Präsidenten Salvador Allende. Allende nahm sich beim Sturm der Militärs auf den Präsidentenpalast das Leben. Mit einem Maschinengewehr, das ihm einst Fidel Castro geschenkt hatte. Kurz zuvor hatte er sich über mehrere Radiosender von seinen Anhängern verabschiedet. Seine Worte waren bewegend. »Arbeiter meiner Heimat: Ich möchte Euch für Eure Treue danken. Es lebe Chile! Es lebe das Volk! Es leben die Arbeiter! Dies sind meine letzten Worte. Ich bin sicher, dass mein Opfer nicht umsonst sein wird.« Allende war *der* Star der internationalen Linken, auch der deutschen. Die Hintergründe seines dramatischen Todes, die brutale Festnahme von Tausenden seiner Anhänger, die offenkundige Beteiligung der CIA an dem Staatsstreich hatten Linke aus aller Welt tief getroffen. Allende wurde zum edlen Märtyrer, Augusto Pinochet zum brutalen Mörder, was er in den ersten Jahren auch war. Pinochet räumte unter seinen Gegnern erbarmungslos auf.

Ich habe als Entwicklungspolitischer Sprecher viele lateinamerikanischen Staaten besucht. Kuba, Venezuela, Kolumbien, Peru, Bolivien, Argentinien und Brasilien. Oft wurde ich dabei von deren Regierungschefs empfangen. Nicht weil ich ein bedeutender Politiker gewesen wäre, sondern weil der Entwicklungspolitische Sprecher der Opposition im Falle eines Regierungswechsels ein denkbarer Kandidat für das Amt des Entwicklungsministers war.

Der Grund, warum ich an Ostern 1975 nach Chile flog, war jedoch nicht das Thema Entwicklungshilfe, sondern das Elend der politischen Gefangenen in Chile. Einige sozialdemokratische Abgeordnete hatten mich im Ausschuss für wirtschaftliche Zusammenarbeit auf die tragische Lage von viertausendfünfhundert gefangenen Anhängern Allendes aufmerksam gemacht, die dort in finsteren Verliesen schmachteten.

Über die chilenische Botschaft hatte ich die Zusage bekommen, Präsident Pinochet persönlich zu treffen. Mit ihm und nur mit ihm müsse ich dieses Problem besprechen, sagte die chilenische Botschafterin. Das Ungewöhnliche an der Einladung waren der vorgeschlagene Ort und der Zeitpunkt. Pinochet schlug vor, sich mit ihm privat in Punta Arenas, am Südzipfel Chiles, zu treffen. Ich könne dort die Ostertage zusammen mit seiner Familie verbringen, ließ er mir mitteilen. Für mein Anliegen, etwas für die politischen Gefangenen Chiles zu tun, war das ideal. Innenpolitisch aber war es für mich eine Katastrophe. Ich brauchte nicht viel Fantasie, um mir vorzustellen, welchen Sturm der Entrüstung das Treffen in Deutschland auslösen würde. Ich würde mich nicht nur mit einem blutigen Diktator treffen. Ich würde mich zusätzlich noch mit seiner Familie treffen. An Ostern. Intimer ging es nicht. Das Prädikat »Diktatorenfreund« war mir sicher. Natürlich wusste ich das.

Es gab eine einfache Alternative: Ich konnte den Termin absagen und mich in Santiago de Chile lediglich mit dem früheren christlich-demokratischen Präsidenten Eduardo Frei und dem späteren Nachfolger Pinochets, Patricio Aylwin, treffen. Nach diesem Treffen hätte ich einige markige Erklärungen zu Pinochets Terrorregime abgeben können und wäre dafür in Deutschland gefeiert worden. Für die viertausendfünfhundert Gefangenen hätte ich allerdings nichts erreicht. Frei und Aylwin hätten mir bei der Befreiung der politischen Gefangenen nicht helfen können. Sie hätten es auch gar nicht gewollt. Die Gefangenen waren überwiegend Marxisten und scharfe Gegner der führenden Christdemokraten Chiles.

Vor diesem Dilemma stand ich ein Leben lang. Was ist richtiger: Gesinnungsethik, die edel auftritt, aber oft nichts erreicht, oder Verantwortungsethik, der es vor allem auf die Folgen des Handelns ankommt? Für Gesinnungsethik gibt es meist Beifall, für Verantwortungsethik oft heftige Kritik. Es musste einen vernünftigen Kompromiss geben. Ich beschloss, mich sowohl mit Pinochet als auch mit den Christdemokraten Frei und Aylwin zu treffen.

### *Ostertage bei Pinochet*

Pinochet empfing mich in einer Blockhütte in der Nähe von Punta Arenas. Die Stadt gilt als Tor zur Antarktis. Entsprechend kalt war es bei meiner Ankunft. Kühl war auch der Empfang durch Pinochet. Wahrscheinlich konnte er gar nicht richtig herzlich sein. Außerdem hinderte ihn seine hohe, schnarrende Stimme an einem Übermaß an Herzlichkeit.

Pinochet erklärte mir, er müsse an Ostern wie andere Väter in Chile vor allem Zeit mit seiner Familie verbringen. Ich sei Gast seiner gesamten Familie. Irgendwann werde man Zeit finden, über mein Anliegen zu sprechen. Ich sei ja ein paar Tage da. Außerdem sei auch der Innenminister anwesend. Der sei ohnehin für derartige Fragen zuständig. Er stellte mich kurz dem Innenminister und dann ausführlich seiner Familie vor. Dann konzentrierte er sich auf seine Familie.

Nach zwei Stunden gab er mir ein Zeichen, dass wir sprechen könnten. Bei einem Spaziergang. Es wurde ein schwieriges Gespräch. Als Erstes erklärte er mir kühl, dass er nicht verstünde, warum ich mir für diese »marxistischen Mörder« so viel Zeit nähme. Das seien linke Guerilleros, Marxisten, Kommunisten. Allende-Fans, bezahlt und bewaffnet vom Ausland. Sie hätten eine Revolution im Stile der Amerikaner in Kuba geplant und keine Milde verdient.

Ungefragt erklärte er mir ausführlich, warum er die westlichen Demokratien so verachte. Demokratischen Politikern gehe es nie um das Wohl der Bürger, sondern nur um ihr eigenes Wohl. Ich ging darauf nicht ein. Ich wusste, dass Pinochet das Preußentum verehrte. Ich sprach daher ausführlich über die Tugenden des Preußenkönigs Friedrichs des Großen. Der sei mit politischen Gefangenen immer respektvoll umgegangen. Manchmal geradezu ritterlich. Dass Pinochet als Anhänger des Preußentums so respektlos mit politischen Gefangenen umgehe, passe überhaupt nicht zu dem Bild, was manche von ihm hätten. Außerdem werde er ohne eine Freilassung der politischen Gefangenen nie die Wirtschaftsblockade der europäischen Staaten aufbrechen können.

Ich spürte, dass ich mit dem Hinweis auf den Preußenkönig einen Volltreffer gelandet hatte. Wir diskutierten mindestens zwei Stunden lang über Friedrich den Großen, dessen Bild im Wohnzimmer meiner Eltern in Freiburg hing. Doch zu einer Entscheidung war Pinochet an diesem Tag nicht bereit. Obwohl ich ihn geradezu leidenschaftlich bat, sich an der Ritterlichkeit Friedrichs des Großen ein Beispiel zu nehmen.

Am späteren Nachmittag des folgenden Tages signalisierte er mir erneut, dass er mit mir sprechen wolle. Er schaute noch unnahbarer aus als am Tag zuvor. Wir gingen wieder spazieren. Es wurde dunkel. Und immer kälter. Ich schlug den Kragen hoch. Pinochet schwieg lange.

Dann wiederholte er, dass er mein Engagement für diese Leute noch immer nicht verstehe. Trotzdem habe er beschlossen, die Gefangenen freizulassen. Ich atmete tief durch. Ich fragte ihn, ob er mir dafür sein Wort als Offizier gebe. Eigentlich war das eine Beleidigung. Aber ich musste sein Versprechen unumstößlich machen. Er sah mich an und sagte: »Sie haben mein Wort als Offizier.« Ich hätte in diesem Augenblick vor Freude am liebsten laut »Jaaa!« geschrien. Ich wusste, was dieser Augenblick für die viertausendfünfhundert Gefangenen bedeutete: Freiheit, mit der sie wahrscheinlich schon lange nicht mehr rechneten. Freiheit!

Insgesamt habe ich mit Pinochet acht Stunden verhandelt. Über deutsche Entwicklungshilfe haben wir keine Sekunde gesprochen. Als Sprecher der Opposition waren meine Chancen, die Bundesregierung zu Entwicklungshilfeleistungen an Chile zu zwingen, äußerst bescheiden. Einen Deal »Freilassung politischer Gefangener gegen Entwicklungshilfe« hätte Pinochet wahrscheinlich auch gar nicht akzeptiert. Für ihn war das Gefangenenproblem ein Thema, das mit Selbstachtung zu tun hatte. Und mit seiner Vorstellung vom Preußentum.

Noch in der Nacht flog ich mit einer Militärmaschine nach Santiago de Chile zurück. Dort traf ich den Vorgänger Allendes Eduardo Frei sowie Patricio Aylwin, der fünfzehn Jahre später Präsident Chiles wurde.

Beide waren verärgert, dass ich mit Pinochet vor ihnen gesprochen hatte. Und trotzdem dankbar, dass ich sie als Erste über das Ergebnis meiner Gespräche unterrichtete.

### *Der Aufschrei in Deutschland*

In Deutschland war das Echo, wie erwartet, überwiegend negativ. Ich hatte mit einem Diktator gesprochen, das war in den Augen vieler Gesinnungsethiker schlimm genug. Forschungsminister Hans Matthöfer, der mit Allende persönlich befreundet gewesen war, warf mir öffentlich vor, einen schändlichen »Menschenhandel« betrieben zu haben. Die Regierung Pinochet nannte er eine »Mörderbande«. Das brachte ihm zwar eine Rüge von Kanzler Schmidt ein, erschwerte aber die Freilassung der Gefangenen außerordentlich. Letztlich verteidigte mich damals nur der *Spiegel*. Er schrieb über den Wutausbruch des späteren Finanzministers: Ihn »wurmte, dass ausgerechnet ein CDU-Mann sich brüsten konnte, Tausenden von Allende-Anhängern Aussicht auf Freiheit verschafft zu haben«.

Nun begannen monatelange Bemühungen um die tatsächliche Freilassung der viertausendfünfhundert politischen Gefangenen. Die chilenische Regierung war massiv verärgert, dass die deutsche Regierung auf die Ankündigung Pinochets, die Gefangenen freizulassen, mit einer Schimpfkanonade reagiert hatte. Ich schrieb drängende Briefe an den Innenminister und an Pinochet. Immer wieder erinnerte ich Pinochet an sein Ehrenwort als Offizier. Endlich, nach vielen Monaten, kamen die ersten der viertausendfünfhundert Allende-Anhänger frei. Ich erhielt unzählige Dankesbriefe von den Angehörigen der Gefangenen und von Amnesty International. Ich habe das alles dokumentiert. In dicken Leitzordnern und in einer veröffentlichten Broschüre.

Nachdem ich Teile des Schriftverkehrs mit Amnesty International und mit der chilenischen Regierung veröffentlicht hatte, stellten meine Kritiker ihre Strategie um. Sie bezweifelten nun einfach, dass es jemals eine Zusage Pinochets an mich gegeben habe. Mit der Freilassung der Gefangenen hatte ich demnach nie etwas zu tun gehabt. Auf Wikipedia, wo seit Längerem eine mir bekannte Clique von Gegnern meiner Arbeit die Berichterstattung über mich gekapert hat, werden bis heute weiter Zweifel angemeldet. Mein dokumentierter Schriftverkehr mit der chilenischen Regierung und die Dankesbriefe von Amnesty International interessierten anscheinend niemanden.

So hatte mir etwa am 8. Dezember 1976 die Sektion Deutschland von Amnesty International geschrieben: »Sehr geehrter Herr Todenhöfer! Ich danke Ihnen herzlich für Ihr Schreiben vom 23.11.76 wegen Frau Gladys Diaz Armijo. In der Zwischenzeit habe ich erfahren, dass Frau Diaz morgen, Donnerstag, den 9. Dezember 1976, in die Bundesrepublik kommt. Sie wird in Frankfurt/M. von unserer chilenischen Co-Gruppe empfangen und vorerst auch betreut werden. Ich bin von der Gruppe 141 beauftragt worden, Ihnen nochmals unseren herzlichen Dank für Ihre Bemühungen in dieser Sache auszusprechen, und dies tue ich hiermit auch von Herzen und mit Freude … Mit freundlichen Grüßen und vorzüglicher Hochachtung, Gertrud Zühlke.«

Derartige Briefe erhielt ich Dutzende. Was Amnesty beschrieb, war mir wichtiger als die bewusst falsche Darstellung durch Wikipedia. Die Freude über die Freilassung von viertausendfünfhundert marxistischen Allende-Anhängern kann mir niemand nehmen. Die Befreiung dieser Menschen aus ihren dunklen Verliesen war jeden Preis wert. Auch den der nie endenden Verleumdung.

## 10. Kapitel

## Reisen, Reisen, Reisen

Deutschland leistete schon damals den meisten Ländern der Dritten Welt Entwicklungshilfe – falls diese nicht gerade Gegner der USA waren wie etwa Kuba, Vietnam oder Nordkorea. Deren Menschen durften wir nicht helfen. Allenfalls kurzfristig bei Katastrophen.

Wer sinnvoll helfen will, muss die Empfängerländer kennen. Nicht nur ihre Regierungen, sondern auch Land und Leute. Die Wahrheit findet man auch hier lediglich vor Ort, und auch das nur, wenn man mit beiden Seiten spricht. Jeder kluge Richter führt in schwierigen Fällen eine »Ortsbesichtigung« durch, und er spricht mit beiden Seiten. Für mich war das eine eiserne Regel. Doch für kaum etwas wurde ich mehr kritisiert als für diese Bereitschaft, bei der Suche nach der Wahrheit mit allen zu sprechen.

### *»Entwicklungshilfe« für Guerillas?*

Dass die Wahrheit bei Politikern nicht immer erwünscht ist, erlebte ich besonders drastisch 1977 nach einer Reise nach Botswana. Nach einem langen Gespräch mit dem Präsidenten des Landes Seretse Khama wollte ich mir in der Nähe der Grenze zu Simbabwe ein Flüchtlingslager ansehen. Begleitet wurde ich vom damaligen Geschäftsträger Deutschlands Josef Regenhardt und dem Fotojournalisten Eckhard Nitsche.

Die damalige Entwicklungsministerin Marie Schlei hatte

dem Lager fünfhunderttausend D-Mark zugesagt. Das war grundsätzlich eine gute Sache. Und als Entwicklungspolitischer Sprecher der Opposition war es normal, dass ich mir Hilfsprojekte der Bundesregierung anschaute. Das machte ich in allen Entwicklungsländern.

Doch dieses Flüchtlingslager war anders als die Flüchtlingslager, die ich bisher gesehen hatte. Nirgendwo gab es Frauen, Kinder oder alte Männer. Stattdessen waren die Blockhütten vollgestopft mit Hunderten muskulösen jungen Männern zwischen dreizehn und dreißig Jahren. Verblüfft sagte ich dem Lagerkommandanten, das seien doch zu neunzig Prozent Kämpfer der »Patriotischen Front«, wie die Guerillabewegung in Simbabwe hieß. Er korrigierte mich lächelnd und sagte stolz: »Nicht zu neunzig Prozent, zu fünfundneunzig Prozent!«

Die jungen Leute seien aus Simbabwe gekommen und hätten sich allein oder in Gruppen zum botswanischen Rekrutierungslager Selebi-Phikwe durchgeschlagen, in dem wir uns gerade befanden. Von hier aus würden sie in Guerilla-Ausbildungslager nach Sambia geflogen. Von dort gehe es nach einem Intensiv-Training in den Kampf gegen die britischen Kolonialisten in Simbabwe.

Ich kam aus dem Staunen nicht mehr heraus. Deutsche Entwicklungshilfe ging direkt in den Guerillakampf gegen Simbabwe? Dieser Kampf war zwar gerechtfertigt, aber mit Entwicklungshilfe hatte er nichts zu tun. Die Finanzierung von Guerillas widersprach im Gegenteil allen Grundsätzen der deutschen Entwicklungspolitik. Und selbst wenn die finanzielle Unterstützung Deutschlands für Guerillas in Ordnung gewesen wäre, musste man dann in einer Demokratie nicht wenigstens die zuständigen Parlamentsausschüsse vertraulich unterrichten? All das war nicht geschehen. Im Gegenteil, die Regierung stellte mich, als sie ertappt war, als Lügner dar.

Angeführt wurde die Patriotische Front von Robert Mugabe, der nach der Vertreibung der britischen Kolonialisten dreißig Jahre lang Präsident des Landes wurde. Zum Entsetzen aller, die ihn damals unterstützt und verehrt hatten, entwickelte er sich zu einem der brutalsten und korruptesten Diktatoren Afrikas. Während das Volk immer mehr verarmte, wurden er und seine ähnlich berüchtigte Frau immer reicher.

Obwohl die antikolonialistischen Ziele der von ihm geführten Patriotischen Front berechtigt waren, hatten Mugabes Methoden nicht viel mit einem echten Freiheitskampf zu tun. Mugabe ließ mit Vorliebe Zivilisten angreifen, weil das die Kolonialisten am schnellsten entmutigte. Und am risikolosesten war.

Ich war am Tatort mehrerer Massaker der Mugabe-Guerillas. Die einunddreißigjährige, schwer verwundete Engos Nagascha sagte mir im Krankenhaus nach einem Überfall der Kämpfer Mugabes: »Sie schossen immer wieder in unsere Gruppe, egal, ob Frauen oder Kinder dazugehörten.« Vierzehn Menschen seien bei dem Überfall auf schwarze Farmarbeiter ums Leben gekommen. Während sie das berichtete, zitterte sie am ganzen Leib.

Die Freiheitsbewegungen Afrikas hatten es gegen die gnadenlosen Truppen der Kolonialisten schwer. Und vor allem waren sie im Recht. Der Kolonialismus der Europäer hatte keinerlei Existenzberechtigung. Aber konnte das die gezielte Tötung von unzähligen Zivilisten rechtfertigen? Ich hatte schon damals beschlossen, in dieser Frage kompromisslos zu bleiben. Ich habe deshalb auch befreundeten Freiheitskämpfern, etwa in Afghanistan, immer gesagt: »Von dem Tag an, an dem ihr Zivilisten angreift, werde ich euer Gegner sein.«

## *Plötzlich hatte ich wieder viele Feinde*

Von Botswana fuhr ich weiter nach Angola. Dort tobte ein ähnlich verbitterter Freiheitskampf. Da in der Hauptstadt Luanda alle internationalen Hotels geschlossen waren, nahm mich freundlicherweise der italienische Botschafter in seiner Residenz auf. Leider konnten wir nur einmal in der Woche telefonieren. Nichts funktionierte in Angola. Ich verlor schnell jeden Kontakt nach Deutschland. Da auch mein Gepäck nicht ankam, musste ich zeitweise die Kleidung des Botschafters anziehen. Da er zwanzig Zentimeter kleiner war als ich, sah das ziemlich drollig aus.

Weil der Flughafen von Luanda wegen der Kämpfe vorübergehend geschlossen war, konnte ich vorerst auch nicht nach Deutschland zurückfliegen. Von der heftigen Diskussion, die mein Reisebericht in Deutschland ausgelöst hatte, wusste ich nichts. Als ich mit tagelanger Verspätung doch irgendwann nach Deutschland zurückkam, empfing mich ein Antiterrorkommando des BKA (Bundeskriminalamt). Es hatte mehrere Morddrohungen gegen mich gegeben. Angeblich auch von der RAF. Ein BKA-Kommando begleitete mich zu meiner Wohnung.

In Bonn fragte ich den Fraktionsassistenten der CDU/CSU Albert Baumhauer, ob sich Entwicklungsministerin Schlei noch lange halten könne. Das wisse er nicht, antwortete er stirnrunzelnd. Viel fraglicher sei, wie lange ich mich noch halten könne. Die Diskussion in Deutschland habe sich total gegen mich gedreht. Die Regierung von Botswana hatte ihre populärste Ministerin nach Deutschland geschickt. In der *Tagesschau* behauptete sie, ich hätte alles frei erfunden und sei ein übler Lügner. Darüber hinaus hatte die Europäische Gemeinschaft eine »Untersuchungskommission« nach Selebi-Phikwe geschickt, um meine Vorwürfe zu überprüfen. Nach ihrer Rückkehr berichtete sie, das von mir genannte Lager sei ein ganz normales Flüchtlingslager. Überall habe Babywäsche auf den Leinen gehangen, Großmütter hätten sich liebevoll um die Kleinen gekümmert. Meine Schilderung sei offenbar frei erfunden.

Auch meine eigene Partei ging nun auf Distanz zu mir. Insbesondere die Kirchen machten mobil. Der CDU-Abgeordnete Paul Hoffacker, der in der katholischen Kirche hohe Ämter bekleidete, drohte mir: »Wenn Sie das Thema noch einmal ansprechen, werden starke Kräfte in der Fraktion dafür sorgen, dass Sie nie mehr ein Amt bekommen.« Was um Himmels willen hatte die katholische Kirche mit den afrikanischen Guerilla-Organisationen zu tun? Einen noch merkwürdigeren Beitrag zur Diskussion leisteten die Grünen. Sie erstatteten gegen mich Strafanzeige wegen »Anstachelung zum Angriffskrieg«. Alle großen Nachrichtensender berichteten darüber. Das Verfahren wurde von der Staatsanwaltschaft in Rekordzeit wieder eingestellt. Doch darüber berichtete niemand.

Ich rief den Fotografen Eckhard Nitsche an und fragte, wann endlich seine verdammte Fotoreportage komme. Dafür sei er schließlich mitgekommen. Er sagte, dass er krank sei, aber irgendwann werde der Bericht schon kommen. Der Mann hatte offenbar die Hosen gestrichen voll. Ich rief den deutschen Geschäftsträger Josef Regenhardt an, der ebenfalls alles miterlebt hatte. Auch mit dem Lagerkommandanten hatte er gesprochen. Doch auch in der Diplomatie sind Helden selten. Er flehte mich an, ihn aus der Sache herauszulassen und bitte nicht zu zitieren. Er stehe kurz vor seiner Pensionierung und noch kürzer vor einem Herzinfarkt. Alles war wie verhext.

### *Der Zuspruch Peter Scholl-Latours*

In dieser schwierigen Situation rief mich einer der bekanntesten deutschen Journalisten an: Peter Scholl-Latour. Er leitete damals das Pariser ZDF-Studio. Wir waren uns noch nie begegnet. Nuschelnd sagte er: »Glückwunsch! Endlich einmal einer, der es wagt, die Wahrheit auszusprechen. Die brauchen in Afrika höchstens eine halbe Stunde, um aus einem Guerillalager ein Altenheim zu machen. Unsere Leute hier haben einfach keine Ahnung. Die waren noch nie in einem Kriegsgebiet. Lassen Sie sich bloß nicht unterkriegen. Rufen Sie mich an, wenn Sie mich brauchen!« Der Anruf tat so gut. Woher wusste Scholl-Latour, dass ich gerade völlig allein war?

Irgendwann wendete sich das Blatt. Eckhard Nitsche bekam

in der Zeitschrift *Bunte* eine sieben Seiten lange Fotoreportage, die all mein Kritiker widerlegte. Mit Fotos und einem Wortprotokoll des Fotografen. Die Lagerinsassen waren natürlich Guerillakämpfer. Sie hatten das auch Nitsche gegenüber stolz zugegeben, Selbst der *Spiegel* schrieb, dass die Sache mit dem »Guerilla-Karussell« Simbabwe, Botswana, Sambia im Grunde auch »nicht neu« sei.

Entwicklungsministerin Schlei aber wurde wenige Monate später bei einer Kabinettsumbildung von Kanzler Schmidt nicht mehr als Ministerin berücksichtigt. Helmut Schmidt und Hans-Dietrich Genscher kannten natürlich den dienstlichen Bericht des deutschen Geschäftsträgers in Botswana. Um einen solchen kommt kein Botschafter und auch kein Geschäftsträger herum. Und Kanzler Schmidt mochte mich aus irgendwelchen Gründen gut leiden. Plötzlich klopften mir alle wieder auf die Schulter: Sie hätten immer gewusst, dass ich recht hatte.

## *Reisen in der Holzklasse*

Die meisten Reisen legte ich so, dass ich meine Wahlkreis-Arbeit in Kaiserslautern nicht vernachlässigen musste. Am besten auf einen Teil der Schulferien. Oder so, dass ich freitags zurückkam und am Wochenende Veranstaltungen abhalten konnte. Ich habe mich nie geschont. Die Tatsache, dass ich als Politiker stets nur Economy flog, führte nicht nur dazu, dass ich am Ende langer Reisen ziemlich gerädert war.

Sondern auch dazu, dass meine hochgestellten Gastgeber mich am Ende meiner »Staatsvisite« immer zur falschen Flugzeugtür brachten. Das führte oft zu skurrilen Szenen. Etwa, als mich der Außenminister von Bangladesch in seiner Staatskarosse aufs Flugfeld und dort zu einem extra für mich ausgerollten roten Teppich fuhr, der natürlich zur vorderen Tür, zur First Class führte. Wir schüttelten uns herzlich die Hände. Doch zum Erstaunen seiner Exzellenz ließ ich den roten Teppich links liegen und marschierte zielstrebig zum Hintereingang des Flugzeugs. Zur Economy. Was meine Gastgeber in diesem Augenblick wohl dachten? Dass sich Deutschland für seine Abgeordneten keine Erste-Klasse-Tickets mehr leisten konnte?

Ich hatte das Economy-Fliegen von meinem zeitweiligen politischen Gegner, dem späteren SPD-Finanzminister Hans Matthöfer, abgeschaut. Er hatte mir erzählt, in Entwicklungsländer fliege er immer Holzklasse. Bei Reisen in »Hungerländer« Hummer und Kaviar zu essen und Champagner zu trinken, könne er mit seinem Gewissen nicht vereinbaren. Ich fand das vorbildlich und habe es, ohne viel darüber zu sprechen, einfach nachgemacht.

Trotz harter Kontroversen in meinen Anfangsjahren hatten Matthöfer und ich später ein respektvolles Verhältnis. Bei einer spätabendlichen Debatte im fast leeren Bundestag sah ich, wie er zu Beginn meiner Rede in den Plenarsaal eilte und schweigend zuhörte. Nach meiner Rede setzte ich mich zu ihm und fragte ihn, was er als Bundesfinanzminister zu so später Stunde im fast leeren Plenarsaal suche. Lachend antwortete er, mir zuzuhören sei die einzige Möglichkeit, zu erfahren, was die CDU wirklich denke. Die anderen redeten fast immer um den heißen Brei herum. Mich freute das, obwohl meine undiplomatische Offenheit zunehmend mein Problem wurde. Auch weil ich meine Aussagen manchmal rhetorisch überspitzte. Heute würde ich einiges nicht mehr so sagen wie damals.

Meine Reisen in die Krisengebiete der Welt hatten alle ein zentrales Ziel: Ich wollte die Lage der betreffenden Länder verstehen und mithelfen, Lösungen zu finden. Dort und in Deutschland. Egal, welche Meinung in Deutschland gerade vorherrschte. Dazu musste ich auch Konflikte in Kauf nehmen. Je weniger deutsche Politiker von einem Land wussten, desto »klarer« und unumstößlicher war ihre Meinung. Die Mühe, die Wahrheit vor Ort zu suchen, machten sich nur wenige. Im Bundestag debattieren über außenpolitische Fragen meist Politiker, die noch nie in den umstrittenen Ländern waren. Im deutschen Fernsehen ist das oft nicht anders. Die Diskussion über den Afghanistankrieg der Sowjets und der USA wurde fast ausschließlich von Politikern geführt, die von Land und Leuten keine Ahnung hatten. Sie hatten allenfalls unter massivem Polizeischutz ein gesichertes Militärcamp oder den Präsidentenpalast besucht, wo man ihnen dasselbe erzählt hatte, was sie aus den deutschen Medien wussten.

### *Mein Treffen mit Indira Gandhi*

In Indien traf ich 1975 Premierministerin Indira Gandhi zu einem langen Gespräch. Durch harte und für sie äußerst negative Gerichtsentscheidungen war sie gerade in großen politischen Schwierigkeiten. Kurz vor meinem Besuch hatte sie deshalb den Ausnahmezustand ausgerufen und das Parlament aufgelöst. Der Hauptstadtpresse stellte sie zeitweise den Strom ab, führende Oppositionelle landeten im Gefängnis. Die ganze Welt blickte verwirrt auf Indien.

Der deutsche Botschafter in Indien, Günter Diehl, hatte mich vor dem Gespräch fast flehentlich gebeten, den Ausnahmezustand nur kurz anzusprechen. Aber das ging gar nicht. Indien war und ist die zahlenmäßig größte Demokratie der Welt und hat eine wichtige Vorbildfunktion für andere Länder. Also hielt ich der indischen Premierministerin zum Entsetzen des deutschen Botschafters einen höflichen, aber klaren Vortrag über Demokratie und Menschenrechte und die Erwartungen der Welt gegenüber ihrem großartigen Land.

Das Einzige, was hierbei vielleicht skurril gewirkt haben könnte, war, dass ich gerade einmal vierunddreißig Jahre alt war, sie aber fast sechzig. Ich war in jenen Jahren immer etwas zu jung. Aber das durfte im Falle Indiens keine Rolle spielen, auch wenn Indira Gandhi erkennen ließ, dass sie über meinen Vortrag nicht begeistert war. Aber das war auch nicht das Ziel meiner Reise. Im deutschen Fernsehen habe ich meine Kritik bewusst vorsichtiger formuliert. Ich wollte nicht alle Türen zuschlagen. Indira Gandhi ließ den deutschen Botschafter später wissen, dass sie meinen Vortrag völlig unangemessen fand. Meine Kritiker in Deutschland aber fanden, dass ich die indische Premierministerin öffentlich nicht hart genug kritisiert hätte. Was war der richtige Weg?

### *Somalia – Warten auf einen Diktator*

Manchmal musste ich auf meine Gesprächstermine mit den Staats- und Regierungschefs der gerade besuchten Staaten lange warten. Ich war ja auch nicht deutscher Außenminister, sondern nur Sprecher der größten Oppositionspartei. Fast endlos war das Warten im Frühjahr 1979 in Somalia, wo ich den chaotisch-brutalen Diktator Siad Barre treffen wollte. In meiner Begleitung waren der Afrikakorrespondent der *FAZ* Günter Krabbe und zwei Journalisten des deutschen Fernsehens. Siad Barre hatte zwei Jahre zuvor den »Ogadenkrieg« gegen Äthiopien verloren. Wegen dieses Kriegs hatte er sich aus den Armen der Sowjetunion gelöst, die den Gegner Somalias, Äthiopien, unterstützt hatte. Siad Barre war Partner der USA geworden, deren Führung ihn allerdings auch nur halbherzig unterstützte.

In Deutschland wurde Barre bekannt, als er 1977 der deutschen Antiterror-Spezialeinheit GSG 9 erlaubte, die von der palästinensischen PFLP (Volksfront zur Befreiung Palästinas) entführte Lufthansa-Maschine »Landshut« zu stürmen und die gefangenen deutschen Geiseln zu befreien. Außerdem hatte sich Barre einen Namen als Vorkämpfer der Rechte der Frauen und als Gegner der Beschneidung von Mädchen und Frauen gemacht. Das war eine gewaltige politische Leistung.

Tagsüber erkundeten das Journalistenteam und ich Mogadischu und Umgebung, abends warteten wir in einem Strandrestaurant auf den Protokollchef des Präsidenten. Der kam stets

**1** In den Bergen Südtirols fühle ich mich am wohlsten.

2 In der Obhut des Hausmädchens meiner Großeltern in Hanau.

3 Mit Bruder Joachim.

4 Als Austauschschüler am Strand von Granville.

5 Student in Freiburg.

**6** Pilotenausbildung als 21-Jähriger in Hangelar bei Bonn.

**7** Skilehrer in Val d'Isère.

**8** Fußballtraining im Wahlkreis Tübingen.

**14** Im Bundestag mit den CDU-Kollegen Manfred Wörner und Wolfgang Schäuble (rechts).

**15** Als Sprecher der Opposition, daneben die Regierungsbank mit SPD-Kanzler Helmut Schmidt.

**16** Im Austausch mit Nationalmannschaftstrainer und WM-Sieger von Bern Sepp Herberger.

**17** Mit dem bayerischen Ministerpräsidenten Franz Josef Strauß.

**18** Vorstellung von Helmut und Hannelore Kohl in Offenburg bei Senator Franz Burda und dessen Sohn Hubert.

**19** Als Spielführer beim Firmenduell Adidas gegen Burda im Münchener Olympiastadion, mit dem jetzigen Präsidenten des FC Bayern Herbert Hainer als Gegenpart.

**20** Mit Kanzlerin Angela Merkel, Maybrit Illner und CSU-Politiker Michael Glos.

**21** Im Gedankenaustausch mit Michail Gorbatschow.

**22** Musikalische Einstimmung zum Sommerfest für Münchner Seniorinnen und Senioren.

**23** Als Fünfundsiebzigjähriger bei der Erstbesteigung des Ortlers, des mit 3905 Meter höchsten Bergs der Südtiroler Alpen.

**24** Mit meinen Töchtern Nathalie (links) und Valérie.

**25** Kundgebung in Corona-Zeiten.

**26** Kurz nach einer Wahlkampfrede in Düsseldorf.

**27** Heiße Maroni per Fahrrad: Das Senioren-Projekt der von mir gegründeten Stiftung Sternenstaub liegt mir am Herzen.

**28** Begrüßung zum gemeinsamen festlichen Weihnachtsessen mit sozial schwachen Mitbürgern in München.

pünktlich um achtzehn Uhr in unser Restaurant und teilte uns mit, dass der Termin leider um einen Tag verschoben werden müsse. Sein Präsident lege aber nach wie vor großen Wert auf das Treffen. Er, der Protokollchef, werde uns am kommenden Abend zum Präsidenten bringen. Günter Krabbe, der Afrika wie seine Westentasche kannte, erklärte uns, in Afrika gingen die Uhren nun einmal anders. Warten gehöre hier dazu. Und so saßen wir fast eine Woche abends am Strand von Mogadischu, aßen Hummer, der hier nur ein paar Dollar kostete, und wurden anschließend auf den nächsten Tag vertröstet.

Den beiden Fernsehjournalisten dauerte das irgendwann zu lange. Sie hatten auch keine Lust mehr auf Hummer. Sie sehnten sich nach einem ganz normalen Steak mit Pommes. Außerdem wollten sie sich die Bars von Mogadischu ansehen. Die Frauen von Somalia seien sehr schön, erklärten sie. Sie hätten ja die Telefonnummer des Büros des Protokollchefs. Weg waren sie. Wie oft in solchen Fällen brachte der Protokollchef genau dieses Mal zum Nachtisch keine Terminverschiebung. Er erklärte im Gegenteil mit ernster Miene, der Präsident freue sich außerordentlich, uns in zwei Stunden zu empfangen.

Jetzt starb gerade die große Fernsehreportage über Somalia, die in jenen Jahren so wichtig war. Ich bat den Protokollchef dringend, die beiden TV-Kollegen in den Restaurants und Bars von Mogadischu suchen zu lassen. Sie hätten eine lange Reise hinter sich und ein tolles Interview mit dem Präsidenten vor. Der Protokollchef versprach, alles Menschenmögliche zu veranlassen, um die zwei zu finden. Krabbe aber knurrte: »Warten ist in Afrika alles.« Er war sehr zufrieden, dass ich auf ihn gehört hatte. Kurz vor Mitternacht begann schließlich ein zweieinhalbstündiges Gespräch mit Siad Barre. Barre war ein Nachtmensch.

Die beiden TV-Journalisten aber waren nicht auffindbar, obwohl der Protokollchef seinen gesamten Stab auf die Suche geschickt hatte. »Die Frauen von Mogadischu sind sehr schön«, meinte er lächelnd. Krabbe aber wiederholte knurrend und leicht triumphierend: »Warten ist in Afrika alles.« Er hatte Siad Barre nun exklusiv für die *FAZ*, ohne Fernsehkonkurrenz.

Siad Barre war ein Diktator. Und wie alle Diktatoren auch ein Mörder. Und doch lernte ich in dieser Nacht unendlich viel über Politik in Afrika. Und auch über den wahren Verlauf der Befreiungsaktion durch die GSG 9. In seiner Darstellung der Ereignisse spielten die beteiligten deutschen Politiker nicht ganz die heldenhafte Rolle, die sie in Deutschland verbreiteten. Im Gegenteil. Die Details, an welchen Orten sich die deutschen Politiker versteckten, als der Sturmangriff der deutschen Antiterror-Spezialkräfte begann, lasse ich hier weg. Barre lobte nur die GSG 9 uneingeschränkt. »Eine starke Truppe!«, meinte er anerkennend. Mit dem Sturz Siad Barres im Jahr 1991 versank Somalia in Anarchie und Bürgerkriegen, die bis heute andauern.

## *Fidel oder Ramón Castro?*

Und so zog ich durch Afrika, Asien, Lateinamerika und die USA, um die Politik des Westens und unsere Zivilisation zu verstehen. In Kuba war ich mit der deutschen Fernsehlegende Dieter Kronzucker unterwegs. Er interviewte mich während unserer Reise durch Lateinamerika fast täglich. Für die *Tagesschau*, wie er sagte. Leider erschien – bis auf eine Ausnahme – keines seiner Interviews im deutschen Fernsehen. Er habe mich bei Laune halten wollen, gestand er lachend, als wir uns Jahre später zufällig in einem Flugzeug trafen. Wir hatten trotzdem eine gute Zeit miteinander.

In Kuba stand ich vor der Frage, ob ich mittags auf der Plaza de la Revolución in der prallen Sonne von Havanna zusammen mit einer Million Kubanern eine der sechs- bis achtstündigen Reden Fidel Castros anhören wollte, mit der Möglichkeit eines kurzen anschließenden Gesprächs. Später schraubte Fidel seinen Rededauer-Weltrekord sogar auf stolze zwölf Stunden.

Oder ob ich den Abend mit seinem ältesten Bruder Ramón bei Rotwein und Käse auf dessen Musterfarm verbringen sollte, um ganz unpolitisch und »off the record« über sein Land sowie über Gott und die Welt zu plaudern.

Ich entschied mich zur Überraschung von Kronzucker für Ramón Castro, der fast genauso aussah wie sein Bruder Fidel. Von ihm erfuhr ich viel Spannendes. Etwa, als er uns offen erzählte, dass der Kampf gegen die USA aussichtslos sei, weil die USA Kuba als uramerikanisches Territorium ansähen. Und weil amerikanische Dollars am Ende attraktiver seien als kubanische Pesos.

Bei der Unabhängigkeitserklärung der USA 1776 hätten die USA nur aus dreizehn früheren Kolonien bestanden. Angeblich um die Ideale ihrer Unabhängigkeitserklärung in möglichst vielen Staaten durchzusetzen, eroberten sie in den folgenden Jahren siebenunddreißig weitere Staaten. Durch Kriege und Kaufverträge. So überfielen sie Mexiko und nahmen ihm in brutalen Angriffskriegen die Hälfte seines Staatsgebiets ab. Ihre blutigen Kriege, die sie Kriege zur »Eroberung des Friedens« nannten, brachten den USA unter anderem Texas, Kalifornien und Florida ein. Nur Kuba hätten sie bisher nicht geschafft. Doch auch das sei nur eine Frage der Zeit.

Auch Ramón Castros Ausführungen zum Thema Gleichheit im kubanischen Sozialismus waren verblüffend. Bei einem Besuch des sozialistischen Krankenhauses von Havanna, in dem angeblich totale Gleichheit herrschte, hatte mir einer der Ärzte im Treppenhaus heimlich zugeraunt, in den oberen Etagen lägen nur hohe Parteifunktionäre. Auf meine Frage an Ramón Castro, wie das mit den Idealen des Sozialismus vereinbar sei, erwiderte er, während er eine neue Flasche Rotwein öffnete, die kranken Parteifunktionäre hätten schließlich mehr Verantwortung als alle anderen. Ihre schnelle Gesundung diene dem Wohl der Revolution und damit des Volkes. Kuba war ein Land voller Widersprüche.

## *Vietnam und der nie eingetretene Dominoeffekt*

Erschüttert haben mich die Wochen, die ich 2009 in Vietnam verbrachte. Über zehn Jahre hatten die USA Vietnam bombardiert. Unzählige vietnamesische Zivilisten hatten sie gefoltert und vergewaltigt, drei Millionen hatten sie ermordet. Die USA hatten das mit der sogenannten Dominotheorie gerechtfertigt, wonach bei einem Sieg der Kommunisten in Vietnam die gesamte Region an den Kommunismus fallen werde. Nun hatte der Kommunismus gesiegt, die US-Truppen waren – ähnlich wie in Afghanistan – auf peinlichste Art geflohen. Ein Dominoeffekt aber trat nie ein. Die Dominotheorie war schlicht falsch. Und doch war ihr die Mehrheit der westlichen Eliten gefolgt. Deutsche Politiker hatten schon damals unterwürfig dumme Sätze nachgeplappert, wie: »Die Freiheit Bonns wird am Mekong verteidigt« – ein Satz, der in aktualisierter Form später auch beim Afghanistankrieg auftauchte.

Niemand erweckt die drei Millionen ermordeten Vietnamesen wieder zum Leben. Niemand hilft den Überlebenden, die Schreckensbilder dieses mörderischen Kriegs wieder aus ihrem Gedächtnis zu verdrängen. Immer wieder fragten mich Vietnamesen in Hanoi und Ho-Chi-Minh-Stadt nach den echten Gründen dieses Kriegs. War der Westen dumm, war er böse, war er beides? Ich frage mich das bis heute fast jeden Tag. Und warum es keinen Muhammad Ali mehr gibt, der die Teilnahme am Vietnamkrieg mit der simplen, aber ehrlichen Begründung verweigerte: Die Vietnamesen haben mir nichts getan. Alle Meistertitel wurden Muhammad Ali damals aberkannt, er erhielt eine Gefängnisstrafe, doch er blieb standhaft. Erst nach dreieinhalb Jahren durfte er wieder boxen.

Ich habe Muhammad Ali 2003 in Berlin kennengelernt. Und lange mit ihm gesprochen. Er war damals schon schwer an Parkinson erkrankt. Als ich ihm erzählte, dass zu meinen wertvollsten Schätzen die roten Boxhandschuhe zählten, die er im Kampf gegen den deutschen Box-Europameister Karl Mildenberger getragen hatte, huschte ein glückliches Lächeln über sein Gesicht. Dann zeigte er mir einen der vielen Zaubertricks, die er trotz seiner schweren Krankheit und seiner zitternde Hände noch immer perfekt beherrschte. Ich bin dankbar, dass es immer Menschen gibt, denen Gerechtigkeit und Wahrheit wichtiger sind als der Beifall der Mehrheit, die sich heute Mainstream nennt.

Muhammad Ali war auch für mich »der Größte«. Ich habe Tränen in den Augen, wenn ich über ihn schreibe.

## *Die Opiumkriege des Westens gegen China*

Auch mein erster Besuch im China im Jahr 1975 hat mich geprägt. Fünfzig Jahre liegt er nun zurück. Damals herrschte noch Mao Zedong. Ich habe ihn nie getroffen. Stattdessen hatte ich schwierige Gespräche mit chinesischen Spitzenpolitikern über Menschenrechte. Bis heute muss ich an diese Unterhaltungen denken. Die hochrangigen Chinesen fragten mich, ob den westlichen Politikern, die Chinas Menschenrechtspolitik ständig kritisierten, eigentlich bewusst sei, dass Großbritannien, Frankreich und zeitweise auch die USA im 19. Jahrhundert zwei barbarische »Opiumkriege« gegen China geführt hatten. Weil die chinesische Regierung sich damals geweigert hatte, noch größere Mengen Opium aus dem britisch beherrschten Indien einzuführen. Hunderttausende Chinesen waren damals durch den Konsum britischen Opiums elend gestorben.

China war in den Opiumkriegen vernichtend geschlagen worden. Der Kaiserpalast und große Teile Pekings gingen in Flammen auf. China musste an Großbritannien erdrückende Reparationen zahlen und sogar das von der chinesischen Regierung vernichtete Opium ersetzen. Der Westen ließ keine Demütigung Chinas aus. China musste 1843 Hongkong an Großbritannien abtreten und seine Häfen weit für den europäischen Handel öffnen. Und auch für christliche Missionare. Wir Europäer haben die schändlichen Opiumkriege und unseren Kolonialismus längst vergessen, die Chinesen werden das nie vergessen.

Das heißt nicht, dass wir uns nicht mehr für die von China gnadenlos unterdrückten Uiguren einsetzen sollten. Oder die Tibeter. Aber wie wäre es, wenn der größte Opiumdealer aller Zeiten, Großbritannien, und auch seine Kampfgenossen Frankreich und die USA den Chinesen bei den nächsten Gesprächen über Menschenrechte einen Wiedergutmachungsplan für ihre mörderischen Opiumkriege vorlegen würden? Oder sich wenigstens entschuldigen würden? Dann hätten sie auch deutlich größere Chancen, in der Uiguren-Frage etwas zu erreichen. Falls sie das wirklich wollen.

## 11. Kapitel

## Wachsende Distanz zu Kohl

Denke ich an Helmut Kohl, denke ich an seine kumpelhafte Herzlichkeit. An seinen unerschütterlichen, ansteckenden Glauben an sich selbst – einer der Hauptgründe, warum er Kanzlerkandidat und Kanzler wurde. Und warum ihn auch die größten Niederlagen nicht umwarfen. Er wusste einfach, dass er Kanzler werden und lange bleiben würde. Doch es gab auch einen ganz anderen Kohl: den Machtpolitiker, der aus Gründen der Machtentfaltung und Machterhaltung seine politischen Überzeugungen von heute auf morgen über Bord werfen konnte. Eine Eigenschaft vieler Politiker, mit der ich nie klargekommen bin. Vor allem, wenn es um zentrale Fragen der Menschlichkeit ging.

Kohl konnte ziemlich neidisch sein. Selbst auf Freunde, obwohl das eigentlich nicht zu seiner Kameradschaftlichkeit passte. Die ersten vier Jahre im Bundestag waren wahrscheinlich meine erfolgreichsten Jahre als Politiker. Aber je gelungener meine Debattenbeiträge im Bundestag oder im Fernsehen waren, desto mürrischer trat mir Kohl entgegen. Das begann schon sehr früh. Nach zwei Jahren Bundestag. Ein mit Kohl befreundeter Journalist sagte mir vertrauensvoll, ich müsse einfach aufpassen. Kohl sehe in mir einen Konkurrenten. Ich blickte ihn staunend an. Ich war vierunddreißig Jahre alt, ein Politiklehrling! Wie sollte ich einem Ministerpräsidenten und potentiellen Kanzler, von dem ich auch noch abhing, Konkurrenz machen? Kohl war inzwischen Bundesvorsitzender und damit der mächtigste Mann der CDU. So größenwahnsinnig konnte ich doch gar nicht sein!

Doch der Neid geht eigene Wege. Anfang 1976, vor meiner zweiten Bundestagskandidatur, bat mich Kohl um ein Gespräch in der Staatskanzlei in Ludwigshafen. Ich freute mich auf das Gespräch. Vielleicht konnten wir zu unserer früheren Herzlichkeit zurückkehren. Es gab ja keinen wirklichen Grund für unsere Differenzen. Ich war in Bonn erfolgreich, und auch in meinem Wahlkreis Kaiserslautern war ich fleißig. An den Wochenenden im Wahlkreis machte ich bis zu zehn Veranstaltungen. Mehr machte niemand. Die Parteimitglieder in meinem Wahlkreis waren zufrieden.

Doch vom ersten Augenblick unseres Gesprächs an merkte ich, dass Kohl sich unwohl fühlte. Ich kannte ihn gut. Immer wenn er ein schlechtes Gewissen hatte, begann er mit einem seiner Füße schnelle kreisförmige Bewegungen zu machen. Diesmal rotierte sein rechter Fuß besonders heftig. Nicht ohne Grund: Kohl erklärte mir in gewundenen Sätzen, dass ich bei der nächsten Wahl nicht mehr auf Platz fünf der Landesliste, sondern nur noch auf Platz sechs stehen würde. Die katholische Kirche bestehe darauf, einen prominenten Platz auf der Landesliste zu bekommen. Sie habe ein Mitglied der Frauenvereinigung der CDU vorgeschlagen. Kohl nannte einen Namen, den ich noch nie gehört hatte. Er müsse leider auf »die Prälaten« Rücksicht nehmen. Platz sechs könne er mir allerdings zusichern. Platz sechs sei zwar, anders als die ersten fünf Plätze der Landesliste, für die Wähler nicht sichtbar, aber das sei unwichtig. Dann schob er etwas verlegen nach: »Auf Platz sechs haben Sie übrigens einen Gegenkandidaten. Aber gegen den werden Sie gewinnen.« Es war immerhin der spätere Landesvorsitzende der rheinland-pfälzischen CDU Johannes Gerster.

Ich schaute Kohl verblüfft an. Erfolgreicher, als ich in meiner ersten Legislaturperiode war, konnte man nicht sein. Zur Belohnung sollte ich jetzt auf den Wackelplatz sechs zurückversetzt werden? Ich sagte ihm, dass ich seine Entscheidung nicht nachvollziehen könne. Ich würde auf dem kommenden Landesparteitag nur für Platz fünf kandidieren. Für eine andere Platzierung stünde ich nicht zur Verfügung.

Kohl erwiderte, in einer Kampfabstimmung um Platz fünf hätte ich keine Chance. Das sei alles mit den Bezirksvorsitzenden abgesprochen. Auch, dass ich die Kampfabstimmung um Platz sechs gewinnen würde. Ich antwortete, dann sei ich eben weg, und stand auf. Ich erkannte Kohl nicht wieder. An diesem Tag war er eben der Machtmensch, der er stets auch gewesen war. Und der er vielleicht auch sein musste, um sich politisch durchzusetzen. Dazu gehörte nach seiner Meinung offenbar auch, einem Nachwuchspolitiker, der etwas zu erfolgreich und zu selbstbewusst war, mal kurz die Flügel zu stutzen. Aber hätte er das nicht alles offener und früher mit mir besprechen können? Wir waren ja schließlich so etwas wie Freunde gewesen. Zumindest früher. Bitter enttäuscht verließ ich die Staatskanzlei.

Wenige Wochen später kandidierte ich auf dem Landesparteitag, wie angekündigt, gegen die Kandidatin der »Prälaten«. Trotz einer richtig guten Vorstellungsrede verlor ich haushoch. Nach Bekanntgabe des Ergebnisses ging ich vor zum Versammlungsleiter, dem damaligen Kultusminister Bernhard Vogel, und sagte ihm, dass ich für eine Kandidatur auf dem nächsten Listenplatz nicht zur Verfügung stehe. Er solle meinen Namen bitte streichen. Verblüfft schaute er mich an.

Für mich war die Sache gelaufen. Ich wollte mit dieser Posten-Schacherei nichts mehr zu tun haben. Bye, bye, Politik, sagte ich mir, packte meine Sachen und verließ den Saal. Entsetzt folgten mir die Delegierten meines Wahlkreises, die inzwischen realisierten, was passiert war. Sie waren wütend auf mich. Freiwillig auf eine Kandidatur um einen nicht ganz chancenlosen Listenplatz zu verzichten, das gab es in ihrer Welt nicht. Sie hätten auf noch viel schlechteren Plätzen kandidiert.

Nachdem alle Versuche, mich in den Saal zurückzuzerren, gescheitert waren, gingen die Delegierten meines Wahlkreises verärgert zurück. Durch die sich kurz öffnende Tür hörte ich die Stimme von Bernhard Vogel: »Gewählt auf Platz sechs mit überwältigender Mehrheit: Dr. Jürgen Todenhöfer.« Ich traute meinen Ohren nicht. Ich konnte doch gar nicht gewählt worden sein. Ich hatte ja gar nicht kandidiert? Aber Vogel hatte meinen ausdrücklichen Verzicht auf eine Kandidatur einfach ignoriert.

Freiwillig verzichtende Kandidaten gab es auch in seiner Welt nicht. Außerdem ersparte er sich mit seinem listigen Verhalten viel Ärger mit seinem Landesvorsitzenden Kohl.

So bin ich wahrscheinlich der einzige Deutsche, der in den Bundestag gewählt wurde, ohne kandidiert zu haben. Demokratisch war das sicher nicht. Genauso wenig wie die übliche Aufstellung der Landeslisten in Hinterzimmern. Das galt allerdings auch für meine Aufstellung auf Platz fünf vier Jahre zuvor.

## *Darf man einen Parteivorsitzenden kritisieren?*

Kohl verlor die folgende Bundestagswahl 1976 mit 48,6 Prozent nur ganz knapp gegen Helmut Schmidt. Eigentlich war das ein tolles Ergebnis! Er übergab deshalb sein Amt als Ministerpräsident an Bernhard Vogel und wurde Vorsitzender der CDU/CSU-Fraktion in Bonn. Er wollte die Macht nun von Bonn aus erobern. Trotz meiner Zurückstufung auf Platz sechs war ich über die Landesliste Rheinland-Pfalz wieder in den Bundestag gewählt worden. Dort blieb ich Entwicklungspolitischer Sprecher von CDU/CSU. Ich hatte dadurch nun ständig mit Kohl zu tun.

Unser Verhältnis blieb unterkühlt. Durch zwei Fehler meinerseits wurde es sogar frostig: Ich lud alle paar Wochen knapp ein Dutzend bekannter Journalisten zu einem Hintergrundgespräch in meine kleine Wohnung in Bonn ein. Es gab Brezeln und Bier und das Versprechen totaler Vertraulichkeit. An einem dieser Abende sprachen wir unter anderem über den Zustand der Bundestagsfraktion, die unter Helmut Kohl sanft vor sich hin schlief. Kohl führte die Opposition wie ein Landesfürst, der möglichst jeden Streit vermeiden möchte. SPD-Kanzler Schmidt fand das gut, weil er dadurch nur wenig beim Regieren gestört wurde. Ich fand das weniger gut. Ich wollte mit meinen siebenunddreißig Jahren eine Opposition, die für ihre Ziele kämpfte. Ich sagte das in der vertraulichen Runde sehr drastisch.

Ein Journalist der Zeitung *Welt* hatte die vereinbarte Vertraulichkeit offenbar vergessen. Die Hauptschlagzeile auf Seite eins der *Welt* lautete am übernächsten Tag: »Todenhöfer kritisiert CDU-Führung.« Der Artikel war ein einziger Angriff auf Kohl. Und trotz der nicht eingehaltenen Vertraulichkeit eine politische Eselei meinerseits. Ich hatte plötzlich die ganze CDU gegen mich.

Ein weiteres Interview war nicht vertraulich und hat mir noch mehr geschadet. In einem Gespräch mit der *Bild*-Zeitung ließ ich einen Satz fallen, den Kohl mir lange nachtrug: »Im Schlafwagen kommt man nicht an die Macht.« Dass der *Bild*-Journalist diesen nebensächlichen, flapsig hingeworfenen Satz zur Schlagzeile machte, hatte ich nicht gewollt. Aber ich hätte es ahnen können und müssen. Journalisten sagen mir gelegentlich schmunzelnd, das sei wohl der teuerste Satz meines Lebens gewesen. Aber ich war damals siebenunddreißig Jahre alt, stürmisch und frech. Und taktisch manchmal wirklich nicht klug. Aber muss man in diesem Alter schon ein Taktiker sein? Ein Bundestagskollege, mit dem ich mich gut verstand, sagte kopfschüttelnd zu mir: »Ich wusste ja immer, dass Sie auch in schwindelnder Höhe ohne Netz tanzen. Aber dass Sie auch ohne Seil tanzen, ist mir neu.« Kohl sagte mir kein Wort. Aber über einen seiner rheinland-pfälzischen Bezirksvorsitzenden teilte er mir mit, dass ich in Rheinland-Pfalz nie mehr bei einer Bundestagswahl aufgestellt würde. Das war vielleicht nicht sehr demokratisch, aber letztlich sein gutes Recht. Wer angegriffen wird, darf sich wehren.

### *Wie erobert man einen neuen Wahlkreis, wenn der Bundesparteivorsitzende das nicht will?*

Für die meisten politischen Beobachter war damit meine »Karriere« beendet. Doch nicht für mich. Ich beschloss zu kämpfen. Dass ich nach allgemeiner Meinung chancenlos war, spornte mich eher an.

Der damalige Shootingstar der CSU, Peter Gauweiler, sagte mir: »Kommen Sie zu uns!« Aber das ging gar nicht. Ich wollte nicht von der CDU zur CSU fliehen. Gauweiler war ein enger Freund von Strauß, zu dem ich seit unserer kurzen Begegnung im Bundestag keinen Kontakt mehr gehabt hatte. Ich wollte kein politisches Asyl beim größten Rivalen Kohls. Ich wollte mir einen CDU-Wahlkreis erkämpfen, allein, ohne fremde Hilfe. Ich wollte es auch Kohl zeigen. Gerade weil ich wusste, dass er mir umgekehrt zeigen wollte, dass er die absolute Macht in der CDU hatte.

Überall, wo ich nun sondierte, sagte man mir nach kurzer Zeit, dass jemand aus Kohls Umgebung angerufen und signalisiert hatte, dass meine Kandidatur unerwünscht sei. Aus manchen Wahlkreisen bekam ich jedoch auch Anfragen. Aber es waren Wahlkreise, in denen ich niemanden kannte. Ich wollte einen Wahlkreis, der mir zur Heimat werden konnte. Da gab es für mich als Baden-Württemberger letztlich nur Tübingen, wo eine ältere Tante sowie drei Cousins und Cousinen wohnten. Leider teilte mir meine Tante mit, dass sie strikt gegen meine Kandidatur sei. Sie hatte sich nach dem frühen Tod ihres Mannes eine eigene kleine Welt aufgebaut und kümmerte sich in einem Hospiz um sterbende Menschen. Ich würde da nur stören.

Überraschend rief jedoch Baden-Württembergs Ministerpräsident Lothar Späth an und fragte mich, ob ich nicht in Tübingen kandidieren wolle. Die »CDU-Fürsten« dort seien zwar alle gegen mich, aber ich sei ja ein Kämpfer. Deshalb hätte ich eine Chance. Ich beschloss, mich um die Kandidatur in Tübingen-

Hechingen zu bewerben. Dass ich dort besonders viele Gegner hatte, war mir egal. Wenn der Spruch »Viel Feind, viel Ehr« richtig war, war ich Deutschlands »geehrtester« Politiker. Gegen mich waren nicht nur der Bundesvorsitzende der CDU, Helmut Kohl, sondern – wie von Lothar Späth angekündigt – alle wichtigen Amtsträger der CDU Tübingen.

Auch große linksliberale Medien schossen sich auf mich ein. »In Querlage gegen einen Quertreiber«, beschrieb stellvertretend für alle die in Tübingen dominierende Regionalzeitung *Südwest Presse* meine Ausgangslage. Der *Spiegel* schrieb über mich genussvoll ein grandioses, aber leider vernichtendes Porträt. Und der frühere Abgeordnete von Tübingen und spätere Kanzleramtsminister Anton Pfeifer erklärte, meine Kandidatur sei nur über seine Leiche möglich.

## *Wenn die große Liebe der letzte Verbündete ist*

Das einzig positive Ereignis jener Zeit war, dass Françoise, meine große Liebe und spätere Ehefrau, kurz vor meinem Zerwürfnis mit Kohl aus ihrer französischen Heimat zurückgekommen war. Sie hatte mich vor vielen Jahren verlassen, weil ich ihr zu alt war. Ich war damals dreißig und sie nur achtzehn Jahre alt. Ein Dreißigjähriger kam ihr damals uralt vor. Wir hatten uns trotzdem weiter Briefe geschrieben. Und irgendwann war sie wieder da. Mit ihrem uralten kleinen Fiat und einem einzigen Koffer.

Die Anwesenheit von Françoise in meinem kleinen Dorf bei Kaiserslautern hatte mir damals einen zornigen Anruf von Kohl eingebracht. »Man hat Sie gestern mit einer Minderjährigen gesehen. Die war höchstens sechzehn Jahre alt«, hatte er geschimpft und mir von den Grundsätzen der CDU erzählt, denen das angeblich widersprach. Ich erwiderte ihm, dass er offenbar von meiner offiziellen Verlobten spreche, und die sei zweiundzwanzig. Sie wohne, wie sich das gehöre, auch nicht bei mir, sondern bei der Familie des Dorfbürgermeisters. Ganz blöde war ich ja auch nicht. Kohl versuchte sich herauszureden, indem er die Schuld auf seinen Kultusminister Bernhard Vogel schob, der mich verpfiffen habe. Ich wusste, dass Kohl seine Partei wie eine Art oberster religiöser Führer führte. Aber dass der liebenswerte Bernhard Vogel eine Tratschtante war, hätte Kohl eigentlich wissen können.

Als der Kampf um Tübingen begann, hatte ich in Françoise eine unschlagbare Kampfgefährtin. Monatelang zogen wir durch die Dörfer und Städte des Wahlkreises. Françoise setzte sich meist hinten in den Saal und ratschte mit den Ehefrauen der männlichen Zuhörer. Sie machte das mit ihrem gebrochenen Deutsch so lustig und sympathisch, dass das Schreckensgemälde, das meine Gegner von mir gezeichnet hatten, nicht mehr sehr überzeugend war. Wer eine so sympathische, lustige Frau hatte, konnte nicht ganz so schlimm sein, wie seine Kritiker behaupteten.

Das politische Trommelfeuer aus Bonn hörte allerdings nicht auf. Kohl-Intimus Pfeifer kündigte an, dass er als Ex-Abgeordneter von Tübingen auf dem Nominierungsparteitag anwesend sein werde, damit ich keine Lügen verbreiten könne. Die Auseinandersetzung wurde immer härter.

Die Angriffe trafen Françoise und mich viel heftiger, als wir nach außen zeigten. Wenige Tage nach dem höhnischen Porträt des *Spiegel*-Starjournalisten Jürgen Leinemann konnte Françoise einfach nicht mehr. Bei ihr brachen alle Dämme. Obwohl sie eine brillante Autofahrerin war, baute sie auf der Schwäbischen Alb mit unserem kleinen Wagen einen schweren Unfall. Sie rutschte aus einer Kurve, der Wagen überschlug sich und glitt auf dem Dach auf eine Felswand zu. Erst einen Meter vor dem Felsen kam er zum Halten.

Obwohl der Wagen praktisch Totalschaden hatte und die Windschutzscheibe zerbrochen war, fuhren wir noch am selben Tag in die Bundeshauptstadt Bonn zurück. Da es kalt war und immer wieder regnete, kamen wir klatschnass und verfroren in Bonn an. Schlimmer konnte es eigentlich nicht werden. Doch jeden Tag erhielt ich weitere Hiobsbotschaften. Das Bild, das in der Öffentlichkeit von mir gezeichnet wurde, war inzwischen so negativ, dass ich mich wahrscheinlich selbst nicht gewählt hätte. Ich war politisch weitgehend isoliert. Wer wollte sich schon gegen den Bundesvorsitzenden Kohl stellen?

## *Tag der Entscheidung*

Im Dezember 1979 kam es auf einem Parteitag in der Turnhalle von Bodelshausen zur Entscheidung. Die Halle war brechend voll. Waren manche nur gekommen, um meinen Untergang mitzuerleben? Für den früheren Abgeordneten von Tübingen und späteren Staatsminister von Kohl Anton Pfeifer galt das bestimmt. Doch er musste auf Bitten des Bezirksgeschäftsführers Kessler den Saal wieder verlassen, weil er nicht wahlberechtigt war. Schimpfend verließ er den Saal, in dem eine aufgeheizte Stimmung herrschte.

Einer der Kandidaten, ein habilitierter Theologe aus Tübingen, hatte einen Priester mitgebracht, der ihn segnete und mit ihm betete. Das war verständlich. Schließlich galt es an diesem Tag, der CDU mich, den »Leibhaftigen«, den Teufel, auszutreiben. Wenigstens wurde der priesterliche Coach, nachdem er meinen Konkurrenten ausgiebig gesegnet hatte, ebenfalls gebeten, die Halle zu verlassen. Auch er war nicht wahlberechtigt.

Wir sechs Kandidaten wurden aufgefordert, uns in die Umkleidekabinen zu begeben und dort auf unseren Auftritt zu warten. Jeder Kandidat bekam fünf Minuten Redezeit. Als ich drankam und den Saal betrat, wurde es mucksmäuschenstill. Keine Hand rührte sich zum Beifall. Ich suchte nach jemandem, der mich anlächelte, aber niemand lächelte mich an.

Ich suchte nach Françoise, fand sie und sah, dass sie kreidebleich war. Als ich am Podium ankam, wusste ich, dass die nächsten fünf Minuten über mein vergangenes und zukünftiges Leben entscheiden würden. In mir war viel Zorn über die Kampagne, die monatelang gegen mich gefahren worden war. Aber auch eine große Entschlossenheit, es allen zu zeigen.

Einer der ersten Sätze, den ich in den Saal hämmerte, kam aus tiefstem Herzen. Er lautete: »Wenn wir unsere Politik nach dem *Spiegel*, der *Zeit* oder nach dem *Schwäbischen Tagblatt* richten, brauchen wir gar nicht anzutreten. Wir müssen unseren eigenen Weg gehen, egal, wie mächtig unsere Gegner sind.«

An dieser Stelle explodierte der Saal. Ein Großteil der Mitglieder sprang auf, viele kletterten auf ihre Stühle, jubelten und hörten einfach nicht mehr auf zu klatschen. Noch nie hatte ich einen derart tobenden Saal erlebt. Ich hatte offenbar vielen Mitgliedern aus dem Herzen gesprochen. Sie hatten mich bei meiner monatelangen »Ochsentour« durch den Wahlkreis persönlich kennengelernt. Mit meinen Stärken und meinen Schwächen. Sie hatten die Kampagne gegen mich satt. Meine Gegner hatten überzogen.

Ich brauchte eigentlich gar nicht weiterzureden, die Entscheidung war gefallen. Meine Rede endete in einer Standing Ovation der Mehrheit des Saals. Als der Bezirksgeschäftsführer bekannt gab, dass ich schon im ersten Wahlgang die absolute Mehrheit erzielt hatte, ging der Saal noch einmal hoch. Jetzt standen alle, die mich gewählt hatten, auf den Stühlen und schrien sich ihre Freude aus dem Leib. Kessler rief mir in dem Tohuwabohu immer wieder zu: »Bringen Sie die Leute wieder runter, bringen Sie die Leute runter!« Doch ich wollte die nicht endende Begeisterung der Menschen nicht beenden. Kessler wusste nicht, wie es ist, als Mensch monatelang gejagt zu werden. Als ich Françoise, die einen erheblichen Anteil an diesem Erfolg hatte, in die Arme nehmen konnte, weinte sie.

## *Wie macht man jemanden zum Kanzlerkandidaten, der das gar nicht will?*

Auch in der Bonner Politik fielen in diesen Wochen des Jahres 1979 dramatische Entscheidungen. Nach Meinungsumfragen waren die Chancen Kohls, Schmidt bei der Bundestagswahl im kommenden Jahr zu schlagen, äußerst gering. Kohl war ein kluger Machtpolitiker. Er hatte keine Lust, seine Chance, eines Tages doch Kanzler zu werden, durch eine zweite Wahlniederlage zu verringern. Also schlug er auf einer Sitzung des Bundesvorstands der CDU überraschend den niedersächsischen Ministerpräsidenten Ernst Albrecht als Kanzlerkandidaten vor. Kohl wusste, dass auch Albrecht nicht gegen den populären Schmidt gewinnen konnte. Und er war sich sicher, dass ihm Albrecht nach einer verlorenen Wahl keine Konkurrenz machen würde. Die Nominierung Albrechts kam für die meisten Beobachter aus heiterem Himmel. Weder die CSU noch die Bundestagsfraktion der CDU/CSU waren konsultiert worden.

Ich war in jenen Maitagen 1979 weit weg – auf der Welthandelskonferenz in Manila. Dort lieferte ich mir mit dem deutschen Wirtschaftsminister Otto Graf Lambsdorff und dem Entwicklungsminister Rainer Offergeld ein Duell über die sogenannte »Neue Weltwirtschaftsordnung«. Aber viel lieber hätte ich in Deutschland an der Debatte über den neuen Kanzlerkandidaten teilgenommen. Dass der Kanzlerkandidat der CDU/CSU in irgendeinem Hinterzimmer bestimmt worden war, musste einem tatendurstigen achtunddreißigjährigen Nachwuchspolitiker missfallen.

So wichtig Manila war, ich musste zurück. Da ich in Manila die gesamte CDU/CSU vertrat, musste ich das fairerweise dem Parlamentarischen Geschäftsführer meiner Fraktion Philipp Jenninger mitteilen. Er war Kohls rechte Hand in der Bundestagsfraktion. Jenninger roch den Braten. Meine Diskussionsbeiträge in der Kanzlerkandidaten-Frage konnte er überhaupt nicht gebrauchen. Er erklärte mir am Telefon, wie wichtig meine

Anwesenheit bei der Welthandelskonferenz war. Ich sei dort völlig unverzichtbar.

Diese Reaktion der Fraktionsführung hätte ich mir eigentlich denken können. Ich konnte mich daher nur telefonisch mit einigen befreundeten Bundestagskollegen zu einem späteren Treffen verabreden. Als Thema nannte ich »Kanzlerkandidatur«. Das musste vorerst reichen.

Kurz nach meiner Rückkehr trafen wir uns zu einer abendlichen Runde. Wir gehörten keiner bestimmten politischen Richtung an. Was uns einte, war, dass wir nicht alle unsere Ideale im politischen Tagesgeschäft aufgeben wollten. Zu unseren Grundüberzeugungen gehörten selbstverständlich auch demokratische Verfahren bei der Wahl der politischen Führung. Wir beschlossen, eine Aufhebung der Vorstandsentscheidung für Albrecht und eine Wahl des Kanzlerkandidaten durch die gesamte CDU/CSU-Bundestagsfraktion zu fordern.

Um in der kommenden Fraktionssitzung eine Chance zu haben, unseren Antrag durchzusetzen, mussten wir »Menge vortäuschen«. Die Fraktion musste den Eindruck bekommen, eine große Mehrheit stehe hinter unserem Antrag. Wir mussten uns deshalb im Fraktionssaal weit auseinandersetzen. Wir verabredeten, dass der ruhige Gottfried Köster versuchen sollte, die Debatte zu eröffnen. Das setzte voraus, dass er sich, wenn Fraktionschef Kohl den Sitzungssaal betrat, sofort zu Wort meldete. Ab diesem Augenblick wurde die Rednerliste geführt. Ich meldete mich als Zweiter. Meine Freunde hatten mich allerdings inständig gebeten, Kohl ja nicht zu provozieren. Jeder wisse, wie gereizt er bei mir reagiere.

Am Nachmittag der Fraktionssitzung kam Kohl wie immer in großen Schritten in den Fraktionssaal. Köster und ich rissen unsere Arme hoch, damit der zuständige Parlamentarische Geschäftsführer uns nicht übersehen konnte. Weitere fünf Arme gingen hoch – wie vereinbart. Nach Kohls zwanzigminütigem »Bericht zur Lage« erhielt erst Köster, dann ich das Wort. Ich versuchte, ganz ruhig zu sprechen, weil Kohl schon bei Köster nervös reagiert hatte. Nach meinem ersten Satz, in dem ich von einer »künstlichen Einstimmigkeit des CDU-Vorstandsbeschlusses« gesprochen hatte, fing Kohl zu lachen an. Als ich ihm zurief, »da gibt es doch wirklich nichts zu lachen«, sprang er wütend auf und brüllte, so lasse er nicht mit sich reden. Er verbitte sich diesen Ton. Er schien nicht nur wütend, sondern auch stark verunsichert zu sein.

Meine sechs Freunde schauten mich vorwurfsvoll an. Sie hatten mich doch ausdrücklich gebeten, Kohl nicht zu provozieren. Einige gaben mir Zeichen, mein Tempo runterzufahren. Aber ich konnte kein Tempo runterfahren, weil ich völlig ruhig war und auch ruhig sprach. Nicht ich, sondern Kohl hatte die Kontrolle verloren. Ich sprach also ruhig weiter und sagte, dass ich der Meinung sei, dass die Bundestagsfraktion hier der richtige Platz sei, um den zukünftigen Kanzlerkandidaten zu bestimmen. Dann kam der Dritte und schließlich der Rest meiner Kollegen. Sie forderten wie ich eine Entscheidung durch die Fraktion. Zuerst gab es leisen, dann immer lauteren Beifall.

Jetzt geschah genau das, was wir erhofft hatten. Die Mehrheit der Fraktionskollegen glaubte, dass die bisherigen Wortmeldungen die Meinung der Mehrheit darstellten. Da Politiker gerne auf der Seite der Mehrheit sind, meldeten sich immer mehr Kollegen zu Wort, die ebenfalls eine Entscheidung durch die Fraktion forderten. Zwar gab es auch Gegenstimmen zu unserer Forderung, vor allem aus Niedersachsen. Doch da sie kaum Beifall bekamen, kapitulierten die Kohl/Albrecht-Anhänger. Die Fraktion beschloss mit großer Mehrheit, den Kanzlerkandidaten der CDU/CSU in einer Sondersitzung der Fraktion neu zu wählen. Sieben ganz einfache Abgeordnete hatten die Führung der CDU/CSU gezwungen, ihr Hinterzimmervotum zu korrigieren. Kohl warf mir beim Verlassen der Fraktion einen Blick zu, den ich nie vergessen werde.

Wenige Wochen später, am 2. Juli 1979, wählte die Bundestagsfraktion in einer Kampfabstimmung zwischen Albrecht und Strauß spätabends den bayerischen Ministerpräsidenten Strauß zum Kanzlerkandidaten. Nicht etwa, weil sie einen Rechtskurs wollte, sondern weil sie Strauß für den erfolgreicheren Ministerpräsidenten hielt. Und weil sie dessen Pläne, mit der CSU bundesweit anzutreten, stoppen wollte. Als ich Strauß später bei einem geselligen Anlass traf, fragte ich ihn, wie man sich so als Kanzlerkandidat fühle. Grantig schaute er mich an: »Haben Sie noch mehr solcher Illustrierten-Fragen?« Ich wusste, dass er von der neuen Aufgabe gar nicht begeistert war.

Einige seiner engsten Freunde erzählten mir, sie hätten ihn wie einen störrischen Esel überreden müssen, sich als Kandidat zur Verfügung zu stellen. Als ich seine Frau fragte, ob er sich wenigstens am Tag der Fraktionsentscheidung über die Wahl zum Kanzlerkandidaten gefreut habe, lachte sie. Er habe das gar nicht mitbekommen. Er sei an dem Abend früh schlafen gegangen.

In jenen Tagen erlebte ich, welch großer, von allen unterschätzter Machtpolitiker Kohl war. Der Sieg von Strauß war für ihn eine schwere Niederlage. Kohl steckte auch diese Niederlage souverän weg. Er war ja immer noch Fraktionsvorsitzender. Statt zu schmollen, biss er die Zähne zusammen und hielt Strauß mit großer Disziplin den Rücken frei. Er wusste, falls dieser verlieren würde, hatte er alle Chancen, als Fraktionsvorsitzender wieder der starke Mann der Union zu werden. Kohl hatte Geduld. Er konnte alles und jeden aussitzen.

# 12. Kapitel

## Zu Fuß in das von den Sowjets überfallene Afghanistan

Zwischen Weihnachten und Neujahr jenes Jahres 1979, als die meisten westlichen Politiker in Urlaub waren, marschierte die sowjetische Armee in Afghanistan ein. Sie wollte die schwer angeschlagene kommunistische Regierung Afghanistans retten und den Aufstand der muslimischen Mujaheddin niederschlagen. Die sowjetische Führung hielt das Land am Hindukusch aufgrund seiner Nähe zu Iran, Indien und China geostrategisch für unverzichtbar.

Der Westen protestierte zwar, aber er hielt sich, abgesehen von einem Boykott der Olympischen Sommerspiele 1980 in Moskau, politisch weitgehend zurück. Man wollte das »Tauwetter« zwischen Ost und West nicht gefährden. Das galt auch für Deutschland. Trotz Hunderttausender getöteter afghanischer Zivilisten wäre damals in Deutschland niemand auf die Idee gekommen, dem afghanischen Volk Panzer oder Kampfflugzeuge zur Verfügung zu stellen. Die Solidarität der westlichen Staaten mit Afghanistan war begrenzt. Auch die Berichterstattung der internationalen Medien war zurückhaltend und distanziert. Außerdem war jede Reportage aus dem besetzten und umkämpften Land gefährlich.

Ich hätte Afghanistan gerne besucht, um zu überprüfen, ob die Berichte über sowjetische Massaker zutrafen, die über das benachbarte Pakistan den Westen erreichten. Und ob die Berichte der Exilopposition stimmten, dass die Mehrheit der afghanischen Bevölkerung hinter den Mujaheddin stehe. Ich sondierte monatelang, ob es einen einigermaßen sicheren Weg ins Landesinnere von Afghanistan gab. Im Frühjahr 1980 hatte ich endlich Erfolg. Ein Deutsch-Afghane stellte einen Kontakt zu einem der Führer der Mujaheddin her. Der war bereit, sich mit mir in der pakistanischen Grenzstadt Peshawar zu treffen und mir einen kleinen Trupp ausgesuchter Kämpfer zur Verfügung zu stellen. Sie würden mich über die Berge des Hindukusch ins Landesinnere bringen. Nach Dschalalabad. Die geschätzte Dauer des Fußmarsches betrug zwei Wochen.

Die geplante Reise nach Afghanistan stellte mich vor große Probleme:

1. Ich war erst vor einem halben Jahr zum Abgeordneten von Tübingen-Hechingen gewählt worden und stand mitten im Bundestagswahlkampf. Die Bundestagswahl war für Anfang Oktober 1980 angesetzt. Ich durfte all die Menschen, die sich für mich eingesetzt hatten, jetzt nicht enttäuschen. Daher kam für einen Erkundungsmarsch nach Afghanistan nur der wahlkampffreie Ferienmonat August in Betracht. In dieser Zeit aber herrschte in Afghanistan normalerweise eine mörderische Hitze.
2. Der Hindukusch, den ich überqueren musste, galt zwar als Bergsteigerparadies. Das Problem war nur, dass ich kein Bergsteiger war und nicht wusste, wie ich ohne jedes Training über die mehr als viertausend Meter hohen »Weißen Berge« kommen sollte.
3. Ich wollte meinen Marsch nach Afghanistan gerne lebend überstehen. Wenn die Sowjets von meinen Plänen erfuhren, war dieses Ziel gefährdet. Schon der Flug nach Afghanistan war ein Problem. Die Passagierlisten nach Peshawar in Pakistan, dem Zentrum des afghanischen Widerstands, wurden mit Sicherheit von mehreren Geheimdiensten überwacht. Ich wollte nicht nur lebend nach Afghanistan rein, sondern auch wieder lebend raus.

Trotz all dieser Schwierigkeiten ging es Anfang August los. Begleitet wurde ich von dem dreiunddreißigjährigen *Bild-*, *Spiegel-* und *Stern*-Fotografen Richard Schulze-Vorberg, der mir im Flugzeug stolz berichtete, dass er vor vielen Jahren in Freiburg meine Vorlesung in Staatsrecht besucht hatte. Ich hätte damals eine seiner Klausuren sehr gelobt. Ab diesem Augenblick waren wir fast Freunde.

In Deutschland hatte ich alles geklärt, was es zu klären gab. Ich hatte sichergestellt, dass der Unionskanzlerkandidat Strauß am Tag nach meiner Abreise einen vertraulichen Brief erhielt, in dem ich die Motive meiner Reise darlegte. Und ich hatte, wie immer vor kritischen Reisen, mein Testament aktualisiert. Auch wenn es da nicht viel zu aktualisieren gab. Außer einigen Bitten an meine Frau.

Schon am ersten Tag unseres Aufenthalts in Peshawar stellten wir fest, dass wir vom pakistanischen Geheimdienst überwacht wurden. Wir hatten dabei einen simplen Trick angewandt, den ich in Ländern wie Iran, Syrien oder Russland bis heute anwende: Auf einer vierspurigen Straße hatten wir ganz plötzlich gewendet und waren in die entgegengesetzte Richtung gefahren. Im Rückspiegel sahen wir, wie vier gleichfarbige Autos an derselben Stelle wie wir wendeten, um an uns dranzubleiben. Der pakistanische Geheimdienst ISI hatte uns tatsächlich im Visier. Wir beschlossen daher, unseren Abmarsch um einen Tag vorzuziehen. Wenn der pakistanische Geheimdienst uns schon am ersten Tag aufgespürt hatte, würde das der noch gefährlichere sowjetische Geheimdienst auch bald schaffen.

Um vier Uhr morgens ging es am nächsten Tag los. Der bis dahin anstrengendste Marsch meines Lebens begann. Schweißgebadet erklommen wir die Gipfel und Pässe der »Weißen Berge«. Vor Kälte schlotternd, stiegen wir nachts durch die karstigen Schluchten, die der »Rote Fluss« in den Hindukusch geschnitten hatte, wieder ab. Tausende Flüchtlinge kamen uns entgegen. Manche trugen ihre Eltern auf dem Rücken.

Geschlafen wurde in diesen Tagen ganz wenig, zu essen gab

es noch weniger. Einmal am Tag Fladenbrot und eine winzige Portion Hammelfleisch. Während des fast vierzehn Tage dauernden Marsches durch Afghanistan habe ich sieben Kilo abgenommen. Wir liefen und liefen. Durch Geröllwüsten und mondartig anmutendes Gelände. Immer wieder trafen wir auf ausgebombte Häuser, zerstörte Siedlungen. Schulze-Vorberg fotografierte und filmte Bilder und Szenen des Horrors, die die Welt damals nicht kannte.

Manchmal brachte uns seine Kamera auch in schwierige Situationen. Etwa, als bei einem Nachtmarsch plötzlich eine konkurrierende Mujaheddin-Gruppe aus einem Feldgraben heraussprang und drohend ihre Kalaschnikows auf uns richtete. Ihr und unser Führer schrien sich gegenseitig an. Die »gegnerische« Mujaheddin-Gruppe dachte, wir seien Spione. Vor allem Schulze-Vorberg hielten sie für einen sowjetischen Agenten. Als Erstes wollten sie seine Kamera auseinandernehmen, was er natürlich nicht akzeptierte. Wütend schrie er die Mujaheddin an, die seine Fototasche untersuchten. Als Antwort lud der gegnerische Trupp hörbar seine Kalaschnikows durch. Unser Führer nannte nun nervös irgendwelche bekannten afghanischen Namen, und endlich entlud sich die Spannung. Nach einigen weiteren gegenseitigen Unfreundlichkeiten konnten wir unseren Weg fortsetzen. Wir waren völlig erschöpft. Aber Aufgeben ging gar nicht. Weiter ging der Marsch.

Ab dem zweiten Tag war ich von Flöhen zerbissen. Flöhe lieben mein Blut. Schon als Kind – kurz nach dem Zweiten Weltkrieg, als die Hygiene in Deutschland weitgehend zusammengebrochen war – hatte ich unter der Vorliebe der Flöhe für mein Blut gelitten. Aber die kleinen schwarzen deutschen Flöhe können mit den großen roten afghanischen Flöhen auch nicht ansatzweise mithalten. Obwohl ich meinen Körper und meine Kleidung mit dem verbotenen Insektengift DDT breitflächig eingerieben hatte, zerbissen die afghanischen Riesenflöhe meinen ganzen Körper.

Doch das höllische Jucken war schnell vergessen, als uns

plötzlich zwei sowjetische Hubschrauber anflogen, gerade als wir unter einer Baumgruppe Schatten gesucht hatten. Unser Begleittrupp war blitzschnell in eine Höhle abgetaucht, die sich die Mujaheddin offenbar für derartige Gelegenheiten gegraben hatten. Einer der Hubschrauber flog immer tiefer. Auch Schulze-Vorberg war wie alle anderen in die schützende Höhle abgetaucht und filmte mit seiner Schmalfilmkamera von dort. Ich blieb draußen, dicht an einen der alten Baumstämme gepresst. Hastig bat ich Schulze-Vorberg um seine Kamera. Ich musste die Hubschrauber filmen. Er reichte sie mir, schrie aber, ich solle verdammt noch mal auch in die Höhle kommen.

»Gepanzerte Hunde«, »armored dogs«, nannten die Mujaheddin die sowjetischen Helikopter, weil ihre Munition wirkungslos an ihnen abprallte. Sie waren die wirksamste Waffe der Sowjets im Kampf gegen die Mujaheddin. Und fast immer tödlich.

Ich stellte mich an eine lichte Stelle der Baumgruppe und begann zu filmen. Ich sah in das Gesicht des sowjetischen Piloten, und er sah in meines. Wir hatten Augenkontakt. Das war nicht ganz so wahnsinnig, wie es nachträglich erscheint. Die beiden Hubschrauberpiloten hatten uns längst entdeckt. Der untere, mit Raketen bestückte Hubschrauber war nur noch zwanzig Meter über uns. Sein Pilot schien unschlüssig zu sein. Selbst in afghanischer Kleidung sah ich nicht wie ein Mujahed aus. Schulze-Vorberg brüllte ständig etwas wie »in Deckung gehen«. Schließlich ließ ich mich auch in die Höhle gleiten.

Minuten vergingen. Oder waren es nur Sekunden? Wann flogen wir in die Luft, wie so viele andere in diesem irrsinnigen Krieg?

Doch plötzlich drehte der knapp über uns fliegende Hubschrauber ab. Der hoch über ihm fliegende Helikopter ebenfalls. Was war geschehen? Hatte der Pilot aus der Tatsache, dass ich ihn filmte, den Schluss gezogen, dass ich gar kein Mujahed sein konnte? Oder war er in diesen Minuten einfach nur wieder jener Mensch, der er gewesen war, bevor man ihn in diesen verfluchten Krieg geschickt hatte? Ein junger Russe oder Ukrainer, der nicht töten wollte?

Minuten später hörten wir ein schreckliches Krachen. In der Ferne stiegen Rauchwolken auf. Die Hubschrauber hatten eine Baumgruppe bombardiert, an der wir eine Stunde zuvor vorbeigekommen waren. Ich habe später viel über diese Szene nachgedacht. Der Krieg macht aus vielen Menschen Raubtiere. Aber nicht aus allen. Mehrfach bin ich Menschen begegnet, die nicht töten wollten.

Der Rückmarsch ist mir besonders intensiv in Erinnerung. Wir liefen wie in Trance, weil wir gar nicht mehr richtig laufen konnten. Überall wehten im Wüstenwind kleine, auf Stöcken angebrachte weiße Wimpel, die an dort begrabene Opfer des Kriegs erinnerten. Irgendwann waren wir völlig erschöpft wieder in Peshawar. In einem flohfreien Hotel genehmigte ich mir das schönste Vollbad meines Lebens.

### *»Auspeitschen und erschießen«: Die Reaktion der sowjetischen Führung*

Die Reaktion der deutschen Medien war positiv und fair. Es gelang, die »Mauer des Schweigens« einzureißen. Der Krieg in Afghanistan wurde endlich öffentliches Thema. Mit Hilfe von ZDF und *Bild* konnte ich unglaubliche zwanzig Millionen D-Mark für die Flüchtlingscamps im pakistanischen Peshawar sammeln. Zum ersten Mal bekamen die Kinder in den von uns errichteten Zeltlagern wieder richtig zu essen. Und auch eine ordentliche medizinische Versorgung.

Ich hatte mich während des gesamten Marsches durch Afghanistan geweigert, eine Waffe in die Hand zu nehmen. Auch nicht zur Selbstverteidigung, obwohl die Mujaheddin dies mehrfach vorschlugen. Ich sah mich nicht im Kriegszustand mit der Sowjetunion. Die sowjetische Führung allerdings hätte mich am liebsten sofort erschossen. Egal, mit welcher Waffe. In jenen Tagen fand in Moskau der zehnte Jahrestag des sogenannten Moskauer Vertrags statt. Mitten in den feierlichen

Staatsempfang platzte die Meldung meines Fußmarsches durch das umkämpfte Afghanistan. Leonid Samjatin, der berühmt-berüchtigte Sprecher des Generalsekretärs der KPdSU Leonid Breschnew, bekam einen Wutanfall. »Auspeitschen und dann erschießen« werde man mich, brüllte er. Sobald man mich erwische.

Für die großen sowjetischen Zeitungen *Prawda* und *Iswestija* war ich nun der »Bandit im Bundestag«, Agent der USA, der »parlamentarische James Bond«. Auch das vornehme Auswärtige Amt kritisierte meine Reise. Sie sei nicht bei ihm angemeldet worden. Da hatte jemand von den Problemen eines Marsches ins umkämpfte Afghanistan wirklich keine Ahnung.

In den kommenden Jahren war ich noch dreimal in Afghanistan. Mit fundamentalistischen Mujaheddin und mit gemäßigten Demokraten wie dem späteren Präsidenten des Landes Sibghatullah Al-Mojaddedi. Immer wieder gerieten wir in schwierige Situationen. Bei einem Überraschungsangriff sowjetischer Kommandos starb neben mir ein Mujahed. Ich selbst hatte seltsamerweise immer Glück. Oder nur leichte Verletzungen, wie jener Kugelsplitter im Knie. Schon damals war mir klar, dass die Sowjetunion die Afghanen militärisch nicht besiegen konnte. So wie auch andere Weltmächte zuvor bei diesem Versuch gescheitert waren. Nur Afghanen können Afghanen bezwingen. Die Afghanen und ihre Berge sind unbesiegbar.

### *Treffen mit dem »Marschall der Sowjetunion«*

Zweimal habe ich mich während des Afghanistankriegs in Moskau mit dem Generalstabschef der sowjetischen Streitkräfte Marschall Sergei Achromejew zum Mittagessen getroffen. Obwohl ich eigentlich Themen der nuklearen Rüstungskontrolle besprechen wollte, bat er mich schon bei unserem ersten Treffen, ihm von Afghanistan zu erzählen. Ich berichtete von dem großen Leid, das seine Truppen dort anrichteten, dass der Krieg nicht zu gewinnen sei und dass fünfundneunzig Prozent der Bevölkerung gegen die sowjetische Besatzung seien. Schweigend hörte er zu.

Bei unserem zweiten Treffen ein Jahr später lud er mich wieder zum Essen ein. Erneut fragte er nach Afghanistan. Ich sagte, dass man gegen neunzig Prozent der Bevölkerung keine Kriege gewinnen könne. Er unterbrach mich freundlich: »Das letzte Mal waren es noch fünfundneunzig Prozent.« Doch er war noch nachdenklicher als bei unserem ersten Treffen. Ich habe mich mit dem Sowjetmarschall, der auch »Held der Sowjetunion« war, gut verstanden. Bei der späteren Beendigung des Kriegs in Afghanistan hat er eine entscheidende Rolle gespielt.

## *Abdul – Symbol des Leidens eines Volkes*

In Deutschland versuchte ich weiter auf die afghanische Tragödie aufmerksam zu machen. Ich organisierte Friedensdemos und setzte Bundestagsdebatten durch. Da die Berichterstattung aus Afghanistan noch immer schwierig war, sammelte ich Spenden für Videokameras, die wir dann den Mujaheddin im Landesinneren schickten.

»Aktion gläsernes Afghanistan« nannten wir diesen Versuch, die sowjetische Medienblockade zu durchbrechen. Die Mujaheddin sollten filmen, filmen, filmen und die Welt kontinuierlich über den grauenvollen Krieg unterrichten. Leider verschwanden die meisten Kameras auf dem afghanischen Schwarzmarkt.

1984 lud ich mehrere deutsche Journalisten nach Pakistan und in die Grenzregion zu Afghanistan ein. Sie sollten sich selbst ein Bild vom Afghanistankrieg machen können. In Pakistan besuchten wir den damaligen Präsidenten Muhammad Zia-ul-Haq, zu dem ich eine fast freundschaftliche Beziehung hatte. Zum Abschluss besichtigten wir in Peshawar ein Krankenhaus, in dem schwer verletzte Afghanen lagen. Es waren deprimierende Begegnungen. Für alle Politiker, die sich für Kriege einsetzen, sollte es Pflicht sein, Kriegskrankenhäuser zu besuchen. Dort sehen sie das wahre Antlitz des Kriegs.

Zum Schluss unserer Visite brachte uns der Chefarzt in ein nach Verwesung und Desinfektionsmitteln riechendes, stickiges Krankenzimmer. Hier lag ein sterbender junger Afghane – Abdul. Als achtzehnjähriger Oberschüler hatte er afghanische Kinder unterrichtet, als ihn eine sowjetische Brandbombe traf. Sie verbrannte über die Hälfte seiner Haut. Ein halbes Jahr hatte er in einer Erdhöhle gelegen, von Verwandten medizinisch nur mit Stofflappen und Salben versorgt. Dann hatten ihn Verwandte über die Berge des Hindukusch in das pakistanische Krankenhaus von Peshawar gebracht. Dort lag er nun seit zwei Jahren. Er wog noch siebenundzwanzig Kilogramm. Beide Beine und sein rechter Arm waren steif. Seine Wunden sahen aus, als ob sie faulten und verwesten. Nur sein Kopf war unversehrt. Da er trotz der Hitze im Zimmer zitterte und fror, trug er einen Lederhelm. Wie Radrennfahrer in früheren Zeiten. Mit großen Augen sah er uns an.

Abdul war Afghanistan. Oder war ich inzwischen selbst Abdul? Was hatte Abdul getan, dass die Sowjets ihn bombardierten? Was hatte ich getan, dass die Bomben, die Menschen neben mir verwundeten oder töteten, mich immer wieder verschonten? In meinem Kopf drehte sich alles. Ich wollte raus aus dem Zimmer, das nach Tod roch. Gerade als ich die Tür hinter mir schließen wollte, hörte ich, dass Abdul etwas flüsterte. Ich fragte den Arzt, was er gesagt habe. »›Nimm mich mit!‹, hat er gesagt«, antwortete der Arzt. Der Satz traf mich wie ein Faustschlag. Abdul hatte den einzigen Satz gesagt, den ich unter keinen Umständen hören wollte. »Nimm mich mit!« Warum hatte Abdul diesen Satz gesagt, der mich mit seinem ganzen Leid verband?

Auch in Deutschland ließ mich der Satz nicht los. Ich versuchte das Unmögliche. Ich versuchte, Abdul nach Deutschland zu holen. Die »Deutsche Rettungsflugwacht« war bereit, ihn aus Peshawar auszufliegen. Mit Hilfe des pakistanischen Präsidenten, den ich persönlich einschaltete, und der Deutschen Rettungsflugwacht flogen wir Abdul schließlich aus Pakistan aus und brachten ihn nach Tübingen. Hier wurde er über ein Jahr lang immer wieder operiert. Mehrfach wurden seine Knochen gebrochen, um sie in eine günstigere Position zu bringen. Er erhielt eine Hautspende von der Mutter eines tödlich verunglückten deutschen Motorradfahrers. Sein Kopf wurde geschält wie eine Kartoffel. Aus der geschälten Haut wurden winzige Inseln herausgestanzt und zusammen mit der Spenderhaut auf seinen verbrannten Körper übertragen.

Abdul machte eine schreckliche Zeit durch. Ich war fast jeden Tag bei ihm, machte ihm Mut und feuerte ihn an durchzuhalten. Obwohl mir dabei meist hundeübel war. Mit seinem blutenden, geschälten Kopf und seinen immer wieder gebrochenen Knochen sah Abdul furchtbar aus. Aber sein Schicksal war längst auch mein Schicksal. Der tapfere kleine Kämpfer machte Fortschritte. Und die vielen Ärzte und Krankenpfleger, die ihn operierten und umsorgten, vollbrachten ein medizinisches Wunder nach dem anderen. Das Weihnachtsfest konnte Abdul bereits mit meiner Familie bei uns zu Hause verbringen. An Ostern kam er mir auf dem Klinikgelände stolz auf Krücken entgegen. Trotz zwei steifer Beine und eines steifen Arms. Abdul, der Afghanistan war und der ich war, hatte es geschafft.

Nur einen Wunsch habe ich ihm abgeschlagen. Als er aus der Klinik entlassen wurde, fragte er, ob er in Deutschland bleiben dürfe. Er wollte seine Krankenschwester heiraten. Ich bat ihn, auf diesen Wunsch zu verzichten. In Deutschland werde er immer nur ein schwer verletzter Afghane sein, in Afghanistan aber sei er ein Held. Abdul schluckte, aber er folgte meiner Bitte. Er zog in ein kleines Dorf bei Dschalalabad. Um seinen Lebensunterhalt abzusichern, verhalfen wir ihm zu einem winzigen Kiosk. Der kleine Kämpfer heiratete eine Afghanin und wurde stolzer Vater von sieben Kindern. Er wurde siebenundfünfzig Jahre alt und erreichte damit fast das Durchschnittsalter männlicher Afghanen von knapp sechzig Jahren.

Fast vierzig Jahre hat ihm das Leben nach seiner schweren Verletzung noch geschenkt. Genauer: hatte er sich erkämpft. Unterstützt von hingebungsvollen Ärzten und Pflegern. Abdul ist für mich Afghanistan. Und einer der Gründe, warum ich immer gegen Krieg sein werde.

## 13. Kapitel

# Triumph in Tübingen – Absturz in Bonn

Nach meiner Rückkehr aus Afghanistan stürzte ich mich sofort wieder in den Wahlkampf. Man konnte vielleicht einen besseren Wahlkampf führen als ich, aber keinen fleißigeren. Von frühmorgens in den Vorortzügen bis spätabends in den Veranstaltungsräumen der Gastwirtschaften. Fünf Stunden Schlaf mussten ausreichen. Die Tübinger Lokalpresse nahm mich fast täglich unter Beschuss. Aber nun setzten sich plötzlich viele Bürger für mich ein. Am engagiertesten war mein »Hausfrauengeschwader«, das auf jede Attacke des *Schwäbischen Tagblatts* mit einem Bombardement von Leserbriefen antwortete. Aus ihrer Sicht waren Angriffe auf mich grundsätzlich unfair. Andere, parteilich ungebundene Bürger schlossen sich meinem »Hausfrauengeschwader« an. Da auch meine Kritiker zunehmend zur Feder griffen, musste das *Schwäbische Tagblatt* an manchen Tagen eine Extraseite mit Leserbriefen veröffentlichen. Meine Gegenkandidatin, die spätere Justizministerin Herta Däubler-Gmelin, hatte gegen diese Welle der Begeisterung keine Chance.

Das Wahlergebnis am 5. Oktober 1980 überraschte mich trotzdem: Ich gewann den Wahlkreis mit einem Erststimmenergebnis von 52,7 Prozent. Entsprechend groß war der Jubel meiner Freunde in der Gaststätte, in der wir den Wahlabend verbrachten. Spät am Abend besuchte uns der Leiter der politischen Redaktion des *Tagblatts*. Er war fassungslos. »Wie ist so was möglich?«, sagte der trotz aller politischen Meinungsunterschiede faire Mann in breitestem Schwäbisch. »Wir haben doch jeden Tag gegen Sie geschrieben! Mehr kann man doch wirklich nicht machen!«

Der Abend brachte für mich auch weniger erfreuliche Nachrichten. Strauß hatte gegen Kanzler Schmidt mit 44,5 Prozent verloren. Noch klarer als vier Jahre zuvor Kohl. Strauß signalisierte noch am selben Abend, dass er nicht beabsichtige, in Bonn Oppositionsführer zu werden. Dazu sei Bayern zu schön und das Amt des Ministerpräsidenten auch. Von seiner Frau, die mit ihrem Mann noch am Wahlabend nach München zurückflog, sind die Worte überliefert: »Besser konnte es für uns gar nicht kommen.« Für mich bedeutete die Niederlage von Strauß jedoch, dass aus der signalisierten spannenden Position in einer von Strauß geführten Regierung nichts wurde und dass Kohl wieder der starke Mann der CDU/CSU war.

## *Kohls Revanche*

Wenige Tage später fuhr ich mit Françoise in den wohlverdienten Urlaub auf die Felseninsel Lanzarote. Selten habe ich so tief und gut geschlafen wie in jenen Tagen. Außer Zeitunglesen nichts zu tun, »dolce far niente« – »das süße Nichtstun«, ich wusste gar nicht mehr, wie das ging.

Ich hätte auch auf die Zeitungslektüre verzichten sollen. Dann wäre mir ein Artikel in der *FAZ* erspart geblieben, den ich staunend in meinem Liegestuhl las. Danach plante der alte und mit hoher Wahrscheinlichkeit auch neue Fraktionsvorsitzende der CDU/CSU, Helmut Kohl, all jene, die den Aufstand gegen die Kanzlerkandidatur von Albrecht gewagt hatten, ihrer Ämter zu entheben. Ich war laut *FAZ* einer der Sprecher, die er »abschießen« wollte. Das fiel zwar nicht in Kohls Zuständigkeit. Aber niemand würde ihn als Fraktionsvorsitzenden daran hindern, die nötigen Absprachen mit den einzelnen Landesgruppenvorsitzenden zu treffen.

Kohl hatte anders als ich keinen Urlaub gemacht. Er hatte in aller Ruhe seinen »Rachefeldzug« organisiert und die dazu nötigen Gespräche geführt. Niemand hatte sich ihm entgegengestellt. Warum auch? Strauß war wieder in Bayern, das er auch als Kanzler nur widerwillig verlassen hätte. Die letzten Tage meines Urlaubs waren nun nicht mehr ganz so entspannt wie die ersten. Ich hatte einige Telefonate geführt und erfahren, dass alle anderen Kollegen, die auf Kohls Abschussliste standen, auf eine Kandidatur verzichten wollten. Weil sie sinnlos war. Für mich kam ein solcher Verzicht nicht in Frage. Kampflos aufgeben ging gar nicht.

Am Tag der Abstimmung hielt ich eine kämpferische Rede. Mein Gegenkandidat, ein bekannter Weinproduzent aus Rheinland-Pfalz, erhielt deutlich weniger Beifall. Und doch gewann er klar und wurde neuer Entwicklungspolitischer Sprecher. Wenige Tage zuvor hatte er mir noch sein Ehrenwort gegeben, nie gegen mich zu kandidieren. Schließlich habe er als Rheinland-Pfälzer jahrelang mit mir zusammen in derselben Landesgruppe gesessen. Wieder einmal waren Politik und Wahrheitsliebe zwei verschiedene Dinge.

Einige Kollegen kamen nach der Fraktionssitzung zu mir und sagten: »Gut gekämpft!« Das war ein schwacher Trost. Acht Jahre war ich unter hohem Risiko erfolgreich für meine Ideale eingetreten. Gegen Ungerechtigkeit, gegen Gewalt, gegen Kriege. Ich war einer der erfolgreichsten Sprecher des Bundestags geworden. Ich hatte jahrelang bis tief in die Nacht gearbeitet. Für mein Land und für die CDU/CSU. Jetzt war alles aus und vorbei!

Abends ging ich durch das bereits dämmernde Bonn. Ich wusste nicht, wie es weitergehen sollte. Ein Penner in Bahnhofsnähe sah mir meine Traurigkeit offensichtlich an. »Kopf hoch, Junge!«, rief er mir zu. »Das Leben ist schön!« Hatte er nicht recht? Ich war gesund, glücklich verheiratet, fast dreiundfünfzig Prozent der Einwohner von Tübingen-Hechingen hatten Ja zu mir gesagt. Die Menschen dort mochten mich. Und hatte Kohl nicht auch das Recht, sich zu wehren?

In meinem Wahlkreis gab es trotzdem wütende Proteste gegen Kohl. Zornige Briefe wurden nach Bonn geschickt. Hier verstand niemand, dass man bei einem so sensationellen Wahlergebnis, das viel höher lag als Kohls persönliches Wahlergebnis, einfach abgesetzt werden konnte. Meine Anhänger hatten offenbar von Machtpolitik genauso wenig Ahnung wie ich in jenen Jahren.

Wenige Tage später erhielt ich aus Kohls Büro einen Anruf. Man wolle mich vorab informieren, dass man dem Bundespräsidenten vorschlagen wolle, mir das Bundesverdienstkreuz zu verleihen. Ich hielt den Atem an. Peinlicher ging es nun wirklich nicht. Für wen hielten die sich? Kritiker auszuschalten war vielleicht in Ordnung. Aber ihnen anschließend das Bundesverdienstkreuz verleihen zu wollen war eine Frechheit. Ich sagte meinem Gesprächspartner, er könne sich das Bundesverdienstkreuz hinstecken, wo er wolle. Aber wenn Kohl es noch einmal wage, mir einen derart unverschämten Vorschlag zu machen, bekomme er zum ersten Mal richtigen Ärger mit mir. Ich gestehe, dass ich sehr laut war. Genauer gesagt brüllte ich.

### *Kohls konstruktives Misstrauensvotum*

Vier Jahre war es nun her, dass ich Helmut Kohls gemütlichen Oppositionskurs übermütig mit den Worten kritisiert hatte: »Im Schlafwagen kommt man nicht an die Macht.« Doch ich hatte unrecht gehabt. Kohl kam im Schlafwagen an die Macht. Er hatte sich mehrfach heimlich mit dem Chef der FDP, Hans-Dietrich Genscher, getroffen. Er hatte ihm dargelegt, dass er für ihn ein viel besserer Partner wäre als Helmut Schmidt. Das gelte vor allem für die Wirtschaftspolitik, aber auch für die damals heftig umstrittene atomare Nachrüstung. Genscher hörte, wie er mir später erzählte, zunehmend interessiert zu. Das Verhältnis Schmidt–Genscher war damals bereits ziemlich zerrüttet. Am 1. Oktober 1982 beantragte Kohl daher im Bundestag ein »konstruktives Misstrauensvotum«. Er gewann es, Schmidt war gestürzt, Kohl Kanzler. Natürlich auch mit meiner Stimme. Vor drei Jahren, nach seinem Albrecht-Flop, hätte keiner mehr einen Pfifferling auf ihn gewettet.

Kurz nach Kohls Wahl zum Kanzler der Bundesrepublik Deutschland lud mich Strauß in seine Bonner Wohnung ein. Als ich in sein Arbeitszimmer kam, schaute er mich verlegen an. Er fragte, ob er die geplante Kabinettsliste Kohls mit mir durchsprechen könne. Er kenne leider nicht alle Kandidaten. »Für Sie kann ich leider nichts tun. Kohl bricht sofort die Verhandlungen ab, wenn ich Sie fürs Kabinett fordere.« »Klar!«, sagte ich, »so ist das Leben. Natürlich helfe ich.« Ich konnte keinen riesigen Einfluss auf das neue Kabinett ausüben, aber einen kleinen schon.

## *Mein »Comeback«*

Kohl hatte nun in Bonn fast alles unter Kontrolle. Nicht nur in der Bundesregierung, sondern auch in der Bundestagsfraktion. Er steuerte selbst Kleinigkeiten. Nur einmal passte er nicht auf. Als Ende 1982 der rüstungskontrollpolitische Sprecher der CDU/CSU Alois Mertes Staatsminister im Auswärtigen Amt wurde, schlug er mich im »Arbeitskreis Außenpolitik« als seinen Nachfolger vor. Niemand hatte etwas dagegen. Ich hatte mich im Auswärtigen Ausschuss schon länger auf Rüstungskontrolle spezialisiert, war mit Bundeskanzler Schmidt erst vor einigen Monaten auf der »Sondergeneralversammlung der UNO für Abrüstung« gewesen und hatte dort mit dem SPD-Kanzler zusammen eine erfolgreiche internationale Pressekonferenz abgehalten. Ich war fast schon Experte. Einstimmig wurde ich gewählt.

Als Kohl von der Wahl erfuhr, soll er einen Wutanfall bekommen haben. Aber er konnte nichts mehr tun, ohne sich lächerlich zu machen. Allerdings stellte er beim neuen Fraktionsvorsitzenden Alfred Dregger sofort sicher, dass ich als einziger Fraktionssprecher keinen Assistenten und auch keine finanzielle Sprecherzulage bekam. Mir war das egal. Ich hatte jetzt in Bonn eine der wichtigsten und schwierigsten politischen Aufgaben. Wichtiger als die meisten Ministerjobs. In Deutschland tobte die »Nachrüstungsdebatte«. Die Frage war: Konnte, sollte der von Helmut Schmidt 1979 geforderte und durchgesetzte NATO-Doppelbeschluss, der eine westliche Aufrüstung mit Atomraketen und atomar bestückten Marschflugkörpern vorsah, gegen den Widerstand der Sowjetunion durchgesetzt werden?

Schmidt wollte damit die strategische Abkopplung der USA verhindern. Er fürchtete, dass die USA im Falle eines Kriegs mit der Sowjetunion kein Interesse haben würden, Deutschland zu verteidigen. Deshalb forderte er amerikanische Mittelstreckenraketen auf deutschem Boden. Als Gegengewicht zu den sowjetischen Mittelstreckenraketen SS-20, die auf Deutschland gerichtet waren. War das friedenssichernd oder friedensgefährdend? War der Beschluss, amerikanische Pershing II als Antwort auf die sowjetischen SS-20 zu stationieren, politisch und moralisch vertretbar? Diese Frage stand zunehmend im Zentrum der Weltpolitik. Die klare Mehrheit der Deutschen war gegen die »Nachrüstung«.

Führende Politiker und Militärs der USA, aber auch der Sowjetunion wollten plötzlich mit mir sprechen. Teilweise dringend. Mehrfach war ich zu Vier-Augen-Gesprächen beim amerikanischen Verteidigungsminister Caspar Weinberger. Und noch häufiger bei seinem Staatssekretär Richard Perle, dem »Fürsten der Dunkelheit«, »the prince of darkness«. Ich wollte von den Amerikanern genau wissen, wovon wir redeten, und bat sie um alle wichtigen Informationen. Sie zeigten mir offen die Pfeiler ihrer Nuklearstrategie. Ich saß in der Präsidentenmaschine »Air Force One«, von der aus amerikanische Präsidenten einen Atomkrieg führen können. Ich stieg in Atom-U-Boote, die mit Nuklearwaffen ausgestattet waren, ich war auf den modernsten US-Flugzeugträgern. Mir wurde das »rote Telefon« gezeigt, der heiße Draht zwischen Washington und Moskau.

Ich musste viele Irrtümer meines Amerikabildes korrigieren. Wie etwa meine ursprünglich sehr kritische Haltung gegenüber amerikanischen Militärs. Die hochrangigen Generäle, die ich in den USA traf, waren meist verantwortungsbewusster als die führenden Politiker, die oft nur drauflosschwadronierten. Die Militärs wussten, was Waffen bedeuten, was Krieg, was Sterben auf dem Schlachtfeld heißt. Mit ihnen konnte ich mich schnell darauf verständigen, dass oberstes Ziel der Nachrüstung die Kriegsverhinderung sein musste. Bei Politikern war das nicht so einfach. Von hochrangigen US-Politikern habe ich viel Unsinn über das Thema Krieg gehört.

### *Ist die nukleare Zielplanung in Ost und West völkerrechtswidrig?*

Auch über die geheime Zielplanung der USA wurde ich auf höchster Ebene informiert. Ich bekam zwar keine Papiere ausgehändigt, aber mein Gesprächspartner zeichnete mehrere Ziele der amerikanischen Atomraketen auf ein Blatt Papier. Sie lagen teilweise in den Vororten bekannter russischer Städte. Das bedeutete, dass durch die atomaren Angriffe der USA auf die skizzierten Kasernen, Häfen oder Flugplätze Millionen Zivilpersonen sterben würden: Männer, Frauen, Kinder.

Das sei zwar nicht gewollt, aber unvermeidbar, sagte mein hochrangiger Gesprächspartner. Auch nach der bis heute geltenden Strategie der »flexible response«. Ich erwiderte, das sei völkerrechtswidrig. Mit dieser Zielplanung werde der Tod von Zivilisten bewusst und gewollt in Kauf genommen. »Vorsatz« nenne man das unter Juristen. Das seien »unvermeidbare Kollateralschäden«, erwiderte mein Gesprächspartner. Anders funktioniere Abschreckung nicht. Niemand behaupte, dass Nuklearwaffen human seien.

Wenige Wochen später habe ich dieses Problem im Unterausschuss für Abrüstung und Rüstungskontrolle zur Sprache gebracht. Im Beisein des deutschen Verteidigungsministers und späteren NATO-Generalsekretärs Manfred Wörner. Laut Protokoll sagte ich zum Entsetzen meiner Fraktionskollegen: »Die NATO-Strategie ist mit dem Völkerrecht nicht zu vereinbaren.« Mein Stellvertreter als Sprecher der CDU/CSU, Hans Graf Huyn, sprach mir nach der Sitzung kreidebleich seine »ausdrückliche Missbilligung« aus.

Die Nachrüstung, die Helmut Schmidt gefordert hatte, war nur ein Glied der umfassenden globalen Nuklearstrategie der NATO. Sie hatte sogar, isoliert betrachtet, eine gewisse Logik. Doch sie war Teil einer völkerrechtswidrigen Gesamtstrategie der NATO und der USA, die sich für das Überleben von Zivilisten nicht interessierte. Die Nuklearstrategie der Sowjetunion war mit Sicherheit nicht besser. Bis heute hat sich an der Völkerrechtswidrigkeit dieses zentralen Pfeilers der NATO-Strategie nichts geändert.

Der frühere amerikanische Verteidigungsminister und damalige Weltbankpräsident Robert McNamara hatte mir schon in den siebziger Jahren am Rande eines Gesprächs über Entwicklungspolitik gesagt: »Wenn Sie Ihre Kinder lieben, helfen Sie mit, dass die verfluchten Atomwaffen aus den Waffenarsenalen aller Länder verschwinden! Kein einziger amerikanischer Politiker ist in der Lage, diese Strategie unter Kontrolle zu halten. Nach dem ersten Schuss weiß keiner mehr, wie es weitergeht.« Der Mann war während der Kubakrise amerikanischer Verteidigungsminister und zuständig für einen damals jederzeit möglichen Atomkrieg.

### *Mein Alleingang bei chemischen Waffen*

Die Nachrüstungsgespräche waren eine gute Gelegenheit, bei der US-Führung schwierige Themen anzusprechen, bei denen die Amerikaner normalerweise unter Hinweis auf angebliche nationale Interessen sofort abgewinkt hätten. Auf deutschem

Boden lagerten damals Unmengen chemischer Waffen, die im Falle eines Kriegs vor allem eine Gefahr für die deutsche Bevölkerung dargestellt hätten. Innerhalb der CDU/CSU war das ein Tabuthema. Niemand wollte sich wegen chemischer Waffen mit den USA anlegen. Schließlich hatte der amerikanische Präsident gerade die Produktion neuer chemischer Waffen angekündigt, weil die Sowjetunion den Amerikanern auf diesem Gebiet angeblich hoch überlegen war.

Ich dachte mir: »Die Welt gehört den Mutigen« und sprach den amerikanischen Verteidigungsminister bei einem unserer ersten Treffen Mitte der achtziger Jahre direkt auf das Thema an. Ich sagte ihm, meine Partei brauche im Bereich der Abrüstung Erfolge. Eine zweite Nachrüstung, dieses Mal bei chemischen Waffen, sei politisch nicht durchzuhalten. Wenn die USA jedoch auf Bitten der deutschen Regierung ihre chemischen Waffen aus Deutschland abziehen würden, wäre das eine massive politische Hilfe.

Weinberger war von meiner Bitte völlig überrascht, aber er verstand ihre Logik. Ich setzte nach. Für uns sei das Thema zentral wichtig. Deutschland werde kippen, wenn die Menschen jetzt auch noch mit chemischen Aufrüstungsplänen konfrontiert würden. Weinberger sah in mir einen Falken. Dass sich Falken für die Abrüstung einer ganzen Waffenkategorie einsetzen konnten, war ihm neu. Am Ende des sehr intensiven und teilweise emotionalen Gesprächs versprach er, alles in seinen Kräften Stehende zu tun, um mir, um uns zu helfen.

Wenige Tage später sprach mich im Deutschen Bundestag der deutsche Verteidigungsminister Manfred Wörner an. Wer mich legitimiert habe, mit Weinberger über chemische Waffen zu verhandeln, fragte er mich. Nicht ich, sondern er sei deutscher Verteidigungsminister. Obwohl Wörner und ich fast befreundet waren, war das Gespräch ruppig. Mein Argument, ich sei nicht nur rüstungskontrollpolitischer, sondern auch abrüstungspolitscher Sprecher der CDU/CSU, überzeugte ihn nicht.

Einige Zeit später war ich erneut bei Weinberger. Doch dieses Mal nur als Begleitkommando des Fraktionsvorsitzenden der CDU/CSU Alfred Dregger. Ihn hatte ich intensiv über die Problematik informiert. Er spielte voll mit. Und Weinberger hielt Wort. Er einigte sich mit Dregger auf eine weltweite »Nulllösung« bei chemischen Waffen und – verklausuliert – auf einen Abzug aller chemischen Waffen von deutschem Boden. Plötzlich sprachen Wörner und Dregger von einem großen Abrüstungserfolg der CDU/CSU – und ließen sich feiern. Wie so oft endete auch hier die Lösung eines schwer lösbaren Problems mit der Auszeichnung der Unbeteiligten. Doch das war gut so.

### *Die Entscheidung über die Stationierung von Atomraketen*

Auf den Straßen Deutschlands demonstrierten immer mehr Menschen gegen die nukleare Aufrüstung der NATO. Ende November 1983 beschloss der Deutsche Bundestag nach einer dramatischen Debatte, die amerikanischen Mittelstreckenraketen und Marschflugkörper aufzustellen. Auch ich sprach in der Debatte. Mein wichtigster Satz zum Schluss meiner Rede lautete: »Ich hoffe, dass eines Tages junge Deutsche und junge Russen genauso selbstverständlich miteinander befreundet sein werden wie heute junge Deutsche und junge Franzosen.« Das hoffe ich auch noch heute. Trotz Russlands rechtswidrigem Krieg gegen die Ukraine.

War mit der Nachrüstung alles verloren? Begann nun eine gefährliche Eiszeit? Nach einiger Zeit begannen Amerikaner und Sowjets wieder miteinander zu verhandeln. Und das einst Undenkbare geschah. 1987 beschlossen der amerikanische Präsident Ronald Reagan und der Generalsekretär der KPdSU Michail Gorbatschow, die SS-20 und die Pershing-II-Raketen wieder abzubauen. Kein Konflikt der Welt überdauert intensive gute Gespräche. Warum um Himmels willen haben das unsere Politiker in der Ukrainekrise wieder vergessen?

## 14. Kapitel

## Hubert Burda: »Werde mein Stellvertreter!«

In meiner Zeit als Abgeordneter bekam ich mehrfach lukrative Angebote aus der Wirtschaft. Das erste Angebot bekam ich in Kaiserslautern von einer großen Stahlfirma. Ihr Eigentümer schlug mir einen vertraulichen Beratervertrag vor. Ich habe das Angebot sofort abgelehnt und erklärt, ich würde jeden im Wahlkreis gerne beraten. Auch ihn. Aber kostenlos. Einige Jahre später ging die Firma spektakulär pleite. Die Familie des Eigentümers musste nach dramatischen Verhandlungen mit dem Betriebsrat alles offenlegen, alle Vermögenswerte, alle Verträge. Mein Motto, immer so zu handeln, dass alles öffentlich bekannt werden konnte, hatte sich bewährt. Der liebe Gott sieht alles. Das Finanzamt auch.

Später bekam ich als rüstungskontrollpolitischer Sprecher interessante Angebote weltweit bekannter Raketenfirmen. Ich wurde gefragt, ob ich bereit sei, einen mächtigen Ölstaat außenpolitisch zu beraten. Vor einigen Jahren wurde ich von der Führung eines Landes gefragt, ob ich eines der größten Erdgasgeschäfte der Welt leiten wolle. Was das finanziell für mich bedeutet hätte, muss ich nicht erläutern. Ich habe bei all diesen Anfragen entweder geschwiegen, oder ich habe freundlich abgelehnt. Ich bin nicht käuflich, auch mieten kann man mich nicht.

Als mich Hubert Burda, mein früherer Klassenkamerad und einer der drei Söhne des erfolgreichen Verlegerehepaars Aenne und Franz Burda, Mitte der achtziger Jahre fragte, ob ich eines Tages sein Stellvertreter werden wollte, war das etwas anderes. Hubert Burda war ein Freund. Er hatte zwei starke Brüder, die sich oft gegen ihn verbündeten. Allein habe er es gegen sie schwer, sagte er. Irgendwann wolle er den Burda-Verlag übernehmen. Da brauche er einen starken Partner. Jemand, der sich von Kohl nicht unterkriegen lasse, sei genau der Richtige.

Ich war zwar nach einem Bonner »Ondit« in Deutschland inzwischen der bekannteste deutsche Politiker ohne Amt, aber das konnte auf Dauer nicht mein Lebensziel sein. Eine der wichtigsten Aufgaben jedes Menschen bestand aus meiner Sicht darin, etwas aus seinen Talenten zu machen. Unter Kohl hatte ich dazu wenig Gelegenheit. Wahrscheinlich war ich an dieser Entwicklung nicht unschuldig. Aber sie war Realität. Und das gab Hubert Burdas Anfrage zusätzlichen Charme. Die gemeinsame Führung eines Medienkonzerns war eine Riesenherausforderung.

1986 starb sein Vater. Wieder fragte Hubert Burda bei mir an. Wie sollte ich mich entscheiden? Ich hatte in der Politik trotz meiner Probleme mit Kohl noch so viel vor. Politik war für mich nicht Karriere, sondern Lebensinhalt. Aber es war erkennbar, dass ich in Bonn auf absehbare Zeit nicht weiterkam. Kohl ließ mich zwar sehr frei arbeiten, aber nur innerhalb bestimmter Grenzen. Ich war sechsundvierzig Jahre alt. Ich wollte etwas bewegen, die Welt verändern. Mit sechsundvierzig hat man eben noch Träume. Das sprach für den Burda-Konzern, einen international aufgestellten Verlag, der dringend Reformen brauchte.

Die Verhandlungen mit Hubert Burda waren nicht einfach. Er wollte mich mit Haut und Haaren. Meine Hauptbedingung jedoch war, dass meine politische Arbeit auch in Zukunft Vorrang haben würde. Kurz, Bonn ging vor. Erst nach langen, mehrfach abgebrochenen Verhandlungen konnten wir uns einigen. Endlich hatte ich wieder eine große Aufgabe.

Zuerst aber wollte ich Kohl informieren, der im Januar 1987 gerade wieder eine Bundestagswahl gewonnen hatte. Ich fand, dass sich das einfach gehörte. Nur wenige Tage nach seiner Wiederwahl zum Kanzler saß ich Kohl im Kanzleramt gegenüber. Er war fast so herzlich wie vor fünfzehn Jahren, als meine Karriere in der rheinland-pfälzischen Staatskanzlei begonnen hatte. Vielleicht dachte er, ich komme, um Frieden zu schließen und um einen Kabinettsposten zu bitten.

Er war völlig verblüfft, als ich ihm sagte, dass ich in die Wirtschaft gehen würde. Aber nicht als Frühstücksdirektor und Lobbyist, sondern in führender Position. Ich wolle in meinem Leben noch einiges gestalten. Außerdem sähe ich meine Lebensaufgabe nicht darin, in Opposition zu einem Kanzler zu stehen, den ich mitgewählt hatte. Meine Aufgaben in der Bundestagsfraktion würde ich natürlich weiter erfüllen, erklärte ich. Kohl schaute mich lange an. Dann sagte er: »Lassen Sie uns unsere Fehde doch einfach beenden. Ich könnte Sie gut gebrauchen. Im Kabinett oder in der Fraktionsführung!« Dann erklärte er mir lange, warum ich in der Politik bleiben solle. Das bisschen Wirtschaft könne ich nebenher machen. Kohl hatte es erneut geschafft, mich total zu überraschen.

Wenige Tage später saß ich etwas verloren in der Mitte des Bundestags, als Kohl mir von der Regierungsbank aus ein Zeichen gab. Dann stand er auf, steuerte auf mich zu und zwängte sich in den für ihn viel zu engen Sitz neben mir. Er blickte sich um, um zu prüfen, ob er ungestört sprechen könne. Dann sagte er mit seinem tiefen Bass: »Schauen Sie sich um, Todddenhöfer! Das ist tiefe Provinz! Alles, was da rumsitzt. Deswegen brauche ich Sie.«

Wir sprachen auch über meinen bevorstehenden Besuch bei US-Verteidigungsminister Weinberger. Zwischen Reagan und Gorbatschow bahnte sich gerade eine Lösung im Streit über die inzwischen stationierten Mittelstreckenraketen an. Ich schilderte ihm meine strategische Position. Er bat mich, diese bei Weinberger auch in seinem Namen vorzutragen. Ich freute mich, dass unsere Zusammenarbeit plötzlich so schnell und so konkret funktionierte.

Doch einen Tag vor meiner Abreise sah ich abends im Fernsehen, wie Kohl im Brustton der Überzeugung verkündete, dass die Position, die er vertraulich mit mir abgesprochen hatte, nur über seine Leiche realisierbar sei. Ich wusste, dass Politik so funktioniert. Dass Hakenschlagen dazugehörte. Aber genau darauf hatte ich überhaupt keine Lust mehr. Das Tauwetter zwischen Kohl und mir war nach wenigen Tagen wieder beendet.

Am Tag nach diesem Gespräch im Bundestag rief mich mein Ex-Chef Bruno Heck lachend an. »Ich habe Sie gestern live im Fernsehen gesehen. Na, was hat der Helmut Ihnen versprochen? Ich wusste, dass er irgendwann auf Sie zukommt. Aber passen Sie auf! Der Helmut interessiert sich nur für sich selber, nicht für Sie.« Doch das war nichts Neues. Die meisten Menschen interessieren sich zuallererst für sich.

War ich wirklich anders?

## *Der Stellvertreter*

Was verband mich mit Hubert Burda? Unsere gemeinsame Schulzeit in Offenburg? Aus dieser Zeit war mir letztlich nur ein spektakulärer Boxkampf in einer Kurzpause des Unterrichts in Erinnerung. Ich glaubte, den Kampf gewonnen zu haben, weil Hubert Burdas Nase so stark blutete, dass er in die Toilette flüchten musste, um das Blut zu stillen. Am Anfang der darauffolgenden Unterrichtsstunde erntete ich viele anerkennende Blicke der Klassenkameraden. Leider schwoll nach einer Weile mein Auge so stark zu, dass es am Ende der Stunde völlig geschlossen war. Ab da ließ sich Hubert Burda feiern. Zwei Wochen lang, weil mein Auge nun alle paar Tage die Farbe wechselte.

Uns beide verband vielleicht auch, dass wir die Einführung der schulischen Demokratie in Baden nicht als lupenrein demokratisch empfunden hatten. Unser reaktionärer Klassenlehrer machte bei der Erläuterung der freien und geheimen Wahl des Klassensprechers eine klar diskriminierende Einschränkung. Er erklärte, Hubert Burda und ich seien wegen häufigen Störens des Unterrichts »nicht wählbar«. Eine Wahl, bei der einer von uns gewinnen würde, werde er nicht anerkennen. Man dürfe es »mit der Demokratie nicht übertreiben«.

Vielleicht verbanden uns auch die gemeinsamen Urlaube in den Bergen und auf Segelbooten. All das hatte mit unserer langen Freundschaft zu tun. Aber jetzt brauchte Hubert Burda keinen guten Freund, sondern einen guten Manager, bei dem – trotz unerschütterlicher Loyalität – nicht mehr die Freundschaft im Vordergrund stand, sondern Hubert Burdas unternehmerischer Erfolg. Damit war letztlich auch unsere Freundschaft beendet.

Stellvertretender Vorsitzender im Medienunternehmen eines visionären Kunsthistorikers zu sein, verlangte von mir, dass ich mich auf das operative Geschäft konzentrierte und Controlling- und Revisionsberichte las. Für Strategien und große öffentliche Auftritte war Hubert Burda zuständig und kein anderer. Erfolge gehörten ihm, Misserfolge mir. Das ist der Grundsatz jeder erfolgreichen und dauerhaften Arbeit in einem Familienunternehmen.

Am Anfang war ich vor allem für die TV-Abteilung zuständig, die zu meinem Entsetzen nur aus einer spätabendlichen Erotiksendung bestand. Glücklicherweise war sie noch nicht übermäßig bekannt. Aber für den Abgeordneten einer sich christlich nennenden Partei war sie ein Problem. »Todenhöfer wird Chef eines Erotikmagazins«, wäre in den Boulevardmedien zwar eine hübsche Schlagzeile gewesen, aber in den katholischen Regionen meines Wahlkreises hätte ich einiges erklären müssen. Glücklicherweise machte die Erotiksendung kräftige Verluste. Sie passte damit nicht zur geplanten wirtschaftlichen

Erfolgsstrategie Hubert Burdas. Mit List und Tücke konnte ich das Erotikmagazin nach einigen Monaten schließen.

Die anderen Aufgaben im Konzern waren wichtiger. Nach Personal, Verwaltung und elektronischer Datenverarbeitung übertrug mir Hubert Burda immer mehr Zuständigkeiten. Als der Finanzchef ausschied, musste ich mich um Finanzen und Druckereien kümmern, als der Verlagschef mit unserem Firmenjet tödlich verunglückte, übertrug Hubert Burda mir die Inlands- und Auslandsverlage mit Ausnahme der *Focus*-Gruppe. Als Stellvertretender Vorsitzender bekam ich ferner Generalvollmacht für den gesamten Konzern.

Der Hauptgrund, warum mir Hubert Burda auf Vorschlag seiner Geschäftsführer immer mehr Zuständigkeiten im Vorstand übertrug, war, dass ich denjenigen, die diese Bereiche tatsächlich führten, nie »ihren Ruhm« wegnahm. Dem Eigentümer schon gar nicht. Ich fand öffentlich nicht statt.

Der einzige echte Beitrag, den ich zu Hubert Burdas großem Erfolg leistete, bestand neben Fleiß darin, dass ich in ganz Deutschland ständig nach Menschen suchte, die auf ihrem Gebiet deutlich besser waren als ich. Als meine älteste Tochter einmal gefragt wurde, was ich eigentlich neben dem charismatischen Eigentümer und all den bekannten Chefredakteuren im Konzern mache, antwortete sie: »Mein Vater sitzt den ganzen Tag im Büro, legt die Füße auf den Schreibtisch und telefoniert mit Freundinnen und Freunden.« Eigentlich hatte sie recht. Weil ich tatsächlich versuchte, alle als Freunde zu behandeln.

## *Papa, wo wohnst du?*

Die Kehrseite meines neuen Jobs war die Doppelbelastung. Ich hatte plötzlich vier Wohnsitze. Neben meiner kleinen Wohnung in Bonn und meiner Wohnung im Wahlkreis Tübingen hatte ich zwei weitere Wohnungen an den Firmensitzen des Burda-Konzerns in München und Offenburg. Wenn ich morgens aufwachte, wusste ich oft nicht, in welcher Stadt ich gerade war. In allen vier Städten hatte ich Dienstwagen und Fahrer, die es mir möglich machten, auch im Auto zu arbeiten. Zwischen den Firmensitzen München und Offenburg flog ich meist im Firmenhubschrauber oder – deutlich seltener – im Firmenjet. Für Flüge zwischen meinem Wahlkreis und Bonn nahm ich einen normalen Lufthansa-Linienflug. Economy.

In den Zügen der Bundesbahn gab es damals noch keine Telefonverbindungen. Als ich genau deshalb zweimal im Zug von München nach Offenburg fuhr, um in Ruhe arbeiten zu können, erhielt ich von Hubert Burda einen nicht sehr freundlichen Anruf. Er fand, für Zugfahrten, bei denen ich stundenlang nicht erreichbar sei, zahle er mir ein viel zu hohes Gehalt. Also flog ich wieder Heli oder Jet. Und war fast immer erreichbar. Natürlich war dieser endlose Stress einer Achtzig-Stunden-Woche totaler Irrsinn. Aber ich war siebenundvierzig und hatte einfach noch zu viel überschüssige Kraft in mir. Die wollte ich einsetzen.

Mein fünfjähriger Sohn Frédéric fragte mich einmal traurig: »Papa, wo wohnst du?« Die Frage traf mich voll. Als ich Frédéric einige Wochen später fragte, was er sich zum Geburtstag wünsche, sagte er leise: »Dass du nicht mehr fortgehst!« Der Satz brach mir fast das Herz.

### *BKA-Personenschützer*

Hinzu kam, dass ich wegen neuer Terrordrohungen der Roten Armee Fraktion, RAF, wieder unter Polizeischutz stand. Als Sprecher für Abrüstung und Rüstungskontrolle, der die atomare Nachrüstung in der Öffentlichkeit zu vertreten hatte, brauchte ich mich nicht zu wundern, dass viele Menschen in mir einen Falken sahen. Egal, wie leidenschaftlich ich mich gegen Kriege als Mittel der Politik einsetzte und welche persönlichen Risiken ich dabei auf mich nahm.

Nicht nur mein öffentliches Image war damit klar. Auch für die linksextreme deutsche Terrororganisation RAF wurde ich zu einem idealen Ziel. Sie bekämpfte den »amerikanischen Imperialismus« und natürlich auch die atomare Nachrüstung der NATO. 1986, bei der Festnahme von Eva Haule, einer der Anführerinnen der »dritten Generation« der RAF, fand man in ihrer Handtasche einen langen Zeitungsartikel über mich. Antiterrorspezialisten fanden anschließend in einer konspirativen RAF-Wohnung in der Nähe von Tübingen einen Ordner voller Artikel über mich. In einer anderen Tübinger Wohnung hatte man schon vorher Fingerabdrücke von Haule und weiteren RAF-Terroristen gefunden. Führende Mitglieder der RAF hatten sich offenbar bis zu ihrer Festnahme jahrelang in meinem unmittelbaren Umfeld bewegt. Ich stand praktisch unter ständiger Kontrolle der RAF.

Die Folge war schließlich ein permanenter Polizeischutz durch das BKA. Die zwei Beamten des BKA-Spezialkommandos, die mich den ganzen Tag zu Fuß und im Dienstwagen begleiteten, waren angenehme Menschen. Mit der Zeit wurden sie fast Freunde der Familie. Vor allem dem kleinen Frédéric imponierte, dass sie mit ihrem Blaulicht überall durchkamen. Er wollte deshalb später unbedingt BKA-Personenschützer werden.

Frédérics Begeisterung für die schwer bewaffneten BKA-Jungs stieg, als er erfuhr, dass ich bei einer sicherheitspolitischen Großkundgebung der CDU in Stuttgart mit meinem kleinen Auto, einem Käfer, nicht durch die Absperrungen der Polizei gekommen war, weil mein Begleitkommando vorangebraust war und nicht bemerkt hatte, dass es mit seiner großen Limousine meinen kleinen Käfer abgehängt hatte.

Mein Hinweis gegenüber dem Sicherheitsdienst der Großveranstaltung, dass ich neben Bundeskanzler Kohl und Verteidigungsminister Wörner Hauptredner der Kundgebung war, nutzte nicht das Geringste. »Wenn Sie hier Hauptredner sind, bin ich der Kaiser von China«, meinte einer von ihnen ruppig und forderte mich auf, mit meinem lächerlichen Käfer sofort zu verschwinden. Ein Hauptredner im Kleinwagen, das war ja wohl ein Witz. Doch er änderte seine Meinung schnell, als die BKA-Jungs wieder auftauchten und die Polizisten aufforderten, mich sofort durchzulassen.

Aber nicht alle sahen meinen Polizeischutz so positiv. Denn immer, wenn ich in meinem Münchner Büro arbeitete, saßen die BKA-Beamten mit ihren Maschinenpistolen direkt vor meinem und Hubert Burdas Büro. Das sah furchterregend aus. Nach einigen Tagen fragte mich die resolute Büroleiterin Hubert Burdas, ob das nun immer so sein solle. Anders als ich befinde sich Hubert Burda nicht im Kriegszustand mit der RAF. Der Burda-Verlag sei ein gastfreundliches Haus. Sehr einladend wirkten die Maschinenpistolen wirklich nicht. Ich spürte, da passte etwas nicht zusammen. Jeder, der zu uns wollte, musste an den Maschinenpistolen vorbei. Die waren ein Stimmungskiller. Ich wusste, ich musste irgendwann eine Entscheidung treffen.

### *Trennung von meinen politischen Mandaten?*

Hubert Burda war entschlossen, den Dornröschenschlaf des ererbten Verlagshauses zu beenden. Er wollte Neues, Großes schaffen: ein Konkurrenzmagazin zum *Spiegel*, eine Alternative zur *Bild*-Zeitung, in seinem Verlag ging die Post ab. In der Berliner Politik aber standen Machterhalt und Bewahrung des Status quo im Vordergrund. Das war weniger mein Ding. Ich entschied mich dafür, öffentlich anzukündigen, dass ich plante, in zwei Jahren aus der Politik auszuscheiden.

Vorher beauftragte ich einen bekannten Journalisten, der für ARD, *FAZ* und *Zeit* gearbeitet hatte, meine Briefe und Reden zum Thema Wiedervereinigung zu einem Buch zusammenzufassen. Er brauchte dafür nur wenige Wochen. Politiker schreiben während ihrer Amtszeit »ihre« Bücher fast nie selbst. Sie sind dazu zeitlich gar nicht in der Lage. Assistenten oder ein Ghostwriter basteln ihnen etwas zusammen. Jeder weiß das. Bei mir kam hinzu, dass ich zwei Berufe hatte. Ich habe daher bei der Vorstellung »meines« Buches in Bonn auch offen gesagt, dass es nicht von mir allein stammte. Dass ich nur eine Art Herausgeber war. Nur der Titel *Ich denke deutsch* und die umfangreichen Anlagen – Briefe an Kohl sowie Fraktionsreden – stammten von mir.

Mit der Veröffentlichung wollte ich auf ein vernachlässigtes Thema der deutschen Politik aufmerksam machen, mit dem ich mich seit Jahren immer intensiver befasst hatte: die deutsche Wiedervereinigung. Mein Ghostwriter, ein DDR-Dissident, den die SED-Führung zwei Jahre ins Zuchthaus und in Steinbrüche gesteckt hatte, machte aus meinem »Wiedervereinigungsbuch« seine ganz persönliche Abrechnung mit dem Zeitgeist. Manches war richtig, manches war Schwachsinn. Zu Recht spottete die freche *taz* über »Metapherlawinen« und knallige Sprachbilder. Natürlich trage ich die uneingeschränkte Verantwortung für das Buch. Das Ganze war ein Fehler, über den ich mich heute wundere und ärgere. Damals schwor ich mir, dass unter meinem Namen nie mehr ein Text herausgehen würde, der nicht von mir stammte.

Bei der Vorstellung des Buches gab ich auch meinen Rücktritt als rüstungskontrollpolitischer Sprecher der CDU/CSU bekannt. Ich kündigte ferner an, dass ich in zwei Jahren nicht mehr für den Bundestag kandidieren würde. Am Vorabend hatte ich das auch den befreundeten CDU-Ortsvorsitzenden meines Wahlkreises eröffnet.

Manche weinten. Wir waren vor acht Jahren mit so viel Idealismus gestartet. Das war es also, oder doch nicht? Doch in den zwei Jahren, die ich noch Mitglied des würdigen Auswärtigen Ausschusses blieb, geschahen weltpolitisch überraschende Dinge. In der Afghanistanfrage und in der Frage der Wiedervereinigung.

## *Osterferien eines Firmenvorstands im Hindukusch*

Die Medien hatten den afghanischen Mujaheddin nie eine Chance gegeben. Vor allem der *Spiegel* hatte mich jahrelang verhöhnt, weil ich ständig behauptete, nur Afghanen könnten Afghanen besiegen. Die Sowjetunion habe keine Chance; die Mujaheddin müssten nur durchhalten und überleben. Die sowjetische Armee aber brauche Siege, wenn sie ihre Legitimation in der KPdSU und in Afghanistan nicht verlieren wollte. »Ihr habt Uhren, wir haben Zeit«, war der Lieblingsspruch aller afghanischen Freiheitskämpfer.

Im Sommer 1986 erhielten die Mujaheddin von den USA auch noch tausend tragbare Flugabwehrraketen vom Typ Stinger, mit denen sie sich gegen sowjetische Hubschrauberangriffe wehren konnten. Die Stinger hatten zwar bei Weitem nicht die strategische Bedeutung, die amerikanische Rüstungslobbyisten ihnen tatsächlich zuschrieben. Und sie kamen sehr spät. Aber sie waren für die Mujaheddin ein weiterer Schritt nach vorne, während die sowjetische Armee schon lange keine Erfolgserlebnisse mehr hatte. Den Mujaheddin fehlte es jedoch nach wie vor an internationaler Reputation. Waren sie nicht tatsächlich, wie ihre Kritiker behaupteten, ein wilder Haufen sich gegenseitig bekämpfender, anarchistischer Gruppen? Ich hatte eine Idee, wie sie ihr Image aufpolieren könnten: Die verschiedenen in Peshawar sitzenden Mujaheddin-Organisationen sollten im Landesinneren Afghanistans eine offizielle »Kabinettssitzung« abhalten und damit ihre Ansprüche auf die politische Führung des Landes unterstreichen. Diese Idee, die ich in Peshawar unter den verschiedenen Mujaheddin-Organisationen verbreitete, fand große Zustimmung. An Ostern 1989 wollten sich schließlich die meisten Mujaheddinführer im afghanischen Distrikt Urgun im Hindukusch treffen. Auf zweitausenddreihundert Metern Höhe. Ich sollte das Ganze organisieren.

Ich war damals noch Bundestagsabgeordneter, aber seit über

einem Jahr auch stellvertretender Vorsitzender des Burda-Konzerns. Sowohl meine Bundestagskollegen als auch meine Kollegen bei Burda planten in jenen Tagen den wohlverdienten Osterurlaub zu genießen. Niemand in Deutschland, außer meiner Familie, wusste, dass ich vorhatte, auf Ferien zu verzichten und nach Afghanistan zu reisen.

Mein »Reiseleiter« auf dem Weg in die Berge des Hindukusch war der gemäßigte demokratische Mujaheddinführer Sibghatullah Al-Mojaddedi, der spätere Präsident Afghanistans. Es war eine anstrengende Reise. Solange es durch militärisch besetztes Gebiet ging, saßen wir aus Sicherheitsgründen im harten und dunklen Kofferraum unseres Jeeps. Im freieren Gebirge ging es auf schmalen Pfaden und durch reißende Bäche zu Fuß und auf dem Rücken von Eseln zum malerischen Treffpunkt in Urgun.

Diese erste »Kabinettssitzung« der Exilregierung war eher eine Loya Jirga, eine große Ratsversammlung. Stundenlang wurde geredet und verhandelt. Obwohl ich Mitorganisator des Treffens war, verstand ich kaum etwas. Nur gelegentlich wurde für mich übersetzt. Höhepunkt des Treffens war ein Gruppenfoto, das ich dirigieren musste. Hart wurde darum gekämpft, wer in welcher Reihe sitzen durfte. Das Foto ging später um die Welt. Die »Kabinettssitzung« in Urgun und die damit verbundene Machtdemonstration der afghanischen Opposition gegenüber der Sowjetunion und gegenüber der kommunistischen Regierung Afghanistans war nur einer von unzähligen Schritten zur Befreiung des Landes.

Am 15. Februar 1989 waren die letzten sowjetischen Soldaten aus Afghanistan abgezogen. Die kommunistische Regierung Afghanistans gab erst Mitte April 1992 auf. Al-Mojaddedi wurde danach für zwei Monate Präsident. Gleichzeitig begann ein schrecklicher Bürgerkrieg zwischen den einzelnen Mujaheddingruppen. Zehn Jahre Krieg machten nun selbst aus maßvollen Kämpfern Bestien.

Als Hubert Burda gut erholt aus St. Moritz zurückkam und von mir hörte, dass ich die Osterzeit in den Bergen des Hindukusch verbracht hatte, schaute er mich fassungslos an. Osterferien im umkämpften Afghanistan, das konnte nicht wahr sein! Ich war schließlich sein Stellvertreter! Doch ich habe während meiner gesamten Burda-Zeit meine politische Arbeit, insbesondere den Kampf gegen ungerechte Kriege, nie völlig aufgegeben. Notfalls fuhr ich eben an Ostern ins bitterkalte Afghanistan oder in den Sommerferien in den brütend heißen Irak. Hubert Burda ließ das zu. Mir hat das immer imponiert. Er demonstrierte – manchmal zähneknirschend – Meinungsfreiheit.

# 15. Kapitel

## Der Traum von der Wiedervereinigung

Über kaum ein anderes Thema habe ich mir die Finger so wund geschrieben wie über die deutsche Wiedervereinigung. Ich ahnte nicht nur, ich »wusste«, dass sie eines Tages kommen würde. So wie ich »wusste«, dass die Sowjets und später auch die NATO aus Afghanistan wieder vertrieben würden. Was allerdings außer mir in Deutschland kaum jemand für denkbar hielt! Kann man Geschichte, kann man den Zeitgeist erahnen?

Ich habe mich bei derartigen Vorahnungen selten getäuscht. Ich habe meinen festen Glauben an die Wiedervereinigung immer wieder auch öffentlich geäußert. In der Bundestagsfraktion sagte ich hierzu: »Die Geschichte hat mehr Fantasie als alle Politiker.« Ich hielt zur Wiedervereinigung Reden in der Fraktion, schrieb Briefe an den Kanzler, gab Interviews in den Medien. Wenn ich Glück hatte, wurde ich milde belächelt. Nach einer langen Rede in der Bundestagsfraktion, bei der nur eine Handvoll Abgeordneter unter dem Tisch Beifall klopften, meinte ein Kollege: »Gute Rede! Aber wenn Sie Karriere machen wollen, sollten Sie sich ein anderes Thema einfallen lassen.«

Wenn ich nach derartigen Erlebnissen in Bonn abends nach Hause kam, ging ich in mein kleines Bad. Dort stand ich vor dem Spiegel und fragte mich: Muss das wirklich sein? Allein auf dem richtigen Weg? Immer allein? War es auf dem falschen Weg, aber gemeinsam mit anderen, nicht viel bequemer? Doch es gab einfach keinen vertretbaren Grund, warum es einem Teil Deutschlands gut gehen sollte, dem anderen aber schlecht. Was hatten wir Westdeutsche in jener dunklen Zeit der Geschichte dafür getan, dass es uns später so viel besser ging als den Ostdeutschen? Beide Seiten waren demselben Rattenfänger hinterhergelaufen, beide hatten den gleichen Krieg begonnen und verloren.

Meine Isolation wuchs. Die Zeiten, wo mir nach Meinungsumfragen ein sehr hoher Prozentsatz der Bevölkerung jedes politische Amt in Deutschland zugetraut hatte, waren offenbar vorbei. Kanzler Schmidt hatte bei einem Plausch mit Ex-CSU-Ministern und Abgeordneten über mich gesagt: »In den USA würde der Kerl Präsident, in Deutschland wird der nie etwas.« Einer der Teilnehmer dieses Gesprächs war der CSU-Abgeordnete Max Schulze-Vorberg, der Vater meines Afghanistanfotografen. Richard Schulze-Vorberg hatte mir die Geschichte mehrmals erzählt.

Leute, die für Wiedervereinigung eintraten, waren totale Außenseiter. Der Korrespondent der *FAZ* für die Deutschlandpolitik, Karl Feldmeyer, schätzte ihre Zahl unter den CDU/CSU-Abgeordneten schließlich auf kaum mehr als fünf. Willy Brandt hielt die Wiedervereinigung für die »Lebenslüge der Deutschen«. Die Mehrheit des Westens dachte so. Wer anders dachte, musste ein Irrer sein. Das war Mainstream.

## *Wollte Kohl die Wiedervereinigung?*

Als im Herbst 1989 die Wiedervereinigung durch Demonstrationen der DDR-Bevölkerung zu einer realistischen Option wurde, verhielt sich Kohl weiter zögerlich. Enge Vertraute des Kanzlers sagten mir damals, einer der Hauptgründe seiner Zurückhaltung sei seine Sorge, dass die Ostdeutschen ihn nicht wählen würden.

Aber Kohl hatte auch tiefergehende Probleme mit der deutschen Einheit. Er kämpfte für ein vereintes Europa und fürchtete, ein noch mächtigeres, wiedervereintes Deutschland würde da nur stören. 1987 hatte Kohl sogar zugelassen, dass das Ziel der deutschen Einheit offiziell aus dem Parteiprogramm der CDU gestrichen wurde. Ich erfuhr von dieser Entscheidung aus dem Radio eines Berliner Taxis. Und reagierte sofort. Ich schrieb noch im Taxi eine zornige Presseerklärung und kritisierte Kohl frontal. Einige Kollegen schlossen sich vorsichtig an.

Der offizielle Pressesprecher Helmut Kohls, Karl Hugo Pruys, schrieb in seinem Buch *Helmut Kohl – der Mythos vom Kanzler der Einheit*, Kohl sei 1987 auf Druck seines Generalsekretärs Heiner Geißler bereit gewesen, das Ziel der deutschen Einheit sang- und klanglos unter den Tisch fallen zu lassen. Und wörtlich: »Es ist der Intervention des Abgeordneten Todenhöfer zu verdanken, dass die Deutsche Einheit als nationales Ziel im CDU-Parteiprogramm verbleibt.« Pruys war Kohls Sprecher, nicht meiner.

## *Die friedliche Revolution*

Die Weltgeschichte schlägt oft überraschende Haken. Anfang Oktober 1989 kam es in der DDR zu großen Demonstrationen. Ihr Slogan lautete »Wir sind das Volk«. Das DDR-Regime wankte. War das die Chance zur Wiedervereinigung, die laut Grundgesetz ja nicht nur eine Option, sondern ausdrückliche Pflicht aller deutschen Politiker war? Ich schrieb an die Regierungschefs der USA, Großbritanniens, Frankreichs und der Sowjetunion und bat sie um Unterstützung der deutschen Wiedervereinigung. Der französische und der britische Botschafter gaben mir sofort einen Termin.

Der französische Botschafter Serge Boidevaix erklärte mir kritisch, dass eine deutsche Wiedervereinigung schon militärisch kompliziert sei. Es würde Jahre dauern, die Militärbündnisse neu zu ordnen. Der britische Botschafter Christopher Mallaby war über meine Forderung noch erstaunter. Er erklärte, er habe täglich Kontakt zur deutschen Bundesregierung. Meine Position werde von dieser nicht geteilt.

Wenige Tage vor dem Fall der Berliner Mauer traf in Moskau der neue Generalsekretär des Zentralkomitees der SED Egon Krenz mit dem Generalsekretär der KPdSU Michail Gorbatschow zusammen. Laut dem inzwischen veröffentlichten, ursprünglich streng geheimen Gesprächsprotokoll sagte Gorbatschow, die britische Premierministerin Margaret Thatcher und der französische Präsident François Mitterrand bevorzugten nach wie vor eine Zweistaatenlösung. Sie seien klar gegen die Wiedervereinigung.

Weiter heißt es in dem Gesprächsprotokoll wörtlich: »Der gleichen Meinung sei auch Willy Brandt. Er habe erklärt, für ihn wäre das Verschwinden der DDR eine eklatante Niederlage der Sozialdemokratie, denn sie betrachte die DDR als eine gewaltige Errungenschaft des Sozialismus. Wenn er sich auch von den Kommunisten abgrenze, so betrachte er die Sozialdemokratie doch als einen Zweig der Arbeiterbewegung und halte an der sozialistischen Idee fest.«

Wumm! Deutlicher konnte man sich von der Wiedervereinigung Deutschlands nicht distanzieren. Brandt, den ich nach wie vor verehre, kämpfte für das Fortbestehen der DDR. Sahra Wagenknecht, die ich ebenfalls schätze, übrigens auch. Sie trat deshalb 1989 sogar in die kommunistische SED ein.

Doch laut Gorbatschow gab es in Deutschland auch andere Stimmen. Wörtlich und warnend heißt es in dem Gesprächsprotokoll: »Der CDU-Abgeordnete Todenhöfer habe sich mit einem Brief an die USA und die Sowjetunion gewandt und dort die sofortige Wiedervereinigung Deutschlands gefordert. In der BRD werde mit diesem Thema wild spekuliert.«

Die Bürger der DDR waren mutiger als die deutschen Politiker. Ihre Demonstrationen wurden immer machtvoller. Inzwischen tauchte bei ihren Aufmärschen ein neuer Slogan auf. »Wir sind EIN Volk.« Das Thema Wiedervereinigung war plötzlich in aller Munde. Doch Kohl zögerte weiter. Ende September

1989 forderte ich öffentlich in einer Zeitschriftenkolumne einen »Fahrplan zur Wiedervereinigung«. Kohl hämmerte wütend zurück, es gebe keine Fahrpläne zur Wiedervereinigung.

Als ich in der Pressestelle der CDU/CSU nachfragte, warum keine offensive Wiedervereinigungspolitik betrieben werde, antwortete mir deren Chef: »Wir dürfen das Wort Wiedervereinigung weder benutzen noch zulassen.« Als im November 1989 dann auch noch die Berliner Mauer fiel, hatte eigentlich die Stunde einer klugen und mutigen Wiedervereinigungspolitik geschlagen. Doch Kohl zögerte weiter.

### *Wenn man einen Kanzler zu seinem Glück drängen muss*

Doch in seinem persönlichen Umfeld gab es auch Männer wie seinen außenpolitischen Berater Horst Teltschik, die das anders sahen. In einer abendlichen Runde im Kanzleramt, in der es ursprünglich um die schlechten Umfragewerte des Kanzlers ging, forderte Teltschik den Kanzler auf, sich in der Frage der Wiedervereinigung an die Spitze der Bewegung zu stellen. Und das tat dieser dann endlich. Ende November stellte Kohl einen Zehn-Punkte-Fahrplan zur Wiedervereinigung vor. Er ging als Kohls Stufenplan zur Wiedervereinigung in die Geschichte ein. Machtpolitisch war Kohl Extraklasse. Wie Konrad Adenauer dachte er: Was kümmert mich mein Geschwätz von gestern? Nichts hindert mich daran, klüger zu werden.

Kohls Fahrplan bzw. Stufenplan sah allerdings damals nur eine vertiefte Zusammenarbeit mit der DDR, danach einen »Staatenbund« und erst irgendwann, vielleicht in zehn Jahren, eine Wiedervereinigung vor. Doch immerhin war nun der erste Schritt getan, und schon wenige Monate später bot ihm Gorbatschow in Moskau die Wiedervereinigung an.

Helmut Kohl, der die Wiedervereinigung erst als Ziel der CDU aufgeben wollte, dann lange zögerte und sie dann in eine ferne Zukunft verschieben wollte, packte am Ende doch noch beherzt den Zipfel des »Mantels der Geschichte«. Er wurde zum Kanzler der Einheit. Niemand kann ihm dieses historische Verdienst nehmen. Und mir das Wissen, jahrelang einsam und verhöhnt für das Richtige gekämpft zu haben.

### *»Kanzler der Einheit«*

Am 3. Oktober 1990 feierten Hunderttausende vor dem Berliner Reichstag die deutsche Wiedervereinigung. Ich stand bei der historischen nächtlichen Feier auf der Freitreppe des Reichstags neben Ministerpräsident Lothar Späth und dem französischen Kultusminister Jack Lang. Irgendjemand hatte mich fast mit Gewalt in die erste Reihe geschoben, wo ich eigentlich nichts mehr zu suchen hatte.

Alle waren nun plötzlich immer für die Wiedervereinigung gewesen und gratulierten sich gegenseitig. Der große Willy Brandt, der nun wirklich kein Fan der Wiedervereinigung gewesen war, sagte: »Jetzt wächst zusammen, was zusammengehört.« Und mein späterer Freund Hans-Dietrich Genscher, der von der Wiedervereinigung ebenfalls nichts gehalten hatte, formulierte seine Gefühle mit den Worten: »Ein Lebenstraum geht in Erfüllung.« Was soll man auch sagen, wenn man von der Geschichte überrumpelt wird. Die Menschenmassen riefen am Abend der Wiedervereinigung in Sprechchören: »Helmut, Helmut«, obwohl man ihn ja wirklich zum Jagen tragen musste. Aber er hatte die Wiedervereinigung am Ende zustande gebracht.

Als der *FAZ*-Journalist Karl Feldmeyer zu später Stunde mein etwas melancholisches Gesicht sah, rief er lachend: »Jetzt freuen Sie sich doch endlich! Das war doch genau unser Ziel. Dass sich auch die erklärten Gegner der deutschen Einheit für die Wiedervereinigung aussprechen.« Ja, ich freute mich. Alle großen Dinge enden nun mal mit der Auszeichnung der Unbeteiligten.

Bis heute bin ich nie zu einer Wiedervereinigungsfeier eingeladen worden. Ich wäre auch nicht hingegangen. Dort treffen sich die, die gegen sie waren. Die wahren Helden der Wiedervereinigung waren die friedlich demonstrierenden Bürgerinnen und Bürger der DDR. Wie groß ihr persönliches Risiko war, hatte die brutale Niederschlagung des Volksaufstandes von 1953 gezeigt. Fünfundfünfzig DDR-Bürger hatten damals ihren Freiheitswillen mit dem Leben bezahlt.

Respekt empfinde ich allerdings auch vor dem SED-Regime, weil es nicht zu den Waffen griff. Obwohl es wusste, dass das seinen Untergang bedeutete. Ich war einer der entschiedensten Gegner des DDR-Regimes und seiner Unrechtsherrschaft. Doch vor seinem Gewaltverzicht in der Schlussphase seiner Existenz ziehe ich den Hut. Dasselbe gilt für die damalige Zurückhaltung der sowjetischen Führung und ihrer Truppen.

## *Mein »Beitrag« zur Wiedervereinigung*

Mein Beitrag zur Wiedervereinigung war bescheiden. Mein Risiko bestand lediglich darin, verspottet und verhöhnt zu werden. Das ist nun mal der Preis, den man zahlen muss, wenn man sich mehr an seinem »inneren Gerichtshof« orientiert als am Mainstream. Ich kannte diesen Preis inzwischen. Der frühere Generalsekretär der SPD Peter Glotz schrieb in seinen Memoiren: »Todenhöfer gehörte zur halben Handvoll Abgeordneter in Bonn, die auch in den achtziger Jahren noch an die deutsche Wiedervereinigung glaubte … Auch dann noch, als Kohl Erich Honecker auf dem roten Teppich empfing und Strauß mit Milliardenkrediten die DDR-Wirtschaft flottmachte.«

Das war's, mehr nicht. Nur die Parteimitglieder meines Wahlkreises ahnten, wie schwer dieser Weg manchmal war. Allein und isoliert zu sein, ist nicht lustig. Viele Parteimitglieder sammelten nun Unterschriften, um mich zu einer weiteren Bundestagskandidatur in Tübingen-Hechingen zu bewegen. Doch ich änderte meine Entscheidung nicht. Dieses Kapitel war abgeschlossen. Mit politischen Entwicklungen, die ich immer erträumt hatte. Was will man mehr?

## 16. Kapitel

## Hatte ich auch ein Privatleben?

Mit dem Abzug der sowjetischen Truppen aus Afghanistan und mit der deutschen Wiedervereinigung endete für lange Zeit mein öffentliches Leben. Auch zu Konzernfragen äußerte ich mich nicht öffentlich. Das war Sache des Eigentümers. Ich blieb im Hintergrund. Für öffentliche Auftritte hätte ich auch gar keine Zeit gehabt.

Wenn ich auf die zweiundzwanzig Jahre im Burda-Konzern zurückblicke, denke ich nicht an das unendliche Maß an Arbeit, das es zu bewältigen galt. Auch nicht an das manchmal schwierige Ringen mit einem visionären Eigentümer, der jeden Tag neue Ideen hatte und am liebsten noch den Mond mit seinen Zeitschriften erobert hätte. Obwohl diese Gespräche schwierig waren, gehören sie in einem Familienunternehmen dazu. Ich erinnere mich an ganz andere Dinge. An meine Freundschaft mit den Betriebsräten in München und Offenburg. Und an unsere gemeinsamen Fußballspiele in Offenburg und Umgebung. An die Zusammenarbeit mit ganz normalen, einfachen Menschen, die das Herz am richtigen Fleck hatten.

Auch in meinen beiden Bundestagswahlkreisen hatte ich mehr Kontakt mit Handwerkern, Arbeitern und Landwirten gehabt als mit Professoren oder reichen Unternehmern. Gerade in Tübingen hatte man mir das oft vorgeworfen. Einer meiner Hauptkritiker in dieser Frage war ein HNO-Professor, der zusätzlich einen CDU-Gemeindeverband leitete. Er fand, dass ich für die Eliten Tübingens nie genügend Zeit hatte. Er hat mich seine Verärgerung einmal gnadenlos spüren lassen.

Als eines Tages meine Stirnhöhlen stark entzündet waren, bot er mir an einem Freitagabend einen – wie er sagte – exklusiven Termin in seiner Praxis an. Er meinte ironisch, so jemand wie ich wolle bestimmt keine Narkose, auch keine lokale, und begann, an mir herumzuwerkeln. Ich wollte mir keine Schwäche anmerken lassen und biss auf die Zähne.

Das nutzte nicht viel. Mit einem schraubenzieherartigen Gerät, einem Trokar, fuhr er mir in die Nase und hämmerte intensiv und lustvoll gegen die Zwischenwände meiner Nebenhöhlenknochen. Durch das Freischlagen eines »Fensters« wollte er »Durchzug« schaffen. Ich blutete und blutete.

Fast zwei Stunden dauerte die Tortur. Dann fragte mich mein Parteifreund, ob es wehgetan habe. Ich war zu kaputt, um auf diese dumme Frage zu antworten. Außerdem hätte ich durch ein Handtuch sprechen müssen, das ich gegen meine Nase presste, um den Blutstrom zu stoppen. »Tag und Nacht mit Eis abkühlen!«, sagte mein Folterer lächelnd. Er wusste, dass ich am Montag unsere Verlagsveranstaltung »Politics Business« mit dem bayerischen Ministerpräsidenten Franz Josef Strauß moderieren musste.

Viel freundlicher waren in der Regel unsere Betriebsräte mit mir. Vor allem die Offenburger Betriebsräte. Trotz vieler sachlicher Kontroversen hatte ich ihre Sympathie gewonnen. Anfangs wegen unwichtiger Kleinigkeiten. Ein Betriebsrat hatte gesehen, wie ich auf dem Hof vor unserem Verlagshaus in Offenburg ein schmutziges Taschentuch aufgehoben und entsorgt hatte. Das imponierte ihm. Nach und nach entstand zwischen uns tiefes Vertrauen. Wochenlang führten wir im ausgebauten Keller bei einem der Betriebsräte vertrauliche Gespräche über die gefährdete Zukunft unserer Druckereien. Die Betriebsräte wurden im Konzern meine wichtigsten Freunde.

## *Die Zeit mit meinen Kindern*

Natürlich versuchte ich, wenigstens etwas Zeit mit meinen Kindern zu verbringen. Aber das schaffte ich nur selten. Vor allem, als sie noch klein waren und ich vier Wohnsitze hatte. Diesen fast totalen Ausfall als Vater wollte ich wenigstens an den Wochenenden ausgleichen. Da hatte ich für meine Kinder fast immer eine Überraschung vorbereitet: Pilze suchen, Musicals, große Bundesligaspiele und andere Unternehmungen. Die Kinder lebten fürs Wochenende. Samstags und sonntags stand ich daher schon um vier Uhr auf, um mich auf die Vorstandssitzung am Montag vorzubereiten und anschließend möglichst viel Zeit für meine Kinder zu haben. Im Grunde habe ich mich, wenn ich an andere Väter denke, zu wenig um meine Kinder gekümmert. Die ersten Jahre ihrer Kindheit habe ich kaum mitbekommen.

An den gemeinsamen Wochenenden waren unsere Kinder meist ungewöhnlich brav. Nur bei längeren Autofahrten gab es auf den Rücksitzen den üblichen Kinderkrawall. Meistens konnte ich schnell Frieden stiften. Nur einmal scheiterte mein Befriedungsversuch total, als ich versprach: »Wenn ihr jetzt ganz lieb seid, singe ich euch ein Lied.« Die drei schauten sich verdutzt an. Dann antworteten sie enttäuscht im Chor: »Dann sind wir lieber böse.«

Heute sind meine drei Kinder meine wichtigsten Verbündeten. Wenn sich wieder mal der Mainstream auf mich stürzte, riefen sie mich meist an und versuchten, mir Mut zu machen. Wehe, jemand sagte in ihrer Anwesenheit etwas Negatives über mich! Er wurde von ihnen klitzeklein gemacht. Auf ihren Vater ließen und lassen sie nichts kommen.

### *Die Wiederentdeckung des Fußballspielens*

Unsere Offenburger Firmen-Fußballmannschaft spielte fast jede Woche gegen eine andere Hobbymannschaft der Region. Gegen das *Offenburger Tageblatt*, gegen die Bundesanwälte aus Karlsruhe und ihre Personenschützer oder gegen das Finanzamt. Unsere Arbeiter fanden, dass ich unbedingt mitspielen müsse. Ich machte das gerne. Auch weil ich in unserer Fußballmannschaft wieder einer von vielen war und nicht den Chef geben musste. Nur wenn wir gegen das Finanzamt spielten, schaltete ich mich in die Strategie des Trainers und unseres Kapitäns ein. Eindringlich bat ich die beiden, darauf zu achten, dass wir nicht zu hoch siegten. Ein Kantersieg über das Finanzamt lag nicht im Interesse unserer Firma.

Ich brauchte Monate, um wieder richtig in Form zu kommen. Mit siebenundvierzig ist man ohne Training nicht mehr sehr gelenkig. Im Englischen Garten in München, wo ich inzwischen auch regelmäßig spielte, nannte mich ein ausländischer Mitspieler, der sich meinen Namen nicht merken konnte, »Der mit dem schweren Gang«. Die Jugendzeit, in der ich aktiv und erfolgreich für den Offenburger Fußballverein gespielt hatte, lag erkennbar lange zurück.

Doch ich kam immer besser in Fahrt. Und irgendwann, nach etwa einem halben Jahr, schoss ich aus einem Gewühl heraus in Offenburg das lang ersehnte erste Tor. Was für ein Jubel! Doch der Schiedsrichter, ein ehemaliger Betriebsratsvorsitzender, erkannte mit ernster Miene auf Abseits. Eine klare Fehlentscheidung! Außerdem war es mein erstes Tor nach einer langen Durststrecke. Der Schiedsrichter ließ sich leider nicht erweichen. Weder durch meinen wütenden Protest noch durch die Blicke und Zeichen einiger Mitspieler, die ihm hinter meinem Rücken signalisierten: »Gib ihm halt das Tor!«

Aber der Knoten war geplatzt. Seither habe ich viele Tore schießen dürfen. Als mir einmal in einem Spiel sogar vier Treffer gelangen, war das dem *Offenburger Tageblatt* sogar einen eigenen

Artikel wert. Die Schlagzeile lautete: »Todenhöfer in Klinsmann-Manier«. Der Kapitän der deutschen Fußballnationalmannschaft hatte ebenfalls in einem Spiel vier Tore geschossen.

Von nun an wurde Fußball zu einem wichtigen Teil meines Lebens. Bis heute. Obwohl ich inzwischen über achtzig bin. Ich brauche den Fußball, um den täglichen Stress wieder abzubauen. Bis heute spiele ich jedes Wochenende, an dem ich in Deutschland und nicht verletzt bin, im Englischen Garten. Meine Fernreisen versuche ich so zu legen, dass ich samstags wieder in München bin. Manchmal spielen wir dreizehn gegen dreizehn und bei strömendem Regen auch schon mal nur vier gegen vier. Meine Mitspieler sind zwischen achtzehn und sechzig Jahre alt. Oft haben sie früher in Vereinen gespielt. Bis zur Regionalliga. Und oft war ich wahrscheinlich der schlechteste Spieler, doch ich schoss die meisten Tore. Auch weil wir das Abseits abgeschafft hatten.

Selbst das deutsche Privatfernsehen interessierte sich für meine Fußballkünste. Als Sat.1 über mich den Film »Sie nennen ihn T« drehte, bestand die Regie darauf, mich auch beim Fußballspielen im Englischen Garten zu filmen. An jenem Tag lagen dort leider zwanzig Zentimeter Neuschnee. Ich bin nie sehr schnell gewesen, aber im Pappschnee jenes Tages war ich noch langsamer als sonst. Meine Bewegungen hatten etwas Storchenhaftes. Einige Tage später zeigte mir das Filmteam Szenen des Fußballspiels. Sie waren schrecklich. Es war wie die Zeitlupe einer Zeitlupe. Ich bat das TV-Team, meine »Sprint«-Passagen doch etwas schneller laufen zu lassen. Der Regisseur schaute mich erstaunt an: »Aber die haben wir doch schon schneller laufen lassen.«

Besonders gern spielte ich bei schlechtem Wetter vier gegen vier. Ohne festen Torwart. Da konnte man viele Tore schießen. Vor allem, wenn's dem Torwart langweilig wurde und er mitstürmte. Einmal gewannen wir 8:7. Ich hatte, weil ich Sturmspitze war, alle acht Tore geschossen. Zu Hause fragte mich meine jüngste Tochter Nathalie gelangweilt, wie viele Tore ich denn wieder geschossen hätte. Nathalie wusste, dass ich diese

Frage liebte. »Alle acht!«, antwortete ich. »Ja, ja!«, antwortete Nathalie ungläubig. Dann ging sie in den Flur und rief mit ihrer lauten Stimme: »Mamaaa, der Papa lügt wieder!«

Im Winter habe ich inzwischen ein weiteres Hobby: Tourenskifahren. Während die meisten Skiläufer Seilbahnen oder Skilifte benutzen, um auf den Berg zu kommen, kämpfe ich mich mit Tourenskiern hoch. Mit »Fellen« als Steighilfe. Manchmal klatschen die Leute sogar Beifall, wenn ich schweißgebadet oben ankomme. Eigentlich empfinde ich das als Beleidigung. Was, bitte, ist so ungewöhnlich, wenn man sich auch als Achtzigjähriger mit Tourenskiern auf zweitausendfünfhundert Meter hochkämpft?

Abends versuche ich, wo immer ich bin, anderthalb Stunden lang mit Kraftübungen den Kopf freizubekommen. Richtig ausruhen werde ich mich erst, wenn mich eines Tages grüner Rasen bedeckt. Dann werde ich viel Zeit haben. Manchmal sehne ich mich danach.

## *Bergsteigen*

Insgesamt fünf Monate im Jahr verbringe ich in unserm Berghaus in Sulden. Auf neunzehnhundert Metern. In diesem winzigen Dorf mit seinen ganz normalen Menschen kann ich wunderbar arbeiten. In den letzten zehn Jahren ging ich dort einem weiteren Hobby nach, dem Bergsteigen. Unser Berghaus liegt am Fuße des Ortlers, dem mit 3905 Metern höchsten Berg der Südtiroler Alpen. Fast zwanzig Jahre lang hatte ich ehrfürchtig zu diesem gewaltigen Gletscherberg hochgeschaut. Bestiegen hatte ich immer nur kleinere Berge oder Bergrücken, die nie höher als dreitausend Meter hoch waren.

Der Ortler war mir zu felsig, zu eisig, zu mächtig, zu hoch. Und zu geschichtsträchtig. Im Ersten Weltkrieg hatten sich hier Österreicher und Italiener auf einer Gebirgsfront von hundert Kilometern jahrelang eine »Schlacht der Kanonen« geliefert. Teilweise auf 3850 Metern. Über hundertfünfzigtausend Soldaten waren in diesem Alpenkrieg gestoben. Durch militärische Aktionen, aber auch durch Krankheit, Hunger, Kälte und Lawinen. Wenn ich an die Absurdität von Kriegen denke, denke ich an die Gebirgsschlachten am Ortler. Wenn ich aus unserem Haus trat, blickte ich auf die höchste Geschützstellung Europas.

Ich war bereits sportliche fünfundsiebzig Jahre alt, als mein Freund Paul Hanny, der mich nach Sulden gelotst hatte, meinte, ich müsse jetzt endlich mal den Ortler besteigen. Bei meiner Kondition sei das kein Problem. Wer regelmäßig Fußball spiele, komme da locker hoch. Ich schaute zu dem riesigen Berg empor und begann zu rechnen. Ich wusste, wie lange ich brauchte, um fünfhundert Höhenmeter zu erklimmen. Ich nahm mir immer viel Zeit. Freunde, die Bergtouren mit mir gemacht hatten, nannten mich den Erfinder des »Bergschlenderns«. Weil ich nie rannte, sondern immer nur »schlenderte« und jeden Schritt genoss.

Meine Rechnung zur Besteigung des Ortlers war einfach: Wenn ich meine »Bergschlender-Geschwindigkeit« zugrunde legte, kam ich auf neun Stunden für den Aufstieg und sieben Stunden für den Abstieg. Sechzehn Stunden, nur unterbrochen von der Übernachtung auf einer Schutzhütte, das war schon eine gewaltige Herausforderung. Außerdem war ich nicht ganz so ausgeruht, wie Paul Hanny meinte. Denn auch damals saß ich jeden Tag viele Stunden an einem Buchprojekt.

»Workaholics« ruhen nie.

Ich beschloss, die Ortlerbesteigung zu versuchen. An einem sonnigen Septembertag ging es los. Mara, die Tochter meines Bergfreunds und Nachbarn Toni Reinstadler, hatte vor dem Abmarsch meine Ausrüstung überprüft. Und meinen großen Rucksack. Der war schon jetzt ziemlich voll. Mit warmer Kleidung, Regenschutz, Handschuhen, Essen, Trinken, einem Verbandskasten und Ähnlichem. »Alles ok!«, fand sie. »Aber ein paar Dinge fehlen noch. Ich bin gleich wieder da.« Nach einigen Minuten kehrte sie voll beladen zurück. Geradezu lustvoll stopfte sie in meinen schon jetzt schweren Rucksack noch eine Stirnlampe, einen Helm, zwei Steigeisen, einen Klettergurt, zwei

Karabiner und einen Eispickel. Wie ich diesen schweren Rucksack von neunzehnhundert auf fast viertausend Meter hochschleppen sollte, war mir schleierhaft. Ich fragte Mara, ob sie keinen Sherpa, keinen Träger für mich hätte. Doch sie lachte mich nur aus. Das würde ich locker schaffen, meinte sie schadenfroh.

Ich brachte nichts locker hoch. Weder den schwersten Rucksack meines Lebens noch mich selbst. Am berüchtigten »Weiberschreck«-Felsen riss ich mir den Hosenschritt auf, sodass ich nun auch noch ständig Zug von vorne bekam. Bei einem Sturz an der Eiswand am »Bärenloch« war mir der Eispickel entglitten und für immer in einer Gletscherspalte verschwunden. Fünfhundert Meter unter dem Gipfel entschwanden die letzten Reste meiner Kondition. Ich bekam einfach keine Luft mehr. Dreitausendfünfhundert Meter sind verdammt hoch. Und eine berüchtigte Atemschwelle.

Die Kondition kam erst wieder zurück, als uns eine junge Seilschaft aus Baden-Württemberg wenige hundert Meter unterhalb des Gipfels zu überholen versuchte. Das ging nun gar nicht. Ich gab meinem Bergführer Olaf ein Zeichen, dass ich auch als »Bergschlenderer« nicht bereit war, mich kurz vor dem Gipfel überholen zu lassen. Ich begann, schneller zu schlendern. Wir ließen sie nicht vorbei.

Nach insgesamt neun Stunden standen wir auf dem Gipfel. Es war keine tolle Leistung, sondern eher ein Negativrekord. Suldener Sportskanonen schaffen das in vier Stunden. Aber ich hatte es geschafft. Ich war auf den Gipfel des höchsten Südtiroler Berges geschlendert. Das Hochgefühl, den Ortler geschafft zu haben, war unbeschreiblich. Als ich später einmal Maras Vater Toni gestand, dass ich auf dem Weg nach oben mindestens zwanzigmal stehen geblieben war, weil ich keine Luft mehr bekam, und dass ich die Idee verflucht hatte, diesen gewaltigen Berg zu besteigen, sagte er: »Wie oft du stehen bleibst, ist egal. Die Hauptsache ist, du gibst nicht auf und kommst an. Und du bist angekommen.« Die Menschen der Berge sind oft kluge Leute. Toni war einer der klügsten.

Sein Bruder Olaf, Suldens bester Bergführer und Bäckermeister, sah meine Leistung kritischer. Als ich auch beim Abstieg immer wieder stehen blieb, um Luft zu holen, knurrte er: »Wenn du noch ein paarmal stehen bleibst, gibt's eben morgen in Sulden keine frischen Brötchen.« Also ging ich weiter. Als ich mich nach sechseinhalb Stunden völlig erschöpft, aber glücklich wieder Sulden näherte, sah ich an einer Waldlichtung Paul Hanny. Er war mir noch nie nach einer Bergwanderung entgegengekommen. Er war festlich gekleidet.

»Was ist los, Paul?«, fragte ich ihn erstaunt. »Den Ortler besteigen doch viele.« Paul sah mich nachdenklich an. Dann sagte er feierlich: »Aber nicht alle kommen lebend zurück!« Und er hatte recht. Viele Bergsteiger hatten den Versuch, den Bergriesen zu bezwingen, mit dem Leben bezahlt. Aber das hatte ich wie üblich verdrängt. Mit neunundsiebzig habe ich den Ortler noch einmal bestiegen. Nicht schneller, aber auch nicht langsamer. Vielleicht versuche ich es ja noch einmal mit neunzig. Wenn es mich dann noch gibt.

In Sulden traf ich mich auch immer wieder mit Politikern, Wirtschaftsführern, aber auch mit Bergsteigern wie Reinhold Messner oder mit Künstlern wie Michael Jackson. Im März 2001 besuchte mich Jackson ein paar Tage lang in unserem Berghaus. Wir wollten gemeinsam ein Internet-Projekt starten. Er war damals 42 Jahre alt. Aber sehr kindlich, sehr schüchtern und sehr einsam.

Ich bat ihn, ein, zwei Lieder für mich zu singen. Aber Michael wollte seine Stimme schonen und fragte, ob nicht ich für ihn ein paar alte deutsche Lieder singen könne. Und so sang ich zur Gitarre für den berühmtesten Popsänger der Welt alte deutsche Lieder. Von Marlene Dietrich »Lili Marleen« und »Sag mir, wo die Blumen sind!«. Michael Jackson war gerührt. Bis heute will mir niemand glauben, dass ich für ihn gesungen habe. Doch es gibt ein Video dazu, das meine Tochter Valérie heimlich aufgenommen hatte.

Michael Jackson fühlte sich so wohl, dass er auch mit meinen

Kindern Frédéric und Nathalie telefonieren wollte, die von seinem Besuch nichts wussten. Frédéric fand den Anruf Michael Jacksons völlig normal. Als dieser mit seiner hohen Stimme sagte: »Hi, ich bin Michael Jackson«, erwiderte er kühl: »Und ich bin der Frédéric.« Nicht so gelassen nahm Nathalie den überraschenden Anruf hin. Sie antwortete ziemlich unfreundlich: »Wenn du Michael Jackson bist, bin ich der Papst« und knallte den Hörer hin. Als es Michael Jackson noch einmal versuchte, ließ sie ihn gar nicht ausreden. Sie legte einfach auf. Verwirrt kam Michael Jackson zu mir und sagte verunsichert: »Nathalie will nicht mit mir sprechen.«

Jackson war ein Nachtmensch. Als ich um ein Uhr nachts ins Bett ging, war er noch immer in Hochform. Gegen fünf Uhr morgens wurde ich durch großen Lärm im Haus geweckt. Verschlafen wankte ich aus meinem Zimmer, um nach der Ursache des Radaus zu suchen. Sie war schnell gefunden. Auf der Holztreppe zum ersten Stock lieferten sich Michael und meine damals achtzehnjährige Tochter Valérie eine leidenschaftliche Kissenschlacht. Das Genie Michael Jackson war ein Kind.

## *Meine Gitarre, meine Lieder*

Mit Hilfe meines wunderbar verschrobenen finnischen Musiklehrers Pennti Turpeinen hatte ich ein paar Jahre zuvor angefangen, Gitarre zu spielen. Unter anderem auf einer in New York günstig erworbenen Originalgitarre von Johnny Cash, die ihm seine Frau geschenkt hatte. Meine arbeitsreichen Abende ließ ich mit Liedern der Beatles, der Rolling Stones, von Bob Dylan und natürlich auch von Johnny Cash ausklingen. Ich begann außerdem, selbst Lieder zu schreiben und zu komponieren. Über vierzig Chansons schrieb ich auf Deutsch, Englisch und Französisch. Über Krieg und Liebe, über Frühling und Herbst. Denn dass ich inzwischen im Herbst meines Lebens angekommen war, ließ sich nur noch schwer bestreiten.

Das NDR-Fernsehen ließ mich in jenen Jahren ein Lied zur Gitarre singen. Leider kein selbst geschriebenes. Da fürchtete der NDR offenbar um seine Einschaltquote. Ich spielte und sang den Welthit des belgischen Liedermachers und Sängers Adamo »Inshallah«. Da ich mit dem Flugzeug angereist war, musste die Gitarre im Studio Minuten vor Beginn der Live-Sendung neu gestimmt werden. Dadurch war vor allem das lang gezogene »Inshallah« am Ende des Chansons für mich deutlich zu hoch. Ich schaffte es nicht, das Lied weich ausklingen zu lassen. Um nicht krächzend abzustürzen, hielt ich den hohen finalen Ton, von dem ich nicht runterkam, so lange wie möglich.

Meine Familie sah die Sendung live. Alle waren aufgesprungen und schrien: »Hör auf, aufhören!« Sie ahnten, dass das böse enden könnte. Die Tonlage war für meine Stimme zu hoch. Und doch endete der Auftritt gut. Als ich kaum noch Luft hatte, drehte der Toningenieur sanft den Ton runter. Er rettete mich. Seither bin ich mit öffentlichen Auftritten vorsichtiger.

## *Meine alte Freiburger Mansarde*

Ganz nebenbei wurde ich wohlhabend. Weil Hubert Burda das so wollte und weil sein Konzern wuchs und gedieh. Und weil ich erfolgreich in Start-ups investierte. Aber all das konnte sich jederzeit ändern. Wer sich die Geschichte deutscher Familienunternehmen anschaut, wird sehen, wie eng Erfolg und Misserfolg beieinanderliegen. Von den großen Textilunternehmen meines früheren Wahlkreises Tübingen-Hechingen haben nur wenige überlebt. Von Zeitungen und Zeitschriften gilt heute dasselbe.

Ich habe meinen Wohlstand nie als selbstverständlich angesehen. Ich habe mich immer an die Armut von früher erinnert und das einfache Leben oft sogar richtig gesucht. Zwar flog ich – wie von Hubert Burda verlangt – jede Woche mit dem Heli nach Offenburg. Aber solange mein Vater noch lebte – er wurde immerhin siebenundneunzig Jahre alt –, übernachtete ich in Freiburg in meiner armseligen früheren Studentenmansarde. Im obersten Stock unseres Altbaus gab es für neun Mansardenzimmer nur ein einziges Klo. Es war jahrzehntelang nicht renoviert worden. Der Zustand der Mansarden war ähnlich. Jede Woche erinnerte mich meine Mansarde an das bescheidene Leben früherer Jahre.

Als unser Verlagszentrum in München umgebaut wurde, mussten im Hof mehrere Bürocontainer aufgestellt werden. Das Dumme war, dass sich einige Führungskräfte weigerten, für ein ganzes Jahr in einen Container umzuziehen. Sie sahen das als Prestigeverlust an. Selbst sanfter Druck half nicht weiter. Also verständigte ich mich mit meiner Sekretärin darauf, dass wir als Erste in einen Container ziehen würden. Wir wollten ein Beispiel setzen. So schwitzten wir im Sommer und froren im Winter. Doch wir hielten durch – stirnrunzelnd beobachtet vom Eigentümer und bewundert von Teilen der Belegschaft. Obwohl wir uns mehrfach erkälteten, hat es uns gutgetan. Für mich als Vorstand war der Umzug in einen Container vielleicht auch leichter als für jemanden, der um sein Ansehen im Konzern noch kämpfen musste.

Ähnlich verhielt ich mich in der in vielen Konzernen heiklen Dienstwagenfrage. Obwohl mein Vertrag für mich denselben Wagen vorsah wie für Hubert Burda, fuhr ich nach einiger Zeit bewusst deutlich kleinere Wagen. Ich wollte von dem Wohlstand, den ich besaß, nicht abhängig werden. Außerdem fühlte ich mich im in großen Limousinen unwohl.

Als ich 2009, viele Jahre später, das erste von mir erbaute Waisenhaus in Afghanistan besuchte, sah ich, dass die Toiletten durch Wind und Wetter stark beschädigt waren. Nicht nur die Farbe blätterte ab, auch der Verputz war kaputt. Auf meine Frage, warum man die Toiletten so verfallen lasse, sagte man mir, eine Reparatur sei zu teuer.

Noch am gleichen Abend besorgte ich mir blaue Arbeitskleidung. Und am nächsten Morgen begann ich mit der Renovierung – begafft von Angestellten, Studenten und Schülern, die nicht verstanden, warum ich als Stifter und Spender diese schmutzige Arbeit machte. Sie hatten ganz andere Probleme als ich. Sie wollten das genaue Gegenteil von mir. Ich wollte raus aus der Scheinwelt des Wohlstands. Sie wollten nicht absteigen, sie wollten aufsteigen.

Die Komplettsanierung des zerfallenden, verschmutzten und stinkenden Angestelltenklos war eine harte, dreckige Arbeit. Nach zwei langen Arbeitstagen war das Klo renoviert. Ich war mächtig stolz auf das Ergebnis meiner Arbeit. Die Angestellten und Schüler des Waisenhauses aber rieben sich noch immer die Augen.

## *Der Tod wollte mich nie*

Es waren gute Jahre. Obwohl die Arbeit im Konzern weiter zunahm. Der Eigentümer war unermüdlich und hatte ständig neue Pläne. Anfang August 1996 wollte ich zusammen mit meinen drei Kindern Urlaub im Haus meiner Schwiegereltern in Frankreich verbringen.

Vorher musste ich in Offenburg noch einige Dinge besprechen. Da mein Vorstandskollege Gerd Bolls nicht den Heli, sondern den Firmenjet nach Offenburg gebucht hatte, meldete meine Sekretärin ausnahmsweise auch mich für den morgendlichen Flug im Jet an. Er war einfach deutlich schneller als der Heli. Da bei mir jedoch in Offenburg weitere Termine dazukamen, buchte sie mich wieder auf den Vorabend-Heli um. Dieses Hin und Her war Firmenalltag.

Am nächsten Vormittag verabschiedete ich mich von Offenburg aus telefonisch von allen Vorstandskollegen. Nur einen erreichte ich nicht: Gerd Bolls. Sein Offenburger Büro vertröstete mich: »Er muss jeden Augenblick landen.« Nach zehn Minuten lautete die Antwort: »Eigentlich müsste er schon längst da sein.« Als ich nach zehn weiteren Minuten anrief, sagte seine Sekretärin leise: »Er wird nie mehr kommen. Der Jet ist beim Anflug auf Offenburg abgestürzt.«

Ich stürmte die vielen Treppen des Burda-Hochhauses hinunter. Unten wartete ein Taxi. Zwanzig Minuten später stand ich im Friesenheimer Wald zwischen den Trümmern des total zerstörten, ausgebrannten Flugzeugs. Einige Wrackteile brannten noch. »Wo ist Bolls?«, fragte ich den Einsatzleiter, der auch erst wenige Minuten da war. Er deutete auf eine Stelle, aber dort war nichts zu erkennen. Ich wandte mich ab. Der vierundfünfzigjährige Gerd Bolls war einer der kameradschaftlichsten Menschen, die ich in meinem Leben kennengelernt hatte. Ein Wasserballspieler, eisenhart, aber fair.

In mein Entsetzen und meine Trauer mischten sich Schuldgefühle. Ich hatte Bolls vor einigen Jahren vom Bauer-Verlag, dessen Chef er war, zu Burda geholt. Nach zwei Jahren zähen Werbens. Ohne den Wechsel zu Burda würde er noch leben. Außerdem empfand ich eine gewisse Scham, weil ich schon wieder davongekommen war. Ich wollte ursprünglich ja in derselben Maschine fliegen. Ich dachte an die französische Ballade von Georges Moustaki »La mort n'a pas voulu de moi« – »der Tod hatte mich nie gewollt«. Warum hatte mich der Tod immer verschont? Warum?

Kurze Panik gab es auch in meiner Familie in Frankreich. Meine Sekretärin hatte aufgeregt Frédéric über den Absturz unserer Firmenmaschine informiert. Der war heulend losgelaufen und hatte gerufen: »Das Flugzeug vom Papa ist abgestürzt.« Die Panik legte sich schnell. Die Trauer von Hannah Bolls und ihren beiden Töchtern hat sich bis heute nicht gelegt.

## *Intermezzo Merkel*

Mit Politik hatte ich in jenen Jahren kaum noch etwas zu tun. Mit wenigen Ausnahmen. Immer wieder riefen mich führende Politiker an und baten mich fast weinerlich, in einer persönlichen Angelegenheit bei einer unserer Chefredaktionen zu intervenieren. Ich habe das mit einer einzigen Ausnahme nie getan. Die zuständigen Redakteure hätten das auch nicht akzeptiert.

1998 bat eine deutsche Nachwuchspolitikerin um einen Termin. Sie wolle sich vorstellen, erklärte ihr Büro. Sie war gerade Generalsekretärin der CDU geworden. Ihr Name war Angela Merkel. Sie machte damals eine Vorstellungsrunde bei einigen Managern der deutschen Wirtschaft, die sie für einflussreich hielt. Ich fand das sehr clever.

Wir hatten ein freundschaftliches Gespräch über politische Strategien. Wir vereinbarten Vertraulichkeit, an die ich mich selbstverständlich auch heute noch halte. Der einzige Punkt, der nicht vertraulich war, war meine Anregung, über ihre damalige Ponyfrisur nachzudenken, die ihr wirklich nicht stand. Eigentlich war sie ja eine attraktive Frau.

Aufmerksam hörte sie zu.

Ich bin ihr später noch oft begegnet. Auch außerhalb politischer Veranstaltungen. Ich fand sie bescheiden, bodenständig, unbestechlich und sehr nah bei den Menschen. Ich erlebte das nicht nur in meinem »Zweitwohnsitz« Sulden, wo sie jeden Sommer ihren Urlaub verbrachte. Ich schreibe das, obwohl ich politisch in den meisten Fragen andere Positionen vertrete als sie. Weil ihr Macht wichtiger war als Inhalte. Aber dazu später.

## *Jahre des Aufbaus, Jahre des Glücks*

Mein Wohlstand erlaubte mir, einige Träume zu realisieren. Im schwäbischen Tübingen war ich von befreundeten Handwerksmeistern verspottet worden, weil ich als Abgeordneter kein Haus besaß. Das konnte ich mir jetzt erlauben. Ich baute in Süditalien und in Südtirol je ein Haus. Sehr schön, aber auch solide und einfach. Luxus hatte ich verboten. Das Berghaus in Südtirol habe ich ohne Hilfe eines Architekten selbst entworfen. In Süditalien entwarf ich nur den epikureischen Garten mit einem Weinlaubengang zum Meer.

Ich wollte »Familientreffpunkte für die Ewigkeit« schaffen. Einen Platz, an dem sich die Familie auch dann noch treffen kann, wenn sie eines Tages wieder verarmen sollte. Meine Vorfahren waren, bevor sie Pfarrer oder Richter wurden, einfache Schneider. Warum sollte sich das nicht wiederholen? Ich denke in Generationen, obwohl ich weiß, dass das heute nicht mehr in Mode ist. Vor allem in der Politik nicht.

Da Schenken und Teilen einer meiner Urschwüre war, ließ ich in Sulden neben unserem Bergbauernhaus ein zweites Berghaus für sozial benachteiligte Kinder und für Kinder mit Migrationshintergrund bauen. Kinder, die in München in ärmlichsten Verhältnissen leben, verbringen hier jedes Jahr – begleitet von Mitarbeitern der Münchner »Arche« – Abenteuerferien, die sie ihr ganzes Leben nicht vergessen werden.

### *Meine Hinterhofwohnung: wo einst die Synagoge stand*

Zurzeit wohne ich in einer kleinen Hinterhofwohnung in München. Dort wo einst die erste neu erbaute Synagoge der israelitischen Kultusgemeinde Münchens stand. Die Synagoge und ihr Tempel waren 1826 im Beisein von König Ludwig I. eingeweiht worden. Obwohl von der früheren Synagoge nichts erhalten geblieben ist, ist es ein starkes Gefühl, an einem einst heiligen Ort zu wohnen.

Mein wichtigster Rückzugsort in der Wohnung ist ein nur dreizehn Quadratmeter großer Balkon, den ich zu einer Weinlaube umgebaut habe. Eingerahmt wird die Laube von einem Birnbaum, einem Quittenbaum und einem kleinen Kirschbaum. In alten Fässern und Containern wachsen Walderdbeeren, Himbeeren, Brombeeren, Heidelbeeren, Stachel- und Johannisbeeren. In manchen Jahren kann ich noch Anfang Dezember Himbeeren und manchmal sogar ein paar Erdbeeren ernten. Jeden Herbst feiere ich zusammen mit meinen Enkeln ein »Erntedankfest«. Wir ernten kiloweise Weintrauben, Birnen, Quitten und auch ein paar Kirschen. Sieben Stück waren es im letzten Jahr. Meine Enkel lieben meinen Obstbalkon, ähnlich wie die Amseln, die Bienen und die Wespen der ganzen Gegend.

Auf meinem Balkon schöpfe ich Kraft. Die brauche ich dringend. Ich arbeite, wenn ich in Deutschland bin, bis heute jeden Tag von sieben bis neunzehn Uhr. Das sind zwölf Stunden. Nur am Sonntag gebe ich mir frei. Ich liebe es zu arbeiten. Weil ich fast nur Dinge tue, die ich gerne mache. In Büchern und Zeitungen stöbern, recherchieren, lesen und schreiben.

Wenn ich gelegentlich an der Isar in München spazieren gehe, führe ich die wichtigsten Telefonate der Woche. Gespräche, für die ich Zeit und Ruhe brauche. Die Spaziergänge und auch die langen Telefonate, die ich dabei führe, sind ein wichtiger Teil meines Lebens. Auch während des bayerischen Corona-Lockdowns im April 2021 war ich jeden Tag an der Isar unterwegs. Wie Tausende andere Münchner unter den Augen der Münchner Polizei. Trotz all der markigen Verbote des bayerischen Ministerpräsidenten.

### *Und immer wieder Bücher schreiben*

Was war ich eigentlich? Vorstand eines Medienkonzerns, Politiker, Mäzen, Schriftsteller? Eigentlich habe ich mit allen meinen Berufen dieselben Ziele verfolgt. Ich wollte mithelfen, die Welt zu einem besseren Platz zu machen. Ich träumte von einer Welt, in der jeder versucht, andere so zu behandeln, wie er selbst behandelt werden will. Einer Welt ohne Kriege, ohne Rassismus. Manche meinen, am ehesten sei mir das mit meinen Büchern gelungen. Wenn am Ende auch nicht wirklich.

Wenn ich meine Bücher schreibe, arbeite ich noch mehr als sonst. Bis zu vierzehn Stunden am Tag. Meist ein Jahr lang. Ich werde mit Haut und Haar Schriftsteller. Mein Haus- und Sportarzt, der jahrzehntelang den Fußballverein 1860 München und die deutsche Feldhockey-Nationalmannschaft betreute, warnte mich nach dem Marathon meines letzten Buches, stirnrunzelnd auf meine Blutwerte blickend: »Das nächste Mal werden Sie das nicht überleben. Bei mir dürften Sie nicht einmal mehr auf den Trainingsplatz von 1860 München. Ihre ›Erschöpfungswerte‹ sind sauschlecht. Sie arbeiten, als wenn Sie zwei Marathonläufe hintereinander durchziehen wollten.« Trotzdem habe ich auch bei dem vorliegenden, 2023 und 2024 geschriebenen Buch *Und folgt dir keiner, geh allein* zwölf Monate lang jeden Tag zwölf Stunden lang recherchiert und geschrieben. Außer sonntags. Mein einziger Ausgleich unter der Woche waren in München die anderthalbstündigen Spaziergänge an der Isar. Und in Sulden im Sommer und im Winter eine zweistündige Bergtour.

### *Nie erwachsen werden?*

Das Leben war so gut zu mir, dass ich gar nicht merkte, wie die Jahre vergingen. Plötzlich war ich sechzig. Ich habe das nie wirklich realisiert. Nicht nur, weil ich biologisch jünger war oder zu sein glaubte. Sondern auch, weil ich mich innerlich wegen des Fußball- und Gitarrespielens sowie vieler anderer schöner Dinge des Lebens noch immer »wie dreißig« fühlte.

Wie Peter Pan, der auch nie erwachsen wurde. Oder Peter Maffays Märchengestalt »Tabaluga«, die singt: »Ich wollte nie erwachsen sein, hab immer mich zur Wehr gesetzt. Von außen wurd' ich hart wie Stein, und doch hat man mich oft verletzt. Irgendwo tief in mir bin ich ein Kind geblieben …« Ich glaube, das ist das Grundgefühl vieler Menschen. Dass wir innerlich irgendwann im Leben stehen bleiben. Stehen bleiben wollen. Anders kann ich mir manche Dinge, die ich in meinem Leben getan habe und nach wie vor tue, nicht erklären.

Als ich sechzig war, wusste ich endlich, wie die Welt tickt. Ich war erfolgreich, gesund und glücklich. So durfte es ruhig weitergehen. Doch das Schicksal lässt nie zu, dass es einfach so weitergeht. Das Schicksal hatte wieder ganz andere Pläne.

# 17. Kapitel

## Die Welt nach 9/11

Die Einschläge ins World Trade Center und ins Pentagon waren unvergleichbar mit allem, was die westliche Welt jemals erlebt hatte. Weil der Angriff erstmals die USA traf. Wir Europäer hatten immer wieder, meist selbstverschuldete, Angriffe auf unsere Städte erlebt. Die arabische Welt wurde seit über zweihundertzwanzig Jahren gnadenlos überfallen und bombardiert. Sie hatte unzählige 9/11 erlebt. Das amerikanische Mutterland aber war immer verschont geblieben – wenn man von dem japanischen Überraschungsangriff auf Pearl Harbor, Hawaii, im Dezember 1941 absieht. Aber Hawaii war weit weg.

New York und Washington jedoch waren das Herz der USA. Sie galten als unangreifbar. Fassungslos blickte die Welt, blickten wir alle, auf die Bilder des teuflisch genialen Angriffs von al-Qaida. Ich empfand den Angriff wie Millionen Menschen wie einen Albtraum, aus dem man vergeblich auszubrechen versucht. Ich kann das Entsetzen der Amerikaner aus vielen Gründen verstehen. Ich habe mehrfach mit Angehörigen der Opfer des Anschlags auf das World Trade Center telefoniert. Sie hatten die Schreckensnachricht teilweise auf dem Weg zur Arbeit erfahren und stundenlang vergeblich versucht, ihre Angehörigen telefonisch zu erreichen.

Ich verstand die Verzweiflung dieser Menschen auch deshalb, weil ich wusste, dass meine neunzehnjährige Tochter Valérie wegen eines Michael-Jackson-Konzerts die Nacht vor dem Anschlag ausgerechnet in einem Hotel in der Nähe des World Trade Center verbracht hatte. Wir wussten, dass sie an diesem

Morgen um neun Uhr einen Termin im World Trade Center hatte. Der Anschlag geschah um sieben Uhr fünfundvierzig. Stundenlang hatten wir vergeblich versucht, sie zu erreichen. Wo war Valérie? Wir dachten: »Hoffentlich ist sie nicht früher losgelaufen!« Wir kamen nicht nach New York durch. Alle Telefonleitungen waren zusammengebrochen. Erst nach drei Stunden kam die Entwarnung. Valérie war aufgetaucht. Nie werde ich den Augenblick der Entwarnung vergessen. Für unzählige Amerikaner gab es diese Entwarnung nie.

## *Die Antwort des Westens*

Wie in den meisten westlichen Familien begann auch bei uns zu Hause eine leidenschaftliche Diskussion darüber, was nun zu geschehen habe. Ich war damals großer Anhänger der USA. Seit meiner Zeit als Abgeordneter von Kaiserslautern war ich »amerikanischer Ehrenoberst«, war amerikanischer »Ehren-Girl-scout« und hatte in meiner Zeit als Politiker nur gute Erfahrungen mit Amerikanern gemacht.

Mit der Offenheit und Direktheit von Männern wie Edward Kennedy, dem Bruder des ermordeten Präsidenten John F. Kennedy. Als dieser sah, wie ich 1968 als Siebenundzwanzigjähriger etwas verloren am Flughafen von Washington nach einem Bus ins Stadtinnere suchte, lud er mich einfach in seinen Wagen ein und nahm mich ins Kapitol mit.

Dieser »Was-kann-ich-für-Sie-tun-Typ«, das war für mich Amerika, mein Amerika. Dinge wie den Vietnamkrieg blendete ich damals noch weitgehend aus.

Bei meinen fast erwachsenen Kindern kam ich nach 9/11 wegen meiner amerikafreundlichen Haltung unter Beschuss. Du hast den Krieg der Sowjets gegen Afghanistan bekämpft, warum schweigst du jetzt zu dem sich anbahnenden Krieg der Amerikaner gegen dasselbe Land? Hatten die afghanischen Taliban wirklich etwas mit 9/11 zu tun, wie behauptet wurde? Über zehn Jahre lang hatte ich mich politisch nicht mehr geäußert. Ich wusste, dass ich nach allem, was ich in Afghanistan gesehen und erlebt hatte, verpflichtet war, mich in die öffentliche Diskussion einzuschalten, auch wenn ich nicht mehr Bundestagsabgeordneter war.

Mir war klar, dass der amerikanische Präsident George W. Bush reagieren musste. Klug und entschlossen, aber nicht mit Krieg. Schon gar nicht gegen Afghanistan, das seit Urzeiten immer nur Not und Krieg erlebt hatte und das erst vor Kurzem die sowjetischen Truppen losgeworden war. Ich schrieb einen Brief an Bush und bat ihn, nicht noch einen Krieg gegen Afghanistan zu führen. *Bild am Sonntag* hat den Brief veröffentlicht.

Ich schrieb ferner einen Brief an das Staatsoberhaupt des islamischen Emirats Afghanistan Mullah Omar. Ich forderte ihn auf, Osama Bin Laden, den Verantwortlichen für die Anschläge, auszuliefern, falls die USA Beweise für seine Beteiligung an den Anschlägen vorlegen würden. Den Brief ließ ich durch zuverlässige Boten Mullah Omar direkt überbringen. Ich hatte keinen direkten Kontakt zu den Taliban. Doch sie wussten aus den Zeiten des sowjetischen Kriegs, wer ich war.

Ich fand die erste Generation der Taliban grauenvoll. Aber mit den Anschlägen hatten sie nichts zu tun. Zwar hatten sie Bin Laden aufgenommen, weil er nach seiner Ausweisung aus dem Sudan, aus Pakistan und aus Saudi-Arabien staatenlos geworden war. Aber Mullah Omar hatte ihm, wie Bin Laden in einem CNN-Interview 1997 offen zugab, ausdrücklich verboten, sich politisch zu betätigen. Die Taliban waren von den Anschlägen genauso überrascht worden wie wir. Keiner der Attentäter war Afghane. Die meisten Attentäter waren Saudis. Doch Saudi-Arabien war finanziell und militärisch ein wichtiger Verbündeter, den man nicht angreifen konnte. Geplant worden war 9/11 in Hamburg. Aber mit Deutschland konnte man sich ja auch nicht anlegen.

Täglich dachte ich: Bitte nicht noch einen Krieg gegen Afghanistan! Vor mir sah ich den schwer verletzten Abdul, das Symbol des Leidens der Afghanen.

## *Was tun, wenn ein Freund schlimme Fehler macht?*

Bush ließ sich nicht aufhalten. Vier Wochen nach 9/11 ließ er Kabul bombardieren. Jeder Bombeneinschlag, den ich im Fernsehen sah, traf mich persönlich. Das konnte alles nicht wahr sein: Mein Amerika tötete mein Afghanistan. Ich habe später die in den ersten Tagen zerstörten Wohnsiedlungen von Kabul besucht. In diesen ärmlichen Hütten hatten sicher keine afghanischen Regierungsmitglieder, keine Taliban gelebt. Doch so etwas war Menschen wie Bush egal. Er war, wie die meisten Kriegspolitiker, noch nie an irgendeiner Front gewesen. Selbst während des Vietnamkriegs hatte er sich erfolgreich um Frontbesuche gedrückt.

Der Angriff der USA im Oktober 2001 war klar völkerrechtswidrig. Es gab zu diesem Zeitpunkt kein UNO-Mandat, das ihn legitimiert hätte. Völkerrechtswidrig war deshalb auch die Unterstützung der US-Operationen durch die deutschen Spezialeinsatzkräfte SEK. Doch wen interessierte das? Wer weint schon um Afghanen? Bush behauptete, er habe vor dem Angriff Gottes Rat eingeholt. Seither handle er in »göttlichem Auftrag«. Wörtlich sagte er dem palästinensischen Präsidenten Abbas: »Gott hat mir aufgetragen, George, geh los und bekämpfe die Terroristen in Afghanistan! Und ich habe es getan.«

Ich dachte damals lange, das Ganze sei die Überreaktion eines Präsidenten, der wegen seines Images als Versager der Welt seiner Familie und sich selbst beweisen wollte, dass er trotz allem ein richtiger »Kerl« war. Spätestens seit den Enthüllungen des früheren NATO-Oberbefehlshabers Wesley Clark im Jahr 2003 weiß man, dass die regierenden »Neocons« schon lange vor 9/11 nicht nur konkrete Kriegspläne gegen Afghanistan, sondern gegen sieben weitere Staaten hatten. Darunter Irak,

Syrien, Libyen, Libanon und Iran. Lange vor 9/11 hatte der stellvertretende Verteidigungsminister Paul Wolfowitz General Wesley Clark mitgeteilt, Ziel der Neocons sei es, »die früheren Kundenregime der Sowjetunion wegzuräumen, bevor eine neue Supermacht auftauche«.

Die meisten Politiker des Westens hatten den barbarischen Krieg der Sowjetunion gegen das kleine Afghanistan bekämpft. Auch meine Freunde in der amerikanischen Regierung. Jetzt machte Bush, Bibelverse zitierend, genau dasselbe wie die Sowjets. Und nannte es einen »Kreuzzug«. In diesen Tagen zerbrach meine Freundschaft zur Führung der USA.

Auch die Freundschaft zu meiner Partei, der CDU, bekam tiefe Risse. Ihr heutiger Vorsitzender Friedrich Merz beteiligte sich nur wenige Wochen nach den ersten Bomben auf Kabul an einer gespenstischen Bundestagsdebatte. Sie gab den Weg frei für die offene Beteiligung der Bundeswehr an diesem ungerechten Krieg. Kernthese der Kriegsbefürworter SPD, Grüne, CDU/CSU und FDP war die Behauptung, in dem Krieg gehe es – neben der Vertreibung von al-Qaida – vor allem um die Möglichkeit, afghanischen Mädchen den Schulbesuch zu ermöglichen. Keiner der Redner war jemals in Afghanistan gewesen. Trotzdem jubelte Friedrich Merz: »Die Strategie der USA war richtig. Und sie ist unverändert richtig.« Und der grüne Außenminister Joschka Fischer behauptete, der Afghanistankrieg sei eine »Friedensmission … Ohne Beseitigung des Taliban-Regimes hätte die Unterdrückung der Rechte der Frauen und Mädchen weiter angedauert.«

Dass al-Qaida und Bin Laden längst das Land verlassen hatten, interessierte keinen der Redner. Und das Thema Schulmädchen spielte in den folgenden Kriegsjahren nie wieder eine Rolle. Man vergaß es einfach. Auch unter dem von den USA eingesetzten Präsidenten Afghanistans Hamid Karsai gingen zwei Drittel der Mädchen nicht zur Schule. Doch das interessierte in Deutschland niemanden.

Ich habe mich für die Kriegsbeteiligung der deutschen

Bundesregierung endlos geschämt. Ich schrieb zahllose Artikel und gab viele Interviews, um die Unsinnigkeit und Unmenschlichkeit dieses Kriegs aufzuzeigen. Die Medien gaben mir breiten Raum, meine Position darzustellen. In *Bild* konnte ich zu Afghanistan sogar mehrfach den Kommentar des Tages schreiben. Auch Hubert Burda ließ das alles zu. Er wusste, dass ich die Zeit, die ich für Afghanistan aufwandte, abends oder am Wochenende wieder reinholte.

Weite Teile der Bevölkerung folgten mir. Führende Politiker unter vier Augen auch. Vor einem Streitgespräch im *Spiegel* hatte ich ein sehr persönliches Gespräch mit dem damaligen SPD-Verteidigungsminister Peter Struck. Einem ungewöhnlich sympathischen Mann. Er sagte mir, er teile meine Kritik an dem Krieg fast uneingeschränkt. Ich dachte, der *Spiegel* bekomme deshalb von ihm anschließend eine Sensation serviert. Doch sobald das offizielle Streitgespräch begann, vertrat Struck wieder die offizielle US-Linie.

Alle wichtigen Berliner Politiker wussten, dass am Hindukusch nicht die deutsche Sicherheit, sondern amerikanische Interessen verteidigt wurden. Öffentlich zogen es jedoch alle vor, ihre Unterwürfigkeit gegenüber der US-Führung beizubehalten. Ständig behaupteten sie, der Krieg sei praktisch schon gewonnen. Ich konnte und durfte nicht schweigend und tatenlos zuschauen. Ich war Abdul, ich litt mit den Afghanen physisch mit.

### *Freddy packt an*

Mein damals zwanzigjähriger Sohn Frédéric redete nicht nur, er handelte. Zwei Jahre nach Kriegsbeginn flog er nach Kabul, um sich dort um Waisenkinder zu kümmern und ihnen Englisch, Deutsch und Basketball beizubringen. Für die *Frankfurter Allgemeine Sonntagszeitung* berichtete er alle paar Wochen über seine dortigen Erfahrungen. In unseren Telefonaten erzählte er mir von der Not der Bevölkerung und dem üppigen Leben, das sich gleichzeitig die hochbezahlten Streitkräfte westlicher Länder dort leisteten. Die Hummergelage der Kanadier waren berüchtigt. Die Afghanen aber hungerten.

Natürlich besuchte ich Frédéric in Kabul. Valérie begleitete mich. Wir flogen mit einem afghanischen Uraltflugzeug, das die afghanische Fluggesellschaft wahrscheinlich auf einem afrikanischen Schrottplatz gekauft hatte. Wenn der Pilot Gas gab, klapperte das ganze Flugzeug. Wenn man auf die Toilette ging, musste man die Tür von innen festhalten, damit sie nicht auf den Gang fiel. Irgendwo über Aserbaidschan ging dem Piloten das Benzin aus. Fast im Sturzflug musste er runter und auf einem kleinen Flugplatz notlanden. Nachdem die Crew einige besonders laut klappernde Flugzeugteile mit den Händen wieder festgeklopft hatte, ging es weiter.

Bei einem Besuch der Businessclass fiel Valérie auf, dass die wenigen dort sitzenden Passagiere Whiskeyflaschen kreisen ließen. Valérie fand das anfangs lustig. Doch als sie bei einem späteren Besuch der Toilette sah, wie die Whiskeyflasche aus dem Cockpit zurückgereicht wurde, bekam sie Panik. Die stieg weiter an, als genau in diesem Augenblick der Pilot aus unerfindlichen Gründen Gas gab und das ganze Flugzeug wieder zu klappern begann. Als er schließlich das Flugzeug in Kabul auf die Rollbahn knallte, warfen sich die Passagiere der Economy auf die Knie und dankten Allah dafür, dass sie den Flug überlebt hatten.

## *Vatis Tod*

Wenige Stunden nach unserer Ankunft erhielten wir die Nachricht vom Tod meines Vaters. Er war zwar siebenundneunzig Jahre alt geworden. Aber er hatte mir fest versprochen, bei meiner Rückkehr noch da zu sein.

Den Vater zu verlieren ist für jeden Menschen ein bitterer Einschnitt. Bei mir kam hinzu, dass er einer der wenigen Menschen war, die mich richtig verstanden. Auch meinen oft verzweifelten und vielleicht nicht immer klugen Kampf gegen den Wahnsinn von Kriegen akzeptierte er uneingeschränkt. Er hatte schließlich jahrelang erlebt, was Krieg wirklich bedeutet. Seine Generation ist ausgestorben. Die heutigen Kriegsbefürworter wissen alle nicht, was sie tun.

### *Die Zerstörung des Lebens der kleinen Spoghmai*

Immer wieder bin ich nach Afghanistan gefahren und habe anschließend in Deutschland, aber auch in anderen Ländern über diesen ungerechten Krieg berichtet. Obwohl die NATO ständig Erfolge meldete, ging der Krieg immer weiter. 2009 besuchte ich in der Nähe von Tora Bora die zwölfjährige Spoghmai und ihren neunzehnjährigen Bruder Esmatullah. Von ihrem kleinen Lehmhaus aus konnte man einige Kilometer entfernt den Höhlenkomplex von Tora Bora erkennen, wo sich einst Bin Laden versteckt hatte.

Spoghmai hatte wie alle Bewohner ihres winzigen Dorfes Landa Kheil das Dauerbombardement auf Tora Bora mitverfolgt. Wie man heute weiß, hinderten die Bomben Bin Laden nicht daran, auf dem Rücken eines Esels nach Pakistan zu entkommen. Er konnte dort noch zehn schöne Jahre verbringen, während der Krieg in Afghanistan, der Bin Laden angeblich ausschalten sollte, immer weiterging.

Als nach einigen Tagen die Bombardierung von Tora Bora vorbei war, wurde das Leben in Spoghmais Dorf wieder normal. Man hörte wieder Kinderlachen und das Meckern von Ziegen. Doch urplötzlich wurde Landa Kheil von US-Bombern angegriffen. Bis heute weiß niemand in Landa Kheil warum. Auch Spoghmais Haus wurde bombardiert. Ihre Mutter, ihr Vater und drei Schwestern wurden getötet. Spoghmai und Esmatullah wurden verletzt.

Seither mussten die beiden Kinder die Familie führen und ihre kleinen Brüder großziehen. Kindheit und Jugend waren vorbei. Ich fragte Spoghmai, was sie dem amerikanischen Präsidenten sagen würde, wenn sie ihn träfe. Sie schaute mich erstaunt an, weil sie sich so etwas nicht vorstellen konnte. Doch dann sagte sie: »Wenn ich den ›König von Amerika‹ treffen könnte, würde ich ihn fragen: ›Was haben wir dir getan?‹«

Es war Ramadan, und die Kinder, die Eltern sein mussten, aßen und tranken nichts. Nur mir reichten sie mehrfach ein Glas Wasser. Nach zwei Stunden brachen wir auf. Auf der Fahrt rumpelte es im Laderaum unseres Wagens merkwürdig, vor allem in den Kurven. Am Abend beim Fastenbrechen am Ufer des Kabul-Flusses erkannten wir den Grund des Lärms. Im Laderaum befand sich eine kleine Ziege. Spoghmai hatte sie mir geschenkt, weil sie mir wegen des Ramadan nichts zu essen anbieten konnte. Was für eine Großherzigkeit eines Kindes, das durch unseren Krieg Vater, Mutter und Geschwister verloren hatte!

### *Kunduz – ein deutscher Oberst schlägt zu*

Auch Deutschland hat in Afghanistan Kriegsverbrechen begangen. Zwei Wochen nach meinem Besuch in Landa Kheil blieben im flachen Wasser des Kunduz-Flusses zwei von den Taliban entführte Tanklastzüge stecken. Ein Tanklaster, der in diesem Fluss steckt, kommt meist nicht mehr heraus. Ich habe über die Jahre am Kunduz-Fluss viele Lastfahrzeuge gesehen, die dort seit Jahren steckten.

Vor allem Kinder, aber auch Erwachsene rannten aus der ganzen Gegend herbei, um von den zwei steckengebliebenen Tanklastern ein wenig Benzin abzuzapfen. Der deutsche Oberst Georg Klein, Kommandeur eines deutschen »Wiederaufbauteams«, der fünfzehn Kilometer entfernt gemütlich in seinem Bundeswehrcamp saß, fand, dass es an der Zeit sei, wenigstens einmal ein bisschen Krieg zu spielen. Er forderte Luftunterstützung durch US-Bomber an. Klein wollte bombardieren. Und zwar ausdrücklich nicht nur die Tanklaster, sondern die mehreren hundert Leute, die sich neben diesen befanden.

Doch die jungen amerikanischen Bomberpiloten wollten nicht töten. Sie schlugen ein, zwei Tiefflüge vor, um die Leute zu vertreiben. Klein begann zu lügen – wie mir sein militärischer Vorgesetzter, ein bekannter deutscher General, ausdrücklich bestätigte. Er behauptete bewusst wahrheitswidrig, er stehe im »Feindkontakt«. Er forderte erneut Bomben. Nicht nur zwei, wie die irritierten US-Piloten vorschlugen, sondern sechs. Die US-Piloten warfen trotzdem »nur« zwei Bomben. Doch die reichten, um über einhundert Unschuldige zu töten und Dutzende schwer zu verletzen. Wenn diese mit Lügen begründeten Bombenabwürfe kein Verbrechen waren, weiß ich nicht, was Verbrechen sind.

Trotzdem wurde Oberst Klein nie bestraft. Ich habe später den für die Ermittlungen zuständigen Bundesanwalt getroffen und gefragt, wie so etwas möglich sei. Er antwortete, seine Vorgesetzten hätten ihm einfach keine Dienstreisegenehmigung erteilt. Ein Polizeioffizier, der in Deutschland Vergleichbares getan hätte wie Klein, säße längst im Gefängnis. Oder in einer Irrenanstalt. Oberst Klein aber wurde zum General befördert. Ich versinke in Scham, wenn ich an diese Beförderung denke. Bis heute war kein Mitglied einer deutschen Bundesregierung bei den Opferfamilien von Kunduz. Kein Minister hat sich je bei ihnen entschuldigt. Auch Friedrich Merz nicht, der die Beteiligung am Afghanistankrieg mit herbeigeredet hatte und der jetzt Kanzler werden will.

Ich habe damals mehrere schwer verletzte Opfer des bombensüchtigen deutschen Obersts Klein getroffen. Ich beschloss, den Kindern von Kunduz ein richtig schönes Waisenhaus zu bauen.

## *Ursula von der Leyen und die Winterhilfe für die Opfer von Kunduz*

Die Opferfamilien von Kunduz erhielten von der deutschen Bundesregierung einmalig eine kümmerliche »Winterhilfe« von fünftausend Dollar pro Familie. Die Angehörigen des Terroranschlags von 9/11 hatten durchschnittlich zwei Millionen Dollar bekommen. Pro Todesfall. Afghanisches Blut ist billiger. Da viele afghanische Opferfamilien ihren Ernährer verloren hatten, fielen sie in bittere Not. Die Gefahr wuchs, dass Eltern ihre kindlichen Töchter für Ehen mit älteren Männern freigeben würden, um mit der Mitgift das Überleben der Familie zu sichern.

In den kommenden, äußerst kalten Wintern schickte ich mehrfach Brennmaterial nach Kunduz, weil die Opferfamilien sich nicht einmal mehr Holz leisten konnten. Doch das war alles viel zu wenig. Die Not der Menschen wurde größer und größer. Ich nahm Kontakt zur deutschen Verteidigungsministerin Ursula von der Leyen auf. Wie alle CDU-Mitglieder des Kabinetts Merkel empfing sie mich recht schnell. Ich bat sie, den Opferfamilien von Kunduz tatkräftiger zu helfen als bisher. Deutschland habe in Kunduz noch eine Rechnung offen. Von der Leyen schien aufgeschlossen.

Es begannen langwierige, schwierige Verhandlungen mit ihr und ihrem politischen Berater Géza von Geyr. Habe ich im Verteidigungsministerium zwanzigmal oder dreißigmal angerufen? Ich weiß es nicht. Ich flog ein Dutzend Mal nur wegen Kunduz nach Berlin, von Geyr kam nach München. Doch ständig intervenierten andere Ministerien. Sie fürchteten, sie müssten nach einer großzügigen Geste stets viel Geld zahlen, wenn die Bundeswehr unschuldige Zivilisten tötete. Mehrfach teilte mir das Verteidigungsministerium mit, die Verhandlungen seien nun endgültig gescheitert.

Aber Aufgeben ist nicht mein Ding. Auch von der Leyen schaltete sich auf meine Bitte mehrfach konstruktiv ein. Selbst bei Gesprächen spät nach Dienstschluss fiel ihr immer wieder eine Idee ein, wie man die Blockade der mitbeteiligen Ressorts überwinden könne. Als nach der Bundestagswahl 2017 eine Jamaikakoalition von CDU/CSU, Grünen und FDP sicher schien, rief mich von der Leyen aus dem Plenum des Deutschen Bundestags an. Stolz teilte sie mir mit, es sei geschafft. Sie habe den Deal gerade mit allen Koalitionspartnern besprochen. Doch dann beschloss die FDP, lieber nicht zu regieren. Alles ging von vorne los.

Wir brauchten drei Jahre, um ein Hilfspaket für die Opferfamilien von Kunduz zu schnüren und durchzusetzen. Sie bekamen nun endlich mehr Geld, um ihre materielle Not wenigstens etwas zu lindern. Eines der vielen kleinen Wunder dieser Verhandlungen war, dass es gelang, sie jahrelang vertraulich zu halten. Selbst die Opferanwälte wurden bis heute nicht eingeweiht. Wichtige Einzelheiten werde ich auch jetzt nicht bekannt geben.

Von der Leyen und von Geyr vertreten in Fragen der Außen- und Sicherheitspolitik völlig andere Positionen als ich. Doch in ihrem Inneren gab es etwas Menschliches, an das ich appellieren konnte. Dafür bin ich beiden dankbar. Für mich waren diese mühseligen Verhandlungen ein weiterer Beweis dafür, dass man bereit sein muss, lange und schwierige Wege zu gehen, um wichtige Ziele zu erreichen. Den letzten Anruf zum Thema Kunduz erhielt ich von Ursula von der Leyen aus Brüssel, als sie gerade EU-Kommissionspräsidentin geworden war. Sie ging diesen mühsamen Weg bis zum Ende mit. Selbst als sie nicht mehr Verteidigungsministerin war.

## *Die Kriegsverbrechen des Westens in Afghanistan*

Im Grunde kann man die Kriegsverbrechen des Westens in Afghanistan nicht wiedergutmachen. Zu ungeheuerlich ist das, was den Afghanen in unserem Namen angetan wurde. Auf dem US-Militärflughafen Bagram wurden Taliban bei wichtigen Verhören entkleidet, mit dem Bauch nach unten auf Schemel gefesselt und so lange durch Wildhunde anal vergewaltigt, bis sie alles gestanden, was ihre Folterer hören wollten. Ich habe darüber lange mit einem im Westen bekannten »Sicherheitsberater« gesprochen, der bei einer dieser bestialischen Vergewaltigungen dabei war. Obwohl er stolz war, über zweihundert Taliban getötet zu haben, war das selbst ihm zu viel. Er schmiss wegen dieser tierischen Vergewaltigungen seinen Job hin.

Es ist leider das ewige Gesetz des Kriegs, dass es mit Beginn des Kriegs vorbei ist mit Anstand und Rechtsstaatlichkeit. Es ist meine Grunderkenntnis aus über einem Dutzend hautnah miterlebten Kriegen: Es gibt keine anständigen Kriege. Von keiner Seite. Deshalb begehen selbstverständlich auch im Ukrainekrieg sowohl Russen wie Ukrainer schwerste Kriegsverbrechen. Dasselbe gilt für alle Kriege. Auch für den Gazakrieg.

Die deutschen Kriegsforscher Sönke Neitzel und Harald Welzer stellten nach der Auswertung von hundertfünfzigtausend Protokollseiten heimlich abgehörter gefangener Wehrmachtsoldaten fest: Der Verstoß gegen das Völkerrecht, das Kriegsverbrechen, ist im Krieg nicht die Ausnahme, sondern die Regel. Deshalb werde ich immer gegen Kriege sein. Und wenn sie aus tragischen Gründen dennoch ausbrechen, für sofortige intensive Verhandlungen zu ihrer Beendigung.

## *Kann man den Terror auch ohne Kriege bekämpfen?*

Die USA besitzen die schlagkräftigste Armee aller Zeiten. Wer einen so großen Hammer hat, sieht überall Nägel. Doch Terrorismus besiegt man nicht mit Hammer oder Beil, sondern mit dem Skalpell. Mit Geheimdienstarbeit, Unterwanderung des Umfeldes, Bestechung, Unterbrechung der Finanzströme an die Terroristen oder mit Spezialkommandos wie jenem, das Osama Bin Laden in Pakistan ausschaltete. Dass es rechtlich sauberer und klüger gewesen wäre, Bin Laden festzunehmen, wird man amerikanischen Militärs nur schwer erklären können. Sie töten weltweit fast jeden Tag Menschen, die sie für Terroristen halten. Deren Frauen und Kinder werden oft gleich mit getötet.

Afghanistans Präsident Karsai sagte mir in einem langen persönlichen Gespräch, im Krieg des Westens gegen sein Land sei es nie um Schulbesuche afghanischer Mädchen oder um die Bekämpfung des internationalen Terrorismus gegangen. Diese Behauptungen seien »ein Witz«. »Afghanistan sollte zum größten geostrategischen Luftwaffenstützpunkt in Asien werden. Alles andere seien Lügen. Große Lügen.« Friedrich Merz und Joschka Fischer wussten das wahrscheinlich genau. Sie haben gnadenlos mitgelogen. Merz wird unser nächster Kanzler.

## 18. Kapitel

## Irak – der Wahnsinn geht weiter

### *Der Anruf der verschollenen Marwa*

Ein US-Bombenangriff auf das Armenviertel Sabah Qusur im Norden Bagdads hatte 2003 der dreizehnjährigen Marwa das rechte Bein abgerissen. Zusammen mit ihrer Mutter hatte ich zwei Jahre später Marwa nach München geholt. Dort entfernten deutsche Ärzte in monatelangen Operationen die Splitter aus ihrem Beinstumpf. Als alles verheilt war, bekam sie die beste Prothese, die es damals gab.

In den fünf Monaten, die sie in München verbrachte, hatten wir viel Spaß. Wir gingen sogar zu Spielen des FC Bayern. Dessen Manager Uli Hoeneß half ihr beim ersten Mal persönlich die endlosen Treppen des Olympiastadions hoch und brachte sie zu ihrem Platz. Seit jenem Tag ist Hoeneß bei mir unangreifbar. Wir gingen in Konzerte, zum Beispiel in eines der zahlreichen Abschiedskonzerte des französischen Chansonniers Charles Aznavour. Marwa platze fast vor Lachen, als ich einige der Lieder als Einziger laut mitsang.

Sie war inzwischen Mitglied unserer Familie geworden. Langsam begann sie ihr trauriges Schicksal zu vergessen. Doch nach einem halben Jahr musste sie nach Bagdad zurück. Dort habe ich sie weiter finanziell unterstützt. Als sie eines Tages eine neue Prothese brauchte, flog ich mit ihr in eine Spezialklinik in den USA. Dort bekam sie eine noch modernere Prothese. Noch besser als die Prothesen gefielen Marwa allerdings die amerikanischen »Burger mit Pommes«. Sie aß sie mehrmals am Tag und nahm fast explosionsartig zu. Ich stellte sicher, dass Marwa auch jene Amerikaner kennenlernte, die mit den Kriegen ihrer Regierungen nichts zu tun haben wollten. Marwa fand diese Amerikaner richtig toll.

Mehrfach besuchte ich Marwa und ihre Mutter Fahliyah in Bagdad. Bis Fahliyah mir eines Abends mitteilte, ich solle nicht mehr kommen. Nachbarn hätten ihr gesagt, beim nächsten Besuch werde man mich erschießen. Nicht alle Iraker, die ihre Angehörigen verloren hatten, waren so versöhnungsbereit wie Marwa.

Vor sieben Jahren verloren wir jeden Kontakt zu Marwa. Ihr Telefon reagierte nicht mehr. Auch das Geld, das wir ihr regelmäßig überwiesen, wurde nicht mehr abgehoben. Alle Recherchen blieben erfolglos. Was war aus Marwa geworden? War sie tot? Hatten ihr Verwandte jeden Kontakt zu diesen verfluchten Westlern verboten, die ihr Land ins Unglück gestürzt hatten? Ich wusste, dass es ihr nicht gut gehen konnte.

Doch Ende 2023, während ich dieses Buch schrieb, rief Marwa plötzlich an. Nach sieben Jahren. Überglücklich. Ihr Billighandy war kaputtgegangen. Dadurch hatte sie die wenigen Kontakte, die sie hatte, verloren. Eine siebenjährige Suche nach mir und meiner Familie begann. Immer wieder rief sie die internationale Flüchtlingsorganisation IOM an und fragte nach dem Iraker, der mich damals bei all meinen Besuchen in Sabah Qusur begleitet hatte. Aber der hatte seinen Job gewechselt. Und Marwa kannte nicht einmal seinen Namen.

Sieben Jahre lang suchte sie außerdem die Adresse der Bank, auf der möglicherweise viel Geld für sie lag. Wegen ihrer Gehbehinderung war sie selbst nie dort gewesen. Total verarmt lebte sie sieben Jahre lang in einem heruntergekommenen Zimmer in einem Dorf bei Bagdad. Ihr einziger Bruder, der inzwischen eine eigene Familie gegründet hatte, verdiente selbst kaum etwas und konnte ihr nur das Allernötigste abgeben. An manchen Tagen gab es gar nichts zu essen.

Marwa konnte nicht einmal ihr Zimmer verlassen, weil sich

ihre amerikanische Prothese längst in Einzelteile aufgelöst hatte. Auch Träume hatte Marwa keine mehr. Sie wusste, sie würde nie Ärztin werden, was sie so sehnlich gewünscht hatte.

Nach sieben langen Jahren vergeblichen Suchens fand Marwa über Facebook den Sohn meines damaligen IOM-Begleiters. Der informierte sofort seinen Vater. Dieser fand irgendwie meine Adresse und arrangierte einen Anruf Marwas auf Skype. Muss ich das Glück dieses Mädchens schildern, als wir uns nach sieben Jahren auf Skype wieder anlachen konnten? Als ich ihr Fotos von damals zeigte und ihr eine neue Prothese versprach? Als ich ihr sagte, dass wir uns selbstverständlich ab sofort wieder um sie kümmern würden? Muss ich betonen, dass ich fast genauso glücklich war wie sie? Sie fragte, ob sie mich »Papa« nennen könne. Wir verständigten uns auf »Abba«. So nennen mich meine Enkel. Marwas Schicksal ist nur eines unter Millionen oft noch schlimmerer Schicksale des Irakkriegs. Keiner hat je die Schuldigen bestraft.

## *Der Irakkrieg*

Führende Politiker Deutschlands, wie etwa Annalena Baerbock, fordern, den russischen Präsidenten Putin unter anderem wegen seines völkerrechtswidrigen Angriffskriegs gegen die Ukraine vor ein internationales Gericht zu stellen. Als früherer Strafrichter halte ich derartige Vorschläge für diskussionswürdig. Aber warum wagen es dieselben Politiker nicht, den amerikanischen Ex-Präsidenten Bush vor ein internationales Gericht zu stellen? Oder andere westliche Politiker. Sollten unsere Politiker dann nicht besser ganz schweigen, statt von »wertebasierter« Außenpolitik zu sprechen? Warum werden in unserer Gesellschaft diejenigen, die »gleiches Recht für alle« fordern, ausgegrenzt und nicht die, die ständig gegen dieses Grundgesetz unserer Zivilisation verstoßen?

Bush hatte die Welt monatelang irregeführt, als er behauptete, Saddam Husseins Waffen seien eine »einzigartige Bedrohung der Welt«. Den Irak konnte man gar nicht k. o. schlagen, er war lange vor dem amerikanischen Angriff militärisch und wirtschaftlich k. o. Er war jahrelang von den Vereinten Nationen und vom Westen erfolgreich abgerüstet worden. Sein Verteidigungshaushalt betrug nur noch 0,4 Prozent des amerikanischen Militärbudgets. Ein US-Offizier beschrieb eine für den Irakkrieg typische Kampfszene: »Bei Kerbala haben sie unsere Panzer mit Gewehren angegriffen. Sie hatten keine Chance. Es gab Tausende Tote.« Ein anderer beschrieb den Irakkrieg mit den Worten: »Es war wie das Abschlachten von Robbenbabys.«

### *Gab es Chancen für einen Frieden?*

Viele Politiker im Westen wussten, dass Bush und Co. die Welt mit ihren Lügen über die Massenvernichtungswaffen Saddam Husseins getäuscht hatten. Die Waffeninspekteure der UN, Journalisten und hohe Ex-Diplomaten wie Hans-Christof Graf von Sponeck hatten im Irak persönlich die Gebäude besichtigt, in denen laut CIA die Massenvernichtungswaffen Saddam Husseins lagerten. Doch niemals hatte irgendjemand irgendetwas gefunden. Obwohl die UN-Inspekteure sogar die Schlafzimmer des Präsidentenpalastes durchsuchten. Vielleicht hatte Saddam Hussein die Massenvernichtungswaffen ja unter seinem Bett versteckt. Es war absurd.

Viele Menschen im Westen standen gegen diesen Krieg auf. Auch der deutsche Kanzler Gerhard Schröder, den ich in jenen Tagen zweimal besuchte. Ich hatte zusammen mit dem früheren UN-Diplomaten Graf Sponeck einen Friedensplan entworfen, der praktisch alle Forderungen der USA erfüllte. Saddam Hussein sollte ihn als irakisches Angebot öffentlich vorschlagen. Graf Sponeck hatte den Plan zwölf Stunden lang mit Saddam Husseins engsten politischen Beratern und mit seinem Vize-Premierminister Tariq Aziz besprochen.

Doch alle Friedensbemühungen scheiterten daran, dass es dem amerikanischen Präsidenten Bush gar nicht um die Durchsetzung seiner Forderungen ging. Selbst wenn Saddam Hussein ins Exil gegangen wäre, hätte Bush den Irak angegriffen. Das Weiße Haus hat das ausdrücklich erklärt. Bush wollte seinen Namen in den Geschichtsbüchern sehen. Das schafft man nur mit Kriegen, nicht mit Frieden. Manche meiner Versuche, mitzuhelfen, den Krieg zu verhindern, waren nach Aussagen meiner Kritiker naiv. Das ist wahrscheinlich richtig. Aber was war die Alternative? Mitlaufen und schweigen?

Papst Johannes Paul II. setzte sich in jenen Tagen leidenschaftlich für eine friedliche Lösung ein. Mir kam damals eine aus meiner Sicht »geniale« Idee: Wenn sich der Papst nach Bagdad begeben würde, könnte Bush die Stadt während seiner Anwesenheit nicht angreifen. Ich schlug dem Papst daher in einem persönlichen Brief vor, kurz vor dem wahrscheinlichen Beginn des amerikanischen Angriffs zu politischen Gesprächen nach Bagdad zu fliegen. Und so lange zu bleiben, bis eine friedliche Lösung gefunden wäre. Eigentlich war die Idee unschlagbar. Ich telefonierte mit dem Kardinalstaatssekretär des Vatikans Angelo Sodano. Auch er war von der Idee angetan. Leider aber war der Papst am Ende zu der Reise nicht bereit. Er hätte nicht nur den Menschen des Irak, sondern auch der katholischen Kirche einen großen Dienst erwiesen. Johannes Paul II. verpasste eine historische Chance. Er hätte den Krieg vielleicht nicht dauerhaft verhindern, aber zumindest zeitweise aufhalten können. Er wäre als Friedenspapst in die Geschichte eingegangen.

## *2002/03: Irakbesuche mit meinen Kindern*

All diese hilflosen Versuche mitzuhelfen, den Krieg zu verhindern, habe ich aus tiefer Überzeugung unternommen. Ein Jahr vor Kriegsbeginn war ich mit Frédéric im Irak gewesen und zweieinhalb Monate vor dem Angriff nochmals mit Nathalie.

Die beiden waren damals erst neunzehn und siebzehn Jahre alt. Wir trafen wunderbare Menschen in einem wunderbaren Land. Wir sahen die Kinder spielen, die durch den Krieg sterben würden. Wir trafen niemanden, der von westlichen Bombern befreit werden wollte. Nathalie war im Irak sehr streng mit mir. Sie fand, dass niemand im Westen entschlossen genug gegen diesen Krieg kämpfte. Auch ich nicht. Doch was konnten Menschen wie Graf Sponeck und ich mehr tun? Wir sprachen mit Anhängern und Gegnern des Regimes. Nur mit Saddam Hussein durfte ich »auf Befehl« von Frédéric nicht sprechen. Das war ein großer Fehler.

Die Kriegsmaschinerie der USA lief unterdessen wie geschmiert weiter. Zwar lehnte Schröder klug und tapfer eine deutsche Kriegsbeteiligung ab. Aber die deutsche Bundesregierung ließ zu, dass die USA ihre Stützpunkte in Deutschland uneingeschränkt nutzen konnten. Das war nach Auffassung des Bundesverwaltungsgerichts letztlich auch eine Kriegsbeteiligung.

Die CIA arbeitete sehr erfolgreich. Sie schaffte es, dass so großartige Zeitungen wie die *New York Times* das Märchen von den Massenvernichtungswaffen Saddam Husseins publizistisch offensiv unterstützten. Die meisten westlichen Medien ritten auf der Welle des Kriegs mit. In Deutschland war Lord George Weidenfeld, ein bekanntes Mitglied des britischen Oberhauses, unterwegs. Er stand auf den Payrolls und Gehaltslisten mehrerer deutscher Medienhäuser. Führenden Journalisten, die er gezielt besuchte, schwor er, dass er Beweise für die Massenvernichtungswaffen Saddams habe. Er log die Journalisten einfach an. Einige von ihnen erzählten mir offen, wie Weidenfeld sie in die Irre geführt hatte. Sein Ansehen war hoch, die Journalisten glaubten ihm. Selbst einer der damaligen Herausgeber der *FAZ*, ein ungewöhnlich kluger Mann. Wie konnte er auch ahnen, dass Lord Weidenfeld im Grunde ein Agent war?

## *Bushs Angriff auf Bagdad*

Für Bush war die Sache moralisch einfach. Er hatte nach einer Begegnung mit dem amerikanischen Evangelisten Billy Graham »in sein Herz gesehen und sein Leben Jesus verschrieben«. So ein Mann kann nicht irren. Am 20. März 2003 marschierten die USA auf seinen Befehl im Irak ein, am 3. April bombardierten sie Bagdad, am 9. April fiel die Stadt. Am 1. Mai erklärte Bush, als Kampfpilot verkleidet, auf einem US-Flugzeugträger das Ende der Kampfhandlungen, »mission accomplished«. Er irrte auch hier. Die Kämpfe gingen noch viele Jahre weiter. Das Land stürzte in Chaos und Anarchie. Laut »Ärzte gegen den Atomkrieg« kamen durch Bushs Invasion und ihre Folgen eine Million Iraker ums Leben sowie fast viertausendfünfhundert Amerikaner. Ich habe die Bomben auf Bagdad nur im Fernsehen erlebt. Auch dieses Mal traf mich jede Bombe persönlich. Jeder Blitz, der über den Bildschirm zuckte, tat mir weh. Es waren Freunde von mir, die da starben. Ich weine noch heute, wenn ich an die Bomben auf Bagdad denke.

Bush hatte damals in seiner weltweit ausgestrahlten Rede zur Begründung des Kriegs erklärt, seine Soldaten seien in den Irak gekommen, um die Iraker zu befreien. Wie soll ich das Marwa erklären? Immer wenn ich in den letzten Jahren den Menschen eines von den USA überfallenen Landes erklärte, Ziel der US-Kriege sei es, sie zu befreien und ihnen Demokratie und Menschenrechte zu schenken, schauten sie mich fassungslos an.

Ähnlich hatte sich offenbar der greise amerikanische Senator Robert Byrd am Vorabend des Angriffs auf den Irak gefühlt. Er sagte im Senat: »Heute weine ich über mein Land. Ich habe die Ereignisse der letzten Monate mit schwerem, schwerem Herzen verfolgt. Das Bild Amerikas als starker, doch mildtätiger Erhalter des Friedens gibt es nicht mehr. Das Bild Amerikas hat sich gewandelt. Weltweit misstrauen uns unsere Freunde, unser Wort wird angezweifelt, unsere Absichten in Frage gestellt. Anstatt vernünftig mit denen zu reden, mit denen wir nicht einer

Meinung sind, verlangen wir Gehorsam oder drohen mit Vergeltung.«

Ja, der Irakkrieg hat das Bild der USA nachhaltig verändert. Auch für mich. Die politische Führung dieses Landes konnte nicht mehr mein Freund sein. Geschweige denn ein Vorbild. Was ich in den kommenden Jahren im Irak, in Bagdad, in Ramadi und in Falludscha, aber auch in Gaza erlebte, hat meine kritische Haltung zur Außenpolitik der USA verstärkt.

## *Richard Perle: »Es ging nie um Demokratie«*

Eines der Hauptargumente zur Legitimierung des Überfalls auf den Irak lautet, das Ganze sei um den Kampf »Demokratie gegen Diktatur« gegangen. Mein alter Freund Richard Perle, »the prince of darkness« und einer der führenden Neocons der USA, sieht das ganz anders. Ende 2016 habe ich ihn in seiner New Yorker Wohnung in der Nähe des Central Park getroffen. Zusammen mit Frédéric. Perle war 2003 Vorsitzender des »Beratenden Ausschusses für Verteidigungspolitik«, der den Irakkrieg politisch vorbereitete. Weitere Mitglieder waren sicherheitspolitische Schwergewichte wie Henry Kissinger, James Schlesinger, Paul Wolfowitz und Newt Gingrich.

Perle fand das Demokratie-Argument schlicht lächerlich. Zu behaupten, man habe den Irakern Demokratie bringen wollen, sei »complete rubbish« – »völliger Müll«, sagte er mir mit großem Nachdruck. In all den Sitzungen seines Ausschusses sei das Demokratie-Argument nie gefallen. Man habe Saddam Hussein angegriffen, weil man ihn für gefährlich gehalten habe, und nicht, um die Demokratie einzuführen. Perle war offen und selbstkritisch. Er wusste, dass die amerikanische Irakpolitik gescheitert war. Er hätte »nie gedacht, dass man diese Aktion so in den Sand setzen könne«, sagte er. Die USA seien nach ihrem Sieg nicht wie Befreier, sondern wie Besatzer aufgetreten. Sie hätten den Irak nie verstanden.

### *Wann sind Kriege gerechtfertigt?*

Das Wort »Krieg« ist eine nichtssagende und den Kern des Problems sprachlich verschleiernde Bezeichnung für das gegenseitige Erschlagen von Menschen. Krieg konnte selbst als eine Art übergesetzlicher Notstand nie »gerecht«, sondern höchstens »gerechtfertigt« sein. Und auch das nur, falls die folgenden Voraussetzungen erfüllt sind:

1. Es liegt ein echter Verteidigungsfall vor.
2. Alle politischen und diplomatischen Lösungen sind ausgeschöpft.
3. Eine ernsthafte Güterabwägung ergibt: Angesichts des Ausmaßes der ansonsten drohenden Katastrophe bleibt kein anderer Ausweg, als das Töten von Zivilisten – Männern, Frauen und Kindern – bewusst in Kauf zu nehmen.
4. Bei ähnlichen Fällen im eigenen Land, etwa bei der Bekämpfung von Terroristen, würden wir unserer Polizei dieselben Maßnahmen gestatten. Also auch den Einsatz von Bomben und Raketen, die auch die deutsche Bevölkerung treffen würden.
5. Es werden nur militärische Ziele angegriffen. Notwehrexzesse werden konsequent vermieden.
6. Die Kriegsentscheider sind angesichts der Tatsache, dass sie bewusst den Tod Unschuldiger in Kauf nehmen, bereit, an vorderster Front mitzukämpfen oder ihre eigenen Kinder an die Front zu schicken. Oder in Kriegskrankenhäusern an der Front mitzuarbeiten.

Diese sechs Punkte klingen streng. Aber sie orientieren sich im Grunde nur an den wichtigsten Grundregeln der Gerechtigkeit und der Menschlichkeit. Danach waren in den letzten hundert Jahren Kriege fast nie gerechtfertigt. Der Krieg gegen Hitler war sicher berechtigt, vielleicht auch der Krieg gegen den IS. Er plante wie Hitler Völkermord. Auch mir gegenüber nannte der IS die Ermordung von Millionen Menschen in Europa als eines seiner Ziele. Doch auch der Krieg gegen den IS hätte sich an das humanitäre Völkerrecht halten müssen, was er nicht tat.

Die Beteiligung der Bundeswehr hätte darüber hinaus nach Artikel 24II unseres Grundgesetzes eines ausdrücklichen Mandats des Sicherheitsrats der Vereinten Nationen bedurft. Dieses Mandat gibt es bis heute nicht. Der Bundeswehreinsatz war und ist daher grundgesetzwidrig.

Die grundsätzliche Berechtigung der Kriege gegen Hitler und den IS rechtfertigt nicht die Zerstörung von Hiroshima, Nagasaki, Dresden und Hanau oder andere Kriegsverbrechen. Und auch nicht die Zerstörung von West-Mosul, der Hauptstadt des IS. Krieg, das gegenseitige Erschlagen von Menschen, ist so monströs, dass er immer verhindert werden oder durch Verhandlungen sofort beendet werden sollte. Wenn uns das nicht gelingt, haben wir versagt. Dass sich deutsche Politiker zurzeit gegenseitig auf die Schulter klopfen, weil sie ihre Tötungsmaschinen »der richtigen Seite«, den »Guten«, liefern, zeigt, dass sie nicht wissen, wie erbärmlich Krieg ist und immer sein wird. Es gibt keine anständigen Kriege. Die unvorstellbare Brutalität von Kriegen wird von den Mächtigen dieser Welt seit Jahrtausenden durch große Worte, Militärmusik, Prachtparaden, prächtige Uniformen, Militärbelletristik und monströse Lügen verheimlicht und verklärt.

### *Die Zahl meiner Gegner steigt*

In jenen Jahren nach 9/11 war ich erfolgreicher Manager und glücklicher Familienvater. Meine Versuche mitzuhelfen, den Afghanistankrieg oder den Irakkrieg zu verhindern, waren, wie zu erwarten, gescheitert. Der Kampf gegen diese Kriege war in jener Zeit auch immer ein Kampf gegen die größte Militärmacht aller Zeiten. Und inzwischen auch gegen meine eigene Partei, deren Vorsitzende Angela Merkel dem amerikanischen

Angriffskrieg gegen den Irak öffentlich vorbehaltlos zustimmte und die gerne mitgemacht hätte, wenn sie damals schon Kanzlerin gewesen wäre.

Meine Gegner wurden zahlreicher. Immer häufiger warf man mir vor, ich sei Antiamerikaner. Aber das werde ich nie sein. Ich begann, Bücher zu schreiben. Über das, was ich in Afghanistan und im Irak erlebt hatte. *Wer weint schon um Abdul und Tanaya?* hieß mein erstes eigenes Buch. Mein Verleger Hubert Burda schwieg und zeigte bemerkenswerte Toleranz. Das dürfte für ihn nicht einfach gewesen sein, denn das Mitglied des britischen Oberhauses Lord Weidenfeld, der so engagiert für die US-Kriege warb, gehörte zu seinen persönlichen Freunden. Dem Lord konnte das, was ich schrieb, nicht gefallen. Ließ er sich doch von anderen Medienhäusern für das Gegenteil bezahlen.

Ich hatte Gelegenheit, meine Erkenntnisse und Ansichten ausführlich in Zeitungsartikeln und Talkshows darzustellen. Fast verzweifelt versuchte ich zu verhindern, dass sich die Menschen des Westens an die Kriege ihrer Regierungen gewöhnten. Ich ließ sogar einen »Kinotrailer« produzieren mit der provokativen Frage: »Wie viele Kinder darf man töten, um einen Diktator zu stürzen?«

Als der Afghanistankrieg nicht enden wollte, ließ ich 2011 im Berliner Regierungsviertel große Plakate aufhängen – mit den Fotos der Kinder von Kunduz und einem bei John Lennon entlehnten Satz: »Der Afghanistankrieg ist vorbei – wenn ihr es wollt!« Alle Politiker der Regierungskoalition müssen die Riesenplakate gesehen haben. Auch weil die *Bild*-Zeitung zeigte, wie ich mithalf, die Großplakate selbst zu kleben. Trotzdem stimmte die große Mehrheit der deutschen Politiker wenige Tage später im Bundestag für eine weitere Beteiligung am Afghanistankrieg. Meine Plakate wurden nicht ernst genommen.

## 19. Kapitel

## Der Kampf gegen Rassismus

### *Die antiislamische Motivation westlicher Kriege*

Bushs Worte von einem »Kreuzzug« gegen den globalen Terrorismus waren keine Versprecher. Die Antiterrorkriege Europas und der USA hatten immer auch ein antiislamisches Motiv. Das hängt nicht zuletzt damit zusammen, dass nach dem Untergang der griechisch-römischen Zivilisation das christliche Europa im frühen Mittelalter seine schöpferische Kraft verloren hatte. Nachfolger der großen antiken Kultur wurde stattdessen die junge arabisch-islamische Zivilisation. Im Westen wird das totgeschwiegen.

Die islamische Zivilisation hatte nicht nur die Kulturschätze der Antike neu entdeckt und weiterentwickelt. Sie hatte eigenständig eine der beeindruckendsten Zivilisationen der Menschheitsgeschichte erschaffen. Das muslimische Andalusien war mit Abstand Europas modernster Staat. Fast acht Jahrhunderte war die islamische Zivilisation die überragende Zivilisation der Welt. Sie hat Europa die Kenntnis der Planetenlaufbahnen, des Kompasses und vieles andere übermittelt. Wesentliche Teile der modernen Medizin und der Pharmazie gründen auf ihren Überlieferungen und Erkenntnissen. Ganz Europa hatte von den Entdeckungen der islamischen Zivilisation profitiert. Auch Deutschland. Schon deshalb gehört der Islam ganz selbstverständlich zentral zur Geschichte Europas und auch Deutschlands. Man muss historisch ignorant oder bewusst unehrlich sein, um das zu bestreiten.

Die arabisch-islamische Zivilisation in Europa, die 711 mit der Eroberung Andalusiens begonnen hatte, ging 1492 mit der Wiedereroberung Granadas durch die christliche Königin Isabella von Kastilien und König Ferdinand von Aragón zu Ende. Manches lebte im Osmanischen Reich weiter und blühte dort auch immer wieder auf. Doch um 1800 war auch das Osmanische Reich nur noch eine leere Hülle. Mit dem Ende der goldenen Jahrhunderte islamischer Zivilisation begann der Aufstieg des christlichen Europas, das achthundert Jahre lang neben der alles überstrahlenden islamischen Kultur ein Schattendasein geführt hatte.

Dieses wiedererwachte Europa begann nun Revanche dafür zu nehmen, dass es acht Jahrhunderte lang nicht einmal in die Nähe der kulturellen Höhenflüge der islamischen Zivilisation gekommen war. Von 1798 an, als Napoleon das verblühte Ägypten eroberte, wurde die muslimische Welt systematisch mit Kriegen überzogen, kolonisiert und nach der Kolonialzeit erneut bekriegt.

### *Die Kampagne gegen den Islam*

Gleichzeitig begann vor zweihundert Jahren eine breit angelegte systematische Diffamierungskampagne gegen alles Islamische. Der in Jerusalem geborene christliche US-Amerikaner Edward Said hat diesen antiislamischen Feldzug in seinem Buch *Orientalismus* detailliert beschrieben. Im Rahmen dieser »christlichen« Kampagne wurde von europäischen Gelehrten angeblich wissenschaftlich belegt, dass Muslime brutal, barbarisch und latent terroristisch seien. Sie hätten nie eine Zivilisation besessen. Deshalb müsse man sie kolonisieren.

Über zwei Jahrhunderte lang wurde das in die Köpfe der Europäer gehämmert. Diese rassistische Gehirnwäsche, die schon Jean-Paul Sartre während des Algerienkriegs kritisierte, machte aus Algeriern »höhere Affen«, die man getrost wie Tiere behandeln durfte. Sie war so erfolgreich, dass sie inzwischen eine der zentralen Grundlagen der Ideologie rechter Parteien ist. Und auch großer, angeblich christlicher Parteien. Alle Kriege des Westens gegen muslimische Länder, nicht nur die Bush-Kriege, waren letztlich antiislamische Kreuzzüge.

Gegen diesen kulturellen, antiislamischen Rassismus des Westens versuchte ich anzukämpfen. Nichts hat mich mehr dazu motiviert als mein Besuch in der jüdischen Holocaust-Gedenkstätte Yad Vashem in Jerusalem. Das Motto jedes Deutschen sollte nicht nur heißen: »Nie wieder Krieg«, sondern auch: »Nie wieder Rassismus«. Gegenüber niemandem. Anne Franks Cousin Buddy Elias hat das viel schöner ausgedrückt. Er fragte: »Was können Kinder und Jugendliche, die heute in Annes Alter sind, noch aus ihren Tagebüchern lernen? Humanismus. Menschenliebe. Keine Diskriminierung! Niemand soll diskriminiert werden wegen Religion, wegen Nationalität, wegen Hautfarbe. Das war Annes großer Wunsch: Frieden zwischen allen Völkern und allen Nationen!« Auch der jüdische deutsch-französische Politologe und Träger des Friedenspreises des deutschen Buchhandels Alfred Grosser hat mich tief beeindruckt, als er sagte: »Wer Hitler abschütteln will, muss heute die Palästinenser verteidigen.« Beide haben mein Leben nachhaltig beeinflusst.

Wer die Dimension des antimuslimischen Rassismus bezweifelt, sollte sich einmal intensiv mit einer jungen in Deutschland geborenen Muslima unterhalten, die Kopftuch trägt: aus religiöser Überzeugung, aus Protest gegen gesellschaftlichen Druck oder einfach nur, weil sie es stylish findet. Und er oder sie sollte sich von einem jungen Muslim einmal anhören, wie er und seine muslimischen Freunde in unserem Land oft behandelt werden. Bei Polizeikontrollen oder bei der Suche nach einem anspruchsvollen Job.

## *Westliche und muslimische Gewalttätigkeit*

Muslime sind aus der Sicht vieler Westler angeblich latent terroristisch veranlagt. Doch Terrorismus ist kein muslimisches Problem. Er ist unabhängig von Religionen und Völkern. Und viel älter als der Islam. Schon vor über zwei Jahrtausenden gab es mit den jüdischen »Zeloten« religiös getarnte Terrorbanden, die mit Brand- und Mordanschlägen einen jüdischen Gottesstaat errichten wollten und dafür das ganze Land terrorisierten. Genauso gab es christlich getarnte Mönchsbanden, die im 5. Jahrhundert Andersgläubige terrorisierten und Synagogen zerstörten.

Seit der Wiedervereinigung im Jahr 1990 bis Februar 2020 gab es in Deutschland fünfzehn terroristische Morde durch Muslime. Gleichzeitig starben durch rechtsextremistische Morde zweihundertacht Menschen. Im gesamten Westen ermordeten der IS und al-Qaida seit 9/11 laut Europol fast fünftausend Zivilisten – inklusive der Toten von 9/11. In Afghanistan und im Irak jedoch waren westliche Truppen schon in den ersten zehn Jahren nach 9/11 für den Tod von 1,3 Millionen Menschen verantwortlich.

Die meisten Menschen haben generell falsche Vorstellungen vom Ausmaß muslimischer und christlicher Gewalttätigkeit: Es waren keine Muslime, sondern Christen, die mit ihren Kreuzzügen den Heiligen Krieg populär machten und über vier Millionen Muslime und Juden abschlachteten. Es waren keine Muslime, die im Namen der Kolonisierung Afrikas und Asiens fünfzig Millionen Menschen massakrierten. Und es waren keine Muslime, die den Ersten und Zweiten Weltkrieg mit siebzig Millionen Toten anzettelten.

Wie können – angesichts dieser historischen Fakten – westliche Politiker es wagen, Muslimen Gewalttätigkeit als zentrale Charaktereigenschaft zu unterstellen? Von Samuel Huntington stammt die trockene Feststellung: »Der Westen eroberte die Welt nicht durch die Überlegenheit seiner Ideen oder Werte oder seiner Religion, sondern durch seine Überlegenheit bei der Anwendung organisierter Gewalt. Oftmals vergessen Westler diese Tatsache. Nichtwestler vergessen sie nie.«

## *Sind Muslime antisemitisch?*

Ich habe einen zweiundvierzigjährigen persönlichen Assistenten und Fahrer muslimischen Glaubens. Seine Familie ist nach der Machtübernahme der Mujaheddin aus Kabul geflohen. Er ist inzwischen mehr Freund als Angestellter. Als wir einmal durch ein sozial schwieriges Viertel Münchens fuhren, sahen wir auf dem Gehsteig einen jungen jüdischen Mitbürger mit Kippa, der versuchte, möglichst schnell durch dieses düstere Viertel zu kommen. Spanta verlangsamte die Geschwindigkeit unseres Wagens. Doch dann beschleunigte er wieder und sagte fast entschuldigend: »Immer, wenn ich in einem solchen Viertel einen Juden sehe, möchte ich aussteigen und fragen: ›Kann ich dir irgendwie behilflich sein?‹«

Ich habe mehrere Dutzend muslimischer Staaten besucht. Fünfundsechzig Jahre lang. Es ist schlicht nicht wahr, dass die meisten Menschen der muslimischen Welt antisemitisch seien. Sie sind kritisch gegenüber Israel, aber fast nie gegenüber Juden. Im Jemen machte ich 2017 mitten im Krieg meine letzte Privatumfrage. Ich befragte im Süden und im Norden des geteilten Landes dreißig Jemeniten zu ihrem Verhältnis zu Juden und zu Israel. Ich hörte viele Vorbehalte zur Politik Israels. Doch kein Einziger sagte etwas Negatives über Juden. Alle machten hier einen großen Unterschied.

Das Gleiche gilt für muslimische Migranten. Wenn Politiker eines Landes, das sechs Millionen Juden industriell ermordet hat, behaupten, der Antisemitismus in Deutschland werde aus der muslimischen Welt importiert, ist das dreist. Der Antisemitismus ist vor allem ein europäisches Gift, kein Gift der muslimischen Welt. Der Holocaust ging von Deutschland aus, nicht von Arabien.

Für mich haben alle Menschen – egal, ob Juden, Christen, Muslime, Hindus, Buddhisten oder Atheisten – dasselbe Recht auf Anerkennung ihrer Würde. Für die Akzeptanz dieses zentralen Grundsatzes unseres Grundgesetzes habe ich im Laufe meines Lebens viel Kraft und Zeit aufgewendet. Es war das Minimum dessen, was wir aus unserem Versagen gegenüber dem Rassismus der Nationalsozialisten gelernt haben sollten. Muslime sind Menschen wie du und ich. Nicht besser und nicht schlechter. Ich habe mit Muslimen wunderbare Erfahrungen gemacht, und auch schlechte. Genauso wie mit Christen und Juden.

## *Der Koran*

Dreimal habe ich den Koran gelesen. Meist in schlechter Übersetzung, manchmal aber auch – wie beim Sprachgenie Friedrich Rückert – in großartiger, dem arabischen Original nahekommender poetischer Übertragung. Parallel las ich mehrfach das Alte und das Neue Testament.

Es ist richtig, der Koran enthält – dort, wo er historische Schlachten beschreibt – auch blutige Passagen. Wie das Alte Testament. Nur dass das Alte Testament noch viel grausamer ist. Der zentrale Wert des Koran ist »Barmherzigkeit«. Gott, Allah, ist der Allerbarmer. Jede Sure des Koran enthält das Bekenntnis zu Gottes Barmherzigkeit. Der Koran enthält viele Passagen, die mit der Bibel fast deckungsgleich sind.

Jesus und Maria werden im Koran häufiger erwähnt als Mohammed. Den Kern dessen, was ich beim Lesen der Bibel und des Koran und in über fünfundsechzig Jahren Reisen in die muslimische Welt an Erkenntnissen gewonnen hatte, habe ich in zehn Thesen zusammengefasst. Ich veröffentlichte sie 2008 als mehrseitige Textanzeige in der *New York Times*, in der *Frankfur-*

*ter Allgemeinen Zeitung* und in der arabischen Zeitung *Al-Quds Al-Arabi*.

Die zwei wichtigsten Thesen lauteten:

1. Verhandlungen sind besser als Kriege.
2. Muslime sind genauso viel wert wie Juden und Christen.

Haben die zehn Thesen, die ich auch als Broschüre veröffentlichte, westliche Kriege und westlichen Rassismus verhindert? Nein! Und doch waren sie nicht nutzlos.

Rassismus ist ein dickes Brett. Man muss lange bohren, um durchzukommen. Vielleicht werden die zehn Thesen eines Tages die Basis für mutige Politiker sein, wenn sie Kriege und Rassismus genauso erfolgreich ächten werden, wie wir Sklaverei, Hexenverbrennung oder sadistische, öffentliche Strafen für alle Zeiten geächtet haben.

Nach der Veröffentlichung der zehn Thesen wurde ich allerdings noch heftiger beschimpft als vorher. Ich beschwere mich nicht darüber. Unter den Nazis wäre man wahrscheinlich ähnlich höhnisch angegriffen worden, wenn man Juden als Menschen wie du und ich bezeichnet hätte und Respekt vor der Würde der Juden gefordert hätte. Der Chefredakteur einer großen deutschen Boulevardzeitung nannte mich den »gefährlichsten Feind der deutschen Demokratie«. Muslime als Menschen wie du und ich zu bezeichnen, überschritt für ihn alle roten Linien. Immer häufiger erlebte ich die Wahrheit des fälschlicherweise George Orwell zugeschriebenen klugen Satzes: »Je weiter sich eine Gesellschaft von der Wahrheit entfernt, desto mehr wird sie jene hassen, die sie aussprechen.«

## 20. Kapitel

## Die Freude des Schenkens

Meine jüngste Tochter Nathalie ist ein dynamisches hübsches Mädchen. Doch sie hatte im Leben viel Unglück. In ihrer Kindheit hatte sie schwerste Allergien und Nesselsucht. Manchmal, wenn sie beispielsweise an Weihnachten gemeinsam mit der Familie feiern wollte, schwoll ihr Gesicht so stark an, dass sie sich weinend in ihr Zimmer zurückziehen musste. Jahrelang musste sie geschmackfreie Dinge essen wie ungewürzten Mais oder Reis und zuschauen, wie ihre Geschwister alles essen durften. Pizza, Pommes oder Käsebrötchen.

Die Ärzte sagten, nach der Pubertät werde alles anders. Sie hatten recht. Alles wurde anders. Auf dem Flughafen von Mailand brach Nathalie zusammen. Sie hatte die berühmte Bocconi-Universität besichtigen wollen, an der sie nach dem Abitur studieren wollte.

Nathalie wurde sofort in ein Krankenhaus gebracht. Die Diagnose traf sie wie ein riesiger Hammer. Sie lautete »Unheilbare Multiple Sklerose (MS)«. Aus ihren Träumen wurden Ängste. Auch für Eltern ist die schwere Erkrankung eines Kindes eine harte Prüfung. Meine Frau Françoise fragte jeden Tag mehrmals: »Warum wir?« – eine Frage, die sich wahrscheinlich alle Mütter stellen, wenn ihr Kind unheilbar erkrankt. Wir fanden keine Antwort.

Nur Nathalie fand Antworten. Als Erstes beschloss sie, sich und ihre Eltern mit einem Spitzenabitur stolz zu machen. Trotz großer Schmerzen, schlafloser Nächte und verzweifelter Fragen nach ihrer Zukunft stürzte sie sich in die Arbeit. Sie wollte es allen zeigen. Sie war immer nur eine durchschnittliche Schülerin gewesen. Aber jetzt machte sie ein Spitzenabitur mit der Note Eins! Selten habe ich sie so stolz und glücklich erlebt wie bei dem Anruf, in dem sie mir ihre Abiturnote mitteilte.

Gleichzeitig bat sie um ein Gespräch unter vier Augen. Wir trafen uns in der Burda-Kantine. Nathalie war sehr ernst. Sie wolle nicht das »schöne« Leben, das ich ihr angeboten hatte. Reisen oder Hobbys. Sie wollte auch nicht mehr studieren. Sie wisse nicht, wie lange sie noch normal leben könne. Sie wolle Menschen helfen, die dieselbe Krankheit hätten wie sie und zusätzlich arm waren. Und allein. Die sich keinen elektrischen Rollstuhl leisten konnten, keinen Umbau der Wohnung oder Ähnliches. Ob ich ihr beim Aufbau einer Stiftung für MS-Kranke helfen könne?

Ich schaute sie staunend an. Sie wusste genau, dass dazu nicht nur viel Geld erforderlich wäre. Sondern auch, dass sie dadurch jeden Tag mit dem Elend schwerkranker Menschen konfrontiert würde. Dass dann endgültig Schluss wäre mit ihren vielen Träumen. Sie antwortete, mit Träumen sei jetzt sowieso Schluss. Da wolle sie wenigstens anderen, denen es noch schlechter gehe als ihr, helfen, ihre wichtigsten materiellen Probleme zu meistern.

Als ich ihr versprach, beim Aufbau der Stiftung finanziell zu helfen, nahm sie mich strahlend in die Arme. Sie hatte wieder einen Traum. Und so widmet Nathalie noch heute, fast zwanzig Jahre nach jenem Gespräch in der Kantine, jeden Tag viele Stunden schwerkranken Menschen. Zusammen mit ihrer Freundin und Kollegin Alexandra Schenk. Dass am Anfang auch der menschlich großartige Dietmar Hopp kräftig mithalf, die Stiftung auf die Beine zu stellen, hat Nathalie viel Mut gemacht. Hopp war von Nathalie und ihren Plänen begeistert.

Mit den meisten Kranken telefoniert Nathalie, manche besucht sie, fast allen kann sie helfen. Indem sie es hinkriegt, dass ein MS-Kranker zum ersten Mal seit vielen Jahren wieder in

Urlaub fahren kann. Oder dass sie den Küchen- oder Badumbau oder Schmerztherapien mitfinanziert.

Zusammen mit Alexandra kann sie so jedes Jahr mehreren hundert Menschen in Not helfen. Ihre Welt ist nicht die große Welt. Sie ist die kleine Welt schwerkranker Menschen. Nathalie hat das »Glück«, dass man ihr ihre schwere Krankheit nicht ansieht. Sie hat heute einen tollen Sohn und einen erfolgreichen Mann. Die Krankheit greift immer wieder an. Seit jenem Tag in Mailand, als sie am Flughafen zusammenbrach, hat Nathalie viele bittere Monate im Krankenhaus verbracht. Gleichzeitig treibt sie Sport, wenn ihre Schmerzen es erlauben. Um ihren Körper zu stärken. Sie hat sogar den Ortler, den höchsten Berg der Tiroler Alpen, bestiegen. Nathalie brauchte für die 3905 Meter nur halb so lange wie ich. Es gibt keine Herausforderung, der sie sich nicht stellt. Sie ist eine Kämpferin, sie ist meine Heldin. Weil sie in ihren dunkelsten Stunden nicht nur an sich, sondern an andere dachte und denkt.

### *Die Pflicht, sein Glück zu teilen*

Im Kern bin ich nicht weniger egoistisch als andere. Kritiker, die mir das vorwerfen, haben recht. Aber ich bin ein Egoist, der herausgefunden hat, dass Schenken noch schöner ist, als beschenkt zu werden. Viel schöner sogar. Im Falle der MS-Stiftung Nathalies war ich glücklich, weil ich Nathalie eine Freude machen konnte. Und Nathalie wird ihr ganzes Leben lang glücklich sein, weil sie anderen helfen kann.

Schenken und Teilen waren für mich auch nicht wirklich schwer. Wie schon erwähnt, war ich inzwischen wohlhabend. Irgendwann fand ich, dass mir das ganze Geld nicht allein gehörte. Dass mein Wohlstand Pflichten mit sich brachte. Große sogar. Außerdem hatte ich mir nach dem frühen Tod meines Bruders geschworen, mein Glück in Zukunft zu teilen. Ich hatte auf der Welt viel Not gesehen. Auch in Deutschland. Ich war in der glücklichen Lage, anderen helfen zu können, ohne dadurch selbst in Not zu geraten. Ich beschloss, den größten Teil meines ziemlich hart erarbeiteten Vermögens denen zur Verfügung zu stellen, denen niemand half. Über eine gemeinnützige Stiftung.

Meine älteste Tochter Valérie war bereit, mir dabei zu helfen. Ohne lange zu diskutieren. Sie gab einfach ihre erfolgreiche Karriere bei Deutschlands größtem Sportartikelhersteller auf. Dann legten wir los:

- In Afghanistan errichteten wir zwei Waisenhäuser und mehrere Sportstätten.
- In Syrien ließen wir über hundert Prothesen für schwer verletzte syrische Kinder anfertigen.
- Im Kongo bauten wir eine behindertengerechte Schule und ein Krankenhaus; wir gründeten mit anderen zusammen die erfolgreiche Basketballorganisation PJB.
- Den Rohingya in Bangladesch stellten wir ein mobiles Krankenhaus zur Verfügung.
- In Gaza errichteten wir Fußballplätze, Spielplätze und Schwimmcamps.
- In Israel beteiligte ich mich an Versöhnungsprojekten des israelischen Schriftstellers David Grossman.
- In Bethlehem unterstützen wir Mädchen-Fußballmannschaften.
- In Südtirol veranstalten wir regelmäßig Abenteuerferien für sozial schwache Münchner Kinder.
- In unserem Stiftungsgebäude im Zentrum Münchens organisieren wir regelmäßig Unterricht für Kinder aus dem Mittleren Osten und aus der Ukraine.
- Mit »Jung für Alt« erfanden wir zusammen mit der Stadt München ein großes Hilfsprojekt für vereinsamte, alte und gleichzeitig kranke Menschen usw.

Vielleicht waren diese Projekte – zusammen mit Nathalies Stiftung für MS-Kranke – am Ende der wichtigste Teil meines

Lebens. Die von Valérie betreute gemeinnützige Stiftung nannte ich »Sternenstaub«.

Weil wir in unserem unvorstellbar großen Universum nicht mehr sind als Sternenstaub. Und weil es gut ist, sich daran immer wieder zu erinnern. Allein für die Sternenstaub-Projekte und für die Projekte von Nathalies Stiftung – also nicht für Verwaltungskosten, Mieten oder Gehälter – stellen die beiden Stiftungen jährlich netto über eine Million Euro zur Verfügung. Für Menschen in Not. Geld, auf das meine Familie und ich notariell für immer verzichtet haben.

Fast alles wurde mit meinem Vermögen finanziert. Darüber hinaus habe ich die meisten Honorare meiner Bücher an Menschen in Not verschenkt. Meine viel zu frühe und viel zu hohe Pension als Abgeordneter habe ich jahrelang unserem Münchner Projekt für vereinsamte alte Menschen geschenkt. Ich bin trotzdem nicht Sankt Martin. Ich musste keinen Mantel mit dem Schwert zerschneiden, ich musste nicht frieren. Ich musste nur meiner Bank einige Anweisungen erteilen. Die eigentliche Arbeit danach hatten Valérie und ihr kleines Team. Und natürlich Nathalie. Alles unter den strengen Blicken einer sachkundigen Stiftungsbehörde und des Münchner Finanzamts.

### *Über die Unwichtigkeit von Beifall und Kritik*

Ich habe nie Beifall dafür erwartet, dass ich den größten Teil meines Vermögens an Menschen verschenkte, die weniger hatten als ich. Dass sich die Kritik an mir danach jedoch verschärfte, hat mich etwas überrascht. Im Internet wurde eine Zeit lang gegen mich eine regelrechte Kampagne gefahren. Kritiker behaupteten, durch das Verschenken meines Vermögens und meiner Buchhonorare würde ich in Wirklichkeit reicher. Das Ganze sei ein »raffinierter Trick«. Sie sprachen von einem geheimnisvollen »Geschäftsmodell Todenhöfer«.

In der Tat gibt es bei gemeinnützigen Stiftungen steuerliche Erleichterungen. Allerdings nur bis zu relativ niedrigen Höchstbeträgen, die ich längst weit überschritten hatte. Am Ende war bei mir schlicht und einfach ein hoher zweistelliger Millionenbetrag weg und stand nun Menschen in Not zur Verfügung. Ich besitze jetzt keine zehn Prozent meines früheren Vermögens mehr. Aber irgendwie hatte ich das Gefühl, das Richtige getan zu haben.

Nie werde ich die Gespräche mit den Waisenkindern von Kunduz vergessen, nie ihre leuchtenden Augen, wenn wir gemeinsam Fußball spielten. Nie den Stolz des kleinen Syrers, der mich mit seiner neuen Beinprothese beim Fußballspielen austrickste. Auch die Dankbarkeit unserer Seniorinnen und Senioren werde ich nie vergessen. Wie sie strahlten, wenn ich ihnen im Winter auf meinem umgebauten Fahrrad heiße Maroni brachte oder bei unseren Sommerfesten mit demselben Fahrrad leckeres Eis servierte. Alles organisiert von dem kleinen leidenschaftlichen Team der Stiftung »Sternenstaub«.

Valérie kämpft wie eine Löwin darum, dass »ihre« Senioren und Seniorinnen am Ende ihres Lebens ein ordentliches Grab bekommen und möglichst nicht auf Anweisung der Angehörigen in ein Massengrab geworfen werden. Auch nach dem Tod wird keiner der von uns betreuten Menschen vergessen werden. An einem zentralen, geschützten Platz unserer Stiftungsstube steht für alle Verstorbenen eine Kerze mit Namen, Geburtstags- und Sterbedatum. Wir werden diese Menschen, die unser Land mit aufgebaut haben, nie vergessen.

## *Warum man Hunden nicht die Überwachung einer Wursttheke übertragen sollte*

Mein Leben war voller Überraschungen. Positiver, aber auch ziemlich negativer. So waren zwei meiner »Finanzberater« offenbar der Überzeugung, dass jemand, der sein Geld Notleidenden schenkt, wahrscheinlich nichts dagegen hat, wenn auch sie sich einen Teil dieses Geldes unter den Nagel reißen würden. Wo viel Geld ist, sind immer auch gierige Strolche in der Nähe. Ich hatte nie Zeit, meine persönlichen Vermögensverwalter zu überwachen. Ich dachte, diese Überwachung sei Teil ihres Jobs und ihrer Ehre. Das war ein Fehler, den Valérie und kompetente Wirtschaftsprüfer erst spät stoppen konnten.

Ich nenne die Namen dieser Strolche nicht. Auch nicht den Namen jener Privatbank, die uns für viel Geld einen Controller zur Überwachung der »Finanzberater« abgestellt hatte. Der Controller sah nie etwas. Schließlich war mein Finanzberater früher sein Chef gewesen. Eine ganze Clique von »Unterstrolchen«, Steuerexperten und Juristen war an der Bereicherungsstrategie des Oberstrolches beteiligt.

Wenn ich Strafanzeige zum Beispiel wegen bandenmäßigen Betrugs erstatten würde, könnte es zu hohen Haftstrafen kommen. Aber das habe ich nicht vor. Diese Leute haben es nicht verdient, dass ich noch mehr Zeit für sie aufwende. Der Sohn des ersten betrügerischen Steuerberaters wanderte übrigens für einen ähnlichen Betrug fünf Jahre in den Knast. Er hatte offenbar viel von seinem Vater gelernt – oder umgekehrt.

Immerhin haben mir beide Strolche eine wichtige Lehre geschenkt: So wie es falsch ist, einem Hund die Überwachung einer Wursttheke zu übertragen, ist es falsch, Finanzberater oder Vermögensverwalter an sein Geld zu lassen, ohne sie durch unabhängige Dritte streng überwachen zu lassen. Der Duft des Geldes ist für manche Menschen genauso verführerisch wie der Duft von Wurst für Hundenasen.

## 21. Kapitel

## Beim irakischen Widerstand in Ramadi

Im August 2007 fuhr ich ins Herz des irakischen Widerstands, nach Ramadi. Dort wollte ich nicht mit der Besatzungsmacht USA über ihre erfolglose Irak-Strategie sprechen, sondern mit dem irakischen Widerstand, der in der westlichen Diskussion überhaupt nicht stattfand. Für den westlichen Mainstream war dieser Besuch beim irakischen Widerstand eine Todsünde.

Auch Iraker hatten mir von der Fahrt nach Ramadi abgeraten. Kein normaler Mensch fahre dahin. Ramadi sei nicht nur das Zentrum des irakischen Widerstands, sondern auch ein wichtiger Militärstützpunkt der USA. Daher komme es dort laufend zu schweren Kämpfen. Die US-Streitkräfte würden ziemlich schnell herausfinden, wer und wo ich war. Auch für al-Qaida sei ich eine interessante Beute.

Doch ich wollte in Erfahrung bringen, warum die USA diesen Krieg auch nach über vier Jahren nicht gewinnen konnten, warum weiter täglich Iraker starben und warum Zigtausende in amerikanischen Gefängnissen gedemütigt, misshandelt und häufig auch vergewaltigt wurden – Männer wie Frauen. Ich wollte ferner wissen, welche Rolle al-Qaida im Irak noch spielte. Angeblich war al-Qaida vor wenigen Wochen von den offiziell gar nicht existierenden »Widerstandskämpfern von Ramadi« vertrieben worden. Um die Wahrheit herauszubekommen, durfte ich nicht zu einem dieser potemkinschen Dörfer fahren, die Besatzungsarmeen gerne aufbauen, um ausländischen Beobachtern ihre Sicht der Dinge vorzuspielen.

Auf abenteuerlichen Umwegen schlug ich mich über Damaskus nach Ramadi durch. Über das viel näher liegende Bagdad wäre ich nie lebend nach Ramadi gelangt. Zu groß war die US-Militärpräsenz in und um Bagdad. Als Folge musste ich siebenhundertzwanzig statt hundertzwanzig Kilometer bewältigen. Für den syrischen Teil der Strecke benutzte ich ein unauffälliges altes Taxi, das es tatsächlich schaffte, mit kräftigem Bakschisch die Grenze zu überqueren. Hinter der Grenze wartete der Geländewagen meines Gastgebers, eines führenden Mitglieds des irakischen Widerstands mit Familie. Sein Name war Abu Saeed.

Auf der Fahrt nach Ramadi kam es mehrfach zu Fast-Zusammenstößen mit amerikanischen Humvees. Wie Geisterfahrer tauchten sie urplötzlich auf unserer Seite der Autobahn auf. Dreimal konnten wir nur durch blitzschnelles Ausweichen in den Straßengraben einem Frontalcrash oder einer Beschießung durch die Humvees ausweichen. Als wir gegen Abend in Ramadi ankamen, stieg die Spannung weiter. Die irakischen Kontrollposten weigerten sich, uns durchzulassen. Eine der vermummten Gestalten redete, meinen Pass in der Hand, laut auf meinen Fahrer ein. Immer wieder deutete er auf mich.

Ich verstand kein Wort. Das Gespräch wurde hitziger. Auch Abu Saeed wurde lauter. Mehrfach sagte er auf Arabisch »nein«. Irgendwann gab er einfach Gas, obwohl der vermummte Kontrollposten den Weg noch nicht freigegeben hatte. Leise fragte ich, was los war. »Die wollten wissen, für wie viel ich Sie verkaufe. Menschenhandel ist in diesem Krieg ein einträgliches Geschäft. Der Mann meinte das ernst. Ich habe ihm einfach gesagt: ›Den könnt ihr euch nicht leisten.‹«

### *In einer irakischen Familie*

Fünf Tage blieben wir im unerträglich heißen Ramadi. Waren es wirklich deutlich über fünfzig Grad, wie Abu Saeed meinte? Tagsüber konnte man nicht ins Freie. Die Hitze erschlug einen. Nachts schliefen wir auf dem Rasen hinter dem Haus. Bei

»kühlen« fünfunddreißig Grad. Über uns amerikanische Apache-Kampfhubschrauber, die immer wieder tief über unser Grundstück donnerten. Über den Hubschraubern sah ich ein amerikanisches Aufklärungsflugzeug, eine F-16. Warum flogen die Helis so häufig über unser Haus?

Wegen der großen Hitze konnte ich die meisten Gespräche erst abends führen. Dann aber bis ein Uhr nachts. Mit Widerstandskämpfern, die mir alle sagten, dass die USA nicht die geringsten Chancen hätten, diesen Krieg zu gewinnen. Und dass sie die terroristische al-Qaida verachteten, weil diese hemmungslos Zivilisten töte. Der Widerstand von Ramadi habe al-Qaida deshalb vor Kurzem vertrieben, ihr »die rote Karte gezeigt« – wie einer meiner Gesprächspartner das nannte. Al-Qaida sei seither in Ramadi kaum noch präsent.

Mehrfach sprach ich mit Zaid, einem einundzwanzigjährigen Jungen aus Ramadi. Er hatte im April einen tödlichen Anschlag auf ein amerikanisches Militärfahrzeug verübt. Ich wollte von ihm wissen, warum er das getan habe. Er habe doch gewusst, dass die GIs oft gar nicht freiwillig in diesen Krieg gezogen seien. Dass sie Angehörige hätten, Brüder und Schwestern, die genauso unschuldig seien wie seine Brüder und Schwestern. Zaid traf sich gerne mit mir. Vor allem, um mit mir über europäischen Fußball zu sprechen. Der Irak war gerade Asienmeister geworden. Nur seine eigene Geschichte wollte er mir nicht erzählen. Da könne er sich ja gleich im berüchtigten US-Foltergefängnis Abu Ghraib melden, sagte er.

Die Nächte im Freien waren kurz und unromantisch. Mehrfach wachte ich auf, weil in der Nähe gekämpft und geschossen wurde und weil Leuchtraketen aufstiegen, um Ziele auszuleuchten. Eigentlich war »erst« um sechs Uhr morgens Aufstehzeit, doch die Apache-Hubschrauber, die sich offensichtlich weiter für unser Grundstück interessierten, donnerten eines Morgens schon um vier Uhr im Tiefflug über unser Haus. Was für ein rücksichtsloser Weckdienst! Vor allem, wenn man erst um ein Uhr zum Schlafen gekommen war. Ich versuchte aufzustehen, kam aber – wie ein schwer getroffener Boxer – nicht hoch. Abu Saeed hatte Erbarmen mit mir und brachte eine große Tasse schwarzen Kaffees. So schaffte ich es wenigstens bis zur Dusche, die – selbst wenn man sie auf kalt stellte – brühwarm war. Unter einer Dattelpalme genoss ich den Rest meines Kaffees.

Plötzlich stand Zaid hinter mir. Er wollte seine Geschichte nun doch erzählen. Er meinte, dass ich wahrscheinlich nicht mehr lange in Ramadi bleiben könne. In Ramadi habe sich längst herumgesprochen, dass sich in unserem Viertel ein Fremder aufhalte. Wir seien abends zu viel herumgefahren, um das noch geheim halten zu können.

Wahrscheinlich sei das Gerücht auch bei den übrig gebliebenen, versteckten al-Qaida-Leuten gelandet und bei den Amerikanern. Die tieffliegenden Hubschrauber seien kein Zufall. Es könne sein, dass wir bald Besuch bekämen. Nach derartigen Besuchen bleibe von den besuchten Häusern und den Menschen, die in ihnen lebten, oft nicht viel übrig. Er habe beschlossen, seine Geschichte zu erzählen, weil er erklären wolle, wie es überhaupt zum irakischen Widerstand gekommen sei. Viele Menschen im Irak hätten Ähnliches erlebt wie er.

## *Zaids Geschichte*

Zaid hatte zwei jüngere Brüder, Haroun und Karim. Sie interessierten sich nicht für Politik und auch nicht so richtig für den irakischen Widerstand, den der Westen systematisch totschwieg. Schießen oder Sprengstoff vergraben war nicht ihr Ding. Sie waren keine Kämpfer, sie konzentrierten sich lieber auf ihr Studium. Wenn junge Widerstandskämpfer kurzfristig einen Unterschlupf brauchten, halfen sie ihnen. Wie fast jeder in Ramadi. Aber das war's dann auch.

Haroun studierte Ingenieurswissenschaften. Im Juli 2006 hatte er in den Semesterferien ein paar Tage bei seinem Onkel verbracht. Eines Morgens hatte er zu seiner Familie zurückgewollt. In seiner rechten Hand trug er eine weiße Buschrose, die er für seine Mutter gepflückt hatte. Als er in die kleine Straße einbiegen wollte, in der seine Eltern wohnten, peitschte ein Schuss durch die morgendliche Stille. Haroun fasste sich ungläubig an den Hinterkopf und ging langsam in die Knie. Dann fiel er vornüber in den Staub. Da sich wegen der Schüsse niemand mehr auf die Straße wagte, blieb Haroun dort stundenlang liegen. Dann kam ein Feuerwehrwagen, lud ihn auf und fuhr ihn weg.

Als Zaids Familie von Harouns Tod erfuhr, fuhren alle schluchzend zur Leichenhalle, doch Haroun war schon beerdigt. Das ging hier ganz schnell. Sie konnten sich nicht einmal von ihm verabschieden. In ihrer Trauer beschlossen Zaid und Karim, der gerade Abitur gemacht hatte, sich voll auf ihr Studium zu konzentrieren. Jeden Nachmittag saßen sie zusammen und paukten. Nur nicht nachdenken, hieß ihre Devise, der Tod Harouns schmerzte zu sehr. Zum kämpfenden Widerstand hielten beide bewusst Abstand. Obwohl die Lage der Bevölkerung immer schlimmer wurde. Die Zahl der Toten in Ramadi ging inzwischen in die Tausende. Fußballplätze mussten in Friedhöfe umgewandelt werden.

Eines Tages schlug direkt neben ihrem Haus eine von einem US-Hubschrauber abgefeuerte Rakete ein. Sie zerstörte zwar nur ihren Generator. Weil jedoch das ganze Haus wackelte, floh die gesamte Familie in das nahe gelegene Haus eines Onkels. Doch dann fiel ihnen ein, dass sie vergessen hatten, den mit Kerosin betriebenen Ofen abzustellen. Karim bot an, zurückzulaufen, um den Ofen abzustellen und das Haus ordentlich abzuschließen.

Geduckt lief Karim los, doch er kam nur wenige Meter weit. Dann brach er, von amerikanischen Kugeln durchsiebt, zusammen. Zaid wollte sofort raus, um seinen kleinen Bruder zu bergen. Doch die ganze Familie warf sich auf ihn, um ihn daran zu hindern. Draußen peitschten Schüsse durch die Straße. Die ganze Nacht sah die Familie durch das Küchenfenster Karim in seiner Blutlache. Erst als im Morgengrauen die Schießerei endete und sich ein Feuerwehrwagen durchkämpfen konnte, stürzte die Familie nach draußen. Doch es war zu spät. Karim war tot.

Zaid hatte nie etwas mit dem irakischen Widerstand zu tun gehabt. Er wollte nichts mit diesem Krieg zu tun haben. Er wusste, dass viele amerikanische GIs diesen Krieg genauso hassten wie er. Einige US-Soldaten hatten sich sogar heimlich aus dem Irak nach Jordanien schmuggeln lassen. Für durchschnittlich sechshundert Dollar. All das wusste Zaid. Doch der Tod seiner zwei Brüder hatte für ihn alles verändert.

Während Zaid mir erzählte, wie er stundenlang durch das Küchenfenster zusehen musste, wie sein Bruder starb, schlug er immer wieder hilflos mit der flachen Hand auf den Rasen. Er hatte den Tod seiner zwei Brüder nicht verarbeitet. Stockend schilderte er, dass er nun für den irakischen Widerstand kämpfe. Er erzählte, wie er vor vier Monaten mitgeholfen hatte, nachts am Rand der »20. Straße« ein Loch zu buddeln, einen Sprengkörper zu platzieren und danach alles wieder sorgfältig zuzuschütten und mit Sand zu bedecken.

Hundert Meter entfernt habe er zwei Stunden hinter einer Steinmauer gewartet, bis der erwartete amerikanische Militärkonvoi auftauchte. Er schilderte, wie seine Hand zitterte, als er realisierte, dass er in drei Sekunden die Fernbedienung drücken musste. Wie er vor seinem geistigen Auge die Gesichter junger amerikanischer Soldaten sah, die alle wussten, dass sie gerade auf der gefährlichsten Straße Ramadis fuhren. Am liebsten hätte er die Fernbedienung weggeworfen, doch dann sah er Haroun in seiner Blutlache. Er wusste, er musste jetzt abdrücken. Aber er konnte nicht, er zitterte am ganzen Körper. Doch dann drückte er ab. Er sah, wie die ersten zwei Humvees in die Luft geschleudert wurden, hörte den dumpfen Lärm der Explosionen. Dann rannte er los – auf einem Fluchtweg, den er vorher genau festgelegt hatte.

Während Zaid mir all das erzählte, schaute er mich immer

wieder verzweifelt fragend an. Als könne ich das, was er getan hatte, wiedergutmachen. Den Fluch des Tötens von ihm nehmen und auch den Tod seiner Brüder Haroun und Karim rückgängig machen. Natürlich konnte ich ihm nicht helfen. Ich konnte allenfalls seine Geschichte, die nicht meine war, ehrlich weitererzählen. Um zu zeigen, warum Krieg so falsch ist. Auch weil irgendwann selbst Opfer zu Tätern werden. Ich fragte Zaid noch einmal, ob er beim Töten an die Familien in den USA gedacht habe, die nun um ihre Söhne weinten. Trotzig fragte er zurück, wer in Amerika an seine Familie gedacht habe? Ob ich ernsthaft von ihm verlange, dass er hätte warten sollen, bis auch seine Eltern und seine Schwestern getötet würden?

Ich verlangte nichts von Zaid. Weder damals noch heute. Ich verlange nur, dass die Verantwortlichen dieses Kriegs irgendwann, irgendwie zur Verantwortung gezogen werden. Vor allem jener Präsident, der bei Festreden Lachanfälle bekommt, weil man die sogenannten Massenvernichtungswaffen noch immer nicht gefunden hat. Warum tötete Zaid? Weil es Politiker wie George W. Bush gibt und weil es keine Politiker gibt, die diesen Leuten entschlossen entgegentreten.

Plötzlich stand Abu Saeed neben mir. Sehr erregt: »Wir müssen sofort raus aus Ramadi. Über Sie gibt es wilde Gerüchte. Zu viele Leute haben Sie gesehen. Auch unsere Kinder haben den Nachbarskindern von Ihnen erzählt. Ich befürchte eine Razzia der Amerikaner. Unser Vertrauensmann bei der Polizei hat mich gerade angerufen. Er rechnet mit dem Schlimmsten. In einer Stunde kommen wir nicht mehr raus. Jede Minute entscheidet jetzt über Leben und Tod.« Kurz danach saß ich in seinem Wagen. Ich konnte mich von niemandem verabschieden. Abu Saeed war bleich, als er mit quietschenden Reifen losfuhr.

Ich glaube nicht, dass Zaids Anschlag moralisch richtig war. Ich habe ihm das auch gesagt. Aber ich hatte leicht reden. Ich kam aus einem Rechtsstaat, in dem staatliche Gerichte die Menschen vor Mord und Totschlag schützten. Zaid hatte niemanden, der seine Familie schützte.

## *Spätfolgen eines Buches*

Das Buch *Warum tötest du, Zaid?*, das ich 2008 veröffentlicht habe, war publizistisch ein großer Erfolg. Weil es den Irakkrieg nicht aus der Sicht der Täter schilderte, sondern aus der Sicht der Opfer. Weil es erklärte, warum Opfer manchmal Täter werden. Es zeigte an konkreten Beispielen, was Krieg wirklich bedeutet. Das Buch brachte mir natürlich auch Nachteile ein. Kritiker behaupteten, ich hätte irakische Terroristen zu positiv dargestellt, ja, ihre Taten sogar gebilligt. Doch genau das habe ich gerade nicht getan. Ich habe die dramatischen und tragischen Folgen ungerechter Kriege aufgezeigt. Weil ich das als meine Pflicht ansehe. Außerdem ist Zaid kein Terrorist. Er hat nie Zivilisten getötet.

Ein kluger Kollege im Burda-Konzern meinte, dieses Irakbuch könne möglicherweise das letzte Buch sein, das ich als stellvertretender Vorstandsvorsitzender geschrieben hätte. Hubert Burdas Freund Lord Weidenfeld, der leidenschaftlich für diesen Angriffskrieg gelogen und gekämpft hatte, sei wegen des Buchs vor Zeugen an die Decke gegangen. Ich antwortete gelassen: Das könne alles sein. Aber Hubert Burdas Toleranz sei schon immer eine seiner Stärken gewesen. Dieser Mann ändere sich nicht so leicht. Außerdem eile der Konzern gerade von Erfolg zu Erfolg.

Wenige Wochen später trennten sich trotzdem unsere Wege. Das Thema Irakkrieg spielte bei den Trennungsgesprächen keine Rolle. Ich war inzwischen achtundsechzig Jahre alt. Das war ein stattliches Alter für einen führenden Konzernmanager. Die zweiundzwanzig Jahre, die ich Stellvertreter von Hubert Burda sein durfte, waren für ein Familienunternehmen rekordverdächtig.

In der letzten Vorstandssitzung schenkte ich Hubert Burda ein nur für ihn produziertes Buch. Auflage: ein Exemplar. Es war ein Fotobuch mit meinen schönsten Aufnahmen aus zweiundzwanzig Jahren Heli-Reisen zwischen München und Offenburg. Zweiundzwanzig Jahre hatte ich atemberaubend schöne Landschaftsszenen fotografiert, um ihm dieses Buch schenken zu können. Auf ein Firmenfest habe ich verzichtet. Ich lud stattdessen auf meine Kosten die Betriebsräte aus Offenburg und München zu einem Abendessen ein. Man erzählt, dass einige der Betriebsräte bei der Verabschiedung Tränen in den Augen hatten.

Auch mit den mir zugeordneten Geschäftsführern ging ich essen. Den Abend ließ ich mit Liedern zu meiner Gitarre ausklingen. Wie Reinhard Meys Ballade: »Gute Nacht, Freunde, es wird Zeit für mich zu geh'n …« Eine tolle Zeit ging zu Ende. Zum ersten Mal nach vierzig Jahren war ich völlig frei. Ich hatte noch viel vor.

## *Die Karawane durch die Sahara*

Über all das – über meine Vergangenheit als Richter, Bundestagsabgeordneter und Unternehmensvorstand, aber auch über meine Zukunft – wollte ich endlich einmal ungestört nachdenken. Ich beschloss kurzfristig, zusammen mit Nomaden und ihren Kamelen zehn Tage lang durch die Sahara zu ziehen. Von Algerien bis Mali. Ich musste Ordnung in mein Leben bringen, das achtundsechzig Jahre lang viel zu schnell an mir vorbeigerast war. Meine einzigen Begleiter waren zwei algerische Kameltreiber, ein malischer Koch und vier Kamele.

Die Wanderung durch die Sahara wurde eine der wichtigsten Reisen meines Lebens. Weil ich völlig allein mit mir war. Und weil ich mich in der Einsamkeit der Wüste unentrinnbar meinem bisherigen Leben stellen musste und wollte. Wie in einem Dokumentarfilm zogen die Stationen meines Lebens an mir vorbei. Vieles war mir gelungen, vieles nicht. Oft hatte ich mich in unwichtigen Fragen verzettelt und verkämpft. In den großen Fragen – Wiedervereinigung, Krieg und Rassismus – hatte ich richtiggelegen.

Die wichtigste Erkenntnis aber war, dass mit meinem Abschied aus dem Mediengeschäft nichts zu Ende ging, sondern etwas Neues begann. Ich hatte noch viel Kraft. Ständig beschwerte sich der Chef unserer Karawane, dass ich viel zu weit vor der Karawane lief. Doch ich brauchte diesen Abstand, um allein mit mir zu sein. Außerdem mochte mich mein Kamel nicht. Wenn ich es ritt, versuchte es ständig, mich an Dornenbüschen abzustreifen. Irgendwann verständigten sich das Kamel und ich darauf, dass ich zu Fuß ging und wir stets eine gewisse Distanz hielten. So hatten wir beide eine gute Zeit.

Dass ich inzwischen achtundsechzig Jahre alt geworden war, hieß eigentlich nur, dass ich noch verdammt viel Zeit hatte. Wenn ich so alt würde wie mein Vater, hatte ich noch dreißig Jahre. Um gegen Kriege und Rassismus zu kämpfen. Und für etwas mehr Menschlichkeit. Es gab noch so viel zu tun. In der algerischen Wüste, wo vor knapp fünfzig Jahren im Algerienkrieg meine Auseinandersetzung mit Krieg und Frieden begonnen hatte, begann für mich ein neues Kapitel. Auch diesem Neuanfang in der Sahara wohnte ein großer Zauber inne.

## 22. Kapitel

## Aus heiterem Himmel: die Arabische Revolution

Als sich im Dezember 2010 ein tunesischer Gemüsehändler aus Protest gegen die Schikanen der Behörden anzündete, brach in Tunesien ein Sturm der Entrüstung los. Es war jener berühmte Tropfen, der ein Fass zum Überlaufen brachte. Tunesiens Volksaufstände sind wie ein Orkan. Ich hatte das fünfzig Jahre zuvor in der Bizertakrise erlebt. Der Präsident Tunesiens Ben Ali kannte das auch. Er war damals Chef des militärischen Sicherheitsdienstes Tunesiens. Wie ein Mafiaboss hatte er das Land geführt und ausgeplündert. Jetzt zog er es vor, schnellstens das Weite zu suchen, um seinen Reichtum in Saudi-Arabien ungestört weiter genießen zu können.

In der arabischen Welt sind Putsche und Volksaufstände nichts Ungewöhnliches. Auch ich maß der Vertreibung Ben Alis keine besondere Bedeutung bei. Doch schon einen Tag nach seiner Flucht begannen auch in Ägypten massive Demonstrationen. Was war los in der arabischen Welt? Begann hier ein Arabischer Frühling, wie die Medien schrieben? Seit Jahrhunderten träumten viele Araber von der Renaissance ihrer untergegangenen Kultur. Und von mehr politischer, gesellschaftlicher Freiheit.

Mit meiner Videoassistentin Julia, Valéries engster Schulfreundin, flog ich nach Kairo. Wenige Stunden nach unserer Landung standen wir auf dem Tahrirplatz, dem »Platz der Befreiung«. Er war überfüllt mit Ständen, Zelten und Podien unterschiedlicher politischer und religiöser Organisationen. Es war wie auf einem Volksfest. Hunderttausende Menschen forderten in Sprechchören den Rücktritt des ägyptischen Präsidenten Hosni Mubarak.

Ungefährlich war es hier nicht. Überall standen Panzer. Und Poster mit den Fotos erschossener oder von Panzern zermalmter junger Menschen. Mubarak hatte zeitweise gnadenlos in die Menge schießen lassen. Seine Schlägertrupps hatten auf Kamelen und Pferden Jagd auf Journalisten gemacht. Viele ausländische Journalisten hatten deshalb das Land verlassen. Ägyptische Berichterstatter hatten sich in ihren Wohnungen verbarrikadiert. Für den Abend war eine Rede Mubaraks angekündigt. Sie sollte auf einer Großleinwand des Tahrirplatzes übertragen werden. Alle erwarteten Mubaraks Rücktritt. »Mubarak, verschwinde!«, riefen sie.

Zu meinem und Julias großen Erstaunen war ich von einigen Demonstranten herzlich begrüßt worden: »Danke, Herr Todenhöfer, dass Sie an unserer Revolution teilnehmen! Wir haben Sie neulich bei Maybrit Illner gesehen.« Wie klein unsere Welt doch manchmal war. Wildfremde Menschen hauten mir auf die Schulter! Alle waren stolz, mir ihre Revolution zeigen zu können. Vor einigen Panzern saßen Demonstranten. Sie verbrachten hier Tag und Nacht. Freunde brachten ihnen das Wichtigste zum Leben vorbei. Ich setzte mich zu ihnen. Am liebsten hätte ich hier übernachtet.

Als abends Mubaraks Gesicht auf der Leinwand auftauchte, hallte ein Wutschrei über den Patz. Tausende buhten ihn aus. Andere riefen, sie sollten den Mund halten, man wolle seinen Rücktritt hören. Als endlich wieder etwas Ruhe war, konnte man gerade noch hören, wie Mubarak mitteilte, er denke nicht daran, sein Amt aufzugeben. Die Menge buhte wieder – wütend und enttäuscht. Dann werde der Kampf eben weitergehen.

Am nächsten Tag, einem Freitag, waren wir erneut auf dem Tahrirplatz. Um zu beten. Mit Muslimen und danach mit koptischen Christen. Plötzlich Gewehrsalven! Alle zuckten zusammen. Doch dann trillernde Schreie junger Frauen. Die Hunderttausende auf dem Tahrirplatz schauten sich ratlos an. Doch auf einmal brach ein orkanartiger Jubel aus. »Freiheit, Freiheit!«, brüllten sie völlig außer sich. Sie tanzten oder lagen sich in den Armen. »Hurriya, Freiheit! Freiheit! Mubarak ist zurückgetreten.« Wildfremde Menschen nahmen mich auf ihre Schultern, ein Junge drückte mir eine weiße Taube in die Hand. Wir waren offenbar die letzten auf dem Tahrirplatz zurückgebliebenen Ausländer.

Dann sangen Hunderttausende die ägyptische Nationalhymne: »Biladi, biladi, biladi, laki hubbi wa-fu'adi« – »Mein Land, mein Land, mein Land. Dir gehören meine Liebe und mein Herz.« War das der Sieg der Gewaltlosigkeit, von dem ich jahrzehntelang geträumt hatte? Der Anfang vom Wiederaufstieg der großen ägyptischen Kultur? Oder würde es Ägypten ergehen wie Frankreich, das nach seiner Revolution im 18. Jahrhundert noch sechsundsiebzig Kurzzeitpräsidenten und »Direktorien«, zwei Konsulate und fünf Könige und Kaiser ertragen musste, ehe es nach achtzig Jahren eine einigermaßen stabile Demokratie wurde? Wie gerne wäre ich heute noch einmal so optimistisch, wie ich damals im Februar 2011 auf dem Tahrirplatz in Kairo war!

### *Wer stand hinter der Arabischen Revolution?*

Nicht nur elektrisierte Volksmassen entscheiden über Verlauf und Erfolg von Revolutionen, sondern auch ausländische Mächte. Während der ägyptischen Revolution war entscheidend, wie lange die USA als Hauptsponsor der ägyptischen Armee ihre Hand über Mubarak halten würden. Mubarak fiel erst, als die USA signalisierten, dass sie ihn für verzichtbar hielten, dass sie ihn nicht mehr brauchten.

Längst hatten sich aber auch die Führungen anderer arabischer Staaten eingeschaltet. Als das Feuer der Revolution kurz nach Mubaraks Sturz auch Gaddafis Libyen erreichte, sahen vor allem die Golfstaaten in der Arabischen Revolution eine einmalige Gelegenheit, säkulare Regime wie die in Libyen oder Syrien zu schwächen, ja, vielleicht sogar zu stürzen. Sie begannen die Arabische Revolution massiv zu unterstützen. Mit Geld und Waffen.

Um die öffentliche Meinung weltweit ruhigzustellen, erklärten Saudi-Arabien, Katar und die Vereinigten Arabischen Emirate, es gehe ihnen in Libyen und Syrien um die Stärkung der Demokratie und des demokratischen Widerstands. Fast der gesamte Westen fiel auf diese abenteuerliche Argumentation der Golfmonarchien herein, obwohl diese im eigenen Land alle demokratischen Ansätze gnadenlos unterdrückten.

Die USA nickten die Waffenlieferungen der Golfmonarchien an die syrischen und libyschen Rebellen ab. Mit den Monarchien am Golf hatten die USA immer gute Erfahrungen gemacht. Mit dem säkularen Muammar al-Gaddafi und mit Baschar al-Assad nur selten. Vor allem im Irakkrieg waren diese beiden säkularen Diktatoren überhaupt nicht hilfreich gewesen. Die wachsende Einflussnahme der Golfstaaten, der USA und dann auch Frankreichs stahl den Arabern schnell ihre demokratische Revolution, ihren großen Traum von einer Renaissance der arabischen Welt. Zumindest vorerst.

### *Libyen – der Tod eines Freundes*

Im Flur meiner Münchner Wohnung hängt die Collage eines Berliner Künstlers. Mit vier großen Fotos. Das erste zeigt drei bewaffnete Jeeps, die in der libyschen Wüste auf uns zufahren. Das zweite zeigt, in militärischer Tarnkleidung, den Sohn Gaddafis, Mutassim, umgeben von zwei finsteren Kämpfern. Ein drittes Foto zeigt ein lichterloh brennendes Auto, aus dem schwarze Rauchwolken aufsteigen. Davor mich mit gesenktem Kopf. Das vierte Foto zeigt ein Porträt meines libyschen Freundes und Gastgebers Abdul Latif. Warum musste dieser wunderbare Mann in oder neben seinem Auto so grauenvoll sterben? Jeden Tag muss ich mehrfach an dieser Collage vorbei. Ich habe sie bewusst an einen Platz gehängt, dem ich nicht ausweichen kann. Jedes Mal frage ich mich, welche Schuld mich am Tod meines Freundes trifft. Ich kann dieser Frage nicht entkommen.

Wenige Tage nach dem Sturz Mubaraks war auch in Libyen die Revolution ausgebrochen. In Kairo, wo inzwischen begeisterte junge Menschen mit Besen und Schaufeln symbolisch ihre Stadt reinigten, beschlossen wir, weiter nach Bengasi zu fahren. Ins Zentrum des libyschen Aufstands. Das waren zwölfhundert Kilometer auf schlechten Straßen. Die arabische Welt schrieb gerade Geschichte. Da wollte ich dabei sein. Würden die Araber den Aufbruch in ein besseres Zeitalter schaffen?

Unser Team war auf vier Personen angewachsen. Auf meinen Freund Belal Mogadeddi, unseren aus Syrien stammenden Übersetzer Ahmed, Julia und mich. Unser Gastgeber in Bengasi war der stets positiv gestimmte vierundfünfzigjährige Abdul Latif, mein sufistischer Gandhi.

»Willkommen im Freien Libyen!«, hatte er uns begrüßt und alle fest in die Arme genommen. Obwohl ich nicht leicht Freundschaften schließe, wusste ich sofort, dass ich einen echten Freund gefunden hatte.

Die Lage in Bengasi schwankte zwischen Dramatik und Euphorie. Die Bevölkerung feierte auf der einen Seite fröhlich und begeistert die durch die Vertreibung Gaddafis im Osten des Landes neu gewonnene Freiheit. Doch gleichzeitig fürchtete sie den von westlichen Politikern vorausgesagten Rachefeldzug Gaddafis, bei dem er angeblich große Massaker an der Bevölkerung von Bengasi plante. Vor allem der französische Präsident Nicolas Sarkozy forderte eine schnelle militärische Intervention der NATO. Obwohl er von Gaddafi in seinem Präsidentschaftswahlkampf angeblich kräftig unterstützt worden war. Französische Präsidenten spielen gerne die Rolle des Kriegshelden.

Abdul Latif, der die Vertreibung Gaddafis aus Bengasi begrüßt hatte und der mit den anfangs recht friedlichen Rebellen sympathisierte, hielt ein Massaker Gaddafis an der bengasischen Bevölkerung für sehr unwahrscheinlich. Gaddafi brauche die Bevölkerung des Ostens auch in Zukunft. So dumm könne er gar nicht sein, sagte er lachend. Doch die westliche Propagandamaschinerie hämmerte diese Behauptung derart heftig in die Medien, dass es schwer war, eine andere Position zu beziehen. Auch in unserem Team wurde leidenschaftlich darüber diskutiert, ob eine Militärintervention nicht ausnahmsweise doch nötig sei. Es gab keine Diplomaten mehr in Libyen. Wozu auch? Ein Militärschlag der NATO war einfacher.

Dass die USA und Frankreich Gaddafi ausschalten wollten, war im Grunde überraschend. Gaddafi war zwar ein brutaler Diktator. Aber er hatte sich längst der Antiterrorkoalition der USA angeschlossen und alles, was als Massenvernichtungswaffe definiert werden konnte, vernichtet oder abgeliefert. Seine Kerker waren darüber hinaus beliebte Folterzentralen der USA, die aus rechtlichen Gründen lieber in arabischen Ländern folterten als zu Hause. Selbst Deutschland lieferte Gaddafi Waffen. Manche westlichen Politiker schwärmten sogar von ihm. Von Silvio Berlusconi bis, zumindest anfangs, Hillary Clinton.

Gaddafi hatte ja auch viel dafür getan, ein Freund des Westens zu werden. Doch offenbar nicht genug: Ein neuer, von Frankreich oder von den USA eingesetzter libyscher Präsident könnte vielleicht noch prowestlicher sein, dachte man in den Hauptstädten des Westens.

Außerdem stand Libyen seit Jahren auf der berüchtigten Rumsfeld-Wolfowitz-Liste der sieben muslimischen Länder, die ähnlich wie Afghanistan angegriffen werden sollten, bevor sie sich mit einer neuen antiamerikanischen Weltmacht verbünden konnten: Irak, Syrien, Libanon, Libyen, Somalia, Sudan, Iran. Dieser Pentagon-Plan war schließlich noch nicht voll abgearbeitet.

Trotz der Vertreibung der Truppen Gaddafis in die libysche Ölstadt Brega waren noch viele seiner Agenten in Bengasi.

Gleich an unserem ersten Tag in Libyen, Mitte März 2011, war in der Nähe von Bengasi ein Kameramann von Al Jazeera erschossen worden. Spätabends versammelten wir uns zusammen mit Tausenden Libyern zum Totengebet für den ermordeten Journalisten. »Sie müssen höllisch aufpassen«, sagte Abdul Latif, »die wissen, dass Sie hier sind.« »Klar!«, dachte ich. Schließlich hatte Abdul Latif mein Foto groß auf die Titelseite der Rebellenzeitung von Bengasi platziert.

Er war stolz, dass seine Rebellen-Freunde Gaddafi aus Bengasi vertrieben hatten. Und doch hielt er nichts davon, Gaddafi zu töten.

»Tausend Jahre Gefängnis« fand er viel besser. Auch für Bin Laden wäre das die richtige Strafe, sagte er. Er war entschieden gegen eine militärische Intervention der NATO. »Die arabische Welt muss ihre Revolutionen schon allein machen«, meinte er.

## *Beschießung in der Wüste*

Inzwischen wurde in Bengasi berichtet, dass Gaddafi von Brega aus weiter nach Osten geflohen sei. Ich dachte, das böte eine gute Gelegenheit zu überprüfen, ob Gaddafis Truppen wirklich so bestialisch massakriert und vergewaltigt hatten, wie die NATO behauptete. Abdul Latif fand diese Idee faszinierend. Schon einen Tag später waren wir auf dem Weg nach Brega. Abdul Latif hatte dort persönliche Freunde und Verwandte angerufen. Alle hatten bestätigt, dass Brega frei sei.

Unser Team war diesmal kleiner. Nur Julia war bereit gewesen mitzukommen. Dazu kam allerdings Yussuf, ein einundzwanzigjähriger Libyer, der zu seiner Familie in Brega trampen wollte. Die anderen Mitglieder des Teams hatten dankend verzichtet. Schließlich hatte die militärische Führung der Rebellen ausdrücklich allen Journalisten verboten, nach Brega zu fahren. Die Lage dort sei zu gefährlich.

Auch Rebellen, denen wir auf unserem Weg durch die Wüste

begegnet waren, hatten versucht, uns die Weiterfahrt auszureden. Doch da hatte Abdul Latif seine Geheimwaffe gezogen, mein ins Arabische übersetztes Buch *Warum tötest du, Zaid?*. Er hielt eine leidenschaftliche Lesung. Im stürmischen Wüstenwind begeisterte er die Rebellen mit Zitaten aus meinem Buch so sehr, dass sie laut Beifall klatschten. Einer der Rebellen wollte mir sogar seine Kalaschnikow schenken. Ich lehnte dankend ab. Meine Waffe sei die Feder, erklärte ich etwas zu pathetisch.

Wieder im Auto fasste Abdul Latif lachend und stolz zusammen, ich sähe ja selbst, dass nichts einen freiheitsliebenden Libyer aufhalten könne. Die Stimmung im Wagen war euphorisch. Abdul fuhr sehr langsam, weil er immer wieder mit Brega telefonierte. Mehrfach überholten uns andere Wagen, voll besetzt mit Familien. Kinder winkten uns fröhlich zu. Was sollte jetzt noch passieren?

Dreißig Kilometer vor Brega sahen wir – fünfzig Meter vor uns – auf der gegenüberliegenden Straßenseite sechs ausgebrannte Autos. Wir stiegen aus, um die Wagen zu fotografieren. Wie lange mochten sie schon hier stehen? Plötzlich sah ich, dass unter einigen der Autos noch immer Flammen züngelten. Waren das etwa die Wagen, die uns in der Wüste überholt hatten? Julia fragte, wo die Menschen seien, die in den Autos gesessen hatten. Ich deutete auf ein winziges Häufchen Asche.

Julia erbleichte. Abdul Latif ging betroffen zu seinem Wagen zurück.

### *Der Angriff*

Nun überschlugen sich die Ereignisse. Keine zwei Meter hinter Julia und mir zischte eine Boden-Boden-Rakete vorbei und schlug in unseren Wagen ein. Explodierend verwandelte sich das Auto in einen riesigen Feuerball, der schwarze Rauchwolken ausstieß. Wir suchten nach Deckung. Doch die gab es nicht. Rund um uns schlugen Kugeln und Artilleriegeschosse ein. Yussuf und Julia rannten mit erhobenen Händen Richtung Wüste. Ich rief: »Wo ist Abdul Latif?« Yussuf schrie zurück: »Abdul Latif ist tot!« Ich wollte den beiden folgen, doch meine Beine waren nun schwer wie Blei. Abdul Latif tot? Das konnte nicht wahr sein. Vor zehn Minuten hatten wir im Auto noch gemeinsam Lieder der Beatles und Joe Cockers gesungen: »With a little help from my friends«.

Wie gelähmt ging ich Richtung Wüste. Was war da gerade geschehen? Warum kam ich aus diesem Albtraum nicht mehr heraus? Warum hatte ich Abdul Latif mit meiner Revolutionsbegeisterung so angesteckt? Während um mich herum Geschosse einschlugen, wusste ich, dass ich mir den Tod Abdul Latifs nie verzeihen würde.

Hinter einer Sanddüne gingen wir in Deckung. Es war bitterkalt, und wir trugen nur leichte Kleidung. Julia fror am meisten. Sie presste sich gegen den Wüstenboden. Wirkliche Wärme konnte der Sand ihr nicht geben. Ich sah, dass Julia betete. Die Raketen schlugen teilweise so dicht neben, hinter und vor uns ein, dass die Erde bebte, Sand hochwirbelte, der wieder auf uns niederrieselte. Eine Rakete schlug so knapp vor uns ein, dass wir uns an Wüstengewächsen festkrallen mussten, um nicht hochgeschleudert zu werden. Ich hatte Sand im Mund.

Fast vier Stunden wurde das Gebiet, in dem wir uns in den Sand gepresst hatten, bombardiert. Vier Stunden, in denen wir keine realistische Überlebensmöglichkeit mehr sahen. Ein derart systematisches Bombardement konnte man nicht überleben. Nach dem ersten halben Dutzend neben, vor und hinter uns einschlagender Geschosse hatte mich Julia leise gefragt: »Wie lange leben wir noch?« Ich hatte keine Ahnung. Hatten wir noch zwanzig Minuten, zwei Stunden, oder war gleich alles vorbei? Wir sprachen über Hemingways Roman *Wem die Stunde schlägt*. Hatte auch unsere letzte Stunde geschlagen? Wer würde unsere Familien und Freunde informieren? Der Tod war ganz nahe.

Nach zweieinhalb Stunden tauchte über uns zusätzlich ein kleines Aufklärungsflugzeug auf, das die Wüste absuchte. Als früherer Pilot wusste ich: Jetzt war eigentlich alles gelaufen. Der niedrig fliegende Pilot hatte uns mit hoher Wahrscheinlichkeit gesehen. Er musste nur noch unsere Koordinaten durchgeben, dann war alles vorbei. Doch irgendjemand hielt offenbar noch immer schützend seine Hand über uns.

Nach knapp vier Stunden wurde es dunkel. Rettete uns die Dunkelheit? Vorsichtig, in alle Richtungen spähend, standen wir auf. Wir wollten nicht warten, bis uns doch noch eine Rakete traf oder ein Jeep auftauchte, um uns festzunehmen oder mit einer Maschinenpistolensalve zu exekutieren. Unsere Koordinaten waren den Schützen ja jetzt wahrscheinlich bekannt. Wir mussten weg.

Ein strapaziöser, sechsstündiger Marsch durch die Wüste begann. Mehrfach tauchten über uns, sich geradlinig fortbewegend, rote Punkte auf. Waren es Raketen, waren es Flugzeuge? Yussuf schrie voller Panik: »Die greifen an. Die haben Nachtsichtgeräte, die sehen uns.« Wir warfen uns jedes Mal auf den Wüstenboden und suchten Deckung. Erschöpft überlegten wir, ob wir die Nacht nicht in irgendeiner der Bretterhütten verbringen sollten, die sich Hirten mitten in der Wüste gebaut hatten. Das Bellen wilder Hunde vertrieb uns schnell. Also gingen wir weiter, obwohl wir keine Kraft mehr hatten. Nach sechs langen Stunden griff uns kurz vor Adschdabiya ein Fahrzeug auf, das die Gegend absuchte. Wir waren gerettet. Nach zehn Stunden gab es erstmals wieder einen Schluck Wasser.

Wir waren offenbar in eine Falle Gaddafis gefahren. Er hatte seinen Rückzug aus Brega nur vorgetäuscht, um seine Offensive auf Bengasi ungestört vorbereiten können. Der Schütze hatte den Auftrag, niemand in die Nähe von Brega zu lassen. Das Kommando der Operation führte sein Sohn Mutassim.

Wenige Stunden nach unserer Beschießung waren die Truppen Gaddafis von Brega Richtung Adschdabiya und Bengasi aufgebrochen. Während unseres Marsches durch die Wüste waren sie die ganze Zeit nur einige Stunden hinter uns gewesen. Im Morgengrauen griffen sie Adschdabiya an, das wir inzwischen Richtung Bengasi verlassen hatten. Endgültig gestoppt wurden sie erst kurz vor Bengasi – durch die Bomber der NATO. Sie löschten Gaddafis Armee innerhalb weniger Minuten aus. Das gnadenlose Bombardement rettete Libyen nicht. Das Land versank im Chaos.

## 23. Kapitel

## Die syrische Tragödie

Kaum ein Land habe ich so häufig bereist wie Syrien. In der Vorkriegszeit zu märchenhaften Ferien oder um nach Israel oder in den Irak weiterzureisen. Dass in Syrien eine Revolution ausbrechen könnte, konnte ich mir nie vorstellen. Auch nicht nach den Umwälzungen in Tunesien, Ägypten und Libyen. Zu selbstverständlich war das Miteinander der unterschiedlichen Bevölkerungsgruppen in diesem multikulturellen Land.

Damaskus, Aleppo, Daraa, das war für mich jahrtausendealte multireligiöse Geschichte. In Damaskus war aus dem jüdischen Christenverfolger Saulus Paulus, der »Architekt des Christentums«, geworden. Syrien sieht sich bis heute neben Palästina als Ursprungsland des Christentums. Selbst syrische Muslime sind darauf stolz. Über die Jahrhunderte war ein wunderbares Miteinander der Religionen entstanden – zwischen Sunniten, Schiiten, Alawiten, Ismaeliten sowie Christen. Und lange Zeit auch mit Juden, von denen es im heutigen Syrien nur noch ganz wenige gibt. Juden genossen in Syrien großen Respekt. Die herrschende alawitische Assad-Familie wurde nicht nur von Alawiten, Schiiten und Christen unterstützt, sondern auch von der sunnitischen Ober- und Mittelschicht. Vernachlässigt hatte das Regime jedoch die junge Bevölkerung der Vorstädte und der ländlichen Bezirke. Ein schwerer Fehler, wie sich zeigen sollte.

Im März 2011 erreichten die Flammen der Revolution auch Syrien. Die meisten westlichen Politiker und Journalisten glaubten, dass – wie in Tunesien, Ägypten und Libyen – ein demokratiebegeistertes Volk gegen seinen blutrünstigen Diktator aufgestanden war und diesen in wenigen Wochen wegfegen würde. Die Rollen zwischen Gut und Böse waren in Syrien noch klarer vergeben als in den drei anderen arabischen Revolutionen. Die Toten waren grundsätzlich Opfer des »Schlächters von Damaskus«, wie westliche Politiker Assad nun nannten.

Das alles wollte ich wie üblich vor Ort überprüfen. Ganz unbefangen war ich allerdings nicht. Emotional stand ich wie in Ägypten und Libyen eher auf der Seite der Aufständischen. Mit Diktatoren hatte ich fast nur schlechte Erfahrungen gemacht. Mit Pinochet, der ein halbes Jahr gebraucht hatte, bis er endlich sein Offizierswort hielt. Oder mit Gaddafi, dessen Sohn Mutassim uns mit Raketen beschießen und meinen Freund Abdul Latif ermorden ließ. Als lebenslanger Rebell gegen alle gefühlten Ungerechtigkeiten dieser Welt konnte ich mit Diktatoren nichts anfangen. Misstrauisch machte mich allerdings, dass sich die Golfmonarchien in Syrien noch penetranter als bisher als Vorkämpfer der Demokratie darstellten. Dass der gesamte Westen ihnen diese absurde Behauptung durchgehen ließ, war erstaunlich.

Im Mai 2011 flog ich mit Julia nach Damaskus. Das Auswärtige Amt hatte zwar wieder einmal ein Reiseverbot ausgesprochen. Doch danach hatte ich mich nie gerichtet. In Daraa war es laut Al Jazeera zu grauenvollen Morden an Kindern gekommen. Das wollte ich recherchieren. Damaskus allerdings schien ruhig und friedlich zu sein. Von revolutionärer Stimmung war hier nichts zu spüren. Ganz anders als in Kairo und Bengasi. Wenn ich in meinem Lieblingscafé in der Nähe der uralten Omajaden-Moschee nach Protesten in Damaskus fragte, wurde ich ausgelacht. Ich sähe offenbar zu viel Al Jazeera oder Al Arabiya. Die arbeiteten angeblich im Auftrag von Katar und Saudi-Arabien. War das wirklich so?

Wir fuhren kreuz und quer durch die Stadt. Um mögliche Verfolger abzuschütteln, wechselten wir mehrfach die Taxis, fuhren durch menschenleere Gassen und stiegen dann wieder in ein anderes Taxi ein. Doch die Geheimdienste hielten es offenbar für überflüssig, uns zu überwachen. Wir gingen in ein kleines Geschäft und fragten ironisch, wo es denn hier zur Revolution gehe. Die Antwort der Ladenbesitzerin lautete – nachdem sie sich vorsichtig umgesehen hatte –, in Damaskus gebe es zwar viele Missstände, aber keine Revolution. Weder heute noch morgen. Assad sei nicht das Problem. Schlimm seien seine korrupte und ineffektive Regierung sowie seine Partei, die nichts hinbekämen und sich nur selbst bereicherten. Auch die vielen Geheimdienste seien ein Übel.

Wir fuhren auch in eine der angeblich regimefeindlichen Vorstädte. Befreundete Syrer hatten mir dringend davon abgeraten. Doch auch hier war alles ruhiger und friedlicher als erwartet. Obwohl die Blicke, die uns folgten, manchmal finster waren. Nach ein paar Tagen war uns klar, dass es in Damaskus schlicht und einfach keine Revolution gab, auch wenn es gelegentlich die eine oder andere kleinere Protestkundgebung gegeben haben konnte. Unsere Politiker und die Weltmedien zumindest erzählten über Damaskus Märchen.

## *Die Morde von Daraa*

Um die Revolution zu finden, mussten wir ins etwa hundert Kilometer entfernte Daraa fahren, wo es Mitte März tatsächlich zu furchtbaren Ereignissen gekommen war. Angeblich hatten Schulkinder in Graffitis den Sturz des Regimes gefordert. Sie waren ins Gefängnis geworfen worden. Einer der Jungen war einige Tage später mit Spuren unbeschreiblicher Misshandlungen tot aufgefunden worden. In der Bevölkerung war es daraufhin zu Recht zu wütenden Protesten gekommen. Die Sicherheitskräfte des Regimes hatten angeblich gnadenlos zugeschlagen. Dabei waren nach Medienberichten zahlreiche Menschen ums Leben gekommen. Selbst die Regierung schien das im Kern nicht zu dementieren.

Unstreitig war allerdings auch, dass Assad den ermordeten Jungen öffentlich einen »Märtyrer« genannt und seine Eltern zu sich eingeladen hatte, um ihnen zu kondolieren. Seine Offiziere hatte er angeblich mehrfach wütend angerufen. »No bloodshed«, soll er gebrüllt haben, wie mir ein führendes Mitglied einer Oppositionspartei berichtete. Was war Wahrheit, was war Propaganda? Al Jazeera folgend, schrieb die Weltpresse, niemand könne mehr nach Daraa. Die Stadt sei von Panzern umstellt und hermetisch abgeriegelt. Für mich war das nie ein Grund gewesen, auf Vor-Ort-Recherchen zu verzichten. Wir mieteten uns eine bewusst repräsentative Limousine samt Fahrer und fuhren los. Die Wahrheit konnte ich auch hier nur vor Ort finden.

Zu meiner Überraschung war von den angeblichen Panzersperren nirgendwo etwas zu sehen. Dreißig Kilometer vor Daraa stand im Schatten eines Olivenbaums lediglich ein kleiner alter Panzer. Nur Felsbrocken erschwerten die Durchfahrt. Die verschlafenen Soldaten winkten uns durch, nachdem unser Fahrer seinen Ausweis gezeigt und erklärt hatte, wir seien »Touristen aus Deutschland«. »Touristen?«, wiederholten die Polizisten ehrfurchtsvoll. Das hatten sie in Daraa nun gar nicht erwartet.

Kurz danach waren wir in der jahrtausendealten Stadt, die schon in der Bibel erwähnt wird. Wie häufig in Kriegen oder Bürgerkriegen, die ich erlebt hatte, schien auf den ersten Blick alles normal. Kinder winkten uns fröhlich zu, und die Händler auf dem Wochenmarkt versuchten wie üblich lautstark, uns ihre Waren zu verkaufen. Für ein paar Cent kaufte ich ein Kilo der landesweit berühmten Kirschen aus Daraa. Sie sahen köstlich aus. Und schmeckten entsprechend. Auch im Souk schien alles friedlich zu sein. Ein Verkäufer machte Julia beim Kauf eines Schals einen echt guten Preis. Als ich ihm dankbar auf die Schulter haute, zuckte er schmerzverzerrt zusammen. Die Polizei habe ihn bei einer Demo in der vergangenen Woche verprügelt. Er sie allerdings auch, merkte er stolz an. In Daraa gebe es zurzeit ständig Demonstrationen.

Als ich ihn fragte, ob er Assad stürzen wolle, schüttelte er den Kopf. Assad sei nicht das Problem. Aber er müsse endlich die verdammten Probleme lösen, die das Land spalteten. Danach dürfe er gehen. Das Land brauche dringend Reformen, keine Revolution. Assad zu stürzen, sei außerdem schwierig. Er habe zu viele Anhänger. Syrien sei nicht Tunesien, Ägypten oder Libyen. Eine verschleierte junge Frau stürzte auf mich zu. Aufgeregt redete sie auf mich ein. Es sei schlimm, wie die Menschen hier von der Polizei behandelt würden. Dann verschwand sie im Gewühl der Menschen.

Wir fuhren kreuz und quer durch die Stadt. Julia fotografierte, was das Zeug hielt. Auch ein ausgebranntes Polizeigebäude. Hier hatte es offenbar richtig gekracht. Julia wusste: Jedes Foto dieser Stadt war jetzt weltexklusiv. Eine Kriegs- und Krisenfotografin wie sie ließ sich so etwas nicht entgehen. Obwohl ihr die Ereignisse von Libyen vor zwei Monaten noch in den Knochen steckten. Wie auch mir.

Inzwischen folgte uns ein Auto. Immer wenn wir hielten, hielt es auch. Wir wurden verfolgt. Vielleicht hatten wir zu häufig angehalten. Und zu viel fotografiert. Urplötzlich stand wenige Meter vor uns mitten auf der Straße ein Soldat. Ganz langsam richtete er seine Maschinenpistole auf uns. Unser Fahrer machte eine Vollbremsung. Wir flogen alle nach vorne. Innerhalb von Sekunden waren wir von acht bewaffneten Männern in Tarnanzügen umzingelt. Wenn wir jetzt den geringsten Fehler machten, würde es zu einer Katastrophe kommen. Diese Leute kämpften nicht nur jede Woche gegen teilweise bewaffnete Demonstranten. Auch in Fotografen sahen sie Feinde. Erst recht in Spionen. In ihren Augen hatten wir uns wie Spione verhalten.

Für mich gibt es in derartigen Situationen immer nur eine Lösung: sofort aussteigen und jeder finsteren Gestalt freundlich die Hand schütteln. Egal, wie schwer bewaffnet sie war. Das mag verblüffend klingen, war aber stets äußerst wirkungsvoll. Julia und unser Fahrer machten dasselbe. Tapfer lächelten sie die Maschinenpistolen und ihre Träger an. Kreidebleich um die Nase.

Inzwischen waren zwei weitere Wagen des Militärgeheimdienstes eingetroffen. Wieder begrüßte ich jeden mit Handschlag. Ihrem Chef sagte ich, wir seien deutsche Touristen. Ich hätte Syrien schon ein Dutzend Mal besucht. Daraa fehle mir noch in meiner Sammlung. Er dürfe bitte jetzt nicht die letzten Touristen vertreiben. Irritiert und leicht verzweifelt sah mir der schon etwas ältere Geheimdienstoffizier in die Augen. Dann nahm er mich zur Seite. »Was um Himmels willen machen Sie hier? Sie wissen doch, was hier passiert ist. Und dass hier inzwischen schnell geschossen wird, dürfte Ihnen auch klar sein. Die Lage in Daraa ist schwieriger, als Sie annehmen. Ihre persönliche Lage auch. Als Tourist nach Daraa zu reisen, das darf doch wohl nicht wahr sein. Sie müssen hier sofort raus. Ich fahre Sie jetzt zu unserem Checkpoint.« Dann geleitete er uns mit seinem Wagen aus der Stadt.

Wir atmeten tief durch. Eine Stunde später waren wir wieder im brodelnden Damaskus.

## *Empörung in Deutschland*

Das alles berichtete ich in einem ausführlichen Gastbeitrag für die *Zeit*. »Die Kirschen von Daraa«, lautete der Artikel. Ich erntete eine Mischung aus Wut und Hohn. Die einen behaupteten, ich sei ein bezahlter Agent des syrischen Regimes. Man müsse sich eigentlich nur fragen, wie viel Geld ich dafür bekommen hätte. Andere hielten mich für naiv und blauäugig und behaupteten, der syrische Geheimdienst habe alles extra für mich arrangiert. Da hätte das Regime allerdings viel zu tun gehabt. Ganze Straßen für mich umzubauen, Hunderte von Panzern über Nacht abzuziehen, so etwas schafft nicht einmal Hollywood.

Doch seit diesem Artikel in der *Zeit* war ich für viele, die den Artikel oft gar nicht gelesen hatten, ein Freund des »Schlächters von Damaskus«. Groteskerweise landete ich gleichzeitig in Syrien auf der Liste des mächtigen Inlandsgeheimdienstes. Offenbar war mein Artikel in der *Zeit* den Geheimdienstlern zu kritisch. In Syrien wurde ich nun als »Staatsfeind« geführt, was ich bald zu spüren bekommen sollte. Ich hatte nicht nur in Deutschland, sondern auch in Syrien in ein Wespennest gestochen.

### *Einreiseverbot in Damaskus*

Ich konnte mich in meiner Reportage über Daraa natürlich geirrt haben. Vielleicht hatten die syrischen Geheimdienste mich ja doch zumindest teilweise ausgetrickst. Ich musste noch einmal nach Syrien, um dem Geheimnissen dieses Landes tiefer auf den Grund gehen.

Im Herbst 2011 flog ich erneut nach Damaskus. Ich wollte mir in der Millionenstadt Homs, im Herzen des international gefeierten Volksaufstands, eine Freitagsdemonstration ansehen. Und auch mit Rebellen sprechen. Leider beschäftigten sich nun offensichtlich auch westliche Geheimdienste mit uns. Julias Koffer, den sie unter meinem Namen aufgegeben hatte, verschwand bereits auf der Strecke von München nach Frankfurt. Als er nach einer Woche wieder auftauchte, fehlten alle Computerfestplatten. Ähnliches passierte mir später auf fast jeder meiner Reisen nach Damaskus. Kurz, ich unterschätzte weder die syrischen noch die deutschen Geheimdienste. Die wussten mehr über meine Reisen, als mir lieb war. Am Flughafen in Damaskus bekam ich das bei unserer abendlichen Ankunft sofort zu spüren. Als ich bei der Einreisekontrolle meine Papiere vorzeigte, verfinsterten sich die Blicke des Beamten. Immer wieder blickte er auf seinen Computer. Dann war der Fall für ihn klar. Meine Einreise sei ausgeschlossen, erklärte er und bat mich, zusammen mit einem weiteren finster dreinblickenden Beamten, in ein Büro, in dem offenbar der Geheimdienst residierte. Dort teilte man mir mit, ich sei festgenommen. Morgen früh müsse ich mit der ersten Maschine nach Deutschland zurückfliegen. Ich sei ein Feind Syriens.

Mein Protest prallte wirkungslos an den Beamten ab. Staunend blickte ich die Beamten an. In Deutschland als Freund des »Schlächters von Damaskus« beschimpft und in Syrien als »Staatsfeind« festgenommen zu werden, das musste ich erst einmal verarbeiten. Erst nach Stunden kam ich durch die Intervention eines deutsch-syrischen Arztes an höchster Stelle wieder frei. Ich ahnte nicht, dass die Festnahme am Flughafen von Damaskus der Beginn einer endlosen Reise war. Einer Reise voller Begegnungen mit fast allen Akteuren eines grauenvollen Bürgerkriegs. Und mit den zynischen Hintermännern. Der Beginn meines fast endlosen Versuchs, einen Beitrag zu einer friedlichen Lösung des Syrienkonflikts zu leisten. Je näher wir einer Lösung kamen, desto erbitterter und gehässiger wurde die Kritik an meiner Haltung.

## *Bei den Rebellen von Homs*

Wenige Tage später saß ich in einem alten, klapprigen Taxi und fuhr nach Homs, in die »Hauptstadt des syrischen Aufstands«. Zu einer der Freitagsdemonstrationen, über die die Weltpresse regelmäßig berichtete und bei der es ständig Tote gab. Was hatte ich da zu suchen? In Deutschland würde mir das niemand glauben, und in Syrien verschloss es mir viele Türen. Aber musste ich mir bei einem derartigen Konflikt nicht beide Seiten anschauen, wenn ich darüber berichten wollte? Als ich einmal Peter Scholl-Latour nach dem Sinn derartiger »Frontbesuche« fragte, antwortete er in seiner schnoddrigen Art: »Einer muss es ja tun.« Er war einer von jenen, die es ebenfalls immer taten.

Julia hatte ich nach Homs nicht mitgenommen. Sie hatte genug durchgemacht und fand das Risiko zu hoch. Nach dem Freitagsgebet fuhr ich mit einem Taxi zu der Straße, in der üblicherweise die größten Demonstrationen stattfanden.

Und die der syrische Geheimdienst auch nach Berichten von Assad-Anhängern regelmäßig mit Schüssen aus seinen Schützenpanzern beendete. Mit tödlichen Schüssen. Ich fragte meinen Fahrer, was ich tun solle, wenn der Geheimdienst in meine Richtung schieße. Das sei einfach, sagte er. »Werfen Sie sich hin und stellen Sie sich tot! Dann schießen sie auf andere.«

Daran dachte ich, als ich kurz danach am Rande der Straße stand, auf der sich die Demonstranten sammelten. Um die Demonstration einigermaßen professionell filmen zu können, kletterte ich auf einen Trafokasten. Das Zu-Boden-Werfen hatte sich damit auch erledigt. Aus dieser Höhe würde ich mir alle Knochen brechen. Die Demonstranten waren technisch sehr einfach ausgestattet. Über eine auf das Dach eines Lieferwagens montierte Lautsprecheranlage gab ein Einpeitscher das Signal zum Beginn der Demonstration. Er selbst saß mit einem Megafon auf den Schultern eines Demonstranten. Und los ging es. »Iskat, iskat ya Baschar!« – »Nieder mit Assad! Nieder mit Baschar!«, brüllte die Menge und reckte die Fäuste in die Luft.

Ich filmte mit dem Handy. Mehrere Demonstranten sahen das. »Ein Fremder!«, riefen sie dem Einpeitscher zu. Der gab ab sofort seine Signale auf Englisch. »Freedom, Freedom!«, hallte es nun durch die Straße. Die Sprechchöre wurden zum Orkan! Es war sehr beeindruckend. Und friedlich. Wann würde der Geheimdienst mit seinen Schützenpanzern eingreifen? Doch der Geheimdienst griff nicht ein. Weder am Anfang noch am Ende der halbstündigen Demonstration. Obwohl die Beschimpfungen gegenüber dem syrischen Präsidenten immer deftiger wurden. »Können Sie nicht immer zu unseren Freitagsdemos kommen?«, fragte mich ein älterer Mann lachend. »Das ist das erste Mal, dass die nicht geschossen haben.«

Der Mann schien eine wichtige Rolle bei der Medienarbeit der Rebellen zu spielen. Man sei in Homs über vier Satellitenstationen direkt mit der Sendezentrale von Al Jazeera verbunden, erzählte er mir. Manchmal schicke er fünfzig seiner

Freunde zum Demonstrieren in eine winzige Straße um die Ecke. Dass sie nur wenige seien, sehe man im Fernsehen ja nicht.

Besonders stolz war er auf eine Meldung, mit der er die ganze Welt erreicht hatte. Über seine Kumpels bei Al Jazeera hatte er lanciert, in Homs drohe eine schreckliche Hungersnot, eine humanitäre Katastrophe. Obwohl die Märkte prall mit Waren gefüllt waren. Die ganze Welt habe reagiert. Ein Dutzend Lastwagen mit Lebensmitteln sei nach Homs gekommen, um die humanitäre Katastrophe abzuwenden. Er habe allerdings nur einen Laster entladen lassen. Die anderen habe er zurückgeschickt.

Als ich ihn etwas skeptisch ansah, meinte er, irgendwas müsse man ja tun, um den »Schlächter von Damaskus« loszuwerden. Mir wurde immer klarer, welche bedeutende, völlig »unjournalistische« Rolle Al Jazeera bei der syrischen Revolution spielte. Gustave Le Bon, Autor des Buches *Die Französische Revolution und die Psychologie der Revolutionen,* hätte an Al Jazeera seine reine Freude gehabt. Am Abend meldete der Sender, bei der Demonstration in Homs habe es fünf Tote gegeben. Obwohl es an diesem Tag keinen einzigen Toten gegeben hatte.

### *Schlächter, Hamlet oder beides?*

Wir waren bereits nach Kairo weitergereist, als ich einen Anruf von Assads Medienberaterin Scherazad Jaafari bekam. Sie teilte mir mit, Assad wolle mich sprechen. Wie bitte? Was sollte ich tun? Sollte ich das Gespräch ablehnen, um den Hasskommentaren in Deutschland keine weiteren Gründe zu liefern? Oder musste ich zusagen? Um den syrischen Konflikt zu verstehen, reichte es schließlich nicht aus, mit Rebellen zu sprechen. Musste ich nicht auch mit dem Mann sprechen, den sie bekämpften? Egal, was die Medien über ihn berichteten? Ich sagte zu.

Wenige Tage später saßen Julia und ich im Wagen von Assads »Medienberaterin« Scherazad. Sie war einundzwanzig Jahre alt, Tochter des syrischen UNO-Botschafters und hatte die meiste Zeit in New York gelebt. Sie war groß, bildhübsch und sprach breitestes Englisch mit amerikanischem Akzent. Sie entschied maßgeblich, wer Assad treffen durfte. Sie hatte über mich recherchiert und beschlossen, dass Assad mich treffen müsse. Ich sagte ihr, dass ich bei derartigen Gesprächen manchmal sehr direkt sei. Sie antwortete lachend, das sei genau das Richtige. In Assads Umfeld wage leider niemand, ihm die Wahrheit zu sagen.

Wir fuhren auf einen der Damaskus umgebenden karstigen Berge. Zweimal wechselten wir das Auto, um etwaige Verfolger abzuschütteln. Schließlich standen wir in einer kleinen Straße vor dem Metalltor einer Villa, in der Assad angeblich lebte und arbeitete. Zumindest zeitweise. Assad empfing Julia und mich ausgesprochen herzlich. Vor uns stand ein ein Meter neunzig großer, leise sprechender, leicht lispelnder Mann. Als er sich schließlich auf seine tiefe schwarze Couch setzte, wusste er offenbar nicht richtig, was er mit seinen langen Beinen anfangen sollte. Das also war der »Schlächter von Damaskus«.

Assad war der am europäischsten wirkende arabische Politiker, den ich jemals getroffen habe. Man habe ihm das in der arabischen Welt auch immer vorgeworfen, meinte er. Zum Beispiel, dass er in Damaskus auf eine französische Schule gegangen sei, dass er lange in Großbritannien gelebt habe, dass seine Sonnenbrille zu westlich aussehe und Ähnliches. Und dass er ständig westliche Politiker zu Besuch gehabt habe. Nicolas Sarkozy, Guido Westerwelle, den amerikanischen Außenminister John Kerry samt Ehefrau. Der Westen habe ihn früher umworben. Das habe sich geändert, als er sich gegen den Irakkrieg gewandt habe. Ab da habe ihn der Westen in »Diktatorenfreund« und »Terrorismusförderer« umbenannt.

Assad schien großes Interesse an einer vom Westen mitgetragenen Lösung zu haben. Er wusste, dass die Rebellen vom Westen inzwischen nicht nur medial und politisch, sondern auch mit Waffen unterstützt wurden. Es war mit Händen zu greifen, dass er ein Arrangement mit dem Westen einer Lösung mit Russland oder dem Iran vorziehen würde. Auch mit dem Iran sei er nur befreundet, nicht verheiratet. Wir diskutierten zwei Stunden lang.

### *»Stellen Sie sich an die Spitze der Demokratiebewegung!«*

Ich forderte Assad auf, einen eigenen Beitrag zum Frieden zu leisten, indem er offizielle Gespräche mit der syrischen Opposition aufnehme. Ziel müsse eine demokratische Verfassung sein, in der sich auch die oppositionellen Kräfte Syriens wiederfinden könnten. Er fragte mich, ob ich sicher sei, dass die Opposition eine demokratische Lösung wolle. Nach seinen Informationen strebe eine Mehrheit der Rebellen keine Demokratie, sondern ein Kalifat an. Ich erwiderte, vielleicht wäre die Lage anders, wenn seine Leute weniger Zivilisten erschießen würden. Er schaute mich lange an. Dann nahm er die arabische Version meines Buches *Warum tötest du, Zaid?* in die Hand, das Scherazad vor ihm platziert hatte. »Warum töten wir?«, sagte er. »Eine furchtbare Frage!«

Dann meinte er: »Wir haben in den Kämpfen mit den Rebellen unzählige junge Soldaten verloren. Würden Merkel und Obama tatenlos zuschauen, wenn ihre Soldaten und Polizisten von bewaffneten Gruppen getötet würden?« Er glaube nicht, dass es den USA im Mittleren Osten um Demokratie gehe. Sie hätten ja auch die Golfstaaten nie um demokratische Wahlen gebeten. Dass die Golfstaaten in säkularen Staaten wie Tunesien, Ägypten, Libyen und Syrien die Demokratie einführen wollten, sei ja wohl ein Scherz. Wenn den Golfmonarchien Demokratie so wichtig sei, würden sie diese doch zuerst bei sich selbst einführen. Aber daran dächten sie nicht im Traum.

Im Übrigen könne er nicht einfach die Staatsform ändern. Ich verlange letztlich von ihm einen »Staatsstreich«. Er könne seinem Land nicht »wie ein Diktator« einfach eine demokratische Verfassung verordnen. Ich rief verblüfft: »Aber Sie *sind* doch ein Diktator. Sie sind der mächtigste Mann des Landes. Ja, das wäre ein Staatsstreich! Na und? Außergewöhnliche Situationen erfordern außergewöhnliche Maßnahmen!« Dabei schlug ich mehrfach heftig auf die Lehne meines ledernen Sessels. Julia hat diese Szene gefilmt. Assad hatte ihr ausdrücklich erlaubt, Aufnahmen zu machen. Wir haben die Szene später im Internet veröffentlicht.

Ich blieb dabei: Er müsse mit seinen Gegnern sprechen, gemeinsam mit ihnen eine neue demokratische Verfassung erarbeiten und die Bevölkerung darüber abstimmen lassen. Er müsse sich an die Spitze der Demokratiebewegung stellen. All das müsse schnell geschehen. Die Zeit laufe ihm davon. Das Gespräch war leidenschaftlich und manchmal auch laut. Assad ließ das zu. Scherazad war begeistert.

Wer war Assad? Ein brutaler Schlächter oder ein Hamlet, der sich jeden Tag fragte, was er in dieser schrecklichen Rolle suchte? Der viel lieber wie früher Augenarzt wäre? Oder war Assad etwa beides – Schlächter und Hamlet? Da einige der Argumente Assads interessant klangen, fragte ich ihn, ob er das nicht alles in einem Fernsehinterview den Menschen im Westen erklären könne. »Wenn Sie das machen, gerne!«, antwortete er überraschend. Vor ihm lag eine lange Liste bekannter westlicher, auch deutscher Medien, die ihn in fast unterwürfiger Form um ein Interview baten.

### *Mein erstes TV-Interview als Interviewer*

An dem Interview mit Assad nahm als Beobachter und Ratgeber Stefan Rocker teil, ein faires und kompetentes Mitglied der »Weltspiegel«-Redaktion. Seine Anwesenheit war mir wichtig.

So konnte wenigstens niemand sagen, alles sei ein Fake gewesen. Natürlich hatte ich das Interview tagelang vorbereitet. Drei der Fragen des Interviews stammten sogar von mit mir befreundeten Mitgliedern der syrischen Exilopposition in Österreich. Mein Ziel war nicht, mit dem Interview groß herauszukommen. Das wäre einfach gewesen. Ich hätte Assad nur kräftig beleidigen müssen, dann wäre ich für den Westen ein Held gewesen. Mir ging es darum mitzuhelfen, dass sich die Politiker, die dieses Interview weltweit sähen, einen Eindruck von Assad verschaffen konnten. Und sich eine Meinung bilden konnten, ob es Sinn machte, mit diesem Mann zu verhandeln oder nicht.

Frédéric hatte mir vor allem einen Rat gegeben: »Wehe, du lachst! Wenn du vorher, während oder nach dem Interview auch nur andeutungsweise lächelst, wird dieses Bild um die Welt gehen. Dann hast du verloren.« Ich war bereits einige Minuten vor Assad in dem abgedunkelten Raum, in dem das Interview stattfinden sollte. Geschminkt und verkabelt, testete ich nicht nur das Mikrofon, sondern auch den von Frédéric geforderten grimmigen Blick. Als Assad dann gemessenen Schritts über einen langen Flur den Raum betreten und sich alle ehrfürchtig verneigt hatten, setzte er sich auf den Stuhl mir gegenüber. Er erschrak, weil ich so grantig blickte. »Gibt es Probleme?«, fragte er leise und verunsichert. Ich schüttelte den Kopf. »Alles ok!«, antwortete ich. Doch nach der ersten Frage schien er leise Zweifel zu bekommen. Sie lautete:

»Herr Präsident, Anhänger der Opposition und westliche Politiker vertreten die Auffassung, dass Sie persönlich das größte Hindernis für Frieden in Ihrem Land sind. Wären Sie bereit, zurückzutreten, wenn dieser Schritt Frieden bringen und das Blutvergießen beenden würde?« Ich wusste, dass diese Frage in einem arabischen Land extrem unfreundlich war. Assad schaute mich irritiert an. Danach fragte ich ihn, ob er keine Angst um seine Frau und seine drei kleinen Kinder habe, wenn er zum Beispiel an das Ende von Gaddafi denke. Ich bekam bei der Frage selbst Gänsehaut. Insgesamt stellte ich knapp fünfzig Fragen, einschließlich Zusatzfragen. Assad antwortete sehr ruhig, ich fragte sehr ernst. Nach zwanzig Minuten war alles vorbei.

## *Protest von allen Seiten*

Sofort nach der Sendung kritisierte die Sprecherin der syrischen Regierung mir gegenüber scharf meine »Rücktrittsfrage«. Ich hätte Assad damit regelrecht überfallen. Das syrische Fernsehen strahlte deshalb auch nur kurze Passagen des Interviews aus. Anschließend protestierte die syrische Regierung auch offiziell gegen das Interview. Der stets offene und ehrliche Stefan Rocker meinte, bis auf die ersten zwei Fragen sei das Interview viel zu milde gewesen.

Die deutsche Tageszeitung *Welt* schrieb, ich hätte mit Sicherheit auch Hitler und Stalin interviewt. Härter konnte man nicht zuschlagen. Ich hatte es letztlich geahnt. Doch im Grunde hatte *Welt* recht. Diese Interviews mit zwei der größten Verbrecher des vorigen Jahrhunderts hätte ich nach intensiver Vorbereitung mit klugen Menschen möglicherweise tatsächlich gemacht. Die Welt wäre dann vielleicht früher gewarnt worden. Journalismus ist so wichtig.

Ansonsten meinten die sogenannten »Syrien-Experten«, die im Anschluss an die Ausstrahlung meines Interviews die Aussagen Assads live analysierten, das Interview zeige, wie weit sich dieser Mann von den Realitäten entfernt habe. In ein paar Monaten sei er weg. Nur die *New York Times* staunte, dass ich das Interview – anders als sie – überhaupt bekommen hatte.

Waren meine Gespräche mit Assad wirklich ein Skandal? Muss man nicht auch mit Diktatoren sprechen? Für manche meiner Kritiker war ich nun endgültig ein Diktatorenfreund. Als anständiger Demokrat spreche man nicht mit solchen Leuten, sagten sie. Man interviewe sie auch nicht. Das Unehrliche an dieser Argumentation war, dass der Westen ständig mit Diktatoren spricht. Mit den Golfstaaten, mit China oder Nordkorea. Die USA ziehen diktatorische Regierungen manchmal sogar deren demokratischen Herausforderern vor. Weil sie mit Diktatoren langfristiger planen können als mit demokratischen Regierungen, die nur für eine Legislaturperiode gewählt sind. Die Diskussion über westliche Kontakte zu Diktatoren ist eine einzige große Heuchelei.

Mein Fehler war im Gegenteil eher, dass ich nie mit Saddam Hussein und auch nie mit Muammar al-Gaddafi gesprochen habe. Hätte ich es getan, würde mein libyscher Freund Abdul Latif vielleicht noch leben. Und vielleicht hätte ich auch Saddam Hussein dazu bewegen können, konstruktiver mit dem Friedensplan umzugehen, den Graf Sponeck und ich mit Kanzler Schröder abgesprochen hatten. Mein Fazit im Winter meines Lebens lautet: Man muss notfalls selbst mit dem Teufel verhandeln, wenn man dadurch die Chancen vergrößert, Frieden zu erreichen.

### *Die Brutalität des Syrienkriegs*

Das Wort »Krieg« verschleiert, dass Krieg schlicht das gegenseitige Erschlagen von Menschen ist. In der Regel gewinnt der, der die meisten Menschen tötet. Kriege profitieren davon, dass es ihren Befürwortern gelingt, ihre Unmenschlichkeit zu verheimlichen. Dass es Kriegsberichterstatter wie Ernst Jünger gab und gibt, die – statt das wahre Gesicht des Kriegs zu zeigen – Kriege und damit oft sich selbst verherrlichen. Und dass Politiker wie Winston Churchill unbeschadet durchkommen, wenn sie von »fröhlichen kleinen Kriegen gegen barbarische Völker« schwärmen, wenn sie von ihren Kriegen gegen die Völker Arabiens berichteten. Es gibt keine anständigen oder heldenhaften Kriege, weil es kein anständiges oder heldenhaftes Erschlagen von Menschen gibt.

Wenn ich an die Kriege denke, die ich miterlebt habe, sehe

ich vor mir verstümmelte und verbrannte Kinder, Frauen, Männer. Ich denke an ihre unbeschreiblichen Schmerzen, an endloses Leid. Im Gazakrieg 2023/24 haben viele Politiker durch Handy-Liveübertragungen erstmals gesehen, wie grauenvoll Kriege sind. Doch sie ziehen daraus noch immer keine Konsequenzen.

In Syrien war mir schon nach kurzer Zeit klar, dass sowohl das Assad-Regime als auch die Rebellen mordeten und folterten. Ich habe mehrere Male mit gefolterten Rebellen gesprochen. Ich habe Assad mehrfach gebeten, das berüchtigte Saidnaya-Gefängnis besuchen zu dürfen. Er hat es konsequent abgelehnt. Er war schließlich sogar ziemlich ungehalten, dass ich diesen Wunsch bei jeder Reise wiederholte. Allerdings hätte mir auch die US-Regierung keinen Besuch ihres Foltergefängnisses Abu Ghraib im Irak gestattet. Immerhin hat Assad mir erlaubt, zwei Geheimdienstgefängnisse zu besuchen und dort mit Gefangenen zu sprechen. Mein Besuch im berüchtigten Saidnaya-Gefängnis aber war ihm zu riskant. Gefängnisse mit »Kriegsgefangenen« sind grauenhaft. Überall auf der Welt.

Auch die Rebellen mordeten, misshandelten ihre Gefangenen. Menschenrechtsorganisationen wie »Human Rights Watch« haben das vielfach dokumentiert. Rebellen sprachen mir ganz offen in die Kamera, wie sie »alawitischen Verrätern« serienweise die Kehle durchschnitten. Sie nannten uns stolz die Plätze, wo »alles voll mit Leichen« sei. Manchmal habe man einfach die Maschinenpistole genommen, um die Verräter zu töten. Das sei schneller gegangen. In ländlichen Gegenden habe man sogar richtige Gefängnisse gehabt. Selbstverständlich sei auch dort gefoltert worden.

Die UNO-Sonderermittlerin für Syrien. Carla Del Ponte, die den Syrienkonflikt sechs Jahre lang beobachtet hatte, erklärte bei ihrem Rücktritt 2017 resigniert, am Anfang habe es in Syrien noch »Gute und Böse« gegeben. Mittlerweile seien »alle böse«.

## *Was tun?*

Sollte ich angesichts der immer bösartigeren Kritik in Deutschland aufgeben? Oder sollte ich weiter versuchen, aufzuklären und auch zu vermitteln? Vor dieser Frage stand ich im Grunde während meines ganzen Lebens. Sie betraf nicht nur mich, sondern meine ganze Familie. Immer wieder gab es rüde Anfeindungen und konkrete Morddrohungen, die die Polizei ernster nahm als ich.

Meine jüngere Tochter Nathalie rief mich einmal an und fragte, ob die Veröffentlichung meines Fotos mit Assad, das sie gerade in den Medien gesehen hatte, wirklich nötig gewesen sei. Sie habe schließlich auch ein Leben. Und sie habe Freunde, die meine Treffen mit Diktatoren und Rebellen überhaupt nicht lustig fänden.

Ich glaube, dass ich gar keine andere Wahl hatte, als weiterzumachen. Obwohl mich manche Anfeindungen und die zunehmende Isolation tief trafen. Auch wenn ich es nicht zeigte. Doch für manche Menschen in Syrien, Irak oder Afghanistan war ich eine der wenigen Hoffnungen, einer der letzten Strohhalme, an die sie sich klammerten. Auch mein »innerer Gerichtshof« verbot mir aufzugeben. Vielleicht hatte ich auch nicht den Mut und die Kraft, das zu verraten, woran ich glaubte.

Und ich wusste auch nicht immer, ob das, was ich gesehen oder verstanden hatte, wirklich die Wahrheit war. Doch ich beschloss, meinen Weg weiterzugehen.

## *Vermittlung für das Weiße Haus?*

Über meine Gespräche mit Assad hatte ich regelmäßig die deutsche und gelegentlich die amerikanische Regierung informiert. Die USA zogen weitere Waffenlieferungen Friedensverhandlungen vor. Sie waren der Auffassung, man könne Assad auch ohne Verhandlungen erledigen.

Zumindest könne man im Nahen Osten weiter »kreatives Chaos« schaffen, wie Obamas Außenministerin Condoleezza Rice das genannt hatte. Ich hatte Assad klar über die ablehnende Haltung der USA informiert.

Trotzdem bekam ich damals, Anfang Oktober, als der Aufstand längst zu einem blutigen Bürgerkrieg ausgeufert war, aus dem Umfeld von Assad die Anfrage, ob ich noch einmal kommen könne. Man habe weitreichende Ideen. Für Assad war ich offenbar ein Mann mit besonderen Beziehungen zu den USA. Ich besuchte daher in Berlin US-Botschafter Phil Murphy. Er hatte sich vor unserem Treffen intensiv in Washington informiert. Das Weiße Haus schien an Sondierungen äußerst interessiert zu sein. Das Außenministerium sei bewusst nicht eingeschaltet worden, sagte Murphy. Er bat, diesen Punkt vorerst besonders vertraulich zu behandeln. Assad könne ich sagen, dass Obama an einer vernünftigen Lösung des Konflikts interessiert sei.

### *Wieder bei Assad*

Die erneuten Gespräche mit Assad waren selbst für mich, der ich zu wissen glaubte, was machbar war und was nicht, überraschend konstruktiv. Insgesamt diskutierten wir sechs Stunden. Die Schlussgespräche führten wir bei ihm zu Hause im Beisein seiner Frau Asma. Im Stock über uns tobten seine Kinder. Ich hatte versucht, ihm klarzumachen, dass wir einen Vorschlag erarbeiten mussten, der erstens den militärischen Konflikt mit Israel beendete und zweitens klarmachte, unter welchen Umständen er als Präsident die Macht abgeben werde. Noch ein paar Jahre zuvor wäre ich nach derartigen Vorschlägen rausgeflogen. Aber die Lage in Syrien hatte sich dramatisch verschlechtert. Für alle am Konflikt Beteiligten.

Am Ende der stundenlangen Gespräche bat mich Assad, dem Weißen Haus folgende Vorschläge zu übermitteln:

1. Seine Bereitschaft zu Friedensverträgen mit allen Nachbarstaaten. Selbst zu Israel schlug Assad eine völlige »Normalisierung« vor, vergleichbar der einstigen Normalisierung des Verhältnisses zwischen Deutschland und Frankreich – falls Syrien die von Israel besetzten Golanhöhen zurückerhalte.
2. International überwachte Wahlen und Garantien für alle Bevölkerungsgruppen Syriens. Ziel: eine säkulare Demokratie. Die Religion dürfe dabei keine Rolle spielen: Auch ein Sunnit könne Assads Nachfolger werden.
3. Ein international überwachtes Referendum über Assads politische Zukunft.
4. Zusammenarbeit der Geheimdienste Syriens und der USA beim Kampf gegen al-Qaida und andere Terroristen.

Bei dem Vorschlag eines Referendums über die politische Zukunft Assads intervenierte seine Frau. Sie wollte, dass ihr Mann nach einer Friedenslösung zügig seinen grauenvollen Job aufgebe. Darüber werde sie mit ihm noch einmal unter vier Augen sprechen müssen.

Assads Vorschläge waren eine Sensation. Sie enthielten Zugeständnisse, die er öffentlich stets scharf zurückgewiesen hatte. Innenpolitisch waren sie brandgefährlich. Mir war nach diesen sechs Stunden klar: Nach einer »fairen Friedenslösung« würde Assad alles tun, um sein Amt loszuwerden.

### *Die Reaktion eines israelischen Freundes*

Zu den Israelis, die ich besonders schätze, gehört der frühere israelische Botschafter in Deutschland Avi Primor. Als ich ihm von Assads Vorschlag einer »Normalisierung« des Verhältnisses zwischen Israel und Syrien erzählte, war er begeistert. Syrien war Kriegsgegner im dramatischen Jom-Kippur-Krieg 1973 gewesen. Ein Todfeind Israels.

Er werde sofort Israels Verteidigungsminister Ehud Barak anrufen, sagte er. Der werde mich umgehend kontaktieren. Doch Barak hat mich nie angerufen. Im Gegenteil: Israel verschärfte in den Tagen danach seine Bombenangriffe auf Ziele in Syrien. Nicht alle israelischen Politiker sehnen sich nach Frieden wie Avi Primor.

### *Reaktion des Weißen Hauses*

Natürlich habe ich den amerikanischen Botschafter viel ausführlicher informiert. Er schien positiv überrascht zu sein. Immer wieder fragte er bei den einzelnen Punkten nach. Ich hatte alles genau notiert und meine Formulierungen mit Assad abgesprochen. Murphy versprach, das Weiße Haus sofort zu informieren. Das State Department werde wie besprochen vorerst nicht eingeschaltet. Aus meiner Sicht konnte man Verhandlungen über das Angebot Assads gar nicht ablehnen. Vielleicht würden die Israelis Nein zur Rückgabe der syrischen Golanhöhen sagen. Aber ein Friedensvertrag mit Syrien, Verhandlungen mit der syrischen Opposition und eine »Normalisierung« des Verhältnisses zwischen Israel und Syrien wären eine Sensation gewesen.

Die Antwort des Weißen Hauses, die mir Botschafter Murphy nach einigen Tagen fast verlegen übermittelte, verschlug mir die Sprache. Sie lautete: »Es bleibt dabei. Mit dem Kerl reden wir nicht.« Was hatte das Weiße Haus denn dann bewogen, Assad um einen Verhandlungsvorschlag zu bitten? Gab es in dieser Frage Machtkämpfe in der Obama-Administration? Oder wollte man nur herausfinden, wie weichgekocht Assad nach zwei Kriegsjahren war? Wie sollte ich Assad kommunizieren, dass außer mir offenbar niemand im Westen mit ihm sprechen wollte? Sollte das Sterben in Syrien einfach so weitergehen?

## *Angela Merkel und Syrien*

Angela Merkel war und ist privat eine hochanständige Frau, der allerdings politische Inhalte oft bemerkenswert unwichtig waren. Weltklasse war sie nur in Sachen Machtpolitik und Taktik. Keiner der männlichen Spitzenpolitiker Deutschlands hatte gegen sie je eine Chance. Keiner wagte es, sich mit ihr anzulegen. Ich habe das mehrfach ganz nah miterlebt.

2015 – zwei Jahre nach dem Nein der USA zu Verhandlungen mit Syrien – las ich in einer ausländischen Zeitung, dass sich Assad eine Vermittlung durch die deutsche Kanzlerin vorstellen könne. Obwohl ich überhaupt keine Lust mehr hatte, bei Assad Friedenslösungen auszuloten – dieses Mal für Merkel –, sprach ich darüber mit Finanzminister Wolfgang Schäuble. Er war bei meinen Vermittlungsbemühungen oft »Vermittler« im Hintergrund gewesen und hatte mir in den USA wichtige Kontakte hergestellt. Schäuble war für mich in all diesen Jahren zu einem wichtigen Freund, fast zu einem Verbündeten geworden. Er stand zwar unbeugsam an der Seite der USA. Trotzdem war er immer hilfsbereit, wenn es darum ging, militärische Konflikte durch seriöse Verhandlungen zu verhindern oder zu beenden. Schäuble fand, wenn Assad wirklich eine Vermittlung Deutschlands wolle, dürfe man das nicht einfach beiseitewischen. Dass ich keine Lust mehr hätte, sei politisch irrelevant. Er werde mit Merkel sprechen.

Inzwischen war es zu chaotischen Fluchtbewegungen aus Syrien in die EU gekommen. Hunderttausende Syrer hatten 2015 Zuflucht in Deutschland gesucht. Deutschland hatte zunehmend ein großes Flüchtlingsproblem, aber keine Lösung. Die deutsche Kanzlerin hatte alle beruhigt und erklärt: »Wir schaffen das.« Konkrete Ideen, wie »wir« das schaffen sollten, hatte sie nicht.

Wenige Tage nach unserem Gespräch teilte mir Schäuble mit, dass Merkel eine Vermittlung erwägenswert fände. Mit meiner Sondierung sei sie einverstanden. In den Tagen darauf sprach ich mit Merkels Sicherheitsberater Christoph Heusgen weitere Einzelheiten ab. Etwa, was ich sagen könne und was nicht.

### *Assads Angebot an Merkel*

Ende Dezember 2015 saß ich erneut bei Assad. Wieder war Frédéric mit dabei. Dieses Mal baten wir ihn, alles schriftlich zu fixieren. Er zögerte. Ein schriftliches Angebot müsse er mit den wichtigsten Gremien seines Landes abstimmen. Das könne Wochen, ja, Monate dauern. Ich sagte, einen persönlichen Brief an die deutsche Kanzlerin könne ihm wohl niemand verbieten. Ich schlug ihm schließlich vor, »Non Paper« auf sein Angebot an Merkel zu schreiben und nur mit P. A. (Präsident Assad) zu unterschreiben. Damit wäre es als eine nicht sanktionierte und offiziell nicht zitierfähige Veröffentlichung klassifiziert. Assad war nicht überzeugt. Doch nach einer langen Diskussion verfasste er das persönlichste Angebot, das er als Staatschef mitten im Krieg schreiben konnte.

Assad erklärte sich in seinem nur eine Seite umfassenden Angebot an Merkel bereit zu:

- Frieden mit allen Nachbarn, auch mit Israel.
- Aussöhnung und Verhandlungen mit allen Oppositionsgruppen in und außerhalb Syriens.
- Einer international überwachten Entscheidung des syrischen Volkes über die Staatsform Syriens, sein Parlament und seinen Staatschef. Er werde einer stabilen Friedenslösung nicht im Wege stehen.

Im Kern konkretisierte und verstärkte er sein Angebot, das er schon dem Weißen Haus gemacht hatte. Das war kurz vor Weihnachten 2015. Da Merkel schon in Urlaub war, übergab ich das »Non Paper« Bundesfinanzminister Schäuble. Er versprach, eine schnelle Übermittlung an die Kanzlerin sicherzustellen.

Nach Weihnachten rief mich Merkels Sicherheitsberater Heusgen an, der spätere Chef der Münchner Sicherheitskonferenz. Im Namen Merkels teilte er mir mit: Ich würde sicherlich nicht erwarten, dass sie persönlich mit Assad spreche.

Ja, was denn sonst, Frau Bundeskanzlerin? Wie kann man sich weigern, mitten in diesem tragischen Krieg, in dieser dramatischen Flüchtlingskrise mit dem mitverantwortlichen Staatschef über ein Friedensangebot zu sprechen? Über ein Angebot, das mehr in Aussicht stellte, als der Westen je gefordert hatte. Und hatte Merkel im Blick auf die Flüchtlingswelle aus Syrien nicht versprochen, die »Fluchtursachen zu bekämpfen«? 2016 wurde mit einer noch größeren Flüchtlingswelle aus Syrien nach Deutschland gerechnet. Alle Politiker wussten das. Merkel hätte diese zweite Welle durch Friedensgespräche weitgehend verhindern können.

Assad hatte mir gegenüber erklärt, dass er zu einem sofortigen Stopp aller Kampfhandlungen und Bombenangriffe bereit sei, wenn es zu Verhandlungen komme. Merkel hätte nicht nur die Flüchtlingskatastrophe, sondern auch das sinnlose Morden in Syrien beenden können. Natürlich hätte sie auch Kritik geerntet. Assads Ansehen im Westen war verbrannt. Aber galt das nicht auch für Breschnew, als Brandt mit ihm verhandelte und im Ost-West-Konflikt für Entspannung sorgte?

Ich vermute, dass sich Merkel oder Heusgen mit den USA besprochen hatten. Und dass sie von den USA ein klares »Nein« zu Friedensgesprächen mit Assad erhalten hatten. Aber hatte Merkel als deutsche Kanzlerin nicht vor allem deutsche Interessen zu vertreten statt amerikanische? Die Syrer flohen doch nach Deutschland und nicht nach Amerika. Doch zu Merkels taktischen Grundregeln gehörte leider auch die Angewohnheit, sich nie mit dem »großen Bruder« USA anzulegen. Auch nicht, wenn es um Krieg und Frieden ging, und schon gar nicht wegen deutscher Migrationsprobleme. Das klingt bitter und ist es auch. Gerade weil ich die deutsche Kanzlerin persönlich aus vielen Gründen schätze. Aber in der Syrienkrise, in der sie die einzige europäische Politikerin war, die einen erfolgreichen Friedensprozess hätte einleiten können, hat sie total versagt.

Das hat nicht nur den Krieg verlängert und dadurch Tausenden Syrern das Leben gekostet. Merkel hat dadurch auch Deutschland große Probleme beschert. Ihre Unfähigkeit und mangelnde Bereitschaft, Deutschlands Migrationsprobleme einigermaßen sinnvoll und mutig zu lösen, hat am Ende vor allem Deutschlands Rechtsradikalen genützt. Die verdanken ihre Höhenflüge bis heute vor allem Angela Merkel. Sie hat Deutschland tief gespalten.

Kein deutscher Kanzler nach dem Zweiten Weltkrieg hat in Deutschland letztlich so viel Schaden angerichtet wie Merkel. Ganz nebenbei hat sie auch der deutschen Volkswirtschaft großen Schaden zugefügt. Da ihr der persönliche Machterhalt stets wichtiger war als die sachgerechte Lösung von Problemen, pflegte sie streitende Konfliktparteien mit viel Geld ruhig zu stellen. Ihr Auftreten als großzügige Verteilungspolitikerin machte sie über alle Parteigrenzen hinweg beliebt, schadete aber dem Wirtschaftsstandort Deutschland massiv. Fast alle wichtigen volkswirtschaftlichen Kennziffern haben sich unter Merkel und nicht erst unter der Ampel-Regierung dramatisch verschlechtert. Jedes Unternehmen wäre bei einer solchen Strategie pleitegegangen. Die unbestreitbar liebenswerte und persönlich bescheidene Kanzlerin Merkel war für Deutschland im Grunde ein Verhängnis.

Mit Assad habe ich mich seither nicht mehr getroffen. Es machte keinen Sinn mehr. Der Westen wollte schlicht und einfach keinen Frieden in Syrien. Kreatives Chaos war einfacher. Und für mich waren alle Reisen nach Syrien extrem rufschädigend. Angela Merkel aber blieb die sympathische »Mutti« mit dem großen Herzen für Syrer, obwohl sie persönlich nie das Geringste für Syrer getan hatte. Ich aber wurde für meine Kritiker immer eindeutiger zum »Diktatorenfreund«. Obwohl es keinen einzigen westlichen Politiker gab, der sich bei Assad intensiver für dessen Gegner sowie für Demokratie und Frieden eingesetzt hatte als ich. Weder US-Außenminister John Kerry noch Frankreichs Präsident Nicolas Sarkozy, die Assad ebenfalls mehrfach getroffen hatten. haben ihn jemals mit der Forderung nach Demokratie belästigt.

Assad hat mir das mehrfach verwundert entgegengehalten.

### *Die Stärkung des Terrorismus – eine bewusste Entscheidung der USA?*

Erst später habe ich erfahren, welches unglaubliche Schurkenstück der Westen in Syrien spielte. Hier nur einige der inzwischen bekannten Belege dafür, dass die Welt im Syrienkonflikt von den USA noch schamloser belogen und betrogen wurde als im Irakkrieg. Drei Beweise, die selbst mir die Sprache verschlugen: 2015, als der westliche Mainstream längst festgelegt hatte, dass in Syrien ein heldenhafter Kampf zwischen Gut und Böse stattfand, erzwang die amerikanische Stiftung »Judicial Watch« gerichtlich die Veröffentlichung einer Analyse des US-Militärgeheimdienstes DIA vom August 2012. Danach wurde der Aufstand in Syrien nicht etwa von Demokratiefreunden angeführt. Der Pentagon-Geheimdienst schrieb:

1. »Die Salafisten, die Muslimbruderschaft und ›al-Qaida im Irak‹ sind die Hauptkräfte, die den Aufstand anführen … ›al-Qaida im Irak‹ könne im Zusammenschluss mit anderen Terrororganisationen … einen ›islamischen Staat‹ ausrufen.« Befragt, ob das Absicht oder ein Versehen der amerikanischen Regierung gewesen sei, erklärte der damalige DIA-Chef und spätere Sicherheitsberater Donald Trumps, Michael Flynn, die Stärkung terroristischer Gruppen in Syrien sei eine »bewusste Entscheidung« gewesen. Kreatives Chaos à la Rice!
2. Auf dem privaten E-Mail-Account der damaligen Außenministerin Hillary Clinton fand das Team von Julian Assange 2012 folgende Nachricht: »Der beste Weg, Israel zu helfen,

mit den wachsenden nuklearen Fähigkeiten des Iran fertig zu werden, besteht darin, den Syrern zu helfen, das Assad-Regime zu stürzen ... Die Bewaffnung der syrischen Rebellen ... (ist) eine äußerst lohnende Strategie zu niedrigen Kosten.« Julian Assange hat später einen hohen Preis dafür gezahlt, dass er derartige Mails veröffentlicht hat.

3. John Kerry, Außenminister der USA, gab in einem ohne sein Wissen auf Tonband aufgenommenen Gespräch zu, eine Zeit lang habe man sogar den IS (»Daesh«) bewusst erstarken lassen, weil man geglaubt habe, damit könne man Assad schaden.

Fast alle Rebellen, die ich in Damaskus, Homs, Hama oder Aleppo getroffen hatte, kämpften nicht für Demokratie, sondern für ein islamisches Kalifat. Wie gemäßigt oder radikal dieses Kalifat sein sollte, richtete sich nach den jeweiligen Geldgebern vom Golf. Die »Revolution« in Syrien war den USA deutlich wichtiger als die Revolutionen in Tunesien, Ägypten oder Libyen. Denn Syrien war mit Iran, dem Hauptfeind Israels, befreundet. Mit einem Regimewechsel in Syrien wollte man den Iran treffen. Die 2012 beginnende Bewaffnung der Gegner des Assad-Regimes war ein »big game«, ein ganz großes Spiel. Wie viele Menschen dabei starben, war den Akteuren im Hintergrund egal. Und der deutschen Kanzlerin offenbar auch.

## *Krieg gegen das eigene Volk*

Die Formulierung westlicher Politiker, in Syrien führe ein Diktator »Krieg gegen sein eigenes Volk«, ist zutreffend. Aber eben nur ein Teil der Wahrheit. Denn auch die syrischen Rebellen führten »Krieg gegen das eigene Volk«. Das ist in allen Bürgerkriegen die große Tragödie.

Abraham Lincoln, Sieger und Held des Amerikanischen Bürgerkriegs, hätte nach dieser Argumentation selbstverständlich ebenfalls einen »Krieg gegen das eigene Volk« geführt. Genauso wie die damaligen Rebellen aus den Südstaaten. Im Amerikanischen Bürgerkrieg starben über sechshunderttausend Menschen. In Syrien ist die Zahl der Getöteten nach Angaben der oppositionellen Beobachtungsstelle für Menschenrechte (SOHR) etwa gleich hoch. Die Einwohnerzahl der USA war damals nicht wesentlich höher als die Einwohnerzahl Syriens heute. Letztlich kämpfte in Syrien – unter den Augen der entsetzten Mehrheit des syrischen Volkes – eine radikale rebellische Minderheit gegen eine radikale regierende Minderheit.

Unter den Toten in Syrien waren etwa ein Drittel Kämpfer des Regimes, ein Drittel Rebellen und ein Drittel Zivilisten. Alle Parteien dieses Bürgerkriegs haben sich schuldig gemacht: Assad genauso wie die Rebellen. Assad kennt seine Mitschuld ganz genau. Von Jahr zu Jahr gingen er und seine Leute gnadenloser und gewissenloser vor.

Dasselbe gilt für die Rebellen, die zunehmend terroristische Mittel anwendeten.

Die Hauptschuld an der syrischen Tragödie trifft allerdings die Hintermänner des Konflikts, die führenden Politiker der USA und der Golfstaaten. Sie haben ohne das geringste persönliche Risiko Syrien zerstört. Präsident der USA in den entscheidenden Jahren der syrischen Tragödie war Barack Obama, Träger des Friedensnobelpreises, mein großer Hoffnungsträger. Warum ist Politik so schmutzig?

### *Habe ich bei den Recherchen Fehler gemacht?*

Ich habe mich oft gefragt, ob ich bei meinen Recherchen im chaotischen Kriegsgebiet Syriens auch Fehler gemacht habe. Die Antwort kann nur heißen: Ja, sogar mit hoher Wahrscheinlichkeit! Etwa, als ich in der Nähe von Aleppo einen »al-Qaida-Kommandanten« interviewte. Müsste ich viel Geld auf die Authentizität meines Gesprächspartners wetten, würde ich auf die Wette verzichten. Aber ich würde auch keinen Heller darauf setzen, dass mir einer der syrischen Geheimdienste einen Schwindler untergeschoben hatte. Ich weiß es einfach nicht.

Ich habe meine Gesprächspartner in der Regel selbst ausgewählt. Oft habe ich mir ihre Pässe zeigen lassen, habe Fangfragen gestellt. Fast wie ein Richter. Doch sind nicht auch Richter schon oft hereingelegt worden? Ich bewegte mich in einer Welt von Mördern, Waffenhändlern, Geheimdienstlern, Terroristen, Betrügern und Ganoven. Ich kann nicht ausschließen, dass sie versuchten, ihre Tricks auch bei mir auszuprobieren. Ich sprach deshalb in den meisten Fällen nicht nur mit einem Rebellen, Terroristen, Gefängnisinsassen oder Gefolterten. Und auch nicht nur mit einem Regierungsmitglied, sondern möglichst mit mehreren. Ich stellte ihnen bewusst oft wörtlich dieselben Fragen. Für Frédéric und andere Reisebegleiter, die Protokoll führten, war das manchmal extrem nervig. Doch es war sehr hilfreich. Weil es gezieltes Lügen erschwerte.

In Deutschland habe ich, wenn Zweifel an den Ergebnissen meiner Recherchen aufkamen, gelegentlich sogar Forensiker eingeschaltet, die Fotos verglichen oder Waffensplitter laboranalytisch auf ihre Herkunft untersuchten. Ich glaube, dass diese Art des Recherchierens, meine Angewohnheit, beide Seiten zu befragen, sehr effektiv war. Doch keine Recherchemethode kann alle Fehler dieser Welt ausschließen. Man muss hierzu nur die Chefredakteure der herausragenden deutschen Medien wie *Zeit*, *Spiegel*, *Stern* oder *FAZ* befragen. Allen großen Medien sind Geschichten untergeschoben worden.

Ich glaube nicht, dass man intensiver und gewissenhafter recherchieren kann, als ich dies getan habe. Ich habe dafür mehrfach mein Leben riskiert. Wenn trotzdem einer von hundert der von mir befragten Syrer den Auftrag hatte und es auch schaffte, mich hereinzulegen, bedauere ich das sehr. Genau deshalb habe ich in Syrien nicht nur eine Person, sondern Hunderte befragt. Dasselbe gilt für alle Krisen- und Kriegsgebiete, in denen ich nach der Wahrheit suchte.

## *Todesstraße nach Aleppo*

Eine meiner letzten und erschütterndsten Syrien-Reisen war die Fahrt nach Ost- und West-Aleppo im Jahr 2017. Ost-Aleppo war wenige Wochen zuvor nach einem barbarischen Dauerbombardement der russischen und syrischen Luftwaffe vom Regime »erobert« worden. Die meisten Menschen waren allerdings vorher nach West-Aleppo geflohen, das unter der Kontrolle des Assad-Regimes stand. Trotzdem starben bei dem russisch-syrischen Bombenterror gegen Ost-Aleppo mindestens sechzehntausend Menschen. Auch im von Assad beherrschten West-Aleppo waren etwa dreizehntausend Menschen ums Leben gekommen – dort durch Angriffe der Rebellen.

Die Straße nach Aleppo war eine Todesstraße. Auf der Höhe von Idlib standen tagsüber fünf Kilometer links der Straße die Terroristen von al-Qaida. Rechts der Straße lauerte der IS. Nach Einbruch der Dunkelheit gehörte die Straße dem IS, manchmal auch tagsüber. Aus Sicherheitsgründen hatte ich für die stundenlange Fahrt mit Frederik Pleitgen von CNN einen Konvoi gebildet.

Ost-Aleppo bot ein apokalyptisches Bild. Ruinen, ausgebrannte Autos und Lastwagen, Schutt und Geröll bis auf die Straßen. Die Russen und Assad hatten sich ein Beispiel an den Amerikanern genommen, die das syrische Raqqa ähnlich in Grund und Boden gebombt hatten. Die Russen versuchten, die »Rebellen« von Jabhat Al Nusra, dem syrischen al-Qaida-Ableger, zu vernichten, die Amerikaner wollten den IS ausschalten. Das war die klare russisch-amerikanische Arbeitsteilung.

Doch die meisten Opfer der Russen und der Amerikaner waren syrische Zivilisten. Bei der Besichtigung des total zerstörten Ost-Aleppo bekam ich vor Entsetzen kaum Luft. Auch Frédéric war kreidebleich. Neugierig folgte uns ein halbes Dutzend Kinder. Sie waren zwischen sieben und zehn Jahren alt. Resigniert kickte ich ihnen eine verbeulte leere Blechdose zu.

Einer der Jungen schoss sie zurück. Und schon begann eine fröhliche Bolzerei. Drei gegen drei.

Die Tore markierten wir mit Steinen. Frédéric spielte in der einen, ich in der anderen Mannschaft. Bei jedem Tor klatschten wir uns ab, umarmten uns. Obwohl um uns herum alles zerstört war. Alles. Das Fußballspiel zwischen den Ruinen von Ost-Aleppo endete 6:6, obwohl die Jungen der gegnerischen Mannschaft behaupteten, sie hätten 7:6 gewonnen. Alle hatten einen Riesenspaß. Doch am liebsten hätte ich geheult.

### *Die verschwiegene Tragödie von West-Aleppo*

Über West-Aleppo sprach im Westen niemand. Dort herrschte schließlich das Assad-Regime. Die Raketenangriffe der Rebellen und Terroristen auf West-Aleppo interessierten die Welt nicht. Auch ich wusste wenig von der Stadt, in der inzwischen zweieinhalb Millionen Menschen lebten. In einem Krankenhaus fragten wir einen Arzt, ob es auch hier verletzte Kinder gäbe. Er brachte uns in ein winziges Krankenzimmer. Hier lag ein zwölfjähriger Junge. Mahmoud. Eine Rakete aus den Rebellengebieten hatte sein Bein zerschmettert. Es war oberhalb des Knies amputiert worden. Nie mehr würde er mit Freunden Fußball spielen können. Seine Mutter versuchte, ihm Mut zu machen. Doch sie hatte selbst keinen Mut mehr. Frédéric biss sich auf die Lippen. Dann bat er mich leise, der Mutter zu versprechen, dass ich dem Jungen eine Prothese finanzieren würde. Ich versprach es. »Eine« Prothese bedeutete, dass Mahmoud alle paar Jahre eine weitere Prothese benötigte. Er war ja noch lange nicht ausgewachsen.

In einem anderen Zimmer lag ein ebenfalls zwölf Jahre junges Mädchen. Sie war fast unwirklich hübsch. Eine Mine hatte ihr beide Beine und zwei Finger abgerissen. Wer die Mine vergraben hatte, war nicht bekannt. Mit weit aufgerissenen Augen versuchte sie herauszubekommen, was ich mit ihrem Arzt besprach. Wieder bat mich Frédéric, ihr und ihrer Mutter Prothesen zu versprechen, um ihr ein wenig Hoffnung zu schenken. Frédéric konnte nicht mehr zuschauen. Leise verließ er das Zimmer. Er wollte nicht vor der Mutter und ihrer Tochter losheulen. Das machte er draußen, als er allein war.

Warum sprach eigentlich keiner unserer Politiker von den Tausenden Opfern der Rebellen? Waren vom Westen gelieferte Raketen »gute Raketen«? Anders als die »bösen Raketen« der Russen und Assads? Weiß Barack Obama, was er in Syrien mitangerichtet hat? Immer wenn ich in Syrien schwer verletzte Kinder traf, wusste ich, warum ich seit über sechzig Jahren versuche, über das Verbrechen Krieg aufzuklären und nach Lösungen zu suchen. Warum mir Spott, Hohn, Schande und Diffamierung letztlich egal waren.

Genauso wie die absurde Rolle, die ich in dieser nicht endenden Tragödie spielte. Westliche Politiker inszenierten und finanzierten grauenvolle und in der Regel erfolglose Kriege. Ich aber, der vor diesen Kriegen gewarnt hatte, kam hinterher und finanzierte Waisenhäuser und Prothesen. Für die Verantwortlichen aber war ich der »bad guy«.

### *Die Prothesen des Pater Suleiman*

Zurück in Damaskus besuchte ich im Christenviertel Bab Tuma die Werkstatt von Pater Suleiman. Er sprach nicht nur von Nächstenliebe, er lebte sie. Nach Kriegsbeginn hatte er sein Kloster in eine Werkstatt für hochwertige Prothesen umgebaut. Ihn interessierte nicht, ob die verstümmelten Kinder, die zu ihm gebracht wurden, Opfer Assads oder Opfer der Rebellen waren. Auch die Religion seiner Opfer war ihm gleichgültig. Für die Eltern muslimischer Opfer hatte er an seine Kirche eine kleine Moschee angebaut. Seine Werkstatt in Bab Tuma war mehrfach von Granaten der Rebellen getroffen worden. Aus den Granatsplittern hatte er eine Weihnachtskrippe gebaut.

Mit dem Honorar eines meiner Bücher konnte er seit 2013 achtzig Prothesen anfertigen. Zwei seiner kleinen Patienten erzählten mir ihre Geschichte. Der achtzehnjährige Muatassim sah schrecklich aus. Er hatte nur noch ein Bein, einen Arm und ein Auge. Die rechte Gesichtshälfte war verbrannt. Pater Suleiman hatte für ihn mehrere Prothesen angefertigt. Immer wieder. Trotz seiner Schmerzen gab Muatassim nie auf. Inzwischen half er sogar mit, Prothesen für andere Kinder anzufertigen. Muatassim war ein Held, tausendmal tapferer als Assad, Putin, Obama oder Merkel. Und tapferer als alle Führer der Golfstaaten, alle Soldaten, Rebellen und Terroristen.

Der Kleinste der heutigen Patienten in der Prothesen-Werkstatt war zehn Jahre alt. Seine Beinprothese ging bis zum Gesäß. Er erzählte, dass er leider nicht mehr mit anderen Kindern Fußball spielen könne. Weil er Angst habe, seine Prothese zu beschädigen. Er fragte mich, ob er mir trotzdem einen Trick zeigen dürfe. Natürlich durfte er. Und so zauberte er mir einen derart genialen Trick vor, dass es mir die Sprache verschlug. Zum Schluss schob er mir den Ball durch die Beine. Begeistert klatschten alle Beifall. Strahlend schaute er mich an.

Zum Abschied gab ich Pater Suleiman einen Brief. Er öffnete ihn vorsichtig. Und sah einen hohen Scheck für dreißig weitere Prothesen. Aus dem Honorar meines Buches *Inside IS*. Dicke Tränen kullerten über sein Gesicht. Haben Politiker wie Merkel oder Obama sich jemals Gedanken darüber gemacht, welche Folgen ihr Nein zu Friedensverhandlungen mit Syrien hatte? Ich fürchte, es hat sie nie interessiert.

### *Der Blitzsieg der Rebellen aus Idlib*

Anfang Dezember 2024, bei Redaktionsschluss dieses Buches, kippte urplötzlich die militärische Lage in Syrien. Fast kampflos eroberten die Rebellen Damaskus. Wie ein Kartenhaus fiel Assads Regime in sich zusammen.

Diktatoren stürzen immer wieder. Manchmal beim ersten Ansturm Aufständischer, manchmal erst nach zehn Jahren. Das ist nichts Ungewöhnliches. Politisch bedeutsamer ist, dass der Iran nach der Dezimierung der libanesischen Hisbollah durch Israel mit Assad einen weiteren wichtigen Verbündeten im Nahen Osten verloren hat.

Die Diktatoren vom Golf waren klüger und beweglicher als der störrische Diktator Syriens. Sie erfüllen den USA fast jeden Wunsch und leben dafür unbehelligt in Saus und Braus. Von ihnen fordert niemand die Einhaltung der Menschenrechte oder die Einführung der Demokratie. In Sachen Heuchelei bleibt die Nahost-Politik des Westens unübertroffen.

Wer wie ich Syrien und seine Menschen liebt, muss hoffen, dass der HTS (Hajat Tahrir al-Scham) aus den schlimmen Fehlern des IS gelernt hat. Dass er Politik für die Syrer macht und nicht für fremde Strippenzieher. Dass er Mehrheiten respektiert, aber auch die Minderheiten dieses so wunderbar multikulturellen Landes.

Unbestrittener militärischer Triumphator in Syrien ist Benjamin Netanjahu. Er hatte Assads Hauptverteidiger, die Hisbollah und den Iran, rechtzeitig so stark geschwächt, dass sie Assad nicht zur Hilfe eilen konnten. Ob Gnadenlosigkeit allerdings die richtige Strategie zu einem belastbaren Frieden im Nahen Osten ist, darf bezweifelt werden.

## 24. Kapitel

## Gaza

Das winzige Gaza, das seit den brutalen Terrorschlägen der Hamas am 7. Oktober 2023 von der israelischen Armee systematisch vernichtet wird, war für mich bis zur Arabischen Revolution »Terra incognita«, unbekanntes Land. Auch weil es seit der Wahl der Hamas im Jahr 2006 von der israelischen Regierung hermetisch abgeriegelt wurde. Mit einer Land-, Luft- und Seeblockade. Danach war es für ausländische Beobachter schwierig, Gaza zu besuchen. Ich hatte es mehrfach vergeblich versucht. 2008 über den offiziellen israelischen Grenzübergang Erez im Norden Gazas. Eine mir vor die Nase gehaltene Maschinenpistole beendete meinen Einreiseversuch. »Verschwinden Sie!«, sagte der israelische Grenzsoldat. Er war ungewohnt schroff. Eigentlich war ich in Israel meist gut behandelt worden.

2011, drei Monate nachdem die ägyptische Revolution Mubarak vertrieben hatte, las ich in arabischen Medien, die Revolutionsregierung Ägyptens habe überraschend den Grenzübergang Rafah geöffnet. Der »Wind der Freiheit« schien die gesamte arabische Welt erfasst zu haben. Diese Gelegenheit wollte ich mir nicht entgehen lassen. Nur wenige Tage später standen Julia, unser Übersetzer Khaled und ich in Rafah vor dem berühmten Grenztor nach Gaza. Doch das »Tor zur Freiheit« war zu. Und die ägyptischen Grenzbeamten waren auch nicht freundlicher als die israelischen. Auf beiden Seiten der Grenze saßen Dutzende Menschen auf ihrem Gepäck. Sie waren ähnlich enttäuscht wie wir. Einige waren von weit angereist. Aus England, Schweden, Deutschland.

Wir hatten, um nach Rafah zu kommen, nachts zuvor unter extremem Risiko den nördlichen Teil der Sinai-Halbinsel durchquert. Der Sinai war zu dieser Zeit eine wahre Räuberhöhle. Sobald es dunkel wurde, wurde er von Kidnappern, Räubern und Terroristen kontrolliert. Eigentlich waren die Gefahren dieser gespenstischen Fahrt zu groß. Aber wir wollten unter keinen Umständen die Chance verpassen, in das jahrelang unzugängliche Gaza zu gelangen. Wer wusste schon, wie lange Rafah geöffnet blieb? Doch nun zeigte sich, dass die Grenze gar nicht geöffnet worden war.

Frustriert setzten wir uns in ein kleines Café in der Nähe des Grenztors. Nach einer Weile fiel mir auf, dass hier überall schräge Gestalten herumlungerten. Waren das Schlepper, Schleuser, die uns auf verbotenen Wegen nach Gaza bringen konnten? Durch Tunnel etwa? Tunnel waren gefährlich. Die Israelis pflegten sie nach Anschlägen der Hamas regelmäßig zu bombardieren. Zweihundert Menschen waren in den letzten vier Jahren bei derartigen Bombardements ums Leben gekommen. Gelegentlich stürzten die Tunnel auch von allein ein und begruben alles unter sich.

Eine der finsteren Gestalten sprach mich an. Er schien voll zugedröhnt zu sein. Vielleicht, weil sein Leben ständig in Gefahr war. Wahrscheinlich waren nicht nur ägyptische Agenten, sondern auch der Mossad hinter ihnen her. Zweihundert Dollar wollte er für die Durchquerung des Tunnels. Hin und zurück. Allerdings für jeden von uns. Sechshundert Dollar insgesamt. Als ich zu verhandeln versuchte, ließ er mich einfach stehen.

Natürlich kam er zurück. Viele Kunden hatte er nicht. Und von den Kurieren der Hamas, die den Tunnel auch benutzten, bekam er wahrscheinlich gar nichts. Mürrisch gab ich ihm die ersten dreihundert Dollar. Kurz danach standen wir im Hinterhof eines ärmlichen Hauses vor dem ägyptischen Eingang eines kleinen Tunnels. Er war ungefähr anderthalb Meter hoch und weniger als einen Meter breit. Seine angebliche Länge betrug dreihundert Meter. Es gab große Tunnel, durch die größere Autos passten, und kleine. Unserer war einer der kleinsten. Wie sollte ich mit meinen ein Meter dreiundachtzig hindurchkommen? Außerdem hatte es am Tag zuvor einen Anschlag der Hamas gegen Israel gegeben. Das erhöhte unsere Gefahr. Wir atmeten tief durch. Jetzt galt es.

Vier Jungen der Schleuserbande begleiteten uns. Im Tunnel war es schwül-heiß und dunkel. Nur alle fünfzehn Meter hing eine trübe Lampe. Auch diese Schummerbeleuchtung fiel aus, als ich an einem Kabel hängen blieb. Das tief gebückte Gehen und das abwechselnde Kriechen wurden immer mühseliger. Es gab nur wenig Luft. An einigen Stellen schien der Tunnel so baufällig, als könne er jede Minute einstürzen. Immer wieder rieselten Erdstücke auf unsere Köpfe und Schultern. Was war, wenn Israels Luftwaffe zuschlug, wie es schon so oft geschehen war? Niemand würde je erfahren, dass wir zu diesem Zeitpunkt in diesem Maulwurfsgang steckten.

Einer der Jungganoven fing an, Julia zu begrapschen. Das führte zu einem Tobsuchtsanfall Khaleds. Er drohte dem Jungen Prügel an. Aber Toben und Prügeln ist schwierig, wenn man sich dazu tief bücken muss. Unsere Nerven waren zum Zerreißen gespannt. Wir waren klatschnass geschwitzt. Inzwischen gab es Krach mit der Schleuserbande, weil Julia filmte. Aber so etwas ließ Julia sich nicht verbieten. Wieder drohte unser sonst so friedlicher Übersetzer Khaled jedem, der Julia belästigte, Ärger an. Wir waren jetzt schon eine halbe Stunde unterwegs. Wann war diese mühsame Kriecherei endlich zu Ende? Warum dauern bedrückende Dinge oft so lange, während Zeiten des Glücks immer so schnell verfliegen? Endlich, irgendwo vor uns sahen wir das berühmte Licht am Ende des Tunnels! Wir waren in Gaza. Erleichtert und auch ein wenig stolz.

## *Gaza – traurig und doch schön*

Gaza, das biblische Land der Philister, war einer der traurigsten Plätze dieser Erde. Ein Land von der Größe Bremens mit bettelarmen Menschen ohne jede Perspektive. Eingesperrt in einem Freiluftgefängnis, das alle paar Jahre mit Krieg überzogen wurde und das die Palästinenser nur mit ausdrücklicher Genehmigung der israelischen Behörden verlassen dürfen. Oder gegen kräftiges Schmiergeld an die ägyptischen Sicherheitsbehörden.

Doch es gab auch eine hellere Seite Gazas – die weiten landwirtschaftlichen Flächen, die wir auf dem Weg von Rafah im Süden nach Gaza Stadt im Norden durchquerten. Oder die vierzig Kilometer lange malerische Mittelmeerküste, an der palästinensische Familien picknickten oder Volleyball spielten. Sogar die überbevölkerte Hauptstadt, Gaza Stadt, hatte idyllische Plätze und Alleen. Am überraschendsten waren die Freundlichkeit und Herzlichkeit der meisten Menschen. Unübersehbar waren allerdings immer wieder einzelne, schwer zerstörte Gebäude. Wie etwa die Residenz des früheren Palästinenserpräsidenten Arafat. Und sein einstiger Großhubschrauber, dem man symbolisch alle Flügel abgeschossen hatte. Wie dem Volk von Gaza.

Am Abend verließen wir Gaza wieder durch den viel zu engen Tunnel. Die Schleuserbande war noch unfreundlicher als morgens. Und noch nervöser. Sie wollten uns ganz schnell loswerden. Wahrscheinlich hatten sie nicht alle anspruchsberechtigten ägyptischen Grenzpolizisten und Geheimdienstler bestechen können. Nach unserem Besuch in Gaza fühlte, spürte und wusste ich wieder, was Freiheit bedeutet. Wie war es möglich, dass das große Kulturvolk der Juden, das so oft unter schlimmsten Bedingungen in Ghettos leben musste, den Menschen von Gaza ein solches Ghetto zumutete? Dass man wie ein Maulwurf durch die Erde kriechen musste, um auch nur einige Stunden mit den Menschen von Gaza verbringen zu können? Noch in tausend Jahren wird man sich staunend diese Frage stellen.

### *2014: »Rasenmähen« – Krieg in Gaza*

Als ich 2014, drei Jahre später, mit Frédéric über Erez nach Gaza reiste, herrschte dort schon seit vier Tagen Krieg. Wieder einmal. Das staatliche Medienbüro Israels und das israelische Grenzpersonal waren dieses Mal besonders hilfreich. Wir bekamen sogar einen israelischen Presseausweis. Fast gespenstisch ging es danach durch einen Hunderte Meter langen, drei Meter breiten käfigähnlichen Gang nach Gaza. Wir fühlten uns wie auf einem Marsch in die Manege.

Auch der Krieg 2014 hat Gaza tiefe Wunden geschlagen. Überall sahen wir zertrümmerte Häuser. Am Straßenrand saßen Kinder mit leeren Gesichtern. Versuchten sie zu verarbeiten, was sie nachts erlebt hatten? Waren sie ähnlich fassungslos wie ich als Kind damals nach den Bomben auf Hanau? Lernte die Menschheit nie dazu?

Diese Frage muss sich allerdings auch die regierende Hamas gefallen lassen. Immer dann, wenn in Gaza nichts mehr funktionierte, schien die Hamas die militärische Auseinandersetzung mit Israel geradezu zu suchen. Mit selbst gebastelten, ein Meter zwanzig langen Kassamgeschossen, die höchstens zufällig trafen. Gegen die beste Armee des Nahen Ostens anzutreten, war Wahnsinn – Fliegengewicht gegen Superschwergewicht.

Wir stiegen durch zerbombte Häuser und sprachen mit Überlebenden. Über den Krieg, über Fatah und Hamas und über Fußball. Während des Kriegs fand in Brasilien gerade die Fußballweltmeisterschaft statt. Viele Palästinenser waren Deutschlandfans. Einer schimpfte, dass sein Haus gerade in den entscheidenden Minuten eines Deutschlandspiels bombardiert worden sei. Er werde es nach dem Krieg sofort wieder aufbauen. Die Gelassenheit der Bevölkerung während der Bombardements war verblüffend. Von Panik war, anders als in Israel, in Gaza nichts zu spüren. »Wir können sowieso nichts ändern«, antworteten die Menschen, wenn ich sie nach der Quelle ihrer Ruhe und Gelassenheit in diesem Höllenspektakel fragte.

Wir waren oft auf der Straße. Auch während der israelischen Angriffe. Es gab in Gaza ohnehin keine sicheren Plätze mehr. Zu Beginn des WM-Halbfinales Argentinien gegen Holland wurden in einem Strandcafé neun junge Palästinenser von einer israelischen Rakete getroffen und starben. Nur Tage später wurden am Strand vier Kinder im Alter von neun bis elf Jahren vom Meer aus mit Raketen der israelischen Kriegsmarine getötet. Sie spielten Fußball. Ausländische Fotografen hielten die Szene fest. Angeblich hatte die Marine auf »Terroristen der Hamas« gezielt. An einem anderen Tag wurden Kinder beim Hühnerfüttern vom Dach ihres Hauses geschossen.

Ron Dermer, damals israelischer Botschafter in den USA und 2024 Minister im Kriegskabinett Netanjahus, sah die israelische Kriegsführung im Gazakrieg 2014 trotzdem uneingeschränkt positiv. Er erklärte, eigentlich verdienten die israelischen Truppen den »Friedensnobelpreis«. Wegen ihrer »unvorstellbaren Zurückhaltung«. Doch zurückhaltend waren beide Kriegsparteien nur am Abend des WM-Endspiels Argentinien gegen Deutschland. Da hatten sie erkennbar mehr Interesse am Fußball als am Krieg.

Insgesamt starben im fünfzig Tage dauernden Gazakrieg 2014 über zweitausenddreihundert Palästinenser. Davon mehr als fünfhundertfünzig Kinder. Auch siebzig Israelis starben – darunter fünf israelische Zivilisten und ein thailändischer Staatsbürger.

### *Die Nächte von Gaza*

Nachts saßen wir auf der Terrasse, um die Feuergefechte zwischen der israelischen Luftwaffe und der Hamas zu beobachten. Die Geschosse der Hamas leuchteten meist nur kurz auf. Dann wurden sie vom israelischen Abwehrsystem »Iron Dome« abgefangen und zerstört. Selbst wenn die durchkamen, trafen sie nur selten. Ganz anders als die israelischen Kampfjets, deren

Raketen unter berstendem Krachen fast immer trafen. Jeden Tag starben fünfzig Palästinenser, meist Zivilisten und oft Kinder. Spät und erschöpft fielen wir ins Bett.

In jener Nacht überflog eine israelische Rakete unser Hotel so knapp, dass mein Bett schwankte und die Wände bebten. Wie bei einem Erdbeben. Kurz danach eine dumpfe Explosion. War das Hotel getroffen worden? Ich rollte mich aus dem Bett und schwankte auf den dunklen Flur. Was war mit Frédéric? Erleichtert traf ich ihn auf dem Flur. Er hatte nach mir gesucht, wie ich nach ihm. »Was ist passiert?«, fragte er atemlos. Wir riefen die Rezeption an, die trotz der nächtlichen Stunde hellwach war. »Das Haus hinter uns ist getroffen worden«, sagte der Nachtportier ruhig. Es war nicht leicht, die Menschen von Gaza aus der Ruhe zu bringen. Wir wussten nun endgültig: Es gab keinen sicheren Platz in Gaza.

### *Das Schifa-Krankenhaus*

Am nächsten Morgen waren wir im Schifa-Krankenhaus, dem größten Krankenhaus Gazas. Wer die überfüllte, stickige, nach Desinfektionsmitteln und faulendem Fleisch riechende Klinik betrat, wusste sofort, dass im Gazakrieg nichts dem Völkerrecht entsprach. Zu viele schwer verletzte Kinder lagen hier. Ein kleines Mädchen hatte vor Entsetzen die Sprache verloren. Ein großer Raketensplitter steckte in seiner Stirn. Kein Arzt wagte es, ihn herauszuoperieren. Seine Eltern fächerten ihr mit einem kleinen batteriebetriebenen Gerät Sauerstoff zu. Um ihnen eine Pause zu verschaffen, übernahm ich das Gerät für einige Minuten.

Ich blickte mich um und sah nur Leid und Elend. Was dachte sich eigentlich die Hamas, wenn sie wieder einmal bewusst einen Krieg provozierte, auf den Netanjahu nur gewartet hatte? Und was dachte sich Netanjahu, wenn er, wie üblich, völlig unverhältnismäßig und maßlos zurückschlug? Könnte es sein, dass die beiden sich gegenseitig brauchten, aufeinander angewiesen waren?

Auch der Gazakrieg 2014 war von großer Brutalität. Geprägt von totaler Missachtung palästinensischen Lebens durch die israelische Kriegsführung. Hatte der Vater des Staates Israel, der große Theodor Herzl, nicht einen »Musterstaat der Toleranz« versprochen? Hätte die Welt 2014 heftiger protestiert, wäre es vielleicht nicht zu den Auswüchsen des Gazakriegs 2023/24 gekommen. Ich war schon damals so entsetzt, dass ich mitten im Krieg dem israelischen Ministerpräsidenten Netanjahu einen offenen Brief schrieb. Ich bat ihn, sich wenigstens einmal vorzustellen, er wäre nicht in Tel Aviv, sondern in Gaza auf die Welt gekommen. Ich bat ihn um eine Handvoll Menschlichkeit. Weil die Menschen in Gaza dieselben Träume hätten wie die Menschen von Tel Aviv. Natürlich bekam ich keine Antwort.

### *Die Empörung der Lobbyisten*

Im deutschen Fernsehen berichtete ich über das, was ich in zwei Wochen Gazakrieg recherchiert und erlebt hatte. Betroffen und zornig. Gerade, weil ich mich dem Judentum und seinem Traum von einem eigenen Staat seit meiner Jugend verbunden fühlte. Ich wusste, dass auch viele Israelis und jüdische Mitbürger in Deutschland mit der Maßlosigkeit der Palästinapolitik und der Kriege Netanjahus nicht einverstanden waren. Von der UN und Menschenrechtsorganisationen ganz zu schweigen.

Ich habe schon damals die unterschiedslose und unverhältnismäßige Bombardierung von Kindern und Zivilisten ein »Kriegsverbrechen« genannt. Wenn diese Form der Bombardierung kein Kriegsverbrechen war, weiß ich nicht, was Kriegsverbrechen sind. Maßloser und hemmungsloser konnte man kaum bombardieren.

Freunde in Israel und jüdische Bekannte in Deutschland hatten nach meiner Rückkehr betroffen meinen Berichten zugehört. Ganz anders als Israellobbyisten in Deutschland. Die ehemalige Vorsitzende des Zentralrats der Juden in Deutschland, Charlotte Knobloch, schrieb einen offenen Brief an mich. Er war deutlich schroffer und unfreundlicher als mein offener Brief an Netanjahu. Er hätte von jenem israelischen Botschafter stammen können, der für den Krieg Israels den Friedensnobelpreis gefordert hatte.

Laut Knobloch, die ich bis dahin sehr geschätzt hatte, war das, was ich aus Gaza berichtet hatte, »vom Hass auf Israel inspiriert«. Ich sei »beseelt von islamistischem Gedankengut«. Israel achte »akribisch darauf, dass jeder Angriff auf die Vereinbarkeit mit internationalem Recht überprüft ist.« Gleichzeitig war der Brief der ehemaligen Zentralratsvorsitzenden eine unmissverständliche Aufforderung an alle deutschen Fernsehanstalten, mir nie wieder ein Forum zu bieten. Letztlich forderte sie gegen mich eine totale Medienblockade.

Angesichts der industriemäßigen Verbrechen, die die Nazis gegenüber Millionen Juden begangen haben, ist der Vorwurf des Antisemitismus oder des Israelhasses der schwerste Vorwurf, den man gegenüber einem Deutschen erheben kann. Ich gestehe, dass mich Knoblochs Vorwürfe fast so fassungslos machten wie das, was ich in Gaza erlebt hatte. Müssen Funktionäre in der ungefährlichen deutschen Diaspora wirklich radikaler auftreten als die meisten Juden im gefährlicheren Israel? Dürfen sie einfach alle jene, die die völkerrechtswidrige Politik Netanjahus kritisieren, folgenlos beschimpfen, beleidigen und verleumden? Avi Primor, der frühere israelische Botschafter in Deutschland, wurde richtig zornig, als ich ihm von der plötzlichen Kampagne gegen mich erzählte. Das sei letztlich alles von Netanjahu gesteuert. Mit diesem Unsinn züchte er weltweit immer mehr Antisemitismus.

Zwei enge jüdische Freunde meiner Familie, einer wohnt seit Jahren häufig bei uns, haben Charlotte Knobloch damals geschrieben. Sie versuchten, ihr zu erklären, dass sie in meinem Falle falschliege. Sie solle doch einfach mal mit mir sprechen. Knobloch lehnte jedes persönliche Gespräch mit mir kategorisch ab. Heute weiß ich, dass auch andere deutsche Juden ihrer ehemaligen Zentralratsvorsitzenden entgeisterte Briefe schrieben. Auch öffentlich. Ich habe Kopien all dieser Briefe gelesen.

### *Bin ich Israelhasser und Antisemit?*

Frau Knobloch ist trotzdem eine respektable, ehrenwerte Dame. Ich kannte sie aus meiner Zeit bei Burda persönlich. Vielleicht hatte sie das alles vergessen. Ich war sogar Ehrengast bei der feierlichen Einweihung der großartigen, von außen an die Schweigemauer in Jerusalem erinnernden neuen Münchner Synagoge. Mir Antisemitismus oder Israelhass vorzuwerfen, ist so ziemlich das Dümmste, was man über mich sagen kann. Ich bin ja auch kein Deutschlandhasser, kein Frankreichhasser und auch kein Amerikahasser, nur weil ich deren Kriege kritisierte. Ich hasse den Krieg, aber nicht Israel.

Seit vielen Jahren habe ich mich mit viel Begeisterung und Geld an Versöhnungsprojekten in Israel beteiligt. Ohne viel darüber zu reden. Etwa an dem Projekt MEET, das jüdische und muslimische Kinder Israels zu Computerkursen zusammenbringt. Oder an Versöhnungsprojekten David Grossmans, des Trägers des Friedenspreises des Deutschen Buchhandels.

Frédéric hatte nach mehreren Monaten Sozialarbeit in Afghanistan auf meine Bitte hin zwei Monate bei einer Bank in Tel Aviv gearbeitet. Ich hatte ihm damals gesagt, er müsse sich auch die andere Seite der Welt ansehen. Er weiß über Israel wahrscheinlich mehr als ich, obwohl ich sicher auch ein Dutzend Mal in Israel war. Jerusalem ist für mich die schönste Stadt der Welt. Ich kenne ihre jüdischen, christlichen und muslimischen Viertel. Im Garten von Gethsemane habe ich, unter einem uralten Olivenbaum sitzend, wichtige Passagen meines Buches *Warum tötest du, Zaid?* geschrieben.

Natürlich habe ich mir bei Israels Kriegen oft die Frage gestellt, ob wir Deutsche, angesichts unserer Vergangenheit, nicht besser zu den Kriegen Israels und zur Politik Netanjahus schweigen sollten. Aber darf man zu Kriegsverbrechen schweigen? Relativiert man durch Kritik an der Kriegsführung Netanjahus den Holocaust? Am Holocaust gibt es nichts zu relativieren. Er ist und bleibt das größte Verbrechen der deutschen Geschichte. Klarer, als ich das seit meiner Jugend immer wieder auch öffentlich betone, kann man das nicht tun.

Ich habe über diese Frage mit angesehenen israelischen Intellektuellen gesprochen. Manche haben mich geradezu leidenschaftlich aufgefordert, auch in Zukunft das Wort zu ergreifen. Ich werde das auch tun. Niemand wird es schaffen, mich daran zu hindern, zu sagen, dass Palästinenser genauso viel wert sind wie Israelis und dass sie dieselben Menschenrechte haben wie wir alle. Niemand wird mich hindern, weiter für eine faire Lösung des Palästinakonflikts einzutreten. Das ist unsere Pflicht. Gerade als Deutsche. Gerade nach dieser Vergangenheit.

## *Knoblochs »Erfolge«*

Doch letztlich hatte die ehemalige Vorsitzende des Zentralrats der Juden mit ihrem offenen Brief viel Erfolg. Zumindest aus ihrer Sicht. Zu Sendungen des deutschen Fernsehens wurde ich seit jener Zeit bis heute – mit einer unvermeidbaren Ausnahme nach meinem Besuch im »Islamischen Staat« – nicht mehr eingeladen. Und wenn es aus Versehen trotzdem einmal geschah, wurde ich kurz danach mit den seltsamsten Begründungen wieder ausgeladen. Ich glaube nicht, dass das bei den öffentlich-rechtlichen Rundfunkanstalten eine gezielte Strategie war. Eher dachte der eine oder andere: Irgendetwas ist da gewesen. Irgendwas mit Frau Knobloch und dem Zentralrat der Juden. Keiner wusste zwar Genaueres, aber irgendwas musste gewesen sein. Da hielt man sich besser raus. Israel ist in Deutschland ein schwieriges Thema.

Als ich 2019 versehentlich doch wieder einmal in eine regionale TV-Sendung eingeladen wurde, bei der es lediglich um Unterhaltung ging und nicht eine Sekunde um die Politik Israels, forderte die *Jüdische Allgemeine* den SWR und die anderen deutschen TV-Anstalten ultimativ auf, den »Israelhasser« Todenhöfer nie wieder einzuladen. Ich dürfe nie wieder ein Mikrofon bekommen. Den Publizisten Jakob Augstein und den früheren Arbeitsminister Norbert Blüm beschimpfte der Autor gleich mit. Der Artikel war voller leicht nachweisbarer Unwahrheiten und Absurditäten. Der Autor hatte die Sendung erkennbar nicht gesehen.

Parallel gab es zunehmend gezielte Versuche, Säle für meine Buchlesungen zu sperren. In Berlin, in Frankfurt, in Offenbach, ja, sogar in München. So rief mich beispielsweise der Pächter der Münchner Muffathalle an und erklärte, eine Gruppe junger marxistischer Juden habe ihn aufgefordert, mir unter keinen Umständen seine Halle zur Verfügung zu stellen. Ich sei ein besonders schlimmer Antisemit. Er war etwas verlegen, denn wir sind Fußballkumpel und Freunde. Natürlich bekam ich die Halle. Aber immerhin musste der Münchener Stadtrat eingeschaltet werden.

Hinter diesen Boykottversuchen standen nach meinen Erkenntnissen zwei Organisationen: in München eine Handvoll marxistisch-jüdischer Studenten, in anderen Städten die linksextremistische Antifa. Da ich das Thema ernst nehme, erklärte ich mehrfach öffentlich, jeder, der in meinen Büchern, Reden oder Schriften einen einzigen bewusst antisemitischen Satz finde, bekomme zehntausend Euro. Natürlich fand niemand einen solchen Satz. Weil es keinen gibt. Ich hatte zwar einmal Gaza mit einem Konzentrationslager verglichen. Dieser Vergleich war missverständlich, weil er von nicht sehr belesenen Menschen auf deutsche »Vernichtungslager« bezogen werden konnte und nicht unbedingt auf die unzähligen Konzentrations- und Internierungslager, die es früher in vielen Ländern der Welt gegeben hatte.

Doch der Satz hatte eine sehr persönliche Geschichte. Er stammte gar nicht von mir, auch wenn ich ihn natürlich zu verantworten hatte. Ich hatte den berühmten ultraorthodoxen israelischen Kriegshelden, General, Parteigründer, Netanjahu-Minister und Geschäftsmann Effi Eitam zitiert, der mir bei einem unserer Gespräche in Jerusalem gesagt hatte: »Natürlich ist Gaza ein Konzentrationslager. Etwas anderes haben die dort auch gar nicht verdient. Das ist die Strafe dafür, dass sie Hamas gewählt haben.« General Effi Eitam ist nun wirklich kein Antisemit. Er relativiert auch nicht den Holocaust. Netanjahu hatte ihm sogar die Leitung der weltberühmten Holocaust-Gedenkstätte Yad Vashem angeboten, war aber am Protest liberaler Juden gescheitert. Ich habe Effi Eitam einmal gefragt, warum er sich stets stundenlang mit mir unterhalte, obwohl wir in vielen Fragen völlig unterschiedlicher Auffassung seien. Seine Antwort lautete: »Weil Sie einer der wenigen sind, der ehrlich zu uns ist. Ich hasse diese Heuchler, die uns nach dem Mund reden und ständig etwas vorlügen.«

Auch liberale Israelis gehen mit dem Thema anders um. Sie wehren sich gegen den Einsatz der »Antisemitismuskeule« gegen jeden, der es wagt, Politiker wie Netanjahu zu kritisieren. Für mich sind deutsche Juden ein wichtiger und wertvoller Teil der deutschen Gesellschaft. Dass das heute unbestreitbar ist, ist einer der großen zivilisatorischen Fortschritte unseres Landes.

### *Das ganz und gar nicht gefakte Foto aus Gaza*

Während des Gazakriegs 2014 lag auf den Trümmern zerstörter Häuser oft Kinderspielzeug. Wie in anderen Kriegen, die ich miterlebt hatte. Vor einer Hausruine in Gaza, auf der besonders viele Kindersachen lagen, blieben wir betroffen stehen. Ich dachte an die Kinder, die hier gelebt hatten. Und an die Kinder meiner Kinder. Ich hob einen fast unversehrten Kinderwagen auf und klopfte den Staub ab. Freddy fragte, ob ich mich für ein Foto auf die Trümmer setzen könne – zwischen all die Spielsachen. Mittags um zwölf Uhr, bei brütender Hitze, über uns das Surren israelischer Kampfdrohnen.

Meine Lust, an diesem schrecklichen Platz ein Foto zu machen, war überschaubar. Doch das war Krieg. In Kriegen sterben immer auch Kinder. Überall. Das musste ich wieder und wieder zeigen. Einen angekohlten Teddybär und ein Kinderbuch mit Schussspuren nahm Freddy als Erinnerung mit nach Deutschland. Es sollte ihn auch in Deutschland immer an die Absurdität und Grausamkeit von Kriegen erinnern.

Das Foto ging um die Welt und brachte mir viel Ärger ein. Kritiker bezeichneten es als gefälscht. Wir hätten das Spielzeug selbst gekauft und anschließend auf dem Trümmergrundstück verteilt. Auch die *Jüdische Allgemeine* schrieb das. Dieser bis heute erhobene absurde Vorwurf ist seit Langem durch Fotos der AFP-Fotografen Mohammed Abed und Marco Bottelli widerlegt. Sie hatten das Trümmergrundstück mit all dem Spielzeug bereits vier Tage vor Frédéric aufgenommen und die Fotos veröffentlicht. Gibt es einen besseren Beweis für die Unwahrheit der Kampagne vom angeblich gefakten Foto? Wir haben unter anderem Wikipedia die zeitlich früheren Fotos der beiden bekannten Fotografen zur Verfügung gestellt. Wikipedia weigert sich bis heute, seine falsche Berichterstattung zu korrigieren. Was für ein bösartiges Spiel! Ein palästinensischer Fotograf, dem ich die Geschichte erzählte, lachte bitter. Das sei immer so, wenn man in den zerbombten Häusern von Gaza Kinderspielzeug fotografiere. Ihm sei das auch schon passiert.

## *Ein Fußballplatz für Gaza*

2016, zwei Jahre nach diesem bis dahin brutalsten Gazakrieg, fuhr ich mit Frédéric wieder nach Gaza. Von den Grenzbehörden wurden wir dieses Mal fast herzlich willkommen geheißen. Sie riefen sich lachend zu: »Da kommen wieder mal Vater und Sohn!«, und schon hatten wir unsere israelischen Presseausweise. Gaza lag noch immer auf der Intensivstation. Große Teile des Landstreifens waren weiter eine trostlose Trümmerlandschaft. Das von der internationalen Staatengemeinschaft und von Deutschland versprochene Geld zum Wiederaufbau Gazas war nicht angekommen. Das einzig nennenswerte Projekt, das die deutsche Bundesregierung in der Zwischenzeit genehmigt hatte, war ein fünftes atomwaffenfähiges U-Boot für Israel, wie üblich zu einem Drittel aus Steuergeldern finanziert.

Ich war und bin dafür, dass Deutschland Israel besonders gut behandelt. Aber ich fand immer, dass man die Palästinenser genauso gut behandeln sollte. Weil auch sie einen hohen Preis für die Verbrechen der Deutschen im Zweiten Weltkrieg zahlen. Doch kaum jemand in Deutschland kümmerte sich wirklich engagiert um das kleine Volk der Palästinenser. So lebten in Gaza viele Menschen noch immer in zertrümmerten Häusern. Zusammen mit traumatisierten Kindern, die ihre Eltern immer wieder fragten, ob ihr Haus eines Nachts völlig über ihnen zusammenbrechen werde.

Ich hatte in der Zwischenzeit versucht, der Depression dieses kleinen Volkes wenigstens ein bisschen gegenzusteuern. Und den Bau eines professionellen Fußballplatzes sowie eines großen, bunten Kinderspielplatzes in Auftrag gegeben – in Bait Lahiya, im Norden Gazas. Den Jugendmannschaften hatte ich ferner Fußballtrikots, -hosen und -stutzen besorgt. Leider hatte ich vergessen, ihnen Fußballschuhe zu kaufen. Finanziert hatte ich das alles mit dem Honorar meines Buches *Inside IS*.

Zur feierlichen Einweihung des Sportplatzes veranstalteten wir im Frühjahr 2016 ein großes Eröffnungsspiel. Natürlich spielte ich mit. Damals war ich ja noch jung. Fünfundsiebzig Jahre sind kein Alter. Ich spielte als klassischer Linksaußen. Da musste man nicht so viel laufen. Es wurde ein tolles Spiel, obwohl einige der jungen Palästinenser barfuß spielen mussten oder mit Schuhen, aus denen die Zehen rausschauten. Als ich, wie immer, auch noch zur zweiten Halbzeit antrat, bekam ich tosenden Beifall. Leider schoss ich kein Tor, obwohl mein Gegenspieler bei einem Bogenlampen-Eckball extra zur Seite gegangen war, um mich nicht beim Köpfen zu behindern. Aber ich traf nur die Latte. Es war trotzdem ein Tag reinen Glücks.

Doch auch in jener Nacht schlug das Schicksal zu. Eine extremistische palästinensische Splittergruppe hatte wieder einmal eines ihrer schwachsinnigen Kassamgeschosse Richtung Israel gefeuert und wie üblich nichts getroffen. Israel hatte daraufhin eine Militäranlage der Hamas angegriffen und wie üblich getroffen. Dass die Hamas mit großer Brutalität all diese noch radikaleren Splittergruppen bekämpfte, interessierte niemanden. Teile der israelischen Raketen trafen allerdings nicht nur die Hamas-Anlage, sondern auch ein Bauernhaus in der Nähe unseres neuen Fußballplatzes. Sie töteten die sechsjährige Isráa und ihren zehnjährigen Bruder Yassin im Schlaf. Den Abend verbrachte ich zusammen mit ihrem Vater bei der Trauerfeier für seine Kinder. Die Zeiten des Glücks sind kurz in Gaza. Kein westliches Medium berichtete von den beiden getöteten Kindern. Es waren ja nur palästinensische Kinder.

Gaza ist voller tragischer Schicksale. Unvergesslich bleibt mir jener junge, beinamputierte Palästinenser, der mich fragte, ob er mir zeigen dürfe, was er mit seiner Krücke alles könne. Natürlich durfte er. Halb verlegen, halb stolz schraubte er den unteren Teil seiner Krücke ab. Den oberen nutzte er als Flöte. Das Lied, das er uns vorspielte, war von unbeschreiblicher Melancholie. Eine Krücke als Flöte eines schwer versehrten jungen Mannes – wie bizarr unsere Welt doch manchmal ist!

## *Meine Kritik an der Hamas*

Die Palästinenser, die ich in Gaza näher kannte, waren meist unpolitisch, oder sie standen der gemäßigteren Fatahbewegung nahe. Kontakte mit der Hamas habe ich vermieden. Obwohl das eigentlich meiner Strategie widersprach, immer mit allen zu sprechen.

Wahrscheinlich war meine Haltung auch falsch. Über prominente neutrale Palästinenser signalisierte ich der Hamas, dass ich ihre Strategie gegenüber Israel für völlig falsch hielt. Mit selbst gebastelten Blechbüchsen gegen die größte Militärmacht des Nahen Ostens anzukämpfen und dabei nicht die geringste Rücksicht auf Zivilisten zu nehmen, war Irrsinn. Militärisch, taktisch, moralisch. Es kostete die Hamas Sympathien auf der ganzen Welt.

Mein Vorschlag Richtung Hamas lautete: »Hört auf, Israel zu beschießen, und beschäftigt euch mit Gandhis Strategien der Gewaltlosigkeit!« Bei jeder sich bietenden Gelegenheit schlug ich vor, die gesamte Bevölkerung von Gaza solle sich jeden Freitag unbewaffnet und friedlich, in weißen Gewändern und mit dem Slogan »Gerechtigkeit für Gaza!« zum Grenzzaun begeben. Und dabei jede Gewaltanwendung gegenüber Israel unterlassen, egal, was geschehe. Wenn Israel auf die Demonstranten schieße und diese trotzdem friedfertig blieben, würden alle Sympathien der Welt auf Seiten der Palästinenser sein. Die einzige Chance, welche die Palästinenser hätten, sei die Macht der öffentlichen Meinung des Westens. Sie sei die einzige Macht, die alle Politiker Israels und seiner Verbündeten fürchten. Es gab kaum eine Diskussion in Gaza, bei der ich diesen Vorschlag nicht einbrachte. Er war mein Mantra.

Auf Initiative palästinensischer Friedensaktivisten fand Ende März 2018 in Gaza eine große Freitagskundgebung statt. Direkt an der Grenze zu Israel. Offizielles Ziel dieses »Marsches der Rückkehr« waren die Aufhebung der Blockade Gazas und das Rückkehrrecht aller aus Israel vertriebenen Palästinenser. Der Marsch sollte demonstrativ friedlich sein. So etwas Ähnliches hatte ich immer vorgeschlagen.

Leider eskalierte die Lage recht schnell. Wer mit den Gewalttätigkeiten anfing, ist, wie üblich, umstritten. Nicht umstritten ist, dass die israelischen Sicherheitskräfte sehr früh scharf schossen. Bereits am ersten Tag der im Ansatz friedlichen Demonstrationen erschossen die Israelis siebzehn Palästinenser. Die Hamas ihrerseits ließ zumindest zu, dass Autoreifen in Brand gesetzt und kleine brennende Ballons, die oft mit Benzin gefüllte Kondome waren, über den Grenzzaun geworfen wurden. Von friedlichen Demonstrationen konnte recht bald keine Rede mehr sein.

Bis zum Abschluss der monatelangen »friedlichen Demonstrationen« Ende 2019 starben zweihundertdreiunddreißig Palästinenser, darunter sechsundvierzig Minderjährige. Über achttausend wurden zum Teil schwer verletzt, zweihundertneunundzwanzig verloren ein Bein. Die meisten der Getöteten oder Verletzten waren völlig unbewaffnet und keine Gefahr für das israelische Militär. Kein einziger Israeli wurde getötet.

Besonders beliebt waren auf israelischer Seite Schüsse auf die Beine der Demonstranten. »Ich weiß genau, wie viele Knie ich getroffen habe«, sagte ein IDF-Scharfschütze der israelischen Zeitung *Haaretz*. Und weiter: »Es gibt eine Geschichte über einen Scharfschützen, der insgesamt elf Knie schaffte, und die Leute dachten, niemand könne ihn übertreffen. Und dann habe ich an einem Tag sieben oder acht Knie geschafft.« Ein anderer Scharfschütze erklärte: »Man kann das Bein mit dem Auge sehen. Doch mit einem Teleskopobjektiv, das sich auf die Zehnerpotenz vergrößert, kann man tatsächlich die Sehnen sehen.« 2021 erzählten israelische Sniper im israelischen Fernsehen: »Wir beendeten einen durchschnittlichen Freitag mit fünfundzwanzig Beinen, die von Scharfschützen abgeschossen wurden. Fast jeden Freitag könnte man sagen, dass jemand aus Versehen getötet wurde … Ein Kind, ein Teenager oder ein Erwachsener, den wir nicht töten wollten, aber sie wurden getötet.«

Das Vorgehen der israelischen Sicherheitskräfte war, wie so oft, völlig unverhältnismäßig, das Vorgehen der Hamas, wie so oft, unverantwortlich dumm. Die Hamas hat Gandhi nie verstanden.

### *Meine »Gandhi-Demo«*

Als ich im Juni 2019 erneut Gaza besuchte, hörte ich von den im März begonnenen, zunehmend chaotischen Freitagsdemonstrationen. Ich hatte so oft für die Strategie Gandhis geworben, warum zeigte ich nicht einfach persönlich, wie ich mir das vorstellte? Bis dahin hatte ich mich in meinem Leben fast nie an Demonstrationen beteiligt. Die einzigen drei Demonstrationen, an die ich mich erinnern konnte, waren eine projüdische Demo gegen die NPD in Südbaden vor über fünfzig Jahren, eine kleine Demo gegen den Afghanistankrieg der Sowjets vor über vierzig Jahren sowie eine Kundgebung mit den Tübinger Gewerkschaften gegen die Schließung der Postfiliale Tübingen vor über dreißig Jahren. Ich wusste gar nicht mehr richtig, wie so etwas geht und worauf man achten musste.

Trotzdem schrieb ich Mitte Juni 2019 in meinem Hotel in Gaza auf einen hundertzwanzig mal siebzig Zentimeter großen Pappkarton jenes berühmte ethische Gebot, das man in fast allen großen Religionen findet. Übersetzt auf die Lage in Gaza lautete diese »goldene Regel«: »Dear Israelis! Please treat the Palestinians the same way you want to be treated.« – »Liebe

Israelis, bitte behandelt die Palästinenser so, wie ihr selbst behandelt werden wollt!«

Mit diesem Plakat wollte ich allein und sichtbar getrennt von der angekündigten Großdemonstration Richtung Grenzzaun gehen. Alle meine palästinensischen Freunde rieten mir ab. Über mein Argument, die Soldaten im Wachturm an der Grenze seien intelligente Leute, die genau sähen, dass ich kein junger Terrorist, sondern ein leicht ergrauter Westler war, lachten sie nur bitter. Das sei denen völlig egal, die würden schießen. Ich fand das nicht überzeugend. Das waren Scharfschützen, die mit ihren hochmodernen Waffen jedes Barthaar in meinem Gesicht erkennen konnten. Außerdem flog über dem Sperrgebiet an der Grenze ständig ein »Zeppelin«, der in Echtzeit gestochen scharfe Bilder auf ihre Computer übertrug. »Die schießen nicht auf einen friedlichen achtundsiebzigjährigen Westler«, beendete ich die Diskussion.

### *Warum ich dennoch beschossen wurde*

Zwei Stunden später stand ich vor dem dreihundert Meter breiten Sperrgebiet zu Israel. An diesem Tag wurde nur mit einer mittelgroßen Demonstration gerechnet. Trotzdem waren wie üblich Rettungswagen aufgefahren, um die zu erwartenden Verletzten schnell abtransportieren zu können. Journalisten konnte ich keine erkennen. Aber vielleicht waren einheimische »Fixer« da, die in Krisengebieten oft unauffällig für die großen Fernsehanstalten, wie etwa Al Jazeera, filmen.

Ich ging zu einer Stelle, die von der Hauptdemonstration weit entfernt war. An einer Demonstration der Hamas wollte ich nicht teilnehmen. Das Plakat hoch erhoben, marschierte ich Richtung Grenzzaun. Begleitet wurde ich von einem jungen Palästinenser. Er hatte den Auftrag, mich mit meinem Handy zu filmen und alles, was ich sagte, aufzunehmen. Ich wollte verhindern, dass man mir nachträglich irgendeine Provokation unterstellte.

Langsam ging ich auf den Grenzzaun und den mächtigen israelischen Wach- und Schießturm zu. Natürlich war ich angespannt. Hier waren schließlich Hunderte Palästinenser getötet und Tausende schwer verletzt worden. Konzentriert schaute ich auf den israelischen Schießturm und dessen Schießscharte, auch weil ich vermutete, dass ich von den dortigen Scharfschützen scharf beobachtet wurde. Immer wieder kamen Gruppen junger palästinensischer Frauen auf mich zu, die mich erkennbar nicht richtig einordnen konnten. Teilweise fragten sie irritiert, warum auf meinem Plakat »Liebe Israelis« stünde. Die seien doch ganz und gar nicht lieb.

Wahrscheinlich war ich der einzige Deutsche in der Geschichte Gazas, der sich ausgerechnet im Sperrgebiet der Grenze zu Israel mit aller Klarheit für das Existenzrecht Israels aussprach und das anschließend auch noch weltweit verbreitete. Auf dem später auf Facebook veröffentlichten und bis heute abhörbaren Tonband vernimmt man, wie ich etwas angespannt sage: »Als Deutscher bin ich uneingeschränkt für das Existenzrecht Israels. Und ich bin uneingeschränkt für das Recht der Israelis, in Frieden zu leben. Aber ich bin auch für das Recht der Palästinenser, in Frieden zu leben, und auch für das Existenzrecht der Palästinenser. Deshalb heißt meine Botschaft: Liebe Israelis, behandelt die Palästinenser so, wie ihr selbst behandelt werden wollt!«

Je näher ich dem Wachturm kam, desto stärker stieg die Spannung in mir. Ich glaubte zu spüren, dass zwischen den Scharfschützen gerade heftig – und nicht sehr freundlich – diskutiert wurde. Ich beschloss, nicht weiter zu gehen als jener kleine palästinensische Junge, der sich besonders weit Richtung Grenzzaun vorgewagt hatte. Als ich dann doch an ihm vorbeiging, begann mein Herz laut zu schlagen.

Auch das merkwürdige Gefühl im Magen wurde stärker. Ich sagte mir: »Hör auf deine innere Stimme, es reicht!« Ich blieb stehen und reckte das Plakat noch einmal Richtung Grenze. Dann drehte ich mich um und ging langsam wieder zurück. Die

Grenzposten sahen jetzt die Rückseite meines Plakates, auf der »Gerechtigkeit für alle!« stand. Auch dieser Satz war bewusst maßvoll gehalten.

Ich sah, wie Tränengasgranaten über mich hinwegflogen, und ging weiter. Ich dachte: »Gleich hast du es geschafft.« Genau in diesem Augenblick traf mich etwas am Rücken. Es war, als hätte jemand aus zwanzig Metern Entfernung einen faustgroßen Stein auf mich geworfen. Aber es war kein Stein, sondern ein hartes Plastikgeschoss, eine sogenannte Schwammgranate. Sie war etwa sechs Zentimeter lang und vier Zentimeter breit. Sie brachte mich aus dem Gleichgewicht. Doch ich wollte nicht zu Boden gehen. Ich habe große Probleme mit Fußballern, die schon bei der leichtesten Bewegung hinfallen und sich auf dem Rasen wälzen.

In der Nähe stehende Sanitäter, die gesehen hatten, dass ich ins Straucheln geraten war, stürzten sich auf mich, versuchten mir das Hemd runterzureißen und mich in eine der Ambulanzen zu tragen. Ich wehrte sie ab. »Alles in Ordnung«, sagte ich immer wieder. Jetzt mit einem Notfallwagen ins Krankenhaus? Das kam nicht in Frage. Der kleine Palästinenser, der mich begleitet hatte, war kreidebleich. »Zehn Zentimeter höher, und Sie würden jetzt nicht mehr stehen«, sagte er leise. »Da könnten Sie sich noch so sehr anstrengen.« Eine Traube von Menschen stand um mich herum. Ich knöpfte mein Hemd zu, das irgendjemand trotz meiner Gegenwehr aufbekommen hatte, und schaute nach dem Wagen meiner Freunde. Ich musste hier weg. Ich ärgerte mich über mich selbst. Ich war so sicher gewesen, dass die Scharfschützen im Wachturm nicht auf Wehrlose und deshalb auch nicht auf mich schießen würden. Ich wollte nicht Opfer sein.

Spätabends strömten alle meine Freunde ins Hotel, um sich nach meinem Befinden zu erkundigen. »Wie geht es dir?«, fragten sie. »Perfekt!«, antwortete ich, obwohl ich inzwischen am Rücken eine faustgroße Schwellung hatte. Ich wusste damals nicht, dass Hartplastikgeschosse, Schwammgranaten oder

Gummigeschosse oft schlimmer sind als Metallgeschosse. Weil sie zu inneren Verletzungen führen. Manchmal waren sie tödlich. Auch hier an der Grenze von Gaza. All das versuchte ich herunterzuspielen. Weil ich an die Hunderte toten und schwer verletzten Palästinenser dachte. Eine Beule am Rücken, das war gar nichts.

Um zu verhindern, dass sich schlimme Gerüchte verbreiteten, berichtete ich noch in der Nacht im Internet, dass ich trotz friedlicher Absichten beschossen worden sei. Ich veröffentlichte einfach unser Video. Aber ich zog aus der Beschießung keine politischen oder juristischen Konsequenzen, obwohl das leicht gewesen wäre. Grenzposten dürfen nach geltendem Recht nirgendwo auf der Welt auf Zivilisten in einem anderen »Land« schießen. Ich hätte jeden Prozess gegen die Verantwortlichen gewonnen. Auch Strafprozesse.

Nur bei Nathalie landete wieder mal eine dumme Fehlinformation. Als ihr telefonisch gesagt wurde, ich sei beschossen worden, verstand sie, ich sei erschossen worden. Da brach natürlich Panik aus. Genau derartige und noch schlimmere Falschinformationen hatte ich vermeiden wollen.

Die Kommentare im Internet waren wie üblich skurril. Die einen sagten, das sei alles im Hollywoodstil gestellt und gefakt. Wie hätten denn sonst sofort Krankenwagen in meiner Nähe sein können? Andere sagten, ich sei eindeutig von Palästinensern beschossen worden. Eine große dritte Gruppe behauptete, man habe lediglich Cola-Dosen auf mich geworfen.

Doch dieses Mal gab es nicht nur unsere Handyaufnahmen, die auch noch in Zeitlupe zeigten, wie das Geschoss von meiner Schulter abprallte. Sondern es gab einen arabischen »Fixer«, der die Szene ebenfalls gefilmt hatte. Sein Kurzvideo war deutlich dramatischer als das meines »Videoassistenten«. Dort sah man, wie ich in die Knie ging und kämpfen musste, um nicht zu Boden zu gehen.

### *Die Entschuldigung der israelischen Regierung*

Ein paar Tage später war ich wieder in Israel. Bei Anhängern wie Kritikern der Politik Netanjahus. Etwa bei Amos Schocken, dem Herausgeber der weltweit angesehenen liberalen Tageszeitung *Haaretz*. Er feierte an diesem Tag gerade mit seinen Mitarbeitern den hundertsten Geburtstag seiner Zeitung. Seine erste Frage lautete: »Was habt ihr denn da gerade in Deutschland beschlossen? Ist Kritik an der israelischen Politik nun tatsächlich Antisemitismus? Gelten unsere Journalisten von *Haaretz* bei euch jetzt als Antisemiten, weil sie gelegentlich recht heftig Netanjahus Politik kritisieren? Hat das bei euch irgendjemand zu Ende gedacht?«

Die Beschießung erwähnte ich bei keinem meiner Gespräche mit Israelis. Ich wollte Beobachter sein und nicht Opfer. Außerdem fand ich meine Beule an der Schulter zu unbedeutend. Anders sah das offensichtlich der deutsche Konsul in Ramallah im Westjordanland. Bereits einen Tag nach der Beschießung rief er mich an und bot jede erforderliche Hilfe an. Ich lehnte selbstverständlich ab. Auch die deutsche Bundesregierung verhielt sich vorbildlich. Sie legte bei der israelischen Regierung Protest ein. Die israelische Regierung reagierte ebenfalls korrekt. Sie entschuldigte sich bei der deutschen Bundesregierung und versprach eine Untersuchung. Gegenüber der deutschen Botschafterin erklärte das israelische Außenministerium, man habe sich auch bei mir entschuldigt. Doch das stimmte nicht. Und die versprochene Untersuchung führte, wenn sie jemals stattfand, zu keinem Ergebnis. Derartige Untersuchungen führen selten zu einem Ergebnis.

Monatelang versuchte ich durch immer neue Spritzen eine Operation meiner Schultern zu vermeiden. Doch selbst der kleinste Sturz beim Sport, das sanfteste Schulterklopfen führte zu unerträglichen Schmerzen. Ich musste unters Messer. Insgesamt wurde ich dreimal unter Vollnarkose operiert. Schulteroperationen gehören zu den schmerzhaftesten Eingriffen, die man sich vorstellen kann. Das glaubt man erst, wenn man es einmal erlebt hat. Und doch fühlte ich mich privilegiert, dass man mir nicht, wie unzähligen Palästinensern, gezielt in die Knie geschossen hatte.

Einige der beinamputierten Palästinenser spielen übrigens inzwischen wieder Fußball – in Kleinmannschaften und mit Krücken. Ich aber bin nach drei schwierigen Jahren langsam wieder fit. Nach der Veröffentlichung dieses Buches werde auch ich wieder Fußball spielen. Nur ins Tor darf ich nicht mehr gehen. »Hechtsprünge«, vor allem nach rechts, haben mir meine Ärzte streng verboten.

## *Und wieder Krieg in Gaza*

Obwohl 2018 und 2019 alle Versuche friedlicher Demonstrationen gescheitert waren, blieb ich bei allen Gesprächen in Gaza bei meiner These, dass die einzige Chance der Palästinenser in klugen Verhandlungsinitiativen und gewaltlosem Widerstand liege. Auch wenn Israel weiter Hunderte Demonstranten töten oder schwer verwunden würde. Doch die Hamas blieb bei ihrer Kassamstrategie, obwohl ihre Raketen meist nichts und niemanden trafen. Sie waren sogar kontraproduktiv. Sie lieferten israelischen Hardlinern den Vorwand, immer wieder mit massiver Gewalt gegen Gaza vorzugehen. »Rasenmähen« nannten die Hardliner in Netanjahus Umfeld das.

Nach einer dieser Diskussionen nahm mich ein junger Palästinenser zur Seite und sagte leise, nachdem er sich vergewissert hatte, dass uns niemand belauschte: »Irgendwann wird es einen Angriff der Hamas geben, den sich heute niemand vorstellen kann. Er wird Israel in seinen Grundfesten erschüttern.« Als er sah, dass ich ihm kein Wort glaubte, erwiderte er bleich: »Auch du wirst dich wundern. Und es wird bald geschehen.« Was wusste er?

Als die Hamas am Morgen des 7. Oktober 2023 in einer

spektakulären Militäraktion – zu Fuß, mit Mopeds, Paraglidern und Bulldozern – in Israel einfiel, erinnerte mich das an die »Genialität des Bösen« der Terroranschläge des 11. September 2001. Niemand sollte bestreiten, dass die gnadenlosen Morde der Hamas an israelischen Zivilisten am 7. Oktober terroristisch waren. Ich habe das in den Tagen danach auf allen mir zugänglichen öffentlichen Kanälen immer wieder erklärt. Kompromisslos. Bis es selbst engagierteste Anhänger nicht mehr hören konnten.

Aber macht es sich der Westen nicht zu leicht, wenn er die Hamas in allen öffentlichen Erklärungen inzwischen auf eine »Terrororganisation« reduziert? Die Freiheitsbewegungen, die nach dem Zweiten Weltkrieg in Algerien, Vietnam oder Südafrika die Kolonialisten vertrieben, waren doch auch keine reinen Terrororganisationen, obwohl sie im Kampf gegen ihre Unterdrücker grauenvolle Terrorakte gegen Zivilisten begingen. Sonst wäre ja auch die israelische Armee eine Terrororganisation, weil ihre unterschiedslosen Bombenangriffe bis heute keine Rücksicht auf palästinensische Zivilisten nehmen und inzwischen Zigtausende Frauen und Kinder getötet haben.

Die Hamas ist – anders als al-Qaida oder der IS – im Kern keine »Terrororganisation«, sondern eine Widerstands- und Befreiungsbewegung, die leider auch mit Mitteln des Terrors arbeitet. Genauso wie die israelische Armee keine Terrororganisation ist, auch wenn ihre Bombardements terroristisch und völkerrechtswidrig sind. Man muss das als Jurist offen aussprechen dürfen. Die bisherige westliche Sicht auf die palästinensische Tragödie ist nicht objektiv und nicht fair.

In meinen ersten Telefonaten mit palästinensischen Freunden in Gaza habe ich bei der Bewertung der Morde der Hamas Worte gebraucht, die nicht druckreif waren. Ich bin in Sachen Terrorismus wahrscheinlich viel härter als alle meine Kritiker. Ich stand und stehe auch deshalb auf der Abschussliste mehrerer echter Terrororganisationen wie der RAF und des IS. Ich verurteile die terroristischen Aktionen des 7. Oktober uneingeschränkt. Aus Mitgefühl mit den getöteten israelischen Zivilisten. Aber auch aus Mitgefühl mit der Bevölkerung von Gaza, weil ich wusste, dass sie in den nächsten Monaten für die Morde der Hamas einen hohen Preis zahlen würde. Netanjahu ist nicht weniger brutal als die Hamas.

Die Hamas und Netanjahu haben sich immer wieder gesucht und immer wieder gefunden. In den Monaten vor dem 7. Oktober war das Ansehen der Hamas in Gaza auf einem Tiefpunkt angelangt. Durch eine spektakuläre Militäraktion konnte für sie alles nur besser werden. Ähnliches galt für Netanjahu. Er musste in jenen Tagen konkret damit rechnen, dass seine Karriere wegen einer Korruptionsaffäre kurz vor dem Ende stand.

Netanjahu fürchtete, dass es ihm ähnlich ergehen würde wie seinem Vorgänger Ehud Olmert, der wegen Korruption zu siebenundzwanzig Monaten Gefängnis verurteilt worden war, von denen er sechzehn Monate absitzen musste. Die israelische Justiz ist in Sachen Korruption unerbittlich und konsequent. Sie würde – anders als die deutsche Justiz – nie auf eine Strafverfolgung verzichten, nur weil sich ein führender Politiker angeblich nicht mehr an seine Taten erinnert. Bundeskanzler Scholz wäre in Israel mit seinen Gedächtnislücken beim Steuerskandal »Cum Ex« nie durchgekommen.

Sowohl die Hamas als auch Netanjahu brauchten einen Krieg, um von ihrem Versagen in fast allen Bereichen der Politik abzulenken. Doch das war nur die taktische Seite des Angriffs der Hamas und der grenzenlosen Gewalt auf beiden Seiten. Letztlich ist der 7. Oktober nur als Akt totaler Verzweiflung erklärbar. Man kann Völker nicht endlos demütigen. Die Grenze des Ertragbaren war in Gaza längst erreicht. Aus Sicht der Palästinenser hatte man ihnen bei der Gründung des Staates Israel schlicht ihr Land geraubt. Im Westjordanland und in Ost-Jerusalem geht dieser Landraub durch ständig neue israelische Siedlungen bis heute ungebremst weiter. Diese Siedlungen sind völkerrechtswidrig. Auch der Internationale Gerichtshof (ICJ) sieht das inzwischen so.

Während westliche Politiker den Palästinensern die »Zweistaatenlösung« wie eine Karotte vor die Nase hielten, schuf Israel Tag für Tag Fakten, die einen eigenen, lebensfähigen palästinensischen Staat de facto unmöglich machten. Das Westjordanland sieht inzwischen wie ein Schweizer Käse aus. Darauf lässt sich kein lebensfähiger Staat mehr aufbauen.

Der ehemalige israelische Premierminister Ariel Scharon hatte 1998 ganz offen zugegeben, welche Strategie hinter den israelischen Siedlungsaktivitäten steckte. Er sagte: »Everyone has to move, run and grab as many [Palestinian] hilltops as they can to enlarge the [Jewish] settlements because everything we take now will stay ours ... Everything we don't grab will go to them.« – »Jeder muss jetzt möglichst schnell möglichst viele palästinensische Hügel erobern, um unsere Siedlungen zu vergrößern. Alles, was wir uns jetzt schnappen, wird uns gehören. Alles, was wir uns nicht schnappen, wird denen gehören.« Tatenlos hatte der Westen diesem Landraub zugesehen. Das Schicksal der Palästinenser interessierte ihn nie wirklich. Als die Bevölkerung Gazas sich dann auch noch erlaubte, 2006 in einer demokratischen Wahl die israelfeindliche Hamas zu wählen, kesselte Israel Gaza zur Strafe einfach ein und funktionierte den schmalen Küstenstreifen zu einem beklemmenden Freiluft-Gefängnis um. Nennenswerte Proteste des Westens gab es nicht.

Israel hat die Palästinenser seit seiner Staatsgründung 1948 als Menschen dritter Klasse behandelt. Für die Palästinenser ist die bewusst demütigende Art, mit der sie an den Checkpoints im Westjordanland, bei Kontrollen in Hebron, an der Al-Aqsa-Moschee in Jerusalem oder an den Grenzübergängen zu Gaza behandelt werden, blanker Rassismus. Ich habe das mehrfach miterlebt. Mich erinnert all das an die rassistische Behandlung der Algerier durch die Franzosen, die ich in den sechziger Jahren in Algerien ebenfalls erlebt hatte. Jeder Versuch der Palästinenser, aus ihrem Elend auszubrechen, war gescheitert. Egal, ob ihre Strategie friedfertig war, wie die der Fatah, oder gewaltsam, wie die der Hamas. Zuletzt hatten ja sogar die ursprünglich friedlichen Demonstrationen in Gaza mehr als zweihundert Palästinensern das Leben gekostet.

Der 7. Oktober war eine Verzweiflungstat der Verdammten dieser Erde, der »Desperados« des Nahen Ostens, die einfach zu lange gequält worden waren. Sie griffen bewusst zu Mitteln, von denen sie wussten, dass die Welt sie nicht akzeptieren würde. Aber das, was die Welt über sie dachte, war der Hamas schon lange egal.

Trotzdem gibt es an der Barbarei der Taten der Hamas nichts zu beschönigen. Mord ist Mord, Terrorismus ist Terrorismus. Dass die amerikanische und israelische Propaganda den kriminellen Taten der Hamas dann auch noch Propaganda-Märchen hinzudichteten, darf niemanden verwundern. In allen Kriegen werden Gräuelmärchen über den Feind erzählt.

So bediente sich US-Präsident George Bush senior 1990, im Zweiten Golfkrieg, der »Brutkastenlüge«, um endlich öffentliche Unterstützung für seinen Krieg gegen Saddam Hussein zu bekommen. Nach dieser amerikanischen Propagandalüge, die der Westen wie üblich geschlossen nachplapperte, hatten irakische Soldaten in kuwaitischen Krankenhäusern Frühgeborene aus ihren Brutkästen herausgerissen, auf den kalten Boden geworfen und sterben lassen. Erfunden und professionell verbreitet wurde diese Lüge von einer bekannten amerikanischen PR-Firma. Der Schwindel flog erst auf, als westliche Bomberjets bereits unzählige irakische Soldaten, die aus Kuwait fliehen wollten, zu Tode gebombt hatten.

Im Gazakrieg 2023 hießen die Verbreiter ähnlicher Kriegslügen Joe Biden, Antony Blinken und Benjamin Netanjahu. Sie verbreiteten unter anderem die Lüge, die Hamas habe vierzig Säuglingen die Köpfe abgehackt. Doch diese Gräueltaten waren frei erfunden und wurden, nachdem sie weltweit politisch die gewünschte Wirkung erzielt hatten, vom Weißen Haus einfach wieder dementiert. Das hinderte allerdings führende westliche und auch israelische Politiker nicht daran, sie ständig weiterzuverbreiten.

Zur Untermauerung ihrer Propaganda verbreitet die israelische Führung das Gerücht, über diese angeblichen Taten der Hamas gebe es einen fünfundvierzigminütigen Film, der jeden Zweifler für immer widerlege. Ein israelischer Diplomat erzählte mir und Frédéric in Jerusalem sogar von »gebackenen Babys«, die der Film zeige. Ich müsse ihn dringend anschauen. Prominente israelische Journalisten, die den Film gesehen hatten, erklärten uns allerdings kopfschüttelnd, »geköpfte« oder »gebackene« Babys seien in dem Film nirgends zu sehen. Das sei frei erfunden.

Nicht anders als die angeblichen »Beweise« über »systematische« Vergewaltigungen durch die Hamas. Das heißt nicht, dass es keine Vergewaltigungen gab. Ich halte sie sogar für sehr wahrscheinlich. Zum Beispiel durch den fanatisierten Mob, der der Hamas mit wenigen Minuten Abstand durch die zerstörten Grenzanlagen nach Israel gefolgt war. In fast jedem Krieg kommt es zu Vergewaltigungen. Die Russen vergewaltigten nach dem Zweiten Weltkrieg in Berlin, die Franzosen im badischen Renchen, wo ich nach dem Krieg aufgewachsen war.

## *Besuch in Kriegszeiten: Israel und das Westjordanland*

Mein Urteil über Einzelheiten des 7. Oktober und des folgenden Kriegs wird allerdings erst dann endgültig sein, wenn ich auch in Gaza ausführlich mit der Bevölkerung gesprochen habe – und erstmals bewusst auch mit Anhängern der Hamas. Bisher war das nicht möglich, da mich die israelische Regierung bis zum Redaktionsschluss dieses Buches Ende November 2024 nicht nach Gaza ließ.

Vier Monate nach Kriegsbeginn war ich allerdings mit Frédéric noch einmal nach Israel und ins Westjordanland gereist. Ich wollte wenigstens mit einflussreichen Israelis sowie mit Palästinensern im Westjordanland über den Krieg sprechen.

Auffallend bei allen Gesprächen war, dass Israelis und Palästinenser sich inzwischen überhaupt nicht mehr verstehen. Beide Seiten haben sich seit dem 7. Oktober noch weiter auseinandergelebt. Viele Palästinenser verstehen nicht, dass der Angriff der Hamas – mit eintausendeinhundertneununddreißig israelischen Toten und zweihunderteinundfünfzig Entführungen – die Bevölkerung Israels wirklich in einen Schockzustand versetzt hatte. Die Menschen von Gaza hatten schließlich in den fünfzehn Jahren zuvor vier israelische Kriege mit deutlich mehr Toten über sich ergehen lassen müssen. Allein der Krieg 2014 hatte – wie schon erwähnt – in nur sechs Wochen über zweitausend Palästinensern das Leben gekostet. Für die Menschen von Gaza waren Kriege mit Tausenden Toten trauriger Alltag.

Auf der anderen Seite hatten die meisten Israelis, mit denen wir sprechen konnten, nicht die geringste Ahnung vom Elend, in dem die Menschen in Gaza lebten. Ihr Standardargument lautete: Wenn die Palästinenser ihr Geld nicht für Waffen und Tunnel verschwenden würden, könnten sie in blühendem Wohlstand leben. Ähnlich wie die Menschen in Singapur oder Dubai. Gaza sei an seiner Misere selbst schuld. Viele Israelis fanden ferner, dass die Angriffe des 7. Oktober so bestialisch waren, dass es mit den Palästinensern nie mehr Frieden geben könne. Vielleicht einen Waffenstillstand, aber keinen echten Frieden. Mit Terroristen könne man keinen Frieden schließen.

Die überwältigende Mehrheit der israelischen Bevölkerung stand zwar nicht hinter Netanjahu als Politiker, aber sie stand hinter seinem gnadenlosen Krieg. Selbst liberale, »linke« Israelis hatten Verständnis für die Brutalität des israelischen Kriegs. Die »Vergewaltiger« und »Babymörder« der Hamas, aber auch die Bevölkerung von Gaza, die diese Leute gewählt hatte, hatten angeblich nichts anderes verdient!

Wir besuchten das Gelände des schlimmsten Massakers der Hamas – dort, wo die Hamas im Morgengrauen das Nova-Festival angegriffen hatte. Fotos, Blumen, Fähnchen erinnerten an die Bluttaten, die hier stattgefunden hatten. Israelische Soldaten dankten Frédéric und mir, dass wir durch unseren Besuch Solidarität mit den Opfern zeigten. Es war unmöglich, an dieser Stätte des Grauens nicht tief betroffen zu sein.

In Tel Aviv besuchten wir jenen großen Platz vor dem Verteidigungsministerium, auf dem seit Wochen Solidaritätskundgebungen für die israelischen Geiseln stattfanden. Die meisten Demonstranten fanden, dass Netanjahu sich nicht wirklich für das Schicksal der Geiseln interessierte. Ein leicht ergrauter Demonstrant knurrte, eigentlich sei die Lösung des Konflikts einfach. Man müsse doch nur Netanjahu gegen die Geiseln austauschen. Das würde nicht nur das Leid der Geiseln beenden, sondern auch den Krieg. Bis auf Netanjahu wäre die große Mehrheit Israels mit dieser Lösung einverstanden.

Wir besuchten auch den Grenzübergang Kerem Schalom. Die humanitäre Hilfe der UN für die Bevölkerung von Gaza lag seit Kriegsbeginn nur noch bei einem Bruchteil des Vorkriegsniveaus. Die Menschen in Gaza hungerten, es mangelte an Medikamenten. Arme und Beine schwer verletzter Kinder mussten ohne Narkose amputiert werden. Trotzdem wurden an diesem Grenzübergang die ohnehin zu niedrigen Hilfslieferungen von israelischen Siedlern blockiert. Wie war so etwas möglich? Der Grenzübergang stand doch unter der Kontrolle der israelischen Armee und Polizei.

Über verlassene Felder und gesperrte Straßen schlugen wir uns zu dem Grenzübergang durch. Dort sprachen wir mit einigen Siedlern. Ihre Argumentation war einfach. Sie fanden, dass die palästinensische Bevölkerung keine humanitäre Unterstützung verdiene, solange die Hamas die israelischen Geiseln nicht freigäbe. Der größte Teil der Hilfe gehe ohnehin nicht an die Bevölkerung, sondern an die Hamas. Weder die israelische Armee noch die Polizei behinderten die Blockierer in irgendeiner Weise. Wir fragten Soldaten, warum sie nicht eingriffen. Ihre Antwort lautete, dazu hätten sie keinen Befehl. Sie hätten lediglich den Auftrag, die »öffentliche Ordnung« aufrechtzuerhalten. Was für eine »Ordnung« denn, dachte ich fassungslos.

Auch im Westjordanland sahen wir viel Erschreckendes. Wir sprachen mit jungen Palästinensern, die zweieinhalb Jahre in »Administrativ-Haft« gehalten wurden, einer Haft ohne Anklage, ohne Begründung, ohne Gerichtsverfahren. Eine Haft, die es nur gegen Palästinenser gibt. Eine Schande für jeden Rechtsstaat. Ich hatte die Rechtsstaatlichkeit Israels immer bewundert und gelobt. Doch sie galt nie für Palästinenser. Palästinenser sind in einem Maße rechtlos, das man sich im Westen nicht vorstellen kann.

Besonders schlimm erlebten wir das in Hebron. Dort trafen wir den palästinensischen Menschenrechtler Issa Amro, einen weltweit bekannten Anhänger politischer Gewaltlosigkeit, zu einem langen Gespräch. Israelische Siedler versuchen seit Langem, ihm sein Haus wegzunehmen. Videofilme zeigen, wie Soldaten ihn ohne erkennbaren Anlass auf offener Straße zusammenschlagen. Bei einem Verhör drückte ihm ein israelischer Soldat seinen Penis ins Gesicht. Issa Amros Schicksal ist exemplarisch für das Schicksal aller Palästinenser. Auch er wird nicht aufgeben, obwohl seine Lage immer bedrohlicher wird. Jeden Tag ist sein Leben in Gefahr.

Frédéric und ich wurden während unseres Aufenthalts im Westjordanland immer schweigsamer. Die Art, wie die Palästinenser auch hier als Menschen minderer Klasse behandelt werden, verschlug uns die Sprache. Eigentlich kannten wir vieles schon von früheren Besuchen. Aber seit dem 7. Oktober hat sich die Lage der Palästinenser auch im Westjordanland weiter verschlechtert. Wird es auch hier irgendwann zu einer Explosion kommen? Wie lange kann man Menschen quälen, schikanieren, schlagen, treten, demütigen, entwürdigen, entmenschlichen, ohne dass sie sich wehren? Jeden Tag verstand ich ein bisschen mehr, warum es zum Terrorausbruch des 7. Oktober gekommen war.

Auch mein Urteil über den Gazakrieg wurde bitterer. Trotz seiner brutalen Kriegsführung hatte ich Israel immer gegen den Vorwurf des »Völkermords« in Schutz genommen. Genauso wie gegen den Vorwurf, inzwischen ein Apartheidstaat zu sein. Doch ich spürte jeden Tag mehr, dass das nicht mehr vertretbar war. Man darf auch bei Freunden und Partnern nicht alles verteidigen.

Wenn der mörderische Gazakrieg und die Kriegs- und Nachkriegsziele, die Netanjahu und einige seiner Kabinettskollegen immer offener aussprechen, kein Völkermord sind, was ist dann eigentlich noch Völkermord? Und wenn der täglich praktizierte israelische Rassismus gegenüber dem palästinensischen Volk Israel nicht längst zu einem Apartheidstaat gemacht hat, was ist dann noch Apartheid?

Darf man aus Rücksicht auf die unsäglichen Naziverbrechen gegen die europäischen Juden und aus Rücksicht auf die wichtige und wertvolle deutsch-israelische Partnerschaft ewig schweigen? Schweigen wir nicht schon viel zu lange? Auch ich?

### *Huthi-Raketen gegen Israel*

Ende 2023 griffen die Huthi überraschend Handelsschiffe im Roten Meer mit Raketen an. Das war nicht David gegen Goliath, sondern David gegen den größten Teil der Welt. Genauer: gegen alle Schifffahrtsfirmen der Welt, die Handel mit Israel trieben oder auch nur Israels Häfen anliefen.

Ich rief meine Kontaktpersonen im Umfeld der Huthi-Führung an und fragte, ob sie den Verstand verloren hätten. Ob gewaltfreie Initiativen wie die des Chefanklägers des Internationalen Strafgerichtshofs nicht klüger seien als das Versenken von Handelsschiffen aus aller Welt. Krieg sei nun mal ein Bumerang.

**29** Mit Fremdenlegionären 1960 im Algerienkrieg.

**30** Unter afghanischen Freiheitskämpfern bei Dschalalabad.

**31** Im Gespräch mit Indiens Premierministerin Indira Gandhi.

**32** Mit dem pakistanischen Präsidenten Zia-ul-Haq.

**33** Nach der Öffnung Kubas als erster deutscher Bundestagsabgeordneter in Havanna: ein Abend bei Ramón Castro, dem Bruder Fidels; rechts: Dieter Kronzucker.

**38** Abdul Latif liest eine halbe Stunde vor seinem Tod libyschen Rebellen aus einem Buch von mir vor.

**39** Nach einem Boden-Boden-Raketenangriff von Gaddafis Truppen ist Abdul Latif tödlich verwundet, und es bleibt nur noch die Flucht in die Wüste.

**40** Auf einer Anti-Assad-Demo Ende 2011 im syrischen Homs.

**41** Dialog mit Syriens Staatspräsident Assad.

**42** Auf der Suche nach Einsamkeit: Ritt durch die Sahara.

**43** Beim Fußballspielen im zweiten von mir finanzierten Waisenhaus in der Nähe von Kabul.

44 In einem nach Gaza führenden Tunnel.

45 Das angeblich gefakte Foto in Gaza. Doch es war echt. Mehrere Tage zuvor hatten bekannte AFP-Fotografen das zerstörte Grundstück mit dem Kinderspielzeug ebenfalls abgelichtet und die Bilder veröffentlicht.

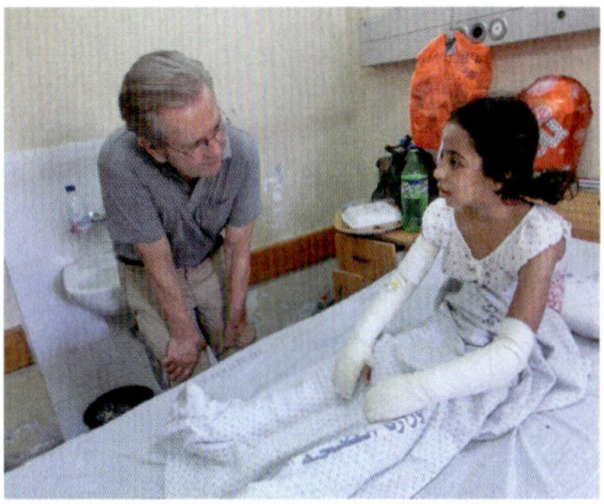

46 Mit einem kriegsversehrten Mädchen im Schifa-Krankenhaus.

47 Das Schwimmcamp der Stiftung Sternenstaub in Gaza 2021: Der Krieg hat mehrere der Kinder getötet, auch mithilfe deutscher Rüstungslieferungen.

**48** Beim Überklettern des Grenzzauns nach Myanmar 2017.

**49** In einem von der myanmarischen Armee niedergebrannten Rohingya-Dorf.

**50** Flüchtlingscamp in Bangladesch: Hier leben vertriebene Rohingya.

**51** Im Gespräch mit jungen Iranerinnen im Norden Teherans.

**52** Weihnachtsfeier in einer Münchener Flüchtlingsunterkunft.

**53** Im Kongo 2022: »Unser Lebensstil im Westen wird durch Kinderarbeit ermöglicht.«

**54** Während des Maidan-Aufstands in Kiew 2014.

Seither habe ich ein Dutzend derartiger Telefonate geführt, die wahrscheinlich von mehreren Geheimdiensten mitgehört wurden. Ich wies die Huthi darauf hin, dass der Westen den Jemen nun erneut bombardieren werde. Möglicherweise viel massiver als in den Jahren zuvor. Auch seine Familie, seine kleine Tochter seien dadurch in Lebensgefahr. Meine Kontaktperson antwortete: »Solange unsere Brüder und Schwestern in Gaza getötet werden, ist auch meine Familie bereit zu sterben.«

Mit ihren Raketenangriffen auf die Schifffahrt im Roten Meer, und inzwischen auch auf Ziele in Israel, würden die Huthi »wahre Solidarität mit Gaza« zeigen – nicht nur mit Worten, wie Menschen wie ich. Ihre Forderung sei einfach und entspreche dem Völkerrecht: »Wir fordern einen Waffenstillstand in Gaza und Versorgung der Bevölkerung mit Nahrungsmitteln und Medikamenten.« Sobald das geschehe, würden die Huthi sofort ihren Beschuss einstellen. »Hört einfach auf, die Palästinenser zu töten!«, sagte mein Huthi-Gesprächspartner in einer Mischung aus Zorn und Verzweiflung.

Mir fiel zu dieser pathetischen Solidaritätserklärung nichts wirklich Kluges ein. Außer, dass der Einsatz von Raketen gegen die Weltschifffahrt und gegen israelische Städte zur Durchsetzung des Völkerrechts sicher falsch sei. Die Huthi bombten sich ins Unrecht, ohne für die Menschen in Gaza irgendetwas zu erreichen. Ihre Raketenangriffe seien Wahnsinn, sagte ich ihm.

Wahnsinn ist allerdings auch die militärische Reaktion des Westens, die wieder viele zivile Opfer forderte. Auf die Idee, mit den Huthi zu verhandeln, kommen die westlichen Kriegslobbyisten auch dieses Mal nicht. Sie haben auch gar keine Kontakte zu den Huthi. Wenn ich Außenminister wäre, wäre ich längst in Sanaa, der Hauptstadt der Huthi. Um nach Lösungen zu suchen, die die Ausbreitung des Gazakriegs auf den gesamten Nahen Osten und zumindest wirtschaftlich auf große Teile der Welt zu beenden.

Mit den Huthi kann man reden. Sie sind Rebellen, Widerstandskämpfer, keine Terroristen. Auch wenn der Westen sie wie üblich in Terroristen umbenannt hat. Er unterschlägt dabei, dass die Huthi im Jemen die einzig wirksame Gegenmacht zu al-Qaida und zum IS sind. Ohne die Huthi hätte der IS im Jemen längst einen antiislamischen »Islamischen Staat« errichtet.

Die Lage ist letztlich noch dramatischer, als viele westliche Sofastrategen denken. Die Huthi sind in der Lage, mit ihren Raketen die Ölindustrie am gesamten Golf weitgehend zu zerstören, was zum Kollaps der Weltwirtschaft führen würde. Außerdem können sie schon jetzt Ziele in Italien und in Teilen Frankreichs zerstören. Ich gehe hier bewusst nicht ins Detail. Ich will keine Panik schüren. Die Folgen derartiger Angriffe auf Europa wären dramatisch.

### *Gibt es Lösungen im Palästinakonflikt?*

Wer die zentralen Werte unserer Zivilisation – Freiheit, Gleichheit, Brüderlichkeit – ernst nimmt, darf nicht aufhören, sich für eine faire Lösung des Palästinakonflikts einzusetzen. Oder zumindest für eine friedliche, respektvolle Koexistenz zweier Staaten. Oder für eine »Einstaatenlösung«, in der ein Israel mit umfassendes Palästina gleichberechtigt von Israelis und Palästinensern geführt wird. Grundlage jeder Lösung muss die uneingeschränkte Gleichberechtigung beider Völker sein.

Ich werde diesen Traum nie aufgeben. Genauso wenig wie den Traum von einer Aussöhnung der christlich-jüdischen Welt mit der muslimischen Welt. Sie ist eine unserer großen ungelösten weltpolitischen Aufgaben. Wir müssen sie einfach schaffen. Auch in unserem eigenen Interesse. Lange hatte man auch eine Aussöhnung zwischen Judentum und Christentum für utopisch, für unmöglich gehalten. Und doch ist sie heute weitgehend gelungen. Nach all dem Schrecklichen, was Deutsche und andere Europäer den Juden im Nationalsozialismus und auch vorher über Jahrhunderte angetan haben, ist das fast schon ein Wunder. Ich empfinde große Dankbarkeit gegenüber Männern wie dem ersten israelischen Ministerpräsidenten David Ben-Gurion, die Deutschland nach dem Zweiten Weltkrieg trotz der Schoa die Hand zur Versöhnung reichten. Egal, ob dabei auch wirtschaftliche und sicherheitspolitische Interessen eine Rolle spielten. Das ist völlig legitim.

Genauso ist eine Aussöhnung mit dem Islam möglich. Sie würde auch den Palästinakonflikt entspannen. Ich würde gerne einen Beitrag zu dieser Aussöhnung leisten. Aufklärung über unsere Gemeinsamkeiten könnte dabei eine große Rolle spielen. Gerechtigkeit und Nächstenliebe sind nicht nur jüdische und christliche, sondern auch islamische Werte. Jesus und Mohammed wären über den jetzigen Hass unter ihren Anhängern entsetzt.

Juden, Christen und Muslime müssen eine vernünftige Form des Zusammenlebens finden. Auch in Israel und Palästina. Bevor es erneut zu spät ist.

## 25. Kapitel

## Im »Islamischen Staat«

Furcht und Schrecken verbreitend, hatte im Frühsommer 2014 die Terrorgruppe IS (ISIS) große Teile Syriens und des Irak überrannt und in »Islamischer Staat« umbenannt. Ihr Siegeszug schien unaufhaltsam. Junge Leute aus aller Welt strömten in den neuen Staat, um an dieser geschichtlichen Sensation teilzuhaben. An etwas ganz Großem, wie sie meinten.

Der IS versuchte, auch das Internet zu erobern. Frédéric entdeckte ihn dort mit einfachen Recherchemethoden. Nach kurzer Zeit führte auch ich über Skype lange Gespräche mit einem deutschen IS-Terroristen – sonntags hinter zugezogenen Vorhängen. Wahrscheinlich hörten wieder alle großen westlichen Geheimdienste mit. Sie bekamen hier schließlich eine authentische Einführung in die Ideologie des IS.

Die Ziele, die der IS mir kommunizierte, waren furchterregend. Zwar wollte seine Organisation als Erstes Assad »wegräumen«, »weil Assad gar kein echter Muslim sei und außerdem täglich Kinder ermorde«. Letztlich aber wollte der IS große Teile der Welt erobern – vor allem Europa – und alle ermorden, die sich seiner wirren Terror-Ideologie nicht unterwarfen.

Zumindest verbal plante der IS den größten Völkermord aller Zeiten – falls sich die Welt seinen Forderungen nicht unterwerfen würde. In seiner Ideologie war viel Hitler, Stalin und Mao enthalten, in eine religiöse Tarnkleidung gepresst. Vom Islam oder vom Geist des Koran schienen die Vertreter des IS wenig Ahnung zu haben.

Nach wochenlangen Gesprächen, die mehrfach von Bombenangriffen auf die dortigen Internetcafés unterbrochen wurden, verständigten wir uns darauf, dass ich im Herbst 2014 in den »Islamischen Staat« reisen würde. Der »Kalif«, der Anführer des IS, würde mir vorher eine schriftliche Erklärung zukommen lassen, in der er garantierte, dass ich und meine Begleitung seinen »Staat« wieder lebend verlassen könnten.

Im November 2014 – wenige Monate nach dem Ende des damaligen Gazakriegs – machte ich mich über die türkische Grenzstadt Gaziantep auf den Weg. In meiner Begleitung waren wieder Frédéric, der damals einunddreißig Jahre alt war, und ein gleichaltriger Freund Frédérics. Da der IS meine Reise – einschließlich der Garantie des Kalifen – weltweit im Internet angekündigt hatte, mussten wir vor der Abreise noch einen Orkan journalistischer Anfragen aus aller Welt über uns ergehen lassen. Und erneut eine absurde telefonische »Reisewarnung« des deutschen Bundeskriminalamts. Das BKA wies mich darauf hin, dass das Auswärtige Amt ausdrücklich von Reisen in den »Islamischen Staat« abrate. Endlich gab es bei diesem schwierigen Projekt auch etwas zu schmunzeln.

### *Waren die Gefahren zu groß?*

Dass die Reise zum IS gefährlich war, war mir klar. Schließlich hatte der IS einigen Journalisten und Westlern, die er in die Hände bekommen hatte, öffentlich den Kopf abgeschlagen. Doch ich war nach langen Diskussionen mit ernst zu nehmenden Freunden zu der Überzeugung gelangt, dass es der Führung des IS damals wichtiger war, die Verlässlichkeit seiner öffentlichen Zusagen zu beweisen, als drei weitere spektakuläre Morde zu inszenieren. Dachte der IS genauso? Konnte er nicht auch denken, er werde durch unsere Hinrichtung noch mehr Aufmerksamkeit bekommen als bisher? Er konnte doch einfach behaupten, ich sei als Agent enttarnt worden. Ich hätte in meinen Büchern doch selbst über meine Kontakte zur obersten

Führung der US-Geheimdienste berichtet. Was war das Wort eines Oberterroristen und Mörders wie Abu Bakr al-Baghdadi wirklich wert?

Ich war in meinem Leben schon oft dem Tod begegnet. Doch nie hatte ich das schon vorher so klar gewusst wie dieses Mal. Zehn Tage lang würde das Ende ganz nah sein. Wir waren in den Händen von Leuten, die das Kopfabschneiden zu ihrem Markenzeichen gemacht hatten. Ein falsches Wort, ein Missverständnis, und alles war vorbei. Nicht nur mein Leben, sondern auch das Leben meines Sohnes und seines Freundes. Die Reise in den IS war ein Ritt auf der Rasierklinge.

Auch weil ich während unseres Aufenthalts im »Islamischen Staat« eine klare Distanz zum IS wahren musste, ohne dass deshalb offene Feindschaft ausbrach. Es würde unendlich schwer werden, hier die richtige Balance zu finden. Die Terroristen suchten Anerkennung, die ich ihnen nicht geben konnte und nicht geben wollte. Ich wusste, dass ich wie üblich harte Fragen stellen würde und mir mein IS-Begleitkommando manches übel nehmen würde. Zum Beispiel meine Überzeugung, dass bekennende Massenmörder keinen wirklich islamischen Staat gründen konnten. So wie Terroristen keinen christlichen Staat gründen können.

Auf der anderen Seite mussten wir aus Sicherheitsgründen oft in demselben Wagen reisen, gemeinsam essen und sogar in denselben Räumen übernachten. Auch hatten wir das gemeinsame Interesse, nicht von US-Aufklärungsflugzeugen entdeckt und beschossen zu werden. Dazu mussten wir notfalls eng zusammenarbeiten. Wie lange konnte das gut gehen?

Ich wollte herausfinden, wie sich ursprünglich normale Menschen derart radikalisieren konnten. Wie konnten sie glauben, sie kämpften für das Gute? Wie viel Gehirnwäsche war dazu nötig, wie funktionierte sie?

Nur wer all das verstand, konnte den IS oder ähnlich extreme Organisationen wirksam bekämpfen. Tagelang diskutierten Frédéric und ich vor unserer Abreise über unser Risiko und unseren Tod. Für den Fall, dass der IS entgegen unseren Erwartungen sein Wort brechen würde, besorgte ich ein Medikament, das in hoher Dosierung tödlich wirkt. Das Drehbuch unseres Todes wollte ich nicht dem IS überlassen. Es waren todernste Gespräche zwischen Frédéric und mir. Über alles Wesentliche unserer Beziehung und unserer Existenz. Stundenlang ging ich in München an der Isar spazieren, um nachzudenken. Waren dies meine letzten Isar-Spaziergänge?

Wie immer vor schwierigen Reisen schrieb ich ein neues Testament. Dieses Mal ohne Frédéric als Erben! Ich schrieb es ja für den Fall unseres gemeinsamen Todes. Ich hatte Frédéric einige persönliche Erinnerungen vermachen wollen. Wie etwa die Mundharmonika von Bob Dylan, die ich in New York ersteigert hatte. Über unseren Plan, in den IS zu fahren, informierte ich außerhalb unserer Familie nur eine einzige Vertrauensperson, den *Spiegel*-Autor Alexander Osang. Er war mir in den Jahren zuvor als besonders kritischer und doch vertrauenswürdiger Mensch aufgefallen. Falls der IS seine Zusagen brechen würde, würde er meine Familie beraten.

## *Die Reise durch den »Islamischen Staat«*

Insgesamt bestand unser Kernteam aus einem stets vermummten Fahrer, seinem unvermummten Beifahrer sowie zwei deutschen Terroristen: dem schwergewichtigen Ex-Eishockeyspieler Abu Qatada sowie Abu Loth, einem Deutschen mit marokkanischen Wurzeln. Abu Loth war der einzige einigermaßen freundliche Terrorist in unserem mal größeren, mal kleineren Begleitkommando.

Chef unseres Kommandos war erkennbar der vermummte Fahrer. Er hatte einen ausgeprägten englischen Akzent. Als Frédéric am ersten Abend kurz mit mir allein war, sprach er – weiß um die Nase – eine Vermutung aus, die mir den Atem stocken ließ: »Ich kenne die Stimme unseres Fahrers. Er ist der bekannteste Mann des IS. Er ist der Fernsehkiller, Dschihadi John. Deshalb ist er immer vermummt.« Ich schaute Frédéric fassungslos an. Der Chef unseres Begleitkommandos war gleichzeitig der Chef des berüchtigten IS-Kopfabschneide-Kommandos? Hatte der IS uns reingelegt? Hatte er Vorsorge für den Fall getroffen, dass es zu Konflikten mit uns kam? War alles noch gefährlicher, als wir angenommen hatten?

Ab sofort gingen bei mir alle Alarmknöpfe an. Dschihadi John war einer der meistgesuchten Terroristen der Welt. War das der Grund, warum er immer wieder das Seitenfenster des Fahrersitzes herunterkurbelte und nach oben schaute? Versuchte er herauszubekommen, ob unser Wagen von Drohnen oder amerikanischen Aufklärungsflugzeugen verfolgt wurde? Sein häufiger Blick nach oben machte ab sofort auch mich nervös. Die Drohne würde schließlich nicht nur ihn treffen.

In den Städten des »Islamischen Staats«, die wir in den kommenden Tagen besuchten, vor allem in Mosul, schien Normalität zu herrschen. Wie in allen Krisengebieten, wenn man nicht gerade die Front besichtigt. Die militärische Front aber interessierte mich dieses Mal nicht. Ich wollte das tägliche Leben im »Islamischen Staat« kennenlernen. Vor allem in der frisch eroberten irakischen Stadt Mosul. Wir gingen in Geschäfte, schlenderten durch die Souks, besuchten das IS-Gericht, eine Polizeidienststelle, ein Krankenhaus, ein Freitagsgebet. Nirgendwo sahen wir fröhliche Menschen.

Frédéric durfte fast alles fotografieren und filmen. Aber abends musste er seine Kamera dem nie freundlichen, nie lachenden Dschihadi John vorlegen. Der prüfte jedes Foto. Das Foto einer Bettlerin vor dem Gerichtsgebäude löschte er sofort. Im »Islamischen Staat« bettelte man nicht. Zumindest nicht auf Fotos. Als er zu Frédéric einmal besonders schroff war, forderte ich ihn auf, gefälligst seinen Ton zu mäßigen. Das machte ihn noch wütender. Wir hätten seine Regeln zu akzeptieren und nicht umgekehrt. Es wurde immer deutlicher, dass er uns ganz und gar nicht mochte.

### *Was trieb diese Leute an?*

Die jungen IS-Terroristen, die wir auf unserer Reise durch den »Islamischen Staat« trafen, hatten die unterschiedlichsten Motive. Manche waren in ihren Heimatländern gescheitert. Manchmal war, wie bei Abu Qatada, gerade eine private Beziehung in die Brüche gegangen. Manche Salafisten fühlten sich in ihren Heimatländern selbst von der Mehrheit der Muslime als Menschen zweiter Klasse behandelt. Abu Qatadas Hinterhofmoschee in Solingen war einige Monate vor seiner Abreise geschlossen worden. Er und seine Freunde hatten nun gar keinen Treffpunkt mehr gehabt.

Aber nicht alle waren gesellschaftliche Versager. Ich traf IS-Anhänger, die gerade ein überragendes Staatsexamen abgelegt hatten. Einen blutjungen blonden Schweden, der mir strahlend zurief, er verbringe gerade die tollste Zeit seines Lebens, »the time of my life«. Ein politisch völlig uninteressiertes deutsches Mädchen zog mit seinem arbeitslosen Freund in den »Islamischen Staat«, weil ihr Freund dort kein arbeitsloser Versager mehr sein würde, sondern – wie sie glaubte – ein jugendlicher Held, der in moderner Outdoorbekleidung mit cooler Maschinenpistole die Großmächte dieser Welt herausforderte.

Die meisten glaubten, dass sie nun an vorderster Front gegen das Unrecht dieser Welt kämpften. Gegen Amerikaner und Europäer, die die muslimische Welt seit Jahrhunderten regelmäßig überfallen, kolonisiert und ausgeplündert hätten. Barack Obama hatte im Kern recht, als er erklärte, der IS sei ein direkter Abkömmling des völkerrechtswidrigen Irakkriegs.

### *»Einmal im Leben etwas Großes wagen«*

Vor allem aber waren die IS-Kämpfer stolz, dass sie mit dem »Islamischen Staat« Teil einer großen historischen Sache wurden. Dass sie Geschichte schrieben, Weltgeschichte. Dass sie dabei den Islam verrieten, störte sie nicht, oder sie wussten es nicht. Der Islam verbietet ausdrücklich:

- Angriffskriege
- das Töten von Zivilisten
- das Zerstören religiöser Stätten Andersgläubiger
- jeden Zwang in Glaubensfragen.

Unislamischer als der »Islamische Staat« konnte man gar nicht sein. Der IS war eine antiislamische Organisation. Vielleicht habe ich das bei unseren abendlichen Diskussionen mit unserem Begleitkommando zu oft, zu deutlich durchklingen lassen. Fast alles, was sie taten, um so zu leben, wie man angeblich vor vierzehnhundert Jahren gelebt hatte, war unislamisch und durch und durch bösartig.

Auch in Mosul hatten sie sehr schnell Furcht und Schrecken verbreitet. Ständig wurden angebliche Spione und Kollaborateure gejagt und getötet, Homosexuelle von Hochhäusern in die Tiefe geworfen. Auf Frauen, die nicht züchtig verschleiert waren, ließ der IS sogenannte Beißerinnen los, die ihnen in die Hände bissen. Hinrichtungen wurden zelebriert. Wenn nicht genügend Zuschauer kamen, wurden Menschen zwangsweise dazugetrieben. Der IS fotografierte und filmte all seine Brutalitäten und führte sie im Stadtzentrum auf großen Bildschirmen vor.

Der IS war – entgegen all seinen großen Worten – den »Genüssen« der Neuzeit ganz und gar nicht abgeneigt. Als ich einmal versuchte, Abu Qatada von den Vorzügen eines nach uraltem Rezept gegrillten irakischen Karpfens zu überzeugen, lehnte er spöttisch ab. Er bestellte stattdessen eine große Portion Pommes, ein frittiertes Hähnchen und danach noch einen Burger.

Spätabends sprachen wir mit unseren zwei deutschen Begleitern viel über den Koran. Doch außer einigen Sätzen des Koran über die blutigen Schlachten zwischen Mekka und Medina, die sie fälschlicherweise für Lebensregeln hielten, wussten sie nichts vom Koran. Ich fragte mehrfach, wie der IS es mit der vom Koran geforderten Barmherzigkeit halte. Sie tauche schließlich bis auf eine Sure in allen Suren des Koran als Einleitung auf. Die Antworten der IS-Leute waren absurd. Abu Qatada hatte den Koran offenbar nie ganz gelesen.

Ich zählte – so freundlich es ging – einige der bekanntesten Grausamkeiten des IS auf und fragte mein Begleitkommando, wo da die Barmherzigkeit des IS bliebe. Die Antwort Abu Qatadas war ein wirres Gestammel. Abu Loth war wenigstens so klug zu schweigen. Nur einmal ging ein wissendes Leuchten über Abu Qatadas Gesicht. In Mosul habe der IS mehrere Tausend schiitischer Ungläubiger gefangen genommen, aber nur die Hälfte von ihnen getötet. Das sei Barmherzigkeit. Als ich versuchte, ihm zu erklären, dass die Reduzierung eines Massenmords auf die Hälfte nichts mit Barmherzigkeit zu tun habe, hatte ich auch bei ihm endgültig verspielt.

Zwar diskutierten wir auch während der kommenden Abende über Gott und die Welt, aber Abu Qatada schaltete zunehmend auf Feindschaft um. Tagsüber vergaß er das manchmal. Etwa, wenn er darüber jammerte, dass er nicht genug Geld habe, um sich eine jesidische Sklavin kaufen zu können. Oder als wir mit ihm ein ausführliches Video-Interview machten, in dem er ausführlich die massenmörderischen Ziele des IS darstellen und seinen ganzen Hass auf den Westen loswerden konnte. Nach dem Interview war Abu Qatada erkennbar zufrieden. Seine arabische Begleitmannschaft auch.

Als ich mich anschließend von den schwer bewaffneten IS-Kämpfern, die das Interview abgesichert hatten, verabschieden wollte, verweigerte mir schon der Erste den Handschlag. Er sagte kühl: »Ihr habt zwar eine Überlebensgarantie von unserem Kalifen. Aber die gilt nur für den Islamischen Staat. Wir werden zu euch nach Deutschland kommen. Ihr werdet zu den Ersten gehören, die wir töten.« Außer Abu Loth hatten wir inzwischen nur noch Feinde. Was wir zu diesem Zeitpunkt noch nicht wussten, war, dass auch der freundliche Abu Loth zum Hinrichtungs-TV-Team des IS gehörte. Er war der Kameramann von Dschihadi John.

### *Die Diskussion über eine Hinrichtung*

Uns war klar, dass wir mit unseren kritischen Korandiskussionen unser Begleitkommando verärgerten und damit auch unser Leben gefährdeten. Das war nun mal das Risiko dieser Reise. Immer wieder schaute ich zu Frédéric, ob er noch mitzog. Aber wir mussten schließlich herausbekommen, was diese Leute antrieb. Der Islam war es jedenfalls nicht. Der IS war viel eher ein Schrei nach Aufmerksamkeit. Zum ersten Mal in ihrem Leben wurden Abu Qatada und Co. ernst genommen. Das war für sie unendlich wichtig.

Ihr Aufstand war gleichzeitig ein Protest gegen die jahrhundertelangen Kriege des Westens gegen muslimische Länder, gegen seine Ausbeutung des Mittleren Ostens. Von mir erwarteten sie eine Bestätigung, ein Zeugnis, dass die Ungerechtigkeiten des Westens all ihre Barbareien rechtfertigten. Als sie nach einigen Tagen spürten, dass unser Zeugnis für die Strategien des IS extrem schlecht ausfallen würde, wurden wir zu Feinden. Als Dschihadi John dann auch noch glaubte, dass ich ihn ausspionieren wollte – ich hatte ihn zufällig im Nebenraum eines Restaurants ohne Kopfvermummung gesehen –, schlug die Stimmung um. Schlagartig und total. Jetzt wurde es richtig gefährlich.

Als sich kurz danach alle IS-Terroristen aus unserem näheren Umfeld zu einer mehrstündigen Konferenz zurückzogen, als Abu Qatada kreidebleich, ohne ein Wort zu sagen, aus unserer gemeinsamen Unterkunft auszog und auf unsere Fragen keine Antworten mehr gab, wussten wir, dass unser Leben nun an einem seidenen Faden hing. Erst Monate später haben wir von den Eltern Abu Loths erfahren, was in diesen fünf Stunden geschah. Abu Loth hatte damals oft mit seinen Eltern in Deutschland telefoniert und ihnen detailliert berichtet, dass an jenem Nachmittag eine klare Mehrheit der versammelten IS-Terroristen unsere sofortige Hinrichtung forderte.

Vor allem Dschihadi John und Abu Qatada, mit dem ich im Sommer von Deutschland aus stundenlang geskypt hatte, wollten das schnell hinter sich bringen. Das Experiment, Beobachter in den »Islamischen Staat« einzuladen, sei gescheitert. Jeder wisse inzwischen, dass ich nach meiner Rückkehr nach Deutschland negativ über den IS berichten würde. Das müsse man verhindern. Das Maß sei voll. In der Sitzung wurde gebrüllt und geschrien. Anfangs setzte sich nur Abu Loth, der zweite deutsche Terrorist, für uns ein. Er warnte vor einer schweren Rufschädigung des IS, falls wir entgegen allen Zusagen des »Kalifen« ermordet würden. Der IS würde durch unsere Hinrichtung mehr verlieren als gewinnen. Abu Loth setzte sich durch. Wir waren dem Tod gerade noch mal »von der Schippe gesprungen«.

Ab jetzt redete der IS nur noch das Notwendigste mit uns. Wenn wir durch Mosul zogen, bildeten wir fast schon einen Schweigemarsch. Die zunehmend finsteren Mienen unseres Begleitkommandos machten den Menschen auf den Straßen noch mehr Angst als sonst. Das passte zu den gespenstischen Situationen, die wir immer wieder erlebten. Etwa als uns auf einem riesigen Panzerfriedhof ein amerikanisches Aufklärungsflugzeug entdeckte und offenbar ins Visier nahm. Es war James-Bond-filmreif, wie akrobatisch sich unsere Begleiter in ihre Fahrzeuge warfen und in alle Himmelsrichtungen davonrasten, um den Amerikanern kein einheitliches Ziel zu bieten.

### *Der Größenwahn des IS*

Die IS-Kämpfer, die ich im »Islamischen Staat« kennenlernte, waren überzeugt, dass sie die Welt erobern würden. Beginnend mit Europa. Der Durchmarsch in Syrien und im Irak war ihnen einfach zu leicht gefallen. Sie wurden größenwahnsinnig und dachten, so werde es weitergehen. Sie wollten die USA provozieren, weitere Endloskriege im Nahen Osten zu führen, die sie dann wie üblich verlieren würden. Die übrigen westlichen Gesellschaften wollten sie durch Terroranschläge innenpolitisch spalten. Als Erstes allerdings wollten sie Saudi-Arabien angreifen. Das einzige mächtige Land, das sie bei ihren Eroberungsfantasien nicht erwähnten, war erstaunlicherweise Israel. Hatten sie zu großen Respekt vor dessen Armee?

Als Staat (!) ist der IS an seinem Größenwahn gescheitert. Als Terrororganisation ist er bis heute nicht geschlagen. Weil auch der Westen größenwahnsinnig war und ist. Doch dazu später.

### *Die Rückkehr*

Nach zehn Tagen brachte uns Dschihadi John, wie verabredet, zu jenem kleinen Dorf in der Nähe der türkischen Grenze zurück, wo uns der IS zu Beginn unserer Reise abgeholt hatte. Auf der stundenlangen Fahrt sprach Dschihadi John kein Wort mit uns. Dann übergab er uns einer Schmugglerbande, die uns helfen sollte, über die Grenze zu kommen. Doch auch die Schmuggler brachten uns nur bis etwa hundert Meter vor die Grenze. Links und rechts vor uns standen türkische Wachtürme, die sicherstellen sollten, dass unerwünschte Terrorgruppen jederzeit gestoppt werden konnten. Zwischen denen mussten wir jetzt sehr schnell durch. Doch mit unseren vollgeladenen Taschen war das schwer.

Wir beschlossen, ganz eng zusammenzubleiben. Freddy und sein Freund übernahmen das Gepäck. Ich sollte mich aufs Laufen konzentrieren und im Katastrophenfall die nötigen Entscheidungen treffen. Die Absprachen waren glasklar. Es ging schließlich um Leben und Tod. Doch die Strategie funktionierte nur wenige Sekunden. Dann hatte sich Frédérics Freund einen souveränen Vorsprung ersprintet. Dafür blieb Frédéric so nah wie möglich bei mir und deckte mich fast völlig ab. Wir keuchten um unser Leben. Hundert bis zweihundert Meter können verdammt lang sein. Dann waren wir über der Grenze. Völlig erschöpft! Endlich!

Ab sofort funktionierte auch unser Handy wieder. Ich rief sofort Nathalie an, weil ich wusste, dass sie sich am meisten Sorgen machte. Sie empfing mich mit einer schluchzenden Schimpfkanonade. »Warum hast du dich nicht gemeldet?«, weinte sie verzweifelt. »So was kannst du doch nicht machen!« Ich versuchte ihr zu erklären, dass ich ihr alle drei Tage eine E-Mail geschrieben hatte. Doch offensichtlich hatte Abu Qatada keine meiner Kurzmails weitergegeben, obwohl er mir das mehrfach fest versprochen hatte.

In der Familie war daraufhin Panik ausgebrochen. Jeden Tag fürchtete sie, über die Medien eine Katastrophennachricht zu erhalten. Ich hatte zwar für den Fall, dass der IS seine Zusagen nicht einhalten würde, sichergestellt, dass einflussreiche Politiker benachbarter Staaten versucht hätten zu intervenieren. Aber das wäre ja bereits der Katastrophenfall gewesen. Wegen Abu Qatadas Wortbruch fürchtete meine Familie, dass er eingetreten war.

## *Zurück in Deutschland*

In Deutschland gingen wir in der Welle weltweiter Interviewanfragen fast unter. Von CNN, BBC, PBS und wie sie alle heißen. Nur Anfragen aus Deutschland waren nicht darunter. Erst nach dem gefühlt hundertsten Fernsehinterview mit den größten Sendern der Welt meldeten sich die deutschen *Tagesthemen*. Sie seien bereit, einen kurzen Bericht zu machen, wenn ich gegenüber der Chefredaktion eine offizielle Erklärung abgeben würde, dass ich dem IS für meine Interviews kein Geld gegeben hätte.

Ich legte staunend auf. Wie konnte ich nur vergessen, dass ich der Publizist war, der wenige Monate zuvor im Gazakrieg 2014 gesagt hatte, auch Palästinenser seien Menschen? Der öffentlich gesagt hatte, die unterschiedslose Bombardierung palästinensischer Kinder sei ein Kriegsverbrechen. Wie konnte ich vergessen, dass wichtige deutsche Meinungsführer gefordert hatten, mir nie wieder ein Mikrofon zu geben? Weil ich das sagte, was nun die Mehrheit der Weltbevölkerung sagt.

Der Moderator einer großen deutschen TV-Sendung, der mich unter dem Druck des öffentlichen Interesses zähneknirschend eingeladen hatte, kritisierte, ich würde mit unserem Filmmaterial dem IS eine Plattform bieten und Propaganda für ihn machen. Staunend schaute ich ihn an. Schließlich hatte er Frédéric mehrfach gebeten, seiner Redaktion für die Sendung doch ein bisschen mehr IS-Material zu geben. Wohltuend cool war der alte CNN-Fuchs Wolf Blitzer, Gastgeber der vielleicht berühmtesten politischen CNN-Show. Nachdem er ein Interview Frederik Pleitgens mit mir gesehen hatte, rief er mich nochmals an: »Good job!«, brummte er in den Hörer. Das höchste Lob, das die CNN-Legende zu vergeben hatte.

Manche Kritiker nannten mich nun ganz offen »IS-Propagandist« und »IS-Unterstützer«. Sonst hätte ich doch nie lebend aus dem »Islamischen Staat« zurückkommen können. Hohe UN-Diplomaten wiederum fanden meinen offenen Brief, den ich nach unserer Rückkehr an den »Kalifen« des »Islamischen Staates« geschrieben hatte, zu schroff, zu undiplomatisch, zu scharf. Ich hätte damit unnötigerweise alle Kontakte zum IS abgebrochen. Die hätte man bei Verhandlungen mit dem IS, etwa im Fall eines Gefangenenaustauschs, sinnvoll nutzen können.

Der IS reagierte ebenfalls. Er gab Frédéric und mich in seiner Internet-Zeitschrift *Dabiq* wieder zum Abschuss frei – inklusive »Fahndungsfoto«. Die Überlebensgarantie des IS gelte selbstverständlich nicht für Deutschland, schrieb die Terrororganisation. Wie üblich boten mir die deutschen Kriminalbehörden Polizeischutz an. Wie üblich lehnte ich ab.

## *Die Welt schlägt zurück und der Bundestag »biegt sich das Grundgesetz zurecht«*

Ein knappes Jahr später, im Oktober 2015, begann die Großoffensive der von den USA angeführten Anti-IS-Koalition auf Mosul, die Hauptstadt des »Islamischen Staates«. Über sechzig Nationen und über hunderttausend Mann der irakischen Armee sowie irakischer Milizen unter Führung des iranischen Generals Qasem Soleimani traten an, um die verbliebenen zehntausend IS-Kämpfer auszuschalten. Das war zehn zu eins. Die entscheidende Rolle bei den Kämpfen spielte die amerikanische Luftwaffe. Nachdem der IS Ost-Mosul weitgehend kampflos aufgegeben hatte, bombten die USA das jahrtausendealte West-Mosul gnadenlos in Grund und Boden.

Beim Bombardieren war wie üblich das Risiko für die eigenen Truppen am niedrigsten. Moralisch betrachtet konnte man Bomben auf den IS vielleicht nachvollziehen. Er hatte die ganze Welt und auch die USA immer wieder herausgefordert und bekam nun dafür die Quittung. Dass die USA dabei den Tod Zigtausender irakischer Zivilisten bewusst in Kauf nahmen, war inakzeptabel. Doch auch hier galt die Grundregel der Kriege der Mächtigen in Ost und West: Sie töteten lieber Tausende unschuldige Zivilisten, als auch nur einen einzigen eigenen Mann oder eine einzige eigene Frau zu verlieren. Schon deshalb sind Bombenkriege fast immer ein Verbrechen.

Die deutsche Luftwaffe beteiligte sich in diesem Krieg vor allem bei der »Aufklärung«. Das war klar verfassungswidrig, wie der frühere Leiter der Rechtsabteilung des Bundesverteidigungsministeriums, Dieter Weingärtner, in einem Beitrag für die *FAZ* in aller Offenheit darlegte. Die Bundeswehr hat bis heute kein – nach Kapitel VII der UN-Charta erforderliches – klares Mandat des UN-Sicherheitsrats. Weingärtner forderte, der Bundestag müsse aufhören, sich das Grundgesetz »zurechtzubiegen«. Selbst dieser laute Weckruf des einst führenden Juristen der Bundeswehr verhallte wirkungslos.

### *Vor-Ort-Recherche in Mosul*

Ich wollte die durchsickernden Berichte über die nicht endenden Bombenmassaker und über die Zerstörung der Weltkulturerbestadt Mosul anfangs nicht glauben. Nie würde der Westen die europäischen Hauptstädte Rom, Athen oder Berlin dem Erdboden gleichmachen, wenn es dort Terroristen gäbe. Egal, wie hoch deren Zahl wäre. Man würde auf Spezialoperationen setzen oder zumindest versuchen, die Zivilbevölkerung zu evakuieren. Nichts davon wurde im Falle Mosuls auch nur erwogen.

Im März, auf dem Höhepunkt der Kämpfe, fuhren Frédéric und ich wieder nach Mosul. Dieses Mal als Gast der Gegner des IS. Es wurde ein Horrortrip. Wir trafen US-Soldaten, die gut gelaunt auf einem sonnigen Balkon saßen und auf ihren Computern Ziele auswählten, die als Nächstes bombardiert werden sollten. Wir waren dabei, wie in Ost-Mosul angebliche IS-Kollaborateure gefesselt und mit verbundenen Augen aus ihren Wohnungen gezerrt und unter dem rauschartigen Gegröle der »Sieger« mit Metallstangen in Polizeiwagen geprügelt wurden. Frédéric, der das zu filmen wagte, hatte Glück, dass er von den außer Rand und Band geratenen uniformierten Irakern nicht gelyncht wurde.

Wir besichtigten ein Krankenhaus, in dessen Keller die Überreste verwester IS-Terroristen lagen, die wir leider erst entdeckten, als wir mit unseren Schuhen tief in ihren von Hunden angefressenen Körpern versanken. Niemand beerdigte die Toten. Noch ein Jahr später, als Frédéric zu einer Nachrecherche nach Mosul fuhr, fand er in den Trümmern zerstörter Häuser von der Sonne getrocknete Leichen. Und die Mumie eines etwa fünfjährigen Jungen. Die angeblichen Befreier hatten es noch immer nicht für notwendig befunden, die »befreiten« Toten zu bergen.

Alles, was wir sahen, war erschreckend. Amnesty International hat grauenerregende Dinge dokumentiert. Zum Beispiel einen Film über einen dreizehnjährigen Jungen, der vor einen Panzer gelegt, erschossen und überrollt wurde. Das Verhalten der »Befreier« war kein bisschen besser als das barbarische Verhalten der IS-Mörder in der kurzen Zeit ihrer Herrschaft. Deutschland war als Mitglied der »Internationalen Allianz gegen den Islamischen Staat« für die täglichen Gräuel dieses Militärbündnisses mitverantwortlich. Ich habe die deutsche Bundeskanzlerin in einem offenen Brief aufgefordert, zu verhindern, dass sich unsere Verbündeten in Mosul weiter wie kriminelle Mörderbanden austobten. Es hat sie und auch andere deutsche Politiker nie interessiert. Der Bundestag hat sich mit den Verbrechen in Mosul nie befasst.

### *Mit der »Golden Division« an der Front*

Wir waren während der Schlacht um Mosul mehrfach an der Front. Mit einem Humvee der »Golden Division«, einer irakischen Eliteeinheit. Wir, das waren zwei durchtrainierte, bullige irakische Soldaten, Frédéric, eine ortskundige »Fixerin« und ich.

Unser Fahrer war leicht zugedröhnt. Anders konnte man diesen Krieg wahrscheinlich nur schwer ertragen. Die Zerstörungen West-Mosuls waren apokalyptisch. Sie erinnerten an ausgebombte deutsche Städte nach dem Zweiten Weltkrieg und an das von Assad und den Russen zerstörte Ost-Aleppo.

Wir näherten uns den Stellungen des IS. Links ausgebrannte,

zusammengeschmolzene Autos und bizarre Häusergerippe. Am rechten Straßenrand lag ein toter IS-Kämpfer in schwarzer Kampfkleidung. Seine Leiche war aufgequollen. Wie lange mochte er schon hier liegen?

Frédéric stieg aus unserem gepanzerten Fahrzeug, um zu filmen. Ich fragte unseren Fahrer, wo der IS und wo die Anti-IS-Koalition stünden. Er schaute sich um und erklärte mir, links von uns, dort wo wir bellende Schüsse hörten, stünden die »Guten«, die Koalition. Rechts, wo Frédéric filmte, kämpfe der IS. Ich stieg aus, um mir die Füße zu vertreten. Und um nachzudenken. Gerade einmal fünfzehn Monate hatte der IS diese Stadt beherrscht. Jetzt verlor er Straße um Straße. Bald würde er die ganze Stadt verlieren.

Aber das war dem IS egal. Er sah sich ja auf einer historischen Mission. Die jetzigen Niederlagen waren ihm angeblich aus alter Zeit vorbestimmt, sie gehörten dazu. Am Ende aber werde er siegen. Davon waren die meisten IS-Kämpfer felsenfest überzeugt. Die fünftausend IS-Terroristen, die durch Tunnel, auf geheimen Wegen oder mit Hilfe von Geld vor Schlachtbeginn aus Mosul geflohen waren, hatten längst neue Pläne. Wenn man vorerst nicht im Irak siegen werde, dann eben anderswo auf der Welt.

Ich schlenderte auf ein mehrstöckiges Gebäude zu, das links von uns die kleine Straße abschloss. Ich wusste nicht, dass sich unser zugedröhnter Antiterrorspezialist geirrt hatte und ich auf eine Stellung des IS zulief. Dass ich längst im Visier eines IS-Scharfschützen war. Ich hatte in Mosul mehrfach Stellungen von Scharfschützen besucht. Wenn man einmal im Visier dieser Leute lag, war alles gelaufen.

Was ging in dem Schützen vor? Warum zögerte er abzudrücken? Warum schoss er nicht? Langsam ging ich weiter. Irgendwann dachte ich, Frédéric müsste jetzt seine Filmarbeiten beendet haben, und kehrte um. Als ich nur noch wenige Meter von unserem Humvee entfernt war, schlug neben mir zischend ein Schuss ein. Steinsplitter spritzten auf. Frédéric, der vor dem

Humvee stand, brüllte irgendetwas und riss die Tür unseres Panzerfahrzeugs auf. Mehrere Hände zerrten ihn und mich in den Humvee und schlugen die Tür hinter uns zu.

Der Schütze hatte mich nicht getroffen. Wie war so etwas möglich? Er war maximal achtzig, vielleicht auch nur fünfzig Meter von mir entfernt und hatte viel Zeit. Ich habe mit Scharfschützen und ihren Ausbildern über diese Szene gesprochen. Alle Spezialisten waren der Auffassung, dass ein Scharfschütze aus dieser Entfernung eigentlich gar nicht danebenschießen konnte. Wollte der IS-Terrorist mich nicht töten? Wollte er nur Soldaten töten? Hatte er mich vielleicht sogar erkannt, was mir in Mosul mehrfach passiert war? Warum hatte er mich nicht erschossen?

Unser zugedröhnter Fahrer hörte nicht auf zu fluchen. Unsere Fixerin bekam minutenlang kein Wort heraus. Ich sei dem Tod direkt entgegengelaufen, sagte sie, als sie ihre Sprache wiederfand. Nur Frédéric hatte einen Steinsplitter an der Hüfte abbekommen, der seine Haut tief aufgerissen hatte.

### *Wenn die Bergung von Raketen wichtiger ist als die Bergung von Menschen*

Abends erfuhren wir im Hotel, dass US-Bomber im Mosuler Stadtteil Al-Jadida ein völlig überfülltes Wohnhaus angegriffen und zerstört hatten. Angeblich starben dabei mindestens zweihundert Personen, darunter Frauen und Kinder. Wir baten unsere Fixerin, uns zum Ort der Katastrophe zu bringen. Doch die US-Streitkräfte hatten die Stelle hermetisch abgeriegelt. Nicht einmal engste Angehörige durften zu den Toten und Verletzten. Journalisten schon gar nicht. Sollten wir die zerfetzten Frauen und Kinder nicht sehen? Wollte man die Legende von der »Befreiung« Mosuls nicht gefährden?

Des Rätsels Lösung war noch erschütternder. Selbst engste Angehörige durften erst zu dem zerstörten Gebäude und den entstellten Toten, nachdem die vier amerikanischen Raketen geborgen waren, mit denen das Wohnhaus zerstört worden war. Die USA wollten offenbar verhindern, dass jemand an die Technologie ihrer Raketen kam. Erst danach durften die Toten geborgen werden. Die Bergung der Raketen war ihnen wichtiger als die Bergung der Menschen.

### *Die Opferzahlen von Mosul*

Es gibt kaum ein Ereignis in meinem Leben, das mich ähnlich erschüttert hat wie die gnadenlose Vernichtung der Weltkulturerbestadt Mosul vor meinen Augen. Ich habe lange recherchiert, um einigermaßen belastbare Zahlen über die Zahl der Opfer vorlegen zu können. Durch Gespräche mit Bürgern von Mosul, mit Mitarbeitern der früheren Stadtverwaltung und durch Bewertung der Zahlen des kurdischen Militärgeheimdienstes, der schon früh von vierzigtausend getöteten Zivilisten in Mosul gesprochen hatte. Vielen Irakern und mir erscheint diese Opferzahl von mindestens vierzigtausend Zivilisten als Untergrenze. Angesehene irakische Diplomaten gehen von siebzigtausend getöteten Zivilisten aus. Von den fünftausend nicht geflohenen IS-Terroristen dürften dreitausend ausgeschaltet worden sein. Der Rest entkam oder landete im Folterlagern.

Vierzigtausend Zivilisten in einer Stadt zu töten, um dreitausend Terroristen auszuschalten, ist ein Verbrechen. Doch im Westen interessiert auch das niemanden. Anders als die Palästinenser im Gazakrieg 2023 besaßen die meisten Iraker keine Handys, mit denen sie die Weltöffentlichkeit live informieren konnten.

## *Ist der IS besiegt?*

Es ist gut, dass der IS als »Staat« nicht mehr existiert. Doch als Terrororganisation, als Ideologie, existiert er leider noch immer. Nicht nur im Irak und in Syrien. In vielen Ländern der Welt gilt er in der Terroristenszene nach wie vor als die attraktivste Adresse. Deutlich attraktiver als al-Qaida. In Afghanistan, im Jemen, in afrikanischen und in asiatischen Ländern. Der IS kann nach der Zerstörung von Mosul leider eine spannende Geschichte erzählen. Dass sich über sechzig Armeen der Welt zusammenschließen und hunderttausend Mann aufbieten mussten, um in Mosul zehntausend IS-Kämpfer zu besiegen. Und dass der IS im Bombenhagel dieser riesigen internationalen Militärkoalition nie kapituliert habe.

Hinzu kommt, dass die Gründe für die Entstehung des IS fortbestehen: Die Ungerechtigkeit der Mächtigen gegenüber den Verdammten dieser Erde. Die brutale Zerstörung von Mosul und anderer irakischer oder syrischer Städte wie Falludscha, Tikrit oder Raqqa hat den weltweiten Terrorismus nicht geschwächt, sondern gestärkt. Auch die bis heute andauernde, menschenunwürdige Haft der Frauen und Kinder der IS-Kämpfer in kurdischen Lagern in Nordsyrien straft die großen Worte des Westens über Menschenrechte Lügen und fördert den Terrorismus. Hier wird gerade eine neue Generation von Terroristen herangezüchtet. Auch der aktuelle Krieg in Gaza ist ein Terrorzuchtprogramm.

In Deutschland hat der IS erfreulicherweise deutlich an Ansehen verloren. Zusammen mit dem früheren deutschen Innenminister Gerhart Baum war ich 2016 in Frankfurt bei dem bekannten deutschen Salafisten Pierre Vogel. Vogel hat sich in der Frage von Gewalt mutig und klar gegen den IS gestellt. Unter massiver Lebensgefahr hat er öffentliche Demonstrationen und große Kundgebungen gegen den IS veranstaltet. Das war damals für Deutschland sehr wichtig. Auch Gerhart Baum bin ich für seine damalige Unterstützung dankbar. Er ist ein Mann, der, wenn es sein muss, unkonventionelle Wege geht. Gut, dass es solche Menschen gibt!

### *Was aus unserem IS-Begleitkommando wurde*

Die Terroristen, die uns 2014 im »Islamischen Staat« begleitet hatten, sind heute alle tot. Dschihadi John, der weltweit berüchtigte Kopfabschneider, der kategorisch unsere Hinrichtung gefordert hatte, wurde am 12. November 2015 in Raqqa von einer Drohne getötet. Abu Qatada, der unseren Tod ebenfalls lautstark verlangt hatte, ereilte das gleiche Schicksal Ende 2018. Abu Loth, der uns verteidigt hatte, starb Ende 2016 bei einem amerikanischen Drohnenangriff auf ein syrisches Krankenhaus in Manbidsch. Er lag dort mit einer schweren Verwundung. Hatten die Deutschen die Amerikaner um diesen Militärschlag gebeten? Über die Rolle des BND im Kampf gegen den IS will ich hier lieber nichts sagen.

Die Franzosen nutzten die militärtechnischen Möglichkeiten der USA jedenfalls ganz ungeniert zur Liquidierung französischer Terroristen. Sie hörten den Funk in Mosul ab. Wenn ein Terrorist Französisch sprach, gaben sie seine Koordinaten an die US-Partner weiter, die ihn dann mit Drohnen ausschalteten. Die USA, Frankreich und andere westliche Länder hatten keine Lust auf Gefangene, Töten war einfacher. Der IS war kriminell, die Art, wie der Westen ihn bekämpfte, aber oft auch. Das gilt für Obamas gesamten Drohnenkrieg gegen den Terrorismus.

# 26. Kapitel

## Vergessene Völker, vergessene Gewalt

Es gibt Kriege und brutale Menschenrechtsverletzungen, die uns in Deutschland nicht wirklich interessieren. Entweder, weil sie außerhalb der engeren deutschen Interessensphäre stattfinden, wie etwa die Verfolgung der Rohingya in Myanmar. Oder, weil eine humanitäre Intervention angeblich den außenwirtschaftlichen Interessen Deutschlands widersprechen würde. Wie etwa im Falle des jahrelangen Kriegs unseres Wirtschaftspartners und angeblichen »Stabilitätsankers« Saudi-Arabien gegen den Jemen. Oder im Falle der Unterdrückung der Uiguren durch unseren noch wichtigeren Handelspartner China.

Zu Recht haben die Interessen der deutschen Wirtschaft für unsere Regierung große Bedeutung. Eine kluge deutsche Außenpolitik muss es allerdings schaffen, der Verteidigung der Menschenrechte den gleichen Rang einzuräumen wie unseren berechtigten Wirtschaftsinteressen. Das ist nach meinen Erfahrungen selbst gegenüber autoritären Ländern unserer Welt möglich. Leider wird es nur selten ernsthaft versucht.

Ich sage nicht, dass diese Politik einfach wäre. Mächtige Länder wie China machen einfach zu, wenn man dort vor Ort recherchieren will. Ich habe es nie geschafft, nach Xinjiang zu reisen. Ich wollte herausfinden, ob es sich bei den kritisierten Großlagern tatsächlich um Umerziehungslager für muslimische Uiguren handelt, durch die deren Kultur ausgelöscht werden soll. Sprecher der Uiguren hatten mir das ausführlich und glaubhaft berichtet.

Mehrfach habe ich die chinesische Regierung gebeten, mir

eine Reise zu den Uiguren zu gestatten. Auch schriftlich. Ich habe vorgeschlagen, dass mich chinesische Beamte in Xinjiang auf Schritt und Tritt begleiten könnten. Die Antwort war immer Nein. So blieb mir nichts anderes übrig, als mit geflohenen Uiguren zu sprechen und alle verfügbaren Berichte über Xinjiang zu studieren – wie etwa den Bericht des UN-Hochkommissariats für Menschenrechte. Am Ende veranstaltete ich in Berlin eine große öffentliche Demonstration für die Gleichberechtigung der Uiguren. Natürlich war das unzureichend. Und sie brachte mir eine Strafanzeige durch die Berliner Polizei ein, weil wir unsere Demo nicht ordnungsgemäß angemeldet hatten.

Die Informationsverweigerung durch die Volksrepublik China zum Thema Uiguren liegt nicht einmal im Interesse Chinas. Ich bin kein Gegner Chinas, auch weil ich weiß, wie viel dieses Land in Zeiten des europäischen Kolonialismus auch durch Deutschland erdulden musste. Doch die Berichte aus und über Xinjiang waren und sind einfach schreckenerregend.

Müsste die Bundesregierung nicht auf allen ihr zur Verfügung stehenden Kanälen auf Aufklärung drängen und sich viel engagierter für die uigurische Minderheit einsetzen? Natürlich in kluger und sensibler Weise. Und auch nicht unbedingt öffentlich.

## *Kein Visum für Myanmar*

Die Regierung der Volksrepublik China war allerdings bis heute die einzige Regierung, die es schaffte, eine von mir erbetene Vor-Ort-Recherche zu verhindern. Versucht haben es auch andere Regierungen. So hatte ich 2016 die Botschafterin Myanmars in Berlin um die Erlaubnis gebeten, ihr Land und auch die Gebiete der Rohingya zu besuchen. Deren Volksgruppe wurde dort angeblich als Menschen dritter Klasse behandelt. Als »hässliche Kobolde«, wie der Generalkonsul von Myanmar in Hongkong sie nannte. Die Antwort der Botschafterin von Myanmar 2016 war kühl und klar. Es gebe für mich nicht den geringsten Grund, Dörfer der Rohingya zu besuchen, erklärte sie. Und deshalb auch kein Visum.

Nach zahlreichen Militäraktionen der buddhistisch-nationalistischen Regierung waren damals unzählige Rohingya ermordet worden und über eine Million ins benachbarte Bangladesch geflohen. Die deutschen Bundesregierungen haben sich nie für die Tragödie der Rohingya interessiert. Myanmar war weit weg und für Deutschland strategisch nicht wichtig. Der damalige Armeechef und wohl schlimmste Massenmörder Myanmars Min Aung Hlaing wurde noch 2017 in Berlin mit militärischen Ehren empfangen. Er war auf Waffeneinkaufstour in Deutschland. Wie seine Vorgänger, die mit deutschen G3-Gewehren ihre Macht gesichert hatten. Bei so guten Waffenkunden schaute man nicht so genau hin, ob sie blutige Hände hatten. Seit 2021 ist Min Aung Hlaing Regierungschef von Myanmar. Wie üblich kam er durch einen Militärputsch an die Macht.

2017 war es zu den schwersten Ausschreitungen des myanmarischen Militärs gegen die Rohingya seit der Unabhängigkeit des Landes 1948 gekommen. Angeblich waren Hunderte von Dörfern niedergebrannt, Tausende von Männern ermordet und unzählige Frauen vergewaltigt worden. Hunderttausende Rohingya waren panisch nach Bangladesch geflohen. Die Regierung Myanmars, an deren Spitze damals die Friedensnobelpreisträgerin Aung San Suu Kyi stand, leugnete alles und behauptete, die Rohingya hätten ihre Dörfer selbst angezündet. Diese Anbiederung an die mächtige Militärjunta ihres Landes hat Aung San Suu Kyi nichts genützt. Inzwischen steht sie wieder unter Hausarrest.

Ich hatte einen großen Teil meines Lebens dem Kampf gegen Krieg und Rassismus gewidmet. Aber musste ich wirklich auch noch diesen von Deutschland so weit entfernten Konflikt vor Ort recherchieren? In Deutschland interessierte sich kaum jemand für die humanitäre Katastrophe der Rohingya. Selbst große Menschenrechtsorganisationen wie Amnesty International oder Human Rights Watch hatten es schwer, Gehör zu finden.

Was sollte ich in Bangladesch, wohin die Rohingya geflohen waren? Musste ich dann nicht auch gleich nach Myanmar? Wie sollte ich das ohne Visum anstellen? Die Grenze von Bangladesch nach Myanmar war durch Minengürtel, meterhohe Stacheldrahtzäune sowie durch Militärposten gesichert, die schnell schossen. Doch musste ich nicht gerade deshalb nach Bangladesch und Myanmar, weil sich kaum jemand für die Massaker interessierte? Wäre das Geschäft der Kriegstreiber und Rassisten nicht noch leichter, wenn Publizisten und Journalisten auf Vor-Ort-Recherchen verzichten würden, weil sie schwierig waren und die Wahrheit über die Massaker nur wenige interessierte?

Wenige Wochen später saß ich im Flugzeug nach Bangladesch. Begleitet vom zweiunddreißigjährigen »Kriegsfotografen« Ali Nouraldin und der vierunddreißigjährigen Projektmanagerin unserer Stiftung Sternenstaub Nina Priester. Ich war mit meinen sechsundsiebzig Jahren wie immer der unumstrittene »Alterspräsident« der Expedition.

### *Grenzzaun nach Myanmar*

In der bengalischen Hafenstadt Cox's Bazar, wo sich die größten Flüchtlingslager befinden, führte ich lange Gespräche mit geflohenen Rohingya. Sie bestätigten mir die grauenvollen Berichte aus Myanmar. Doch das war noch lange kein Beweis, dass dort myanmarische Sicherheitskräfte tatsächlich Dörfer niedergebrannt hatten. Ich musste das selber sehen. Mit eigenen Augen. Zumindest dachte ich das.

Alle Rohingya rieten mir von dem Versuch ab, die abgeriegelte Grenze zu überwinden. Das sei lebensgefährlich. Vor allem war niemand bereit mitzukommen. Auch nicht der selbst ernannte »Kriegsreporter« Ali Nouraldin. Nina hatte ich nicht gefragt. Nach langen Diskussionen gelang es mir, wenigstens drei der bettelarmen Rohingya zu überzeugen, dass es wichtig war, der Weltöffentlichkeit Beweise zu präsentieren, die nicht nur auf Rohingya-Aussagen beruhten.

Am kommenden Morgen um drei Uhr machten wir uns Richtung Grenze auf. In zwei Stocherkähnen sollte es über einen Seitenarm des Flusses Naf zur Grenze gehen. Leider war im letzten Augenblick einer der Rohingya abgesprungen. Ich hatte jetzt nur noch zwei Begleiter. Das war zu wenig für diese gefährliche und komplizierte Unternehmung. Einer der Rohingya musste als Übersetzer stets neben mir sein. Wer aber sollte sich um die zwei Kähne kümmern, wer als Kundschafter vorausgehen, wer nach hinten absichern, wer fotografieren? Im Grunde war die Expedition nach Myanmar gescheitert. Doch wie häufig in derartigen Situationen erlebte ich auch hier eine positive Überraschung. Völlig unerwartet tauchte plötzlich Nina aus dem Dunkel der Nacht auf und bot an mitzukommen. Ich brauchte sie zwar in Bangladesch als Anlaufstelle, falls irgendetwas schiefgehen sollte. Falls wir festgenommen oder verletzt würden. Doch nun rettete sie die gesamte Unternehmung.

Nach einer halbstündigen romantischen Flussfahrt in der Morgendämmerung über den Naf standen wir vor dem unromantischen drei Meter hohen Stacheldrahtzaun der Grenze zu Myanmar. Einige hundert Meter entfernt sollte sich ein niedergebranntes Dorf befinden. Doch links und rechts des Dorfes befanden sich Militärstützpunkte der myanmarischen Grenztruppen. Von dort drangen schon jetzt leise Motorengeräusche zu uns. Wir waren spät dran, das machte alles noch gefährlicher. Aber es gab kein Zurück. Während Nina den Zaun fast spielerisch überwand, spürte ich beim Klettern, wie sich Dornen des rostigen Stacheldrahts in meine Haut bohrten, wie meine Hose zerriss und ich zu bluten begann. Irgendwie schaffte ich es trotzdem. Schmerzen spürt man in derartigen Situationen nicht.

Barfuß und geduckt hasteten wir über die feuchten Reisfelder. Mehrfach rutschten wir aus und stürzten. Neben und vor uns sahen wir große Erdlöcher. Hier waren Minen entweder ausgegraben worden oder explodiert. Waren wirklich alle Minen geräumt? Wir mussten versuchen, in den Fußstapfen der Rohingya zu laufen. Doch das wurde zunehmend schwieriger, weil diese für uns viel zu schnell waren.

Links vor uns stand drohend ein düsterer hoher Wachturm. Wir mussten zurück sein, bevor er besetzt wurde. Die Zeit wurde knapp. Atemlos kamen wir an der Stelle an, wo einst das Dorf gestanden hatte. Jetzt waren hier noch nur rauchgeschwärzte Ruinen. Die Flammen hatten das gesamte kleine Dorf vernichtet. Hatten sich alle Menschen retten können? Es ist schwer, in den Resten eines vor Kurzem niedergebrannten Dorfes zu stehen und nicht erschüttert zu sein. Schweigend gingen wir durch diesen Ort des Schreckens. Welche Tragödien hatten sich hier abgespielt?

Der Lärm aus Richtung der Militärlager wurde stärker. Wir mussten zurück. Immer wieder ausgleitend, eilten wir zur Grenze zurück. Wir hatten keine Ahnung, ob der Wachturm inzwischen besetzt war. Wir mussten einfach aus seinem Schussfeld raus. Wieder ging es über den rostigen Stacheldrahtzaun. Nach einer halben Stunde saßen wir erschöpft in unseren schwankenden Kähnen.

### *Krankenhaus des Schreckens*

Im Krankenhaus von Cox's Basar erfuhren wir mehr über jene Stunden des Schreckens. Von der Mutter der sechsjährigen Fatima, deren Bein eine einzige große, krustige Brandnarbe war. Fatima hatte tief geschlafen, als die Flammen ihr Haus zerstörten. Erst im letzten Augenblick hatte ihre Mutter sie retten können. Oder von der achtjährigen Nour, deren ganzer Körper voller schwerer Brandverletzungen war. Sie hatte den Flammen zwar entrinnen können, doch myanmarische Soldaten hatten sie eingefangen und in die Flammen zurückgeworfen. Oder von dem dreizehnjährigen Jungen, dessen Kehle halb durchschnitten war. Er sah schrecklich aus. Er hatte den myanmarischen Soldaten zwar entkommen können, doch seine Brüder nicht. Sein Zustand war noch immer kritisch.

Andere Kinder hatten Schussverletzungen. Würden die Rohingya ihre eigenen Kinder beschießen, in die Flammen stoßen oder versuchen, ihnen die Kehle durchzuschneiden? Die Behauptungen der Regierung von Myanmar waren blanker Zynismus. Lange habe ich mir die Frage gestellt, wie Buddhisten derart brutale rassistische Gewalttaten begehen konnten. Heute weiß ich, dass nicht der Buddhismus mordete und vergewaltigte. Es waren Menschen, deren Rassismus und Nationalismus stärker waren als die Lehren Buddhas. Ihre Religion interessierte sie nicht wirklich.

### *Was hatte ich erreicht?*

In Deutschland versuchte ich über Printmedien und Internet die Öffentlichkeit zu informieren. Teilweise recht erfolgreich, weil sich viele Journalisten menschlich sehr für das Thema interessierten. Die öffentlich-rechtlichen Rundfunkanstalten zeigten allerdings nicht das geringste Interesse. Am Ende habe ich vielleicht den Menschenrechtsorganisationen einen weiteren Mosaikstein für ihre Aufklärungsarbeit geliefert. Doch musste ich dafür das Leben Ninas, das Leben mehrerer Rohingya und auch mein Leben riskieren? Die Antwort lautet Ja und nochmals Ja! Das Leben wäre nicht lebenswert, wenn wir uns nur um uns selbst kümmern würden. Und nicht um Mitmenschen, die das Glück verlassen hat. Das Leben hatte mich so reich beschenkt. Es war meine Pflicht, dieses Glück zu teilen. Ich machte derartige Reisen schließlich auch nicht jeden Tag.

Von Deutschland aus schenkten wir dem Flüchtlingslager in Bangladesch eine kleine mobile Klinik. Außerdem finanzieren wir für Rohingya-Kinder seither eine kleine Schule. Natürlich war und ist das nur ein Tropfen auf den heißen Stein der bis heute fortbestehenden unendlichen Not der Rohingya, die in den riesigen Flüchtlingslagern von Cox's Basar weiter dahinvegetieren. Nie werde ich die Geschichte jener Mutter vergessen, die im größten Lager von Cox's Basar ihre kleine Tochter losschickte, um Essen zu holen. Als sie nach einer Stunde nicht zurück war, war sie verzweifelt losgerannt, um sie zu suchen. Sie hat ihre Tochter tagelang vergeblich gesucht. Im Meer der vielen tausend gleich aussehenden elenden Zelte hat sie sie nie wiedergefunden.

## *Traumland Jemen*

Der Jemen, dieses Land der Burgen und Berge, war seit Jahrzehnten mein Lieblingsland. Als dort noch Frieden herrschte, hatte ich in seiner Hauptstadt Sanaa herrliche Tage verbracht. Die Häuser dort sehen aus wie Zuckerbäckereien. Abends war ich durch die engen Gassen der malerischen Altstadt geschlendert, hatte mit den Alten über die Gewürze des Orients diskutiert und mit Kindern Fußball gespielt. Doch seit 2015 spielte man im Jemen das Lied des Teufels: Krieg. Eine von Saudi-Arabien angeführte Koalition, der auch die USA, Großbritannien, Frankreich und einige Golfstaaten angehörten, begann, den Norden des Jemen zu bombardieren. Al-Qaida und der IS kämpfen bis heute an der Seite dieser Kriegskoalition ihren eigenen mörderischen Kampf.

Die dem Schiitentum nahestehenden Huthi-Rebellen des Nordens hatten in den Augen Saudi-Arabiens eine Todsünde begangen: Sie hatten die prosaudische Marionette Abed Rabbo Mansur Hadi gestürzt. Innerhalb kurzer Zeit hatten sie fast den gesamten Norden und Westen des Jemen erobert. Dort leben siebzig Prozent der Bevölkerung. Der Jemen gehörte schon damals zu den ärmsten Ländern der Welt. Jetzt wurde er auch noch bombardiert. Der Krieg war eine Schande, an der sich auch Deutschland mit Waffenlieferungen beteiligte.

Wie der Völkermord an den Rohingya interessierte auch der Bombenkrieg gegen die hungernden Jemeniten nur wenige. Die einzige Chance, die ich auch dieses Mal sah, war eine Vor-Ort-Berichterstattung, die vielleicht den einen oder anderen Politiker wach rütteln würde. Vielleicht sogar in den Golfstaaten. Selbst dem saudischen Kronprinzen und Premierminister Mohammed Bin Salman kann die öffentliche Meinung im Westen auf Dauer nicht gleichgültig sein.

## *Der lange Weg ins Land der Huthi*

Doch wie kam man zu den im Norden des Jemen lebenden und regierenden Huthi? Alle Flugverbindungen waren damals gekappt. Ich plante daher lange, mit einem Fischerboot vom östlich gelegenen Afrika aus über das Rote Meer in den Nordjemen zu schippern. Ich verhandelte mit mehreren »Schiffsagenturen«. Doch kein Schiffs- oder Bootseigentümer war bereit, sein Leben und sein Schiff zu riskieren. Für keinen Preis der Welt.

Auch die Zweitausend-Kilometer-Reise mit Schmugglern über den Oman schied aus. Wir hätten durch Gebiete gemusst, die von al-Qaida oder vom IS kontrolliert wurden. Selbst in Beduinenkleidung wäre das für mich zu gefährlich gewesen. Ich hätte mich auf die mich begleitenden Berufsganoven verlassen müssen. Das konnte gut gehen, aber auch scheitern. Der IS hatte noch eine Rechnung mit mir offen. Und al-Qaida sowieso.

Der direkte Weg vom Süden in den Norden des Jemen war genauso gefährlich. Auf der vierhundert Kilometer langen Strecke von Aden nach Sanaa gab es Hunderte schwer bewaffnete Checkpoints. Kein westlicher Journalist hatte es in den letzten Jahren geschafft, bis in die Huthi-Gebiete durchzukommen. Bis auf zwei Französinnen, die sich mit einem Niqab verschleiert hatten. Doch sie waren entdeckt und abgeschoben worden.

Wenn ich mir als Mann einen Niqab angezogen hätte, würde ich wahrscheinlich noch heute in einem jemenitischen Gefängnis sitzen.

Ende 2017 nahm ich über das Internet schließlich Kontakt zu einem der Sprecher der Huthi auf. Problematisch war, dass wahrscheinlich auch diesmal alle Gespräche abgehört wurden und Vereinbarungen über meine Reise nicht geheim blieben. Die Huthi hatten eine interessante Idee.

Sie wollten mir im Süden des Jemen, im verfeindeten Aden, ein kleines schlagkräftiges Kommando zur Verfügung stellen. Es sollte mich nachts an den unzähligen Checkpoints vorbei in den Norden des Landes schmuggeln. Nachts durch die schwer bewaffneten Feindesreihen? Ein faszinierender Plan. Doch er scheiterte daran, dass der Anführer unseres nächtlichen Kommandos kurz vor meiner Ankunft ermordet wurde. Hatten wir zu offen telefoniert? Mein Versuch, in die Huthi-Kriegsgebiete zu gelangen, war erst einmal gescheitert. Die Huthi hatten keinen Ersatzmann für die nächtliche Expedition nach Sanaa.

Doch ich erinnerte mich, dass ich bei meinem Flug von Jordanien nach Aden zahlreiche Frauen und Männer gesehen hatte, die aus dem Nordjemen gekommen und zur ärztlichen Behandlung nach Jordanien geflogen waren. Da der Flughafen Sanaa im Norden gesperrt war, hatten sie für die Fahrt nach Aden im Süden einen Überlandbus genommen. Der hielt zwar wie ein Dorfbus an jedem Checkpoint und an vielen weiteren Haltestellen. Aber er hatte die Nordjemeniten schließlich nach langer Fahrt irgendwann doch zum Flughafen in Aden gebracht. Von dort waren sie nach Jordanien weitergeflogen. Diesen Bus musste es auch in der umgekehrten Richtung, nach Sanaa, geben.

Konnte nicht auch ich im Überlandbus mitten im Krieg vom Südjemen in den Nordjemen fahren? Das hatte zwar noch kein Westler versucht, aber das war kein Argument. War es das Ei des Kolumbus oder der sichere Weg in die Katastrophe? Meine zentrale These war: Niemand würde denken, dass jemand, der ganz offen im Bus durch das gefährlichste Bürgerkriegsland der Welt fuhr, Böses im Schilde führte. Dass er etwa Agent oder Spion war. Die Huthi waren allerdings total gegen meine Idee. Ihr Argument lautete: »Für den Sicherheitsapparat der Regierung im Süden seid ihr dann erst recht Spione. Die holen euch sofort aus dem Bus und stecken euch in den Knast. Um euch da wieder rauszubekommen, werden eure Familien tief in die Tasche greifen müssen. Oder ihr werdet verkauft. Das ist hier Volkssport.«

Ich brauchte lange, um die Huthi zu überzeugen. Dann aber versprachen sie, mich tatkräftig zu unterstützen. Für den Fall, dass ich es vom Süden bis in die von ihnen kontrollierten Gebiete im Norden schaffen würde, versprachen sie mir ab ihren eigenen Checkpoints freie Durchfahrt. Dazu brauchten sie angeblich nur ein Telefonat. Mein »Kriegsfotograf« Ali Nouraldin blieb skeptisch. Er fand alles viel zu gefährlich. Mir als Deutschem würde man ja nichts tun. Er als Araber aber sei massiv gefährdet. Doch auch ihn konnte ich am Ende überzeugen mitzukommen. Ich musste ihm allerdings fest versprechen, dass ich ihn nie allein lassen würde. Doch das war ohnehin klar.

### *Im Bummelbus durch ein Bürgerkriegsland*

Zwei Tage später standen wir frühmorgens am Busbahnhof von Aden. Dort rieten uns fast alle Einheimischen wild gestikulierend von der Reise ab. Sobald die Huthi uns hätten, würden sie uns die Kehle durchschneiden. Wir nahmen trotzdem den frühesten Bus. Die Würfel waren gefallen. Leider nicht bei unserem Busfahrer. Er warf das Gepäck, das wir gerade eingeladen hatten, wütend wieder auf die Straße. Er sei nicht lebensmüde, schimpfte er. Wir mussten daher den nächsten Bus nehmen. Dessen Fahrer wagte es nicht, uns abzuweisen. Er hatte gesehen, dass ich den Chef seines Busunternehmens um Unterstützung gebeten hatte.

Unser Busfahrer zahlte für diese »Großzügigkeit« – ebenso wie die Passagiere des Busses – einen ziemlich hohen Preis. Sie kamen viele Stunden zu spät in Sanaa an. Denn an jedem der mindestens fünfzig Checkpoints im südlichen Kampfgebiet kamen sofort bewaffnete Soldaten auf uns zu. Von meinem arabischen Kriegsreporter Ali, der so große Sorgen gehabt hatte, wollten sie nichts. Er war »einer von ihnen«. Mir aber hielten sie misstrauisch ihre Maschinenpistolen unter die Nase.

Keiner der wilden Gesellen an den Checkpoints folgte meiner These, dass ich nichts Böses im Schilde führen konnte, weil ich ganz offen im Bus durch das Bürgerkriegsland Jemen fuhr. Im Gegenteil, so viel Offenheit war verdächtig. Sie musste intensiv untersucht werden, Immer wieder erklärte ich, ich sei Tourist und interessierte mich außerdem für die humanitäre Katastrophe im Süd- und Nordjemen. Doch das machte mich noch verdächtiger. Welcher Tourist interessierte sich schon für die Tragödien des besuchten Landes? Internationale Organisationen vielleicht, aber doch keine Touristen. Touristen gab es schon seit Jahren nicht mehr.

Ständig musste ich aussteigen und die Geschichte meiner touristischen Absichten dem jeweiligen Checkpoint-Boss aufs Neue erzählen, der sie dann auch nicht glaubte. Wir verloren Stunde um Stunde. Glücklicherweise blieben die jemenitischen Businsassen geduldig. Sie machten mir sogar Mut. In Europa hätten mich die Passagiere irgendwann aufgefordert auszusteigen.

### *Im Land der Huthi*

Irgendwann hatten wir die »Grenze« zum Gebiet der Huthi erreicht. Auch hier stand alle paar Kilometer ein schwer bewaffneter Checkpoint. Nur waren diese noch ärmlicher. Meist waren es nur Bretterverschläge. Die Uniformen der Soldaten waren verwaschen, zerrissen und zerlumpt. Und leider waren die nordjemenitischen Kämpfer mindestens so unfreundlich wie die südjemenitischen Soldaten. Entgegen allen Zusagen war kein Einziger von ihnen war über unsere Ankunft informiert worden. Ich musste noch häufiger aussteigen und mich noch mühseligeren Verhören unterziehen.

Fünfzig Kilometer vor Sanaa ging gar nichts mehr. Der Stationschef eines besonders großen, offenbar wichtigen Checkpoints weigerte sich nach einem langen Verhör, uns die Pässe zurückzugeben. Er werde so spät am Abend keine Entscheidung mehr fällen, brummte er. Morgen werde man weitersehen. Die Sache sei sehr verdächtig. Bei Ali brach Panik aus. Irgendjemand hatte ihm erzählt, dass überführten Agenten oft Ohren und Nasen abgeschnitten würden. Längst hatte er bereut, dass er sich mir bei unserem ersten Treffen als »Kriegsreporter« vorgestellt hatte.

Ich versuchte, Mohamed Bukhati, einen der Sprecher der Huthi, telefonisch zu erreichen. Nach mehreren Versuchen hatte ich ihn endlich am Apparat. Hoffnungsvoll übergab ich mein Handy dem strengen Stationskommandanten. Mohamed Bukhati war damals das wohl bekannteste Fernsehgesicht der Huthi. Doch der Stationschef blieb stur. Mürrisch gab er mir das Handy zurück. Er kenne den Mann nicht, sagte er. Wir sollten uns draußen einen Platz zum Schlafen suchen. Die Diskussion war beendet. Es gibt Augenblicke, in denen ich meine Reisen verfluche. Das war so ein Moment. Hier im Dezember in der Pampa zu übernachten, war das Letzte, was ich brauchte. Und auch gefährlich. Ich war wütend und erschöpft. Was für eine Irrsinnsidee, im Bummelbus durch den umkämpften Jemen zu fahren!

Ich sah Ali mit einem der Soldaten diskutieren. Wahrscheinlich bat er ihn gerade um Garantien für seine Nase und seine Ohren. Dann verlor ich ihn aus den Augen. Doch plötzlich stand Ali stolz wie ein Spanier vor mir und sagte: »Hier sind unsere Pässe, wir können fahren.« »Wie bitte?«, antwortete ich verblüfft. Stundenlang hatte ich den Kommandanten vergeblich um die Pässe und die Erlaubnis zur Weiterfahrt gebeten. »Wie hast du denn das gemacht, Ali?«, fragte ich staunend. »Ich habe die zwanzig Dollar genommen, die du mir zum Einkaufen gegeben hast, und habe sie dem Soldaten gegeben. Ich habe ihm gesagt, dass ich Palästinenser sei, einer von denen, denen niemand auf der Welt hilft. Da hat er gesagt: ›Ich helfe dir.‹ Die Hälfte der zwanzig Dollar hat er seinem Chef gegeben. Wir können jetzt weiterfahren.« Ali war vielleicht kein typischer »Kriegsreporter«, aber er war ein verdammt kluger junger Mann. Als wir im Bus unsere Pässe hochhielten, brandete Jubel der Mitreisenden auf, besonders für Ali.

Wenig später waren wir in Sanaa. Mohamed Bukhati entschuldigte sich auf würdige Weise. »Es ist Krieg. Nichts ist mehr normal. Danke, dass ihr trotzdem gekommen seid.«

## *Bomben auf Sanaa*

Wir waren die einzigen Gäste in unserem vornehmen Hotel in Sanaa. Wegen der häufigen Luftangriffe war das ganze Hotel abgedunkelt. Und bitterkalt. Sanaa ist eine zweitausendzweihundert Meter hoch liegende Gebirgsstadt. Die Heizung konnte wegen zweier Gäste nicht eingeschaltet werden. Ich zog alle Kleidungsstücke an, die ich besaß, und wickelte mich in mehrere Bettdecken ein.

Ich konnte sie nicht lange anbehalten, denn wenige Minuten später donnerten offenbar saudische Flugzeuge tief über die Stadt. Heulend drehten sie ihre Runden. Die Fensterscheiben klirrten. Ich sprang auf und starrte in die Nacht. Doch ich sah nichts.

In der zweiten Nacht flogen die Bomber noch tiefer über unser Hotel. Sekunden später schlugen in der Nähe des Hotels Bomben ein. Mit großer Wucht. Die Wände meines Zimmers bebten. Die Fenster vibrierten stärker, als ich es je erlebt hatte. Danach drehten die Bomber noch einige Runden über Sanaa.

Dann war die Stadt still. Kein Ton war mehr zu hören. Sanaa stellte sich tot.

Am nächsten Morgen gingen wir zum Ort der Bombeneinschläge. Er war nur wenige hundert Meter von unserem Hotel entfernt. Siebzig Tote und Verletzte waren bereits abtransportiert worden – Kriegsgefangene und ihre Wächter. Im Stil heimtückischer Terroranschläge waren sie in zwei Wellen angegriffen worden. Wer nach der ersten Welle zu fliehen versuchte, wurde von der zweiten Welle zerschmettert.

Tausende Zivilisten waren bei den regelmäßigen Bombenangriffen auf Sanaa bereits getötet worden. Das reiche Saudi-Arabien vernichtete seinen armen südlichen Nachbarn. Mit westlichen Flugzeugen und westlichen Bomben. Auch Deutschlands Waffenfirmen verdienten kräftig an diesem Geschäft mit dem Tode. Laut Medien wie der *SZ* vor allem Rheinmetall und Airbus. Die Bundesregierung hatte dagegen offenbar keine Einwände. Saudi-Arabien war nach ihrer Auffassung ein »Stabilitätsanker«, der den angeblich auseinanderfallenden Jemen zusammenhalten müsse.

### *Iranische Waffen für die Huthi?*

Auch die Huthi hatten Waffen, viele sogar. Doch ihre Waffen waren oft Jahrzehnte älter als die Hightechwaffen der Saudis. Die meisten stammten aus den Waffenlagern des früheren jemenitischen Staatspräsidenten Ali Abdullah Saleh, der 2011 während der Arabellion gestürzt worden war. In seinen guten Zeiten war Saleh von allen Seiten mit Waffen überschüttet worden. Darunter Hunderte Scud-Kurzstreckenraketen aus Russland und angeblich auch aus Nordkorea.

Die Huthi waren inzwischen Weltmeister im Umbau alter Waffen. Luft-Luft-Raketen bauten sie in Boden-Luft-Raketen um. Aus Kurzstreckenraketen machten sie Mittelstreckenraketen. Je kleiner der Gefechtskopf war, desto weiter flogen sie. Die Huthi brauchten keine Raketen aus dem Iran, wie die USA ständig behaupteten. Wie sollte der Iran – trotz Tausender Checkpoints – Großraketen in den Jemen schmuggeln? Mir war das nach meiner Fahrt durch den Jemen schleierhaft. Es wäre auch unklug gewesen. Für die USA wäre das die iranische »smoking gun« gewesen, die sie so gerne gefunden hätten und nie fanden.

Technische Hilfe allerdings konnten die Huthi gut gebrauchen. Hierzu reichten jedoch die bestehenden Internetverbindungen aus. Inzwischen bauen die Huthi sogar weitreichende Raketen selbst. Unter Anleitung des Iran übers Internet, wie mir meine Gesprächspartner im Jemen gestanden. Raketenbauen ist offenbar nicht schwer. Zumindest wenn man online iranische Rüstungsexperten an seiner Seite hat.

In Sanaa habe ich mehrfach Händler und Passanten auf der Straße nach »Iranern im Jemen« gefragt. Die meisten lachten mich fröhlich aus. Auch Huthi-kritische Menschen hatten noch nie einen Iraner gesehen. Vielleicht gab es im Huthi-Jemen trotzdem noch ein Dutzend Iraner oder libanesische Hisbollah, die den Jemen trotz der saudischen Invasion aus irgendwelchen Gründen nicht verlassen hatten. Und die jetzt wertvolle technische Dienste leisteten. Konkrete Hinweise auf eine iranische Militärpräsenz konnte ich keine finden. Die übliche Darstellung westlicher Politiker, im Jemen finde mit iranischen Waffen ein Stellvertreterkrieg zwischen Saudi-Arabien und dem Iran statt, übertreibt die Rolle des Iran in diesem Konflikt. Und er untertreibt die eigenständige Rolle der Huthi.

### *An der Front*

Mit einem Kampfkommando der Huthi fuhren wir zur wichtigsten Frontstadt in diesem Krieg – nach Neham im Osten Sanaas. Hier versuchten seit Monaten Tausende prosaudische Milizen, nach Sanaa durchzubrechen. Aus Sicherheitsgründen wechselten wir mehrfach das Fahrzeug. Unsere Huthi waren Freizeitkämpfer. Zwei Wochen arbeiteten sie in ihrem normalen Beruf, um ihre Familien zu ernähren, zwei Wochen kämpften sie. Zwei Wochen für die Familie, zwei Wochen fürs Vaterland.

Je näher wir der Front kamen, desto zerstörter war die Straße. Überall sahen wir abgesplitterte Fahrzeugteile und Spuren getrockneten Bluts. Jenseits der Straße verkohlte Bäume, zerbombte Häuser, eine ausgebrannte Schule. Sechs Kinder waren hier gestorben. In der Ferne hörten wir Geschützlärm von Panzern. Plötzlich flogen zwei saudische Kampfjets auf uns zu. »Raus!«, brüllte der Kommandant. »Raus! Die greifen als Erstes die Autos an. Haut euch auf einen Felsbrocken und tut so, als wärt ihr Schafhirten.« Noch nie habe ich mich so schnell aus einem Auto geworfen. Und noch nie so lange regungslos auf einem Felsbrocken gesessen. Mehrfach überflogen uns die zischenden, heulenden Kampfbomber. Die Steine neben dem Felsbrocken vibrierten, meine Ohren drohten zu platzen. Nahmen uns die Piloten die »Hirtennummer« ab? Ein paar hundert Meter vor uns sahen wir ein ausgebombtes Dorf und eine ausgebrannte Schule. Da hatten die Piloten auch kein Erbarmen gekannt. Warum sollten sie jetzt plötzlich auf Hirten Rücksicht nehmen? Nach zwanzig Minuten drehten die Jets ab. Zwanzig Minuten können lang sein.

Doch schon kurz danach tauchte ein weiterer Bomber auf. Aber da waren wir schon in einer Kath-Plantage verschwunden, zusammen mit jemenitischen Kindern. Ich fragte eines von ihnen, ob es Angst habe. »No, Sir«, antwortete es. »Die kommen fast jeden Tag.« Der Tod gehörte zum Alltag dieser Kinder dazu. Hatten die Piloten des Kampfjets uns entdeckt? Trotzig hielt unser Huthi-Kameramann, den ich extra für unseren Frontbesuch engagiert hatte, seine riesige Uraltkamera in den Himmel. Ali hatte seine Kamera sicherheitshalber weggeworfen.

Was für eine gespenstische Situation! Über uns ein von den USA oder der EU gelieferter Jagdbomber mit westlichen Raketen. Dirigiert von amerikanischen und britischen Militärberatern in saudischen Befehls- und Kommandozentralen. Das waren NATO-Verbündete! Verdammt noch mal: Was hatten NATO-Offiziere und NATO-Waffen hier zu suchen? Endlich, nach einer Stunde, drehte auch dieser Bomber ab. Wir fuhren zurück. Wir hatten genug gesehen.

### *Die verhungernden Kinder von Sanaa*

Zurück in Sanaa besuchten wir das Al-Sabeen-Hospital. Überall sahen wir zu Skeletten abgemagerte Kleinkinder. Auch das Aushungern gehörte zu den Strategien der saudischen Kriegskoalition, die von Deutschland offen unterstützt wurde. Die Saudis hatten alle jemenitischen Grenzen, Seehäfen und Flughäfen dichtgemacht. Der Jemen war schon vor dem Krieg bettelarm. Aber jetzt war die Nahrungsmittelversorgung der Bevölkerung ganz zusammengebrochen.

Ich setzte mich neben ein völlig abgemagertes, neun Monate altes Baby. Es wog nur neun Kilo. Verzweifelt schaute mich seine junge Mutter an. Sie fragte mich, ob es überleben werde. Ich bekam keine Luft mehr und stand auf. Fragend schaute ich den Arzt an. Er gab mir ein Zeichen, mit nach draußen zu kommen. »Die Überlebenschancen liegen höchstens bei dreißig Prozent. Höchstens!«, sagte er. Dann drehte er sich um, um seine Tränen zu verbergen. Wie sollte ich seiner Mutter dieses Ergebnis mitteilen? Lagen die Überlebenschancen des Jemen inzwischen auch nur noch bei dreißig Prozent? Wo waren unsere Politiker, die sich angeblich überall auf der Welt für die »Werte des Westens« einsetzten?

Mir wird gelegentlich vorgeworfen, ich würde bei meiner Kritik der Außenpolitik des Westens zu harte Worte wählen. Wahrscheinlich ist dieser Vorwurf berechtigt. Doch es sind Erlebnisse wie diese im Krankenhaus von Sanaa, die es mir schwer machen, bei Diskussionen über westliche Barbareien ruhig und gelassen zu bleiben. Wo hält sich der Westen an die Grundwerte seiner Zivilisation: Menschenwürde, Freiheit, Gleichheit, Brüderlichkeit?

## *Die Rückreise*

Die Rückreise nach drei langen Wochen war ähnlich beschwerlich wie die Hinreise. Unser Fahrer war jener unfreundliche Mann, der in Aden unser Gepäck aus dem Bus geworfen hatte. Da mich jedoch dieses Mal führende Huthi zum Bus begleiteten, traute er sich nicht, uns erneut die Mitfahrt zu verweigern. Doch auch er verlor durch die ständigen Kontrollen Stunde um Stunde. Schweigend fraß er seinen Ärger in sich rein. Doch nach einem Viertel der Strecke brannten bei ihm wieder alle Sicherungen durch. Wütend riss er plötzlich das Steuer des voll besetzten Busses herum, um nach Sanaa zurückzufahren. Er hatte die Nase voll. Doch er hatte seine Rechnung ohne die jemenitischen Passagiere gemacht. Die solidarisierten sich energisch alle mit uns. Wir waren Gäste des Jemen. Gästen musste man helfen. Plötzlich hatten wir zwanzig Freunde. Sie zwangen den Fahrer, weiter Richtung Aden zu fahren.

Inzwischen lachte ich nur noch, wenn ein Soldat mir eine riesige Panzerfaust unter die Nase hielt. Wäre sie explodiert, wäre der ganze Bus in die Luft geflogen. Mitsamt dem Panzerfaustsoldaten. Kriegsreporter Ali aber schlief ruhig den Schlaf des Gerechten. Er war müde. Das mit seinem Pass hatte ich zu erledigen. Ich habe die Rückfahrt richtig genossen. Wir fuhren durch eine der schönsten Landschaften der Welt, eine märchenhafte Mischung aus Mosellandschaft und Provence. Ich filmte mit meinem Handy durchs Busfenster. Ich wollte, ich musste diese Landschaft mit nach Hause nehmen. Wenn im Jemen eines Tages wieder Frieden mit Saudi-Arabien und mit Israel herrscht, werde ich dieses Land noch einmal besuchen.

## *Drahtzieher Saudi-Arabien*

Saudi-Arabien ist einer der mächtigsten Strippenzieher im Nahen Osten. Oft in verhängnisvoller Weise. Den jahrelangen Al-Qaida-Terrorismus, die Anschläge des 11. September 2001, das blutige Kidnapping der Arabischen Revolution und viele andere negative Entwicklungen in der Region hätte es ohne Saudi-Arabien nicht gegeben. Vieles war mit den USA abgesprochen, vieles nicht. Seit der junge Mohammed Bin Salman mit einunddreißig Jahren Kronprinz geworden war, erlebte die Welt immer neue Überraschungen. Negative, aber auch positive. Sie reichten von der brutalen Ermordung eines kritischen Journalisten, der Anzettelung des Jemenkriegs bis zur überraschenden Entmachtung der wahhabitischen Klerikerkaste und der Durchsetzung von mehr Frauenrechten.

Der saudische Botschafter hatte mir Ende 2017 bei einem meiner Besuche in der saudischen Botschaft dringend geraten, sein Land wieder einmal zu besuchen. »Kommen Sie nach Saudi-Arabien. Sie werden eine völlig neue Politik erleben.« Der deutsche Botschafter in Saudi-Arabien riet mir allerdings dringend von der Reise ab. Er habe gerade vergeblich versucht, in Riad Termine für Außenminister Sigmar Gabriel zu bekommen. Dieser hatte wie ich die Festnahme des ehemaligen libanesischen Regierungschefs Rafiq al-Hariri durch die Saudis kritisiert. Deshalb habe man Gabriel blockiert. Mir werde es nicht besser ergehen. Ich verließ mich trotzdem auf den saudischen Botschafter. Der hatte mir lachend gesagt: »Fliegen Sie einfach, natürlich wird man Sie empfangen.« Ganz selbstverständlich war das allerdings nicht. Denn nach meiner Jemenreise hatte ich den Krieg Saudi-Arabiens gegen den Jemen hart kritisiert. Genauso wie die deutschen Waffenlieferungen an Saudi-Arabien.

2018, drei Wochen nach meiner Rückkehr aus dem Jemen, flog ich nach Riad. Die Gastfreundschaft war überwältigend. Ich erhielt eine gepanzerte Luxuslimousine, Fahrer, Sicherheitsbeamte und Unterkunft im Luxushotel Narcissus. Ich bedankte mich herzlich. Doch natürlich lehnte ich sowohl den Luxuswagen als auch die vorgeschlagene Luxusunterbringung ab. Ich würde wie immer selbst bezahlen, versuchte ich meinem vornehm gekleideten Fahrer Faisal zu erklären. Der bekam den Mund nicht mehr zu. Ein Staatsgast, der alles selbst bezahlte, das hatte er noch nicht erlebt. Ich hatte einen saudischen Fan gewonnen.

### *Geheimnisumwitterter Prinz Turki ibn Faisal*

Im Hotel fand ich eine E-Mail von Prinz Turki ibn Faisal vor, in der dieser mich herzlich begrüßte. Er ist der Sohn des früheren Königs Faisal, den ich 1973 während der Ölkrise getroffen hatte. Dreiundzwanzig Jahre lang war Prinz Turki Chef des saudischen Auslandsgeheimdienstes gewesen. Zehn Tage vor den Terroranschlägen des 11. September war er überraschend zurückgetreten. Das hatte zu wilden Gerüchten geführt. Der geheimnisumwitterte Prinz kannte in Afghanistan, Iran und Syrien teilweise dieselben Leute wie ich. In Syrien unterstützte er die »gemäßigten Rebellen«.

Unser Hauptthema war der Konflikt zwischen Saudi-Arabien und dem Iran, der die muslimische Welt spaltete und letztlich nur die USA erfreute. Prinz Turki meinte, Iran müsse den ersten Schritt machen. Der Iran habe schließlich zugelassen, dass vor Kurzem die saudische Botschaft in Teheran zerstört worden sei. Teheran habe sich bis heute nicht entschuldigt. Doch ich spürte, dass sein Nein zu einer Entspannung des Verhältnisses zum Iran nicht unumstößlich war. Ich fragte ihn, warum Saudi-Arabien es nicht wenigstens mit einem »Gewaltverzichtsvertrag«, einem »Nichtangriffspakt«, versuche. In einen solchen Vertrag könne man eines Tages sogar Israel einbeziehen, auch wenn sich Saudi-Arabien zurzeit noch nicht zu einer Anerkennung Israels durchringen könne. An dieser Stelle zuckte er. Das war auch für ihn, den viele für den heimlichen Außenminister Saudi-Arabiens hielten, ein Tabuthema – zumindest damals noch.

Prinz Turki wusste, dass ich anschließend in den Iran fliegen wollte. Und dass ich dort den iranischen Außenminister Mohammed Dschawad Sarif treffen würde. Er kannte Sarif persönlich und bestellte ihm lachend Grüße. Wieder hatte ich das Gefühl, dass bezüglich der Feindschaft zum Iran noch nicht das letzte Wort gesprochen war.

## *Im saudischen Untergrund*

Nicht ganz so nachdenklich argumentierten andere saudische Gesprächspartner. Der damalige Kultur- und Informationsminister und frühere Botschafter in Berlin Awwad S. Alawwad hielt Verhandlungen mit dem Iran schlicht für unmöglich. »Das sind Verbrecher, das macht keinen Sinn«, beendete er erschöpft unsere anderthalbstündige, fast leidenschaftliche Diskussion über das Thema Iran. Erschöpft riss er sich sein Kopftuch samt Kordel vom Kopf.

Viel offener waren einige oppositionelle saudische Intellektuelle, die ich heimlich in einer ihrer Wohnungen traf. Um sie zu schützen, hatte ich mehrfach das Taxi gewechselt. Ihr Urteil über die saudische Politik war hart. Zwar begrüßten sie die Fortschritte bei den Rechten der Frauen. Aber andere arabische Staaten seien da schon viel weiter. Richtig positiv seien nur die Entmachtung der wahhabitischen Gelehrten und die Öffnung zu einem gemäßigteren Islam. Die Kündigung dieses uralten Bündnisses zwischen dem Wahhabismus und dem Königshaus habe dem saudischen Kronprinzen Mohammed Bin Salman (MBS) niemand zugetraut. Das sei eine gewaltige Leistung.

Schlimm seien jedoch die gnadenlosen Säuberungen, die MBS gegen seine Kritiker durchführe. Auch gegen Konkurrenten aus dem Königshaus. Lange sprachen wir über den saudischen Kolumnisten der *Washington Post* Jamal Khashoggi, der damals noch lebte. Er war einst Medienberater von Prinz Turki gewesen. Jetzt galt er den oppositionellen saudischen Intellektuellen als Vorbild, weil er MBS regelmäßig frontal angriff. Wenn auch nur aus dem Ausland. Das war neun Monate vor seiner brutalen Ermordung.

In vielen Kreisen herrsche ein »Klima der Angst«. Aber vielleicht habe MBS gar keine andere Wahl, meinte einer meiner Gesprächspartner. Angesichts der hohen Geburtenzahlen und der Ungewissheit bezüglich der Zukunft der fossilen Brennstoffe stehe er vor riesigen wirtschaftlichen Problemen. Er müsse sein von vier Millionen auf dreiunddreißig Millionen angewachsenes Volk »zum Arbeiten bringen«. Hart zu arbeiten, das seien viele Saudis nicht gewohnt. Der Widerstand in bestimmten Kreisen der Bevölkerung gegen Veränderungen sei groß. Vor allem die wahhabitischen Kleriker hätten jetzt mehrere Rechnungen mit ihm offen. MBS lebe gefährlich. Die USA ließen ihm freie Hand, solange er ihnen wirtschaftlich nütze wie bisher. Vor allem die amerikanische Waffenindustrie liebe ihn.

Als ich gegen Mitternacht am Fünfsternehotel Ritz vorbeifuhr, brannte in vielen Zimmern noch Licht. Folge einer der gespenstischsten »Säuberungsaktionen« von MBS. Im November hatte der Kronprinz fast vierhundert Prinzen, Minister und saudische Geschäftsleute wegen Korruptionsverdachts festnehmen lassen. Die mächtigsten und reichsten unter ihnen wurden im umfunktionierten Ritz unter Hausarrest gestellt. Sie sollten das Luxusgefängnis erst verlassen, wenn sie einen erheblichen Teil ihrer Milliarden an die von MBS kontrollierte Staatskasse abgeführt hätten. Wer sich weigerte, riskierte Folter. Das Ritz war zum Symbol eines gnadenlosen Absolutismus geworden. Ich blieb lange vor dem Hotel stehen. Wurde dort gerade gefoltert, oder wurden gerade Schecks unterschrieben? Während der »Arabellion« hatten westliche Politiker die saudische Führung noch als edlen Vorkämpfer für Demokratie in der arabischen Welt gefeiert. Ich bekam Gänsehaut.

## *Von Riad nach Teheran*

Von Riad nach Teheran zu fliegen, dauerte 2018 trotz Zwischenlandung in Kuwait nur knapp acht Stunden. Doch seit Jahren flog kein einziger saudischer oder iranischer Politiker mehr in das benachbarte Land. Der kulturelle und wirtschaftliche Abstand zwischen Saudi-Arabien und dem Iran ist allerdings auch viel größer als die dreizehnhundert Kilometer Luftlinie.

Zumindest empfand ich das so. Riads protzig zur Schau gestellter Prunk und Reichtum taten mir fast physisch weh. Aber auch die trotzig-stolze, graue Armut Teherans schmerzte. Westliche Sanktionen – das wirtschaftliche »Aushungern« fast aller Gegner – ziehen jedes Land nach unten. Schon in der früheren Sowjetunion, der DDR, in Kuba oder in Nordkorea, das ich ebenfalls bereist hatte, war mir das aufgefallen. Gegen harte Sanktionen hat auf Dauer kein Land eine Chance. Das ist der Hauptgrund, warum Donald Trump Wirtschaftssanktionen militärischen Operationen vorzieht.

## 27. Kapitel

## Gehasster und geliebter Iran

In kaum einem Land des Nahen Ostens war ich in den letzten zwanzig Jahren so häufig wie im Iran, dieser einstigen Welt- und Kulturmacht, einem Land voller Gegensätze. Auf der einen Seite hat der Iran mit seinem »Obersten Führer« Ali Chamenei einen der härtesten Führer der Welt. Gnadenlos auch gegenüber der eigenen Bevölkerung. Auf der anderen Seite findet man im Iran die liebenswürdigsten, gebildetsten und vornehmsten Menschen der gesamten Region. Die iranische Bevölkerung ist ganz anders, als sie im Westen beschrieben wird. Mein Herz geht auf, wenn ich an meine Begegnungen mit Iranern denke. Egal, ob es sich um Arbeiter, Studenten oder Künstler handelte. Es sind wunderbare Menschen.

Aber mein Herz geht auch sofort wieder zu, wenn ich an das erstarrte System der »Islamischen Republik Iran« denke, das eines der vornehmsten Völker der Welt mit Gewalt in ein altes Korsett gezwängt hat. Dem Regime bereitet es offenbar Vergnügen, die Freiheit seiner Bevölkerung einzuschränken und auch für leichteste Verstöße drakonische Strafen zu verhängen. Ich kenne kaum ein Land, in dem es eine so krasse Diskrepanz zwischen der Intoleranz seiner Führung und der Toleranz seiner Bevölkerung gibt.

Aber wäre es zu dieser katastrophalen Entwicklung auch ohne die völkerrechtswidrige und kriminelle Einmischung der Geheimdienste Großbritanniens und der USA gekommen, die 1953 Irans demokratisch gewählten Ministerpräsidenten

Mohammad Mossadegh und mit ihm die gesamte iranische Demokratie wegputschten? Präsident Barack Obama hat diesen westlichen Putsch gegen die iranische Demokratie – Jahrzehnte später – offen zugegeben.

Mossadegh hatte geglaubt, iranisches Öl gehöre dem Iran, und deshalb die Ölfirmen der USA und Großbritanniens nationalisiert. In den Augen der beiden westlichen Großmächte war das eine Todsünde. Aber das gab ihnen nicht das Recht, den geflohenen Schah von Persien, einen Kaiser, zurückzuholen und ihn mit Hilfe ihrer Geheimdienste zu einem Diktator zu machen, der jederzeit auf zehntausend amerikanische »Militärberater« zurückgreifen konnte.

Gegen ein stabiles demokratisches System wäre 1979 die Revolution Ruhollah Khomeinis, die den Schah vertrieb, nie möglich gewesen. Die Machtergreifung Khomeinis war eine klare Folge der Zerstörung der iranischen Demokratie durch die USA und Großbritannien. Zwar hat die von Khomeini eingeführte Theokratie auch demokratische Elemente – ein gewähltes Parlament und einen gewählten Präsidenten. Doch der Revolutionsführer hat stets das erste und das letzte Wort. Er kann jeden Parlamentskandidaten, jeden Präsidentschaftsanwärter verhindern. Der Handlungsspielraum der nach dieser Vorauswahl »gewählten« Politiker ist eingeschränkt. Nur der Revolutionsführer bestimmt die Richtlinien der Politik.

Ich kann den Zorn der iranischen Führung auf die rüde Sanktionspolitik der USA gut verstehen. Vor allem nach dem vertragswidrigen Ausstieg Trumps aus dem »Atomabkommen« mit dem Iran. Die iranische Führung hatte damals unerwartet große Zugeständnisse gemacht und wurde dafür am Ende von Trump mit noch härteren Sanktionen bestraft. Schäbiger, unanständiger ging es nicht. Diese Sanktionen pressen dem Iran bis heute die Luft ab und stürzen die Bevölkerung in immer größere Armut.

Was ich nicht verstehe, ist, dass Chamenei dafür letztlich sein eigenes Volk bestraft. Hier liegt meine Hauptkritik am iranischen System und seiner Führung. Es bestraft das eigene Volk für die Politik der USA.

### *Was ist Wahrheit, was Vorurteil?*

Ich liebe den Iran trotzdem. Bei meinem ersten Besuch in Teheran 2005 kamen lachend drei junge Iraner auf mich zu und fragten: »Na, wie viele Terroristen sind Ihnen heute schon begegnet?« Damals war Terrorismus im Stil von al-Qaida eines der Hauptthemen der internationalen Politik. Die amerikanische Regierung macht sich bis heute ein Vergnügen daraus, dem schiitischen Iran die Unterstützung des »sunnitischen Terrorismus« anzudichten. Sie behauptet, der Iran »setze Terrorismus als zentrales Instrument der Staatskunst ein« – so in einer offiziellen Erklärung der US-Botschaft in Deutschland vom 10. März 2021.

Die USA nennen einfach alle Organisationen, die ihnen oder Israel kritisch gegenüberstehen, »Terrororganisationen« oder »Terrormilizen«. Die Huthi, die Hamas genauso wie die Hisbollah. Man kann diese Organisationen mit vielen Argumenten kritisieren. Ich tue das auch. Aber alle USA- und Israel-kritischen Widerstandsorganisationen im Nahen Osten mit al-Qaida oder dem IS gleichzusetzen, ist eine grobe Verzerrung der Realitäten und eine Irreführung der öffentlichen Meinung.

Als ich einmal in München eine zu Recht berühmte und bewunderte jüdische Mitbürgerin samt ihrem Ehemann einlud, mich in den Iran zu begleiten, wurde sie kreidebleich. Nein, das könne sie sich gar nicht vorstellen, sagte sie. Sie dachte, als Jüdin sei sie im Iran in ständiger Lebensgefahr. Auch mein Hinweis, dass es im Iran über neuntausend stolze Juden gebe, einen jüdischen Parlamentsabgeordneten, mehrere Synagogen, jüdische Kindergärten und vieles mehr, konnte sie nicht umstimmen. Das Feindbild Iran hat sich im Westen zu tief eingeprägt.

Aber hatte nicht auch ich lange Zeit große Vorurteile über den Iran gehabt? Erst nach und nach hatte ich das Land verstanden. 2006 während der Fußballweltmeisterschaft war ich erneut in Teheran gewesen. Eine dreißigjährige Fremdenführerin und ein Taxifahrer hatten mir und meiner Begleiterin stundenlang die Sehenswürdigkeiten der über tausendjährigen Stadt gezeigt. Als wir uns abends verabschieden wollten, um die Übertragung eines wichtigen deutschen Spiels nicht zu verpassen, entbrannte zwischen den beiden ein lebhafter Streit, wer uns zur Übertragung des Spiels einladen dürfe. Die junge Fremdenführerin wurde klare Siegerin. Zu Hause angekommen, feuerte sie als Erstes ihren kurzen Mantel und ihr Kopftuch in die Ecke. Vor uns stand plötzlich eine moderne, hübsche junge Frau in blauen Jeans und rotem Pulli.

Ihrem ebenfalls modisch westlich gekleideten, sympathischen Mann erklärte sie, dass wir jetzt das Viertelfinal-Spiel Deutschland gegen Argentinien anschauen würden. Er möge uns doch bitte etwas zu trinken bringen und dann bitte etwas Iranisches kochen. Ihr Mann nickte und verschwand in der Küche. Wir aber sahen ein spannendes Spiel, das Deutschland nach Elfmeterschießen gewann. Unsere Fremdenführerin war zu Hause eindeutig die Chefin im Ring. Ich fragte sie, ob diese Rollenaufteilung auch bei den Mullahs möglich sei. »Natürlich«, antwortete sie lachend. »Wenn die Frau die Stärkere ist, immer! Auch bei den Mullahs.« Als sie uns spätabends hinausbegleitete, sagte sie – nun etwas ernster –, iranische Frauen dürften vieles. So studierten deutlich mehr Frauen als Männer. Aber für Frauen sei es noch immer schwer, anschließend einen Job zu finden. Das patriarchalische Denken im Iran sei nicht überwunden. Im Grunde verteidige die Oberste Führung ein frauenfeindliches Denken, das vom Koran überhaupt nicht gefordert werde.

## *Bierzelt-Thesen über den Iran*

Der frühere bayerische Ministerpräsident Edmund Stoiber hat die westliche Ignoranz in Sachen Iran einmal in die populäre Bierzelt-These gefasst, in Deutschland dürfe der Ruf des Muezzins erst erklingen, wenn auch in Teheran die Glocken läuteten. Doch in Teheran läuten jeden Sonntag die Glocken nicht nur einer, sondern mehrerer christlicher Kirchen. Die Ignoranz westlicher Politiker über den Iran tut manchmal richtig weh.

Dem Iran wird auch vorgeworfen, er sei antisemitisch. Aber auch diese Behauptung ist ein Zeichen von Unkenntnis. Der Iran ist antizionistisch, das heißt gegen die Existenz des Staates Israel. Aber Antizionismus ist etwas anderes als Antisemitismus. Antisemitismus, Judenfeindlichkeit habe ich im Iran nie erlebt. Antisemitismus gilt dort als Zeichen von Dummheit. Juden sind im Iran hoch angesehene Mitbürger. Ich habe mit iranischen Juden über Gott und die Welt diskutiert. Über Antisemitismus haben sie nie geklagt. Khomeini hat die Juden in einer an Klarheit nicht zu überbietenden Fatwa ausdrücklich unter den Schutz des Islam und der Muslime gestellt.

Den großartigsten Gottesdienst meines Lebens habe ich in der Yusuf-Abad-Synagoge in Teheran erlebt – gemeinsam mit vierhundert jüdischen Iranern. Donnernd sangen die Männer zur Begrüßung des Sabbat ihr hebräisches »Lecha Dodi«. Gottesdienst mit jüdischen Iranern im schiitischen Iran – ein grandioses Erlebnis! Ich bekomme heute noch Gänsehaut, wenn ich an diesen stolzen jüdischen Gottesdienst denke.

## *Ahmadinedschad und Israel*

Antizionismus allerdings ist fester Bestandteil der offiziellen iranischen Politik. Anders als die Mehrheit der Staatengemeinschaft erkennt der Iran Israel nicht als Staat an. Die iranischen Juden hingegen, die seit knapp zweitausendsechshundert Jahren hier leben, werden ähnlich wie die Christen als religiöse Minderheit respektiert. Sie stellen sogar einen eigenen Abgeordneten im iranischen Parlament.

Leider hat der ehemalige Staatspräsident Mahmud Ahmadinedschad viel getan, um die klare Position seines Landes in der Frage des Antisemitismus zu verwässern. Er hat den Holocaust als Lüge, Betrug und Mythos bezeichnet. Er hat damit nicht nur Juden der ganzen Welt verletzt. Er hat auch seinem eigenen Land massiv geschadet. Eine besonders schlimme antiisraelische Aussage, die ihm bis heute zugeschrieben wird, hat er allerdings nicht gemacht. Ahmadinedschad hat nie gefordert, Israel »von der Landkarte zu radieren« oder »Israel auszurotten«, wie fast alle westlichen Medien berichteten. In Wahrheit hatte Ahmadinedschad seinen Revolutionsführer Khomeini zitiert. Der hatte vorausgesagt, so, wie das sowjetische Regime, das Regime Saddam Husseins und das Regime des Schahs beseitigt worden seien, werde auch das Regime (!), das Jerusalem besetzt halte, aus den Annalen der Geschichte getilgt werden.

Ahmadinedschad war ein Berufsprovokateur, der oft bewusst so formulierte, dass er auch falsch übersetzt werden konnte. Seine gesamte Amtszeit bestand aus Provokationen. Er tat alles, um den Westen, der ihn nicht akzeptierte, zur Weißglut zu bringen. Ihm war egal, dass er dadurch das Bild seines Landes verfinsterte. Dass er dafür selbst von der Obersten Führung des Landes mehrfach gerügt wurde, ist weniger bekannt. Die konservative iranische Zeitung *Jomhuri-Yeti Eslami* schrieb zornig, sein Ton sei so widerwärtig, dass die internationale Öffentlichkeit völlig unnötig den Eindruck von Feindseligkeit gewinne. Er solle »endlich mit seiner Phrasendrescherei und seinen Pöbeleien aufhören«.

Ich wollte diese Provokationen Ahmadinedschads vor Ort, im Iran selbst, zurückweisen. Ich erzählte dem iranischen Botschafter in Berlin, dass Ahmadinedschad 2007 an der New York University eine Rede gehalten hatte, bei der er systematisch gestört wurde. Er habe daraufhin seine westlichen Zuhörer eingeladen, die Universitäten des Iran zu besuchen. Dort würden sie ganz anders behandelt als er in New York. Im Iran würden sie »zu hundert Prozent respektiert«. Diese Einladung Ahmadinedschads würde ich jetzt gerne annehmen, erklärte ich dem iranischen Botschafter. Verblüfft schaute dieser mich an. Doch nach einigem Hin und Her einigten wir uns auf eine Rede an der elitären Diplomatenschule von Teheran.

### *Meine Rede an der iranischen Diplomatenschule*

So stand ich im November 2008 in Teheran an der berühmten Diplomatenschule vor etwa fünfzig zukünftigen iranischen Diplomaten. Begleitet wurde ich von *Spiegel*-Redakteur Dieter Bednarz und von der damaligen *FAZ*-Journalistin und heutigen stellvertretenden Sprecherin der Bundesregierung Christiane Hoffmann. Im Nachbargebäude hatte zwei Jahre zuvor die berüchtigte Holocaust-Konferenz stattgefunden, in welcher der Holocaust von mehreren Teilnehmern in Frage gestellt wurde. Mein Auftritt vor den Jungdiplomaten wäre fast daran gescheitert, dass ich ursprünglich im Gebäude der Holocaust-Konferenz sprechen sollte. Das hatte ich höflich, aber bestimmt abgelehnt.

In meiner Rede plädierte ich für einen Ausgleich zwischen der westlichen und der islamischen Welt. Ich kritisierte die Kriegs- und Sanktionspolitik des Westens, aber auch die iranische Politik. Und hierbei auch die rhetorischen Ausfälle Ahmadinedschads. Ich sprach über den »schändlichen Mord an Millionen jüdischer Mitmenschen, Mitbürger, Freunde und Nachbarn« – begangen von Deutschen. Niemand habe das Recht, diese traurigen geschichtlichen Fakten in Frage zu stellen. Weder in Deutschland noch im Iran. Eine Konferenz abzuhalten, die den Holocaust gezielt in Frage stelle, sei »eine Schande«.

Ich sagte: »Leider gibt es jene unnötigen und bösartigen antiisraelischen Äußerungen Präsident Ahmadinedschads. Diese aggressive Position, die reich an politischer Torheit und arm an geschichtlicher Einsicht ist, findet jedoch bei der überwiegenden Mehrheit der Iraner keinen Rückhalt.« Ich fände, »dass der Iran eine weltoffenere, tolerantere Regierung verdient hat. Eine Regierung, die die Menschenrechte ohne jede Ausnahme respektiert.« Ich sagte all das in Teheran, in der Höhle des Löwen.

*Spiegel*-Redakteur Dieter Bednarz registrierte in seiner Berichterstattung auf *Spiegel Online* »wachsendes Unbehagen« im Saal. »Todenhöfer muss aufpassen, dass ihn seine Zuhörer nicht zerfleischen.« Doch die Zuhörer blieben erst einmal mucksmäuschenstill. Vielleicht dachten sie, sie seien gerade im falschen Film. Ihr Rektor ließ mich jedenfalls weiterreden, obwohl er zunehmend nervös auf seinem Stuhl hin- und herrutschte.

Ich sprach mich für den Aufbau eines lebensfähigen palästinensischen Staates aus, aber auch »für Sicherheitsgarantien für Israel und für sein Existenzrecht«. Im Nuklearstreit warb ich für direkte Verhandlungen der USA mit der Führung des Iran. Und für eine große KSZE-ähnliche Konferenz für den gesamten Nahen Osten. Ich schloss mit den Worten:

»Ich appelliere an die religiöse Führung des Iran mit den Worten aus Schillers *Don Karlos*: ›Sire, geben Sie Gedankenfreiheit!‹ Geben Sie Ihrem großartigen Land die Freiheit des Denkens und des Glaubens zurück!«

In Deutschland hätte ich für diese Rede vielleicht teilweise Beifall bekommen. Hier jedoch gab es zwar höfliche, aber deutliche Kritik. Was sollten die zukünftigen Diplomaten auch anderes tun? Ahmadinedschad war amtierender Präsident des Landes. Auch das leiseste Kompliment für meine Rede hätte das vorzeitige Ende ihrer Karriere bedeuten können. Ein Jungdiplomat, der seine Karriere offenbar besonders fest im Blick hatte, meinte, nicht die Holocaust-Konferenz sei eine Schande, »sondern meine Rede als Gast dieses Landes«. Eine Studentin allerdings wagte sich nach dem Ende der Diskussion zu mir vor und sagte leise: »Danke, Sie haben sich toll geschlagen. Bitte machen Sie weiter so!«

Erst als der Rektor die Veranstaltung offiziell geschlossen hatte, spürte ich auf Seiten der übrigen Studenten dann doch etwas Herzlichkeit. Hatte ich mein Ziel erreicht und einige der iranischen Jungdiplomaten dazu gebracht, über eine tolerantere Zukunft ihres Landes nachzudenken?

## *Gespräche mit schiitischen Geistlichen*

Meine Gespräche in Ghom, dem religiösen Zentrum des Iran, waren ähnlich direkt. Mehrfach stellte ich den Professoren der Bagher-Al-Olum-Universität die Frage, ob es für ihre Religion nicht schädlich sei, dass sie oberste Leitlinie der iranischen Politik sei. Politik mache oft schmutzige Kompromisse. Genau das aber dürfe eine Religion nicht tun. Letztlich gefährde das iranische System den Islam. Ein paradoxes Ergebnis dieser Staatsform!

Ich hatte gedacht, dass ich für derart ketzerische Aussagen in der Luft zerrissen würde. Das Gegenteil war der Fall. Einige der hochrangigen geistlichen Gelehrten räumten offen ein, dass die Mehrheit der iranischen Mullahs dagegen sei, dass das Land von Geistlichen geführt werde. Die Systemfrage werde in den Kreisen wichtiger Gelehrter und Geistlicher im Iran viel offener diskutiert, als man sich das im Westen vorstelle.

Großayatollah Naser Makarem Schirazi, der laut Bednarz zur »Kaiserklasse« der Großayatollahs gehörte, versuchte ich zu erklären, dass die iranische Führung am weltweiten Misstrauen gegenüber dem Iran nicht schuldlos sei. Auch wegen der ständigen Provokationen von Präsident Ahmadinedschad. Schirazi schaute mich nachdenklich an. Dann nickte er: »Sie haben leider recht. Ich werde mit Chamenei, dem Obersten Führer des Iran, darüber sprechen.« Auch das ist Iran.

Weniger offen war Großayatollah Abdollah Dschawadi-Amoli. Ich traf ihn in seinem Haus. Als ich die Provokationen Ahmadinedschads mit den Auswirkungen von Bin Ladens Terrorismus auf das Bild des Islam verglich, gab er seinem großen TV-Team ein Zeichen, alle TV-Kameras, Scheinwerfer und Mikrofone auszuschalten. Grußlos verließ er den Raum. Meine Direktheit fand er unangemessen. Vielleicht hatte er recht. Auch das ist Iran.

In der größten Moschee Teherans besuchte ich mit vielen tausend Gläubigen das Freitagsgebet. Da ich nicht Farsi spreche, versank ich schnell in tiefer Meditation. Ich wurde erst wieder hellwach, als der Imam seine Predigt routinemäßig mit den Worten schloss: »Tod Amerika, Tod England, Tod Israel!« Ich fragte meinen iranischen Begleiter, warum der Iran diese an politischer Torheit nicht zu überbietende Revolutionsparole nicht endlich auf den Müllhalden der Geschichte deponiere. Resigniert schüttelte er den Kopf. »Das haben schon viele versucht. Selbst Präsident Rohani. Sie sind alle an Chamenei gescheitert. Der Mann ist ein Betonkopf.«

### *Kontaktvermittlung zu den USA?*

Ich hätte es dem iranischen Botschafter in Berlin nicht übel nehmen können, wenn er nach meiner Rede an der Diplomatenschule seine Kontakte zu mir eingestellt hätte. Er hatte mit Sicherheit Ärger mit seinen Vorgesetzten bekommen. Doch das totale Gegenteil geschah. Ein Jahr später stellte er mir einen hochrangigen Vertreter der iranischen Führung vor, der eine überraschende Bitte hatte. Er fragte, ob ich mithelfen könne, die nicht mehr existierenden Beziehungen zu den USA wiederherzustellen.

Seit dreißig Jahren gab es keine direkten bilateralen politischen Kontakte, keinen direkten Gesprächskanal mehr zwischen den USA und dem Iran. Weder offiziell noch inoffiziell. Man bekämpfte sich auf allen Ebenen, sprach aber nicht mehr persönlich miteinander. Was für eine absurde, aber auch gefährliche Situation! Angeblich wünschte sich auch Obama seit Beginn seiner Amtszeit im Jahr 2009 einen funktionierenden Gesprächskanal zur iranischen Führung. Doch auch er fand keinen Weg, die absurde Lage geräuschlos zu beenden.

Doch die iranische Führung wollte angeblich nicht nur den Zustand der Sprachlosigkeit beenden, sie wollte mehr. Sie wollte »Frieden mit den USA«. Die Frage des iranischen Gesandten lautete wörtlich: »Können Sie oder Ihre Freunde in der Bundesregierung uns einen Kontakt zum Weißen Haus herstellen?« Die harte Rede an der iranischen Diplomatenschule hatte mir bei der iranischen Führung offenbar nicht geschadet, sondern Respekt verschafft.

### *Das iranische Angebot*

Die Iraner wollten dem Weißen Haus fünf Punkte übermitteln, die in allen Details mit Präsident Ahmadinedschad und dem Obersten Führer Chamenei abgestimmt waren. Sie lauteten stichwortartig:

1. Wir wollen Frieden mit den USA.
2. Wir sind zu einem vertraulichen bilateralen Vertrag mit den USA bereit, in dem wir ausdrücklich auf Atomwaffen verzichten – falls die USA uns die zivile Nutzung der Kernenergie garantieren. Zur Vertrauensbildung würde der Iran sein niedrig angereichertes Uran den USA übergeben. Diese würden dem Iran dann – für medizinische Zwecke – auf zwanzig Prozent angereichertes Uran zur Verfügung stellen. Die umstrittene Urananreicherung auf zwanzig Prozent könnte in den USA stattfinden (»fuel exchange«).
3. Wir sind zur Teilung unseres politischen Einflusses in der Region bereit. Die USA sollten im Gegenzug den Iran als Regionalmacht anerkennen.
4. Wir sind bereit, die USA bei der Lösung des Afghanistan- und des Irakkonflikts zu unterstützen.

5. Wir sind bereit zur Unterstützung der USA im Kampf gegen den Terror und gegen Bin Laden persönlich. Die gemeinsame Ausschaltung Bin Ladens sei ein lösbares Problem.

Als ich beim fünften Punkt besonders stutzte, bekam ich zur Antwort: »Wir wissen zwar nicht, wo Bin Laden ist. Doch wir kennen Leute, die das wissen.«

Falls die USA aus innenpolitischen Gründen in der Anfangsphase nicht direkt mit dem Iran verhandeln wollten, könne sich die iranische Führung auch einen deutschen Vermittler vorstellen. Jemanden wie Bundesfinanzminister Wolfgang Schäuble. Der sei bekanntlich ein enger Freund der USA und schon deshalb unverdächtig.

Wenn der Iran diese fünf Punkte ernst meinte, waren sie eine politische Sensation. Im Kern bot der Iran den USA eine ähnlich enge strategische Partnerschaft an, wie sie zu Zeiten des Schahs bestanden hatte. Nur das Thema Israel, zu dem der Iran zu Zeiten des Schahs ein relativ entspanntes Verhältnis hatte, fehlte. Es war dennoch ein Hammer-Angebot. Ich hatte zwar nach wie vor ein distanziertes Verhältnis zum iranischen Regime. Doch die Nuklearfrage war eine tickende Zeitbombe. Schon deshalb waren direkte Kontakte zwischen den USA und dem Iran lebenswichtig.

Ich nahm sofort Kontakt zu Bundesfinanzminister Schäuble auf. Er fand die Idee, den Iranern einen Kontakt zum Weißen Haus herzustellen, uneingeschränkt gut. Er schaltete die Bundeskanzlerin ein. Auch sie war einverstanden, dass ich der amerikanischen Führung die Botschaft der Iraner überbrachte. Schäuble bot mir zwei Kontakte an: den amerikanischen Verteidigungsminister Robert Gates oder den Chefkoordinator der sechzehn US-Geheimdienste Admiral Dennis Blair. Ich könne frei entscheiden. Ich entschied mich für Blair. Angeblich hatte er den direktesten Zugang zu Präsident Obama.

Die Termine in den USA machte die Bundesregierung. Wenige Monate später, im April 2010, saß ich dem Koordinator aller US-Geheimdienste, Admiral Blair, gegenüber. An einem Ort, den ich auf keiner Straßenkarte Washingtons fand. Blair fragte mich mehrfach, ob ich den Iranern wirklich glaubte. Ich erwiderte, alles, was im Interesse des Iran liege, sei glaubhaft, alles andere nicht. Alle fünf Punkte lägen im Interesse des Iran. Das könne man relativ leicht testen.

Das Gespräch war nicht ganz einfach, weil Blair einen hochrangigen, aber aggressiven Geheimdienstler an seiner Seite hatte, der immer wieder mit dem Satz dazwischengrätschte, alle Iraner seien Lügner. Er hasste den Iran. Mir half, dass Blair von meiner rebellischen Rede an der Diplomatenschule in Teheran wusste. Amerikanische Geheimdienste wissen viel. Nach einer sehr lebhaften und kontroversen Stunde verabschiedete ich mich mit den Worten: »Meine Notizen sind ein ›Nicht-Papier‹. Beide Seiten können seine Existenz, seine Legitimation und seine Kenntnis jederzeit bestreiten. Ich werde sie jetzt einfach hier vergessen. Ich verlasse mich darauf, dass sie irgendwann auf dem Schreibtisch von Präsident Obama liegen.«

## *Der späte »Erfolg«*

War die Reise, die ich wie immer aus eigener Tasche bezahlt hatte, erfolgreich? Zumindest nicht sofort. In den USA gab es weiter massive Widerstände gegen jeden Kontakt mit dem Iran. 2012 allerdings berichtete die *New York Times* über erste vertrauliche Kontakte zwischen den beiden Ländern. Die Meldung wurde sofort dementiert. In den USA waren Präsidentschaftswahlen. Mit dem Thema Iran konnte man in Amerika keine Wahlen gewinnen. Erst im Frühjahr 2013 gab es im Oman hochrangige Kontakte zwischen den USA und dem Iran. Man sprach endlich wieder bilateral und direkt miteinander. Zu offiziellen diplomatischen Beziehungen kam es allerdings auch damals nicht.

Bestimmt hatten sich auch andere für die Wiederaufnahme

von Kontakten zwischen den USA und dem Iran eingesetzt. Wichtig war: Der Weg für einen Vertrag über das iranische Atomprogramm war frei. Egal, wer sich dafür eingesetzt hatte. 2015 konnte dieser Vertrag nach jahrelangen erfolglosen Verhandlungen endlich unterschrieben werden. Er war ein Meilenstein im Ringen um die Nichtverbreitung nuklearer Waffen. Leider störte der Vertrag Donald Trumps Denken in Feindbildern. Er zog die USA 2018 einfach aus dem Vertrag zurück.

Der Iran war ab da wieder das »Reich des Bösen«, das man hemmungslos mit neuen Sanktionen belegen konnte. Er diente rechten US-Politikern wieder als »Hau den Lukas«. Alles fing wieder von vorne an. Wer Frieden will, muss dicke Bretter bohren.

Der Iran ist nicht das Reich des Bösen. So wie Israel trotz seiner schlimmen Fehler im Palästinakonflikt nicht das Reich des Bösen ist. Ich schreibe diese Zeilen während des dramatischen militärischen Konflikts zwischen Israel und dem Iran im November 2024. Der Konflikt zwischen Israel und der gesamten muslimischen Welt ist militärisch nicht lösbar. Nur Verhandlungen im Stile der KSZE (Konferenz für Sicherheit und Zusammenarbeit in Europa) für den gesamten Nahen Osten könnten die verhärteten Fronten aufweichen. Hierzu müssten beide Seiten fundamental umdenken. Vor allem die USA, die Israel letztlich als Vorhut ihrer Großmachtpolitik im Mittleren Osten missbrauchen.

### *Der Iran wird reaktionärer*

Nach dem Sturz des demokratisch gewählten Premierministers Mossadegh im Jahr 1953 war der Iran nie mehr ein freiheitliches Land. Nicht nur Schah Reza Pahlavi herrschte mit Hilfe seines Inlandsgeheimdienstes Savak autoritär und brutal. Auch Revolutionsführer Khomeini und sein Nachfolger Chamenei gingen gegen Kritiker rigoros vor. Nur während der Präsidentschaft von Reformern wie Mohammad Chatami oder Hassan Rohani lockerte das Regime zeitweise die Zügel.

Allerdings verschlechterte sich die wirtschaftliche Lage des Iran von Tag zu Tag. Der Mehrheit der iranischen Bevölkerung war klar, dass das viel mit den Sanktionen der USA zu tun hatte. Doch es gab immer mehr Iraner, die jede Regierung akzeptiert hätten, die eine Aufhebung der verfluchten Sanktionen erreicht hätte. Wer Hunger hat, ist irgendwann nicht mehr wählerisch. Die Mehrheit des iranischen Volkes war und ist frustriert. Insoweit hatten die amerikanischen Sanktionen ihr Ziel erreicht.

Junge Iraner, die 2020 in Teheran an einer Bank anstanden, um ihr Geld abzuheben, sagten mir lachend, am liebsten hätten sie den Schah zurück. Oder genauer dessen Sohn, Reza Pahlavi. Dann gebe es für ihre Kinder endlich wieder etwas zu essen. Dass dadurch auch die CIA an die Macht komme, sei ihnen völlig egal. Das sei ein Luxusproblem. Viele Iraner wollen inzwischen den Sohn des Schahs an der Macht sehen. Er ist auch der Favorit von Netanjahu, der ihn 2023 nach Israel einlud und empfing.

Dem obersten Führer des Iran Chamenei musste klar sein, dass die Stimmung im Land durch die wachsenden wirtschaftlichen Probleme immer labiler wurde. Er musste damit rechnen, dass es irgendwann wieder zu massiven Unruhen kommen würde. Auch weil die iranische Führung die großen Versprechen der Revolution nicht eingelöst hatte. Und weil sie den Kontakt zum iranischen Volk weitgehend verloren hatte.

Die einzige Chance des Regimes besteht in mutigen politischen, gesellschaftlichen und wirtschaftlichen Reformen:

- In einer kühnen Verfassungsreform auf der Basis der iranischen Kultur, die dem Volk und vor allem den Frauen viel mehr Rechte gibt.
- In überzeugenden wirtschaftspolitischen Perspektiven auch in Zeiten westlicher Sanktionen. Zum Beispiel durch Arbeitsbeschaffungsprogramme – auch für Frauen.

- In klugen Versuchen, das Verhältnis zu den USA doch wieder zu normalisieren. Das hatte ja schon einmal ansatzweise funktioniert.
- Und selbstverständlich auch, wie bereits erwähnt, in dem Versuch, eine vernünftige Form des Zusammenlebens mit Israel zu finden – ohne die Palästinenser zu verraten. Zum Beispiel durch das Angebot eines »Gewaltverzichtsvertrags« mit Israel. Der Vorschlag setzte nicht einmal die offizielle Anerkennung Israels voraus. Aber er würde das Verhältnis zwischen dem Iran und Israel entkrampfen, entspannen. Ich weiß, dass Israel im Iran und der Iran in Israel Tabuthemen sind. Aber große Politiker wagen sich auch an Tabuthemen heran.

Sicher gibt es noch klügere Reformvorschläge. Wer sie hat, sollte sie vorlegen. Die größte Gefahr für den Iran ist der totale politische, gesellschaftliche und wirtschaftliche Stillstand, den die Mehrheit der Bevölkerung immer mehr als Rückschritt, als Abstieg, als Niedergang empfindet. Doch statt mutige Reformen zu wagen, entschied sich das iranische Regime für eine noch ruppigere, repressivere und volksfernere Politik.

### *Der Tod von Mahsa Amini*

Der Funke, der im September 2022 zu explosionsartigen Protesten im gesamten Iran führte, war der Tod der zweiundzwanzigjährigen Kurdin Mahsa Amini auf einer Polizeiwache in Teheran. Mahsa war festgenommen worden, weil ihr Kopftuch nicht richtig saß. Die genauen Todesumstände sind bis heute nicht aufgeklärt.

In Teheran oder Isfahan saßen die Kopftücher vieler junger Frauen schon seit Jahren nicht mehr ganz vorne, sondern weit hinten – wenn sie überhaupt noch ein Kopftuch trugen. Das Nichttragen des Kopftuches störte in der Regel niemanden mehr. Wenn ausnahmsweise ein strenger Sittenwächter den Sitz des Hijab beanstandete, zogen die jungen Frauen ihr Kopftuch nach vorne, um es hinter der nächsten Straßenkreuzung wieder nach hinten zu ziehen. In achtzehn Jahren habe ich auf zehn Reisen nicht ein einziges Mal erlebt, dass eine Frau wegen ihres angeblich falsch sitzenden Kopftuchs belästigt wurde.

Die Kritik drittrangiger Funktionäre an Mahsa Aminis Kopftuch und ihr anschließender Tod auf einer Polizeiwache waren im krisengeschüttelten Iran ein staatlicher Missgriff zu viel. Hunderttausende gingen auf die Straßen des Landes. Angeführt von jungen Iranerinnen. Ich wäre bei einem derartig tragischen Ereignis wahrscheinlich auch auf die Straße gegangen. Beim Tod des Afroamerikaners George Floyd durch einen brutalen US-Polizisten habe ich das in München auch getan. Zusammen mit Zehntausenden jungen Münchnern. Ich war einer der Redner.

Die jungen Iranerinnen und Iraner mussten auf die Straße. Dass sich auch Schlägertrupps unter die Demonstranten mischten, war irrelevant. Das geschah und geschieht auch bei Großdemonstrationen in Deutschland. Aber die Emotion, die Wut waren echt. Egal, wie es zu Aminis Tod auf der Polizeiwache gekommen war. Das falsche Tragen eines Kopftuches ist kein legitimer Grund, ein junges Mädchen in einem der stolzesten Kulturstaaten der Welt auf eine Polizeiwache zu schleppen.

Noch illegitimer war die Überreaktion des Regimes, das erbarmungslos auf die Demonstranten einschlug. Die »Iranische Republik« prügelte sich ins Unrecht – selbst wenn Aminis Tod auf der Polizeiwache auf Vorerkrankungen zurückzuführen wäre. Über dreihundert Demonstranten starben, unzählige wurden festgenommen. Es kam zu Hinrichtungen. Das war total inakzeptabel. Auch dass achtundsechzig Sicherheitskräfte starben.

## *Wie sich der Schwerpunkt meiner Reise verschob*

Im Westen gingen die üblichen »Experten«, von denen die meisten noch nie im Iran waren, davon aus, dass das Regime den Aufstand der Straße nicht überleben werde. Zu machtvoll waren die Demonstrationen. Wie immer wollte ich das vor Ort recherchieren. Die iranische Botschaft, deren Visum ich brauchte, war von meinen Reiseplänen nicht begeistert. Trotzdem bat ich sie um Termine mit dem iranischen Außenminister, mit Vizepräsident Mohsen Rezai und mit Ali Akbar Velayati, dem persönlichen Berater des Obersten Führers Chamenei.

Das Auswärtige Amt hatte wieder einmal seine üblichen Reisewarnungen ausgesprochen. Allen Deutschen war geraten worden, das Land zu verlassen. Auch ich wurde von mehreren Seiten gebeten, auf die Reise zu verzichten. Angeblich bestand die Gefahr, als Geisel festgenommen zu werden. Aber derartige Warnungen war ich gewohnt. Sie waren immer falsch gewesen.

In Deutschland sprach ich mit mehreren ausgewiesenen Iran-Kennern. Zum Beispiel mit der Fernsehjournalistin Natalie Amiri, die ich aus Teheran kannte. Sie bat mich, mich in Teheran für die zwanzigjährige Tochter der Menschenrechtsaktivistin und Trägerin des Alternativen Nobelpreises Nasrin Sotudeh einzusetzen. Sie war während eines Hungerstreiks ihrer Mutter kurz festgenommen worden. Dabei hatte man ihr den Pass abgenommen. Nasrin Sotudeh selbst war 2019 zu dreiunddreißig Jahren Haft verurteilt worden, von denen sie mindestens zwölf Jahre absitzen sollte. Das Revolutionsgericht, das sie auch noch zu hundertachtundvierzig Peitschenhieben verurteilt hatte, warf ihr »Störung der öffentlichen Ordnung«, Beleidigung des Obersten Führers, »Spionage« und »Schüren von Prostitution« vor.

Ich versprach Natalie Amiri, alles in meiner Macht Stehende zu tun. Viel sei das allerdings nicht. Als sich noch zwei weitere enge Freunde für Nasrin Sotudeh einsetzten, spürte ich, dass sich in meinem Kopf der Schwerpunkt der Reise verschob. Nasrin Sotudeh, diese Frau, die nie Angst gehabt hatte, sich für die Rechte der Schwachen mit den Mächtigen ihres Landes anzulegen, faszinierte mich. Sie war eine der wichtigen Vorkämpferinnen für die Rechte der iranischen Frauen.

Ich packte meine Sachen. Unter ihnen war ein gerolltes, dünnes Transparent, auf das ich – sicherheitshalber erst in Teheran – schreiben wollte: »Liebe iranische Regierung, bitte behandelt eure Bevölkerung so, wie ihr selbst behandelt werden wollt!« Es gab keinen Grund, das, was ich in Israel gefordert hatte, nicht auch im Iran zu fordern. Am Vorabend meiner Abreise sah ich auf einem amerikanischen TV-Sender eine Übertragung der Proteste auf den Straßen von Teheran. Die Demonstrationen gingen offenbar weiter. Ich sah Spruchbänder und Wasserwerfer und hörte Schüsse! Das sah ziemlich wild aus.

### *Teheran, die Zehnte*

Am 19. Dezember 2022 landeten Frédéric und ich spätabends auf dem Flughafen von Teheran. Wie üblich gab ich meine Ankunft auf meinen Social-Media-Kanälen bekannt. Das Verheimlichen meiner Reise hätte man mir vorgeworfen. Die Welt ist klein. Ich schrieb, dass wir mit den »Menschen vor Ort« sprechen wollten. Mit »Studenten und mit Vertretern der Regierung«. Also wie üblich mit beiden Seiten.

Bereits am nächsten Tag führte ich in Teheran erste Gespräche. Mit dem iranischen Außenminister und in einem stylischen Café mit jungen Iranerinnen. Einige mit Kopftuch, einige ohne. Auf meinen Social-Media-Kanälen schrieb ich zu dem konstruktiven Gespräch mit dem Außenminister: »Setzte mich intensiv für die Rechte der Frauen ein. Das sollte Baerbock auch tun. Im direkten Dialog könnte sie für Irans Frauen viel mehr erreichen.« Über die jungen Iranerinnen schrieb ich: »Tolle, starke Frauen! Sie werden sich durchsetzen.« Klarer konnte ich gleich zu Beginn meiner Reise nicht Position beziehen. Vor allem, wenn ich für Nasrin Sotudeh etwas erreichen wollte. Eigentlich war ich mit meiner öffentlichen These, die starken Frauen würden sich durchsetzen, taktisch schon fast zu weit gegangen.

Richtig Ärger bekam ich jedoch von ganz anderer Seite. Von einem der bekanntesten Gesichter der iranischen Revolution, dem iranischen Fußballnationalspieler Ali Karimi. Er hatte einst für den FC Bayern München gespielt. Im zentralen Mittelfeld. Wegen seines fast körperlosen eleganten Spiels war ich großer Fan von ihm. Ich ärgerte mich damals, dass er meist nur Einwechselspieler war. Als er einmal wegen einer Verletzung lange ausfiel, litt ich fast physisch mit ihm. Wie ein richtiger Fan eben.

Karimi reagierte aus dem sicheren Ausland auf meinen Kommentar mit einer Serie von Unwahrheiten und Beleidigungen, die ich diesem fairen Sportler nie zugetraut hätte. Er schrieb unter meinem Foto: »Dieser Hurensohn ist ein berühmter deutscher Journalist. Die Mullahs haben ihm Geld gegeben, und er ist mit seinem Sohn in den Iran gereist und hat am Flughafen ein Foto gemacht, um zu zeigen, dass der Iran doch sicher ist. Er hat auch mit dem Minister gesprochen und ein paar scheiß Regime-Anhänger in einer Reihe aufgestellt, um sie als angeblich normale Bürger zu interviewen und das zu veröffentlichen. Schreibt unter seinen ersten Post Kommentare auf Englisch und reportet und blockiert seinen Account mit der Option ›false information‹, damit die Welt sieht, dass er lügt. Bis heute Abend muss dieser Account geschlossen sein.«

So weit mein einstiger Lieblingsspieler beim FC Bayern, mein Symbol für Fairness. Und das als Antwort auf einen Post, in dem ich mich für die Rechte der iranischen Frauen eingesetzt und geschrieben hatte, dass »die tollen, starken Iranerinnen sich durchsetzen werden«. Nirgendwo hatten Frédéric und ich irgendwelche »Regime-Anhänger zum Interviewen in einer Reihe aufgestellt«. Und der Politiker, der es wagen würde, mir Geld anzubieten, musste erst noch geboren werden.

Karimis Aufforderung war – zumindest aus seiner Sicht – ein »Erfolg«. Ich erhielt auf meiner Seite innerhalb kürzester Zeit über hundertzwanzigtausend Kommentare. Die meisten waren hasserfüllt und hämisch. Frédéric saß bis vier Uhr morgens am Computer, um noch Schlimmeres zu verhindern. Mehrfach musste er meine Kommentarfunktion auf Instagram ausschalten. Mit derartig hasserfülltem Schwachsinn konnte ich leben. Frédéric auch. Das war der Preis, den ich ständig zahlen musste. Seit Jahrzehnten.

Schwieriger zu akzeptieren waren die zahllosen Gewaltandrohungen bis hin zu konkreten Morddrohungen, die Karimi provoziert hatte. Morddrohungen auch gegen meine Familie. Man werde uns aufspüren und versprach uns ausdrücklich den Tod. Frédéric und ich seien auch im Iran nicht mehr sicher. Meiner Frau und meinen Töchtern drohte man »Vergewaltigungen« an. Ich musste mehrere Telefonate mit meiner Familie führen, um sie zu beruhigen. Nicht jedes Familienmitglied war bereit, mit seinen minderjährigen Kindern unter Morddrohungen einfach weiter durch die Straßen von München zu spazieren.

Die Tränen meiner Töchter nehme ich Karimi sehr übel. Ich schreibe hier bewusst nicht, was ich über diesen Mann denke. Ich bin gegen meinen Ex-Lieblingsspieler auch nicht juristisch vorgegangen. Obwohl es leicht gewesen wäre. Sein Satz »Die Mullahs haben ihm Geld gegeben« wäre für ihn richtig teuer geworden. Besonders in den USA, wo er angeblich um politisches Asyl gebeten hatte, weil er Morddrohungen erhalte. Wenn das ein Fluchtgrund wäre, müsste ich alle paar Wochen in einem anderen Land um politisches Asyl bitten.

Wenn Karimi noch der faire Sportsmann von früher wäre, hätte er sich irgendwann bei mir entschuldigt. Zumindest für die Tränen meiner Kinder. Vor allem, als er oder seine Leute erfuhren, dass das Hauptthema meiner Gespräche im Iran die Freiheit einer iranischen Menschenrechtlerin war, die anders als Karimi nirgendwohin fliehen konnte. Karimi hat sich nie für sein böses Foul an meiner gesamten Familie entschuldigt, obwohl ich eine seiner engsten Bekannten über die schlimmen Folgen seiner Internethetze informiert hatte.

Ein deutscher Bundespräsident kann sich um derartige Kleinigkeiten nicht kümmern. Obwohl ich alle Karimi-Fans noch am 21. Dezember öffentlich aufgefordert hatte, auf weitere Morddrohungen gegen meine Familie zu verzichten, empfing der deutsche Bundespräsident Steinmeier Ali Karimi am 22. Dezember im Schloss Bellevue in Berlin. Ein Bundespräsident muss nicht alles über seine Gäste wissen. Auch seine zweihundertvierzig Mitarbeiterinnen und Mitarbeiter nicht. Oder doch, Herr Bundespräsident?

## *Plädoyer für Nasrin Sotudeh*

Meine Tage in Teheran waren angefüllt mit politischen Gesprächen. Die Weihnachtsfeier mit unserer Familie fiel für uns wieder mal aus. Ich versuchte, drei Botschaften in die Köpfe meiner iranischen Gesprächspartner zu hämmern – vor allem wenn sie zur Führung des Landes gehörten:

1. Stellt euch an die Spitze der gesellschaftlichen Proteste! Wagt kühne Reformen im Bereich der Frauenrechte! Wer sich gegen die Gleichberechtigung der Frauen stellt, kann sich nicht auf Prophet Mohammed berufen. Der Prophet kämpfte für mehr Frauenrechte, nicht für weniger.
2. Versucht bei den Nuklearverhandlungen weiter konstruktiv zu sein! Das war eine nicht unproblematische Forderung. Schließlich waren die USA rechtswidrig aus dem Nukleardeal ausgestiegen.
3. Lasst Nasrin Sotudeh frei! Sie hat nie Gewalt angewendet. Ihre Freilassung oder Begnadigung nach meinen Gesprächen mit euch wäre der Beweis dafür, dass Verhandlungen mit der iranischen Führung weiter Sinn machen.

Die Diskussion über Sotudeh dauerte nun jedes Mal länger. Sie wurde zum symbolischen zentralen Thema meiner Gespräche. Meine iranischen Gesprächspartner argumentierten, Sotudeh liebe es zu provozieren. Sie fordere selbst während ihres jetzigen krankheitsbedingten Hafturlaubs immer wieder den Sturz des Systems. Ihr mache der Kampf mit der iranischen Führung Spaß. Dadurch sei sie ja erst berühmt geworden. Das mache die von mir geforderte Begnadigung sehr schwer.

Außerdem waren der Berater Chameneis Velayati und Vizepräsident Rezai erstaunt, dass ich mich so leidenschaftlich für die neunundfünfzigjährige iranische Rechtsanwältin einsetzte. Und dass ich, immer wenn sie versuchten, das Thema zu wechseln, ziemlich schnell wieder auf den Fall Sotudeh zurückkam. Sie fragten, für wen ich das alles tue. »In wessen Auftrag« ich handele.

Meine Antwort war: »Ich mache das für Nasrin Sotudeh, obwohl ich sie persönlich gar nicht kenne. Aber auch für den Iran. Ich will zeigen, dass faire Verhandlungen mehr bringen als Konfrontation und Sanktionen.« Am Ende versprachen mir sowohl Chameneis Berater Velayati wie der einst so radikale Vizepräsident Rezai, sich für Sotudeh einzusetzen.

Rezai ging sogar noch weiter. Er ließ sich in meinem Beisein telefonisch mit dem iranischen Generalstaatsanwalt Mohammed Dschafar Montaseri verbinden, besprach den Fall ausführlich mit ihm und bat ihn, ihm unverzüglich die Akten vorzulegen. Abdolvahid Afsari, ein junger Diplomat aus der iranischen Botschaft in Berlin, der uns bei offiziellen Terminen begleitete, kam aus dem Staunen nicht heraus.

»Das gibt es nicht!«, sagte er immer wieder, »das ist eine Sensation.«

Afsari besuchte auf meine Bitte in den Tagen nach unseren Gesprächen sogar mehrfach den Sohn Velayatis und Mitglieder der Familie Rezais, um sicherzustellen, dass deren Väter am Ball blieben. Eigentlich versuchten alle, die ich um Unterstützung gebeten hatte, ernsthaft zu helfen.

Trotzdem war mir klar, dass am Ende Chamenei jede Entscheidung zugunsten von Sotudeh abnicken musste. Und leider war der Oberste Führer gegenüber Regimegegnern meist unerbittlich.

In diesen Tagen schwierigster Gespräche für eine tapfere iranische Menschenrechtlerin schossen die Fans von Ali Karimi weiter aus allen Rohren auf mich. Selbstverständlich wurde das im Iran genau verfolgt. Ich bekam eine Morddrohung nach der anderen. Ich drücke mich sehr zurückhaltend aus, wenn ich sage, dass die Kampagne Ali Karimis und die Tatsache, dass er anschließend vom deutschen Bundespräsidenten empfangen wurde, meine Versuche, Nasrin Sotudeh zu helfen, kräftig erschwert haben.

### *Was war wichtiger: Protest gegen das System oder Einsatz für eine Bürgerrechtlerin?*

In meinem Koffer lag noch immer das unbeschriftete Plakat, mit dem ich die Führung des Iran auffordern wollte, ihre eigenen Bürger so zu behandeln, wie sie selbst behandelt werden wollten. Ich war nach wie vor entsetzt über die gnadenlose Niederschlagung der Demonstrationen der letzten Wochen durch die iranische Regierung. Ich war wütend auf die Massenverhaftungen und noch wütender auf die Todesurteile. Gerade weil ich fand, dass der Iran ein großartiges Land ist, mit tollen Menschen und einer grandiosen Geschichte.

Für mich war diese Brutalität uniranisch. Ich habe das meinen Gesprächspartnern im Iran mehrfach gesagt. Für mich hat jede Regierung dieser Welt ihrem Volk zu dienen und nicht umgekehrt. Führende iranische Gelehrte sahen das offenbar ähnlich. Sie kritisierten das rabiate Vorgehen der iranischen Führung teilweise hart und offen.

Mein ursprünglicher Plan war gewesen, mit dem noch zu beschriftenden Protestplakat an einer Demonstration iranischer Studenten teilzunehmen. So wie in München beim Tod des farbigen Amerikaners George Floyd. Doch während meines Besuchs in Teheran Ende Dezember gab es trotz angeblicher »Live-Übertragungen« westlicher Fernsehsender zumindest in Teheran gar keine Demonstrationen mehr. Zeigten einige große westliche TV-Sender altes Material?

Ich dachte trotzdem nach wie vor darüber nach, mich mit meinem Plakat vor ein Regierungsgebäude zu stellen oder an den Eingang des Hauptbazars von Teheran. Von dort konnte ich über meine verschiedenen sozialen Kanäle erklären, warum gerade ein Freund des iranischen Volkes mit der blutigen Niederschlagung der Demonstrationen nicht einverstanden sein konnte. Außerdem war – zum Entsetzen meines diplomatischen Begleiters Afsari – noch immer eine Rede an der Universität von Teheran geplant. Im Text dieser Rede setzte ich mich – wie damals an der iranischen Diplomatenschule – hart, aber fair mit der iranischen Politik auseinander. Alles war bis ins letzte Detail ausgearbeitet. Afsari ahnte, dass da großer Ärger auf ihn zukam.

Was tun? Lauter Protest gegen die iranische Führung oder leises Werben für eine absurd hart bestrafte Menschenrechtlerin? Ich telefonierte mit zwei Freunden in Deutschland und fragte, was sie an meiner Stelle machen würden: spektakulär öffentlich protestieren oder ganz unspektakulär weiter für Nasrin Sotudeh eintreten?

Beide antworteten fast wörtlich das Gleiche: »Wenn du dich mit deinem Plakat in Teheran an eine belebte Stelle stellst, bist du ein Held. Weil du an die iranische Führung die gleichen Maßstäbe anlegst wie an die israelische Führung. Je härter die iranischen Behörden reagieren, desto mehr Beifall wirst du in Deutschland bekommen. Bei Sotudeh hast du keine Garantie, dass die Frau nach deiner Abreise nicht sofort wieder eingesperrt wird. Was ist, wenn sie dich einfach nur an der Nase herumführen?«

Auch die ARD-Jounalistin Natalie Amiri, durch die ich überhaupt erst vom Schicksal Sotudehs erfahren hatte, war für die harte Tour. Sie meinte, ich würde in Sachen Sotudeh von der iranischen Regierung nur an der Nase herumgeführt. Ich solle meine Universitätsrede halten und richtig draufhauen. Etwas anderes habe dieses Regime nicht verdient.

Lauter Protest oder leise Diplomatie? Gesinnungsethik oder Verantwortungsethik? Es war immer derselbe verfluchte Konflikt. Gesinnungsethiker bekommen fast immer Beifall, Verantwortungsethiker fast nie. Aber war nicht auch der weise Satz aus dem Koran richtig: Wenn du auch nur einen Menschen rettest, so ist es, als hättest du die ganze Menschheit gerettet?

Ich habe meine Entscheidungen nie nach dem zu erwartenden Beifall gerichtet. Mir wurde jeden Tag klarer, was ich zu tun hatte. Als Vizepräsident Rezai vom iranischen Generalstaatsanwalt die Akte Sotudeh anforderte, wusste ich, dass ich gar keine Wahl mehr hatte: Ich musste mich weiter für diese Menschenrechtlerin einsetzen, die ich nicht kannte und die mich nicht kannte. Zurzeit – anderthalb Jahre nach meiner letzten Iranreise – weiß ich nur, dass Nasrin Sotudeh gerade nicht in Haft ist. Aber das kann sich schon morgen wieder ändern. Ich habe keine Ahnung, ob ich zu ihrer Halb-Amnestie auch nur den geringsten Beitrag geleistet habe.

### *Unterwegs in Teheran*

Wie bei all meinen Besuchen in Teheran nutzte ich jede freie Minute, um durch die Straßen, Bazare und Cafés zu ziehen. Unser Begleiter Afsari war bei unseren Streifzügen – oft auf Motorradtaxis – auf meinen Wunsch meist nicht dabei. Ich wollte, dass die Iraner, die ich ansprach, risikolos und frei sprechen konnten. Eigentlich sah in Teheran fast alles wie früher aus. Nur die Geschäfte waren leerer. Die Polizei war in den Straßen kaum, die Armee gar nicht zu sehen. Ein Großteil der jungen Frauen trug auf der Straße kein Kopftuch. In den Cafés, die wir besuchten, war der Hijab sogar die totale Ausnahme. Was erzählten uns bloß die westlichen Politiker und Medien?

In einem der Cafés ging ich zu einem Tisch junger Frauen und fragte, ob ich mich dazusetzen könne. Ich sei aus Deutschland. Klar durfte ich. Nachdem ich kurz erzählt hatte, was ich beruflich machte, und versprach, dass ich ihre Namen nicht nennen würde, fassten die Mädchen schnell Vertrauen. Sie erzählten mir von der verzweifelten wirtschaftlichen Lage, in der der Iran und auch sie sich befanden. Sie sprachen von der Revolution, die es dieses Mal wohl noch nicht schaffen werde, und von ihrer Angst vor den Geheimdiensten. Auf Instagram könnten sie nie wagen, das zu sagen, was sie mir sagten.

## *Angst*

Angst war in jenen Tagen das beherrschende Gefühl der jungen Menschen, mit denen ich sprach. Und ich sprach mit vielen. Alle waren nach einer Weile sehr offen. Aber niemand war bereit, mir auch nur einen Satz in meine Handykamera zu sprechen. Weder bei sich zu Hause noch bei mir im Hotel. Auch nicht, wenn Frédéric oder ich sie von hinten filmen würde. Ohne Kopftuch durch die Straßen zu laufen, galt inzwischen als risikolos, Interviews zu geben aber als lebensgefährlich.

Nach einer »Intensiv-Woche« Iran landeten wir kurz vor Jahresende 2022 wieder in München. Ein Polizeikommando schleuste uns aus dem Flughafen. Niemand sollte uns sehen. Die Morddrohungen hatten sich herumgesprochen. Der Einsatzleiter der Polizei sagte, man habe ein seltsames Telefonat abgefangen. Verrückte gebe es leider überall.

Einer meiner ersten Anrufe in Deutschland galt dem iranischen Botschafter. Ich bat ihn, das Schicksal Nasrin Sotudehs im Auge zu behalten. Notfalls würde ich noch einmal in den Iran fliegen. Ich habe ihn seither immer wieder genervt. Die iranische Führung muss wissen, dass selbst Freunde des Iran nicht zu allem schweigen werden. Schon gar nicht, wenn Nasrin Sotudeh noch einmal ins Gefängnis müsste.

## 28. Kapitel

## Kindersklaverei im Kongo – der Preis des westlichen Lebensstils

Ich war nicht nur oft im Nahen Osten, sondern auch häufig in Afrika unterwegs. Meine Tochter Valérie hatte 2006 in der ostkongolesischen Großstadt Goma monatelang freiwillig Sozialarbeit geleistet. Auf ihre Bitte hin hatte ich später in Goma ein Krankenhaus für HIV-infizierte Kinder sowie zwei Schulen bauen lassen.

Immer wieder hatte mir Valérie vom Krieg um Macht und Rohstoffe erzählt, der im Kongo tobte und der oft nach Goma schwappte. Einem Krieg mit Millionen Toten, der im Westen, der die Rohstoffe günstig kaufte, allerdings niemanden interessierte. Von der harten Kinderarbeit in den umkämpften Kobalt- und Coltanbergwerken des Kongo ganz zu schweigen. Es gibt Länder in unserer Welt, in deren Geschichtsbüchern die Seiten des Glücks leer sind, wie der deutsche Philosoph Hegel gesagt hätte. Der ehemals belgische Kongo, die heutige Demokratische Republik Kongo, ist so ein Land. Man braucht starke Nerven, um auch nur kurz in die Geschichte des Kongo einzutauchen.

Der belgische König Leopold II., der den Kongo bis zu seinem Tod privat besaß, hatte dort Grausamkeiten begangen, die sich nur schwer in Worte fassen lassen. Um möglichst viel aus seinen Gummiplantagen herauszupressen, ließ er Männer, die nicht produktiv genug waren, auspeitschen oder erschießen. Um zu verhindern, dass die teuren Patronen von seinen Soldaten zum Spaß oder auf der Jagd verschossen wurden, mussten diese den Erschossenen die rechte Hand abhacken. Die abgetrennten Hände wurden geräuchert und in Körben gesammelt, die alle paar Wochen von Offizieren abgeholt und mit den verschossenen Patronen abgeglichen wurden. Zehn Millionen Kongolesen ließ Leopold II. massakrieren, um »seinen« Kongo zur »profitabelsten Kolonie Afrikas« zu machen. Belgien wurde reich, der Kongo verblutete. Kolonialismus war ein blutiges Geschäft. Nicht nur für Belgien.

### *Der Krieg um Kobalt und Coltan*

Die kongolesische Tragödie ist bis heute nicht zu Ende. Kolonialismus, Diktatur und Bürgerkrieg haben das Land zu einem der ärmsten der Welt gemacht. Seit den neunziger Jahren kämpfen im Osten des Kongo bewaffnete Gruppen, Söldner und Milizionäre aus aller Welt um Kobalt und Coltan, um Gold und Diamanten.

Das umkämpfte Coltan wird für Handys und Computer verwendet, Kobalt für die Batterien von Elektroautos und E-Bikes. Um preisgünstig an diese Rohstoffe unseres Lifestyles heranzukommen, geht nicht nur die kongolesische Soldateska, sondern die ganze Welt über Leichen. Auch über das Glück von Kindern. Coltan wird nicht zu Unrecht »Blut-Coltan« genannt. Batterien für Elektroautos sind vielleicht umweltfreundlich. Aber sie sind nicht menschenfreundlich und schon gar nicht kinderfreundlich. Sie sind nur außen grün, innen sind sie blutrot.

Die UNO, die die Konflikte im Kongo schlichten sollte, fällt in Goma nur durch große Geländewagen und durch die Spitzengehälter ihrer Mitarbeiter auf. Diese Gehälter erlauben es ihnen, jeden Abend in den teuersten Restaurants von Goma zu speisen.

Valérie hatte mir all das immer wieder erzählt. Doch ich versuchte, das Elend dieses Landes nicht an mich heranzulassen. Ich war so schon täglich mit dem Elend anderer Weltgegenden beschäftigt. Ich war nicht mehr aufnahmefähig. Doch Valérie ließ nicht locker.

### *Die halsbrecherische Fahrt ins Bergdorf Numbi*

Ende Februar 2022 flog ich mit Valérie nach Goma. Von dort aus wollte ich in das Bergdorf Numbi in Süd-Kivu fahren, um eine der Coltanminen zu besuchen, die regelmäßig von Rebellen und Banditen heimgesucht wurden. Hier arbeiteten viele Kinder. Valérie sollte in der Zwischenzeit in Goma die Stellung halten. Falls mir etwas zustoßen sollte.

Ich musste oft in meinem Leben beschwerliche Wege gehen. Wie etwa im Sommer 1980, als ich zu Fuß über den Hindukusch ins sowjetisch besetzte Afghanistan marschierte. Auf Eseln und Kamelen war ich, mit wundem Hinterteil, durch Afrika und Asien gereist. Doch die Fahrt nach Numbi war etwas ganz Besonderes. Nicht, weil ich inzwischen doppelt so alt war wie damals. Wer jeden Tag zwei Stunden Sport treibt und im Winter mit Skiern zweitausendfünfhundert Meter hohe Berge hochläuft, hat konditionell keine Probleme. Die Reise nach Numbi war für mich keine konditionelle Herausforderung. Sie war eine Mutprobe der besonderen Art. Denn die letzten dreißig Kilometer mussten mein Kameramann und ich auf uralten Motorrädern auf einem oft nur zwei Meter breiten, steinig-rutschigen Gebirgspfad zurücklegen. Als Beifahrer. Unseren Piloten gefiel die Strecke. Sie waren rockende Biker, die die Bergtour und ihre Gefahren als gut bezahltes Abenteuer genossen. Uns beiden Stadtmenschen weniger.

Mehrfach mussten wir absteigen und unsere schwer beladenen Motorräder durch tiefe Schlammlöcher ziehen. Zwei Mal stürzten wir übel. Mein schwerer Fahrer und seine noch schwerere Maschine lagen beide Male quer über mir. Mein Biker lachte trotzdem fröhlich. »Auf geht's«, feixte er, während ich versuchte, vorsichtig unter seiner Maschine hervorzukriechen und anschließend den Zustand meiner Knochen zu testen. Zwei Stürze seien das Minimum auf dieser Strecke, meinte er. Richtig gefährlich sei die Strecke nur, wenn ein Wolkenbruch sie in einen reißenden Bach verwandle. Oder wenn bewaffnete Wegelagerer die Strecke sperrten, um Lösegeld zu erpressen. Beides war dieses Mal nicht der Fall. Nach einer dreistündigen Harakirifahrt, die die Belastbarkeit fast all meiner Körperteile auf eine harte Probe stellte, waren wir endlich in der Minenstadt Numbi.

Numbi liegt auf zweitausenddreihundert Metern und sieht etwa so aus, wie man sich eine Minenstadt im Wilden Westen vorstellt. Umgeben von grünen Hügeln, in die der Bergbau große braune Wunden geschlagen hatte. Um deren Rohstoffe gab es regelmäßig blutige Kämpfe. Hier arbeiteten jeden Tag Hunderte Kleinschürfer, um in Schwerstarbeit mit Hacken, Schaufeln und Händen Coltan und andere wertvolle Rohstoffe aus der Erde zu kratzen. Nur an guten Tagen fanden sie Coltan, das unter anderem in den Mikrokondensatoren unserer Handys steckt. An weniger guten fanden sie nur dass zinnhaltige Kassiterit, für das es deutlich weniger Geld gab.

### *Die vierzehnjärige Zipora und die fünfzehnjährige Chance*

In der Morgendämmerung des nächsten Tages brachen wir zu einer der Minen auf. Nach einem einstündigen Aufstieg standen wir vor einem reißenden Gebirgsbach. Um uns herum arbeiteten über hundert Männer, Frauen und Kinder. Wie an jedem anderen Tag versuchten sie, für ein paar Dollar seltene Erze aus der Erde zu holen. Der Gebirgsbach, den sie mehrfach am Tag umleiteten, war ihr Verbündeter. Er spülte die weiche Erde weg und erleichterte den Zugang zu den harten Rohstoffen. Eine schwere und gefährliche Arbeit. Eigentlich war dieser Tagebau illegal. Aber das interessierte niemanden. Hier galten andere Gesetze. Hier herrschten Armut, Geld und Gewalt. Der Abbau von Kobalt und Coltan ist ein schmutziges, menschenverachtendes Geschäft. Die reichsten Menschen der Welt verdienen damit viel Geld. Jeder kennt ihre Namen. Einer von ihnen ist jetzt Berater des US-Präsidenten Trump.

Unter den Minenarbeitern waren viele Kinder. Wie die vierzehnjährige Zipora und die fünfzehnjährige Chance, zwei enge Freundinnen. Ihr Leben ist typisch für alle Kinder, denen ich hier begegnete. Die Geschichte ihrer Armut ist die Geschichte unseres Reichtums. Als ich die beiden kräftigen hübschen Mädchen traf, arbeiteten sie gerade an einem trockengelegten Seitenlauf des Gebirgsflusses. Mit großen Schaufeln schabten sie das Bachbett ab. Knochenarbeit! Immer wenn sie glaubten, etwas Interessantes gefunden zu haben, schippten sie es in ihre Hände und prüften mit ihren Fingern, ob sich im Kiesschlamm die wertvollen Erze Coltan, Wolframit oder sehr selten sogar etwas Gold befanden. Oder das häufiger vorkommende und deshalb auch schlechter bezahlte zinnhaltige Kassiterit.

Zwei Stunden lang erzählten mir Zipora und Chance die Geschichte ihres Lebens – auf zweitausendfünfhundert Metern in den Bergen von Numbi, wenige Kilometer von der Grenze zu Ruanda entfernt. Seit fünf Jahren arbeiteten sie schon in den Coltanminen. Der Vater von Chance sowie ihr jüngerer Bruder waren dabei vor acht Jahren tödlich verunglückt. Ziporas Vater war arbeitslos. Ihre Mütter hatten ein winziges Stück Land gepachtet, um für die Familie wenigstens Kartoffeln, Bohnen und Ähnliches zu ernten. Doch das reichte nicht zum Überleben. Letztlich hatten die zwei kleinen Mädchen ihre Großfamilien zu versorgen.

Spätestens um fünf Uhr morgens mussten sie aufstehen, um rechtzeitig zu ihrer Mine zu kommen. Dort arbeiteten sie bis neun Uhr abends durch. Fast fünfzehn Stunden arbeiteten sie jeden Tag.

Unterbrochen nur von einer kurzen Mittagspause. Eine Frau aus dem Dorf brachte für ein paar Cent etwas zu essen. Meist einen Brei aus Mais, Bohnen und Kartoffeln. Zipora sagte, sie hätte die Pampe nur gegessen, um ihren Magen zu beruhigen. Oft ging der Hunger nicht weg. Abends gab es zu Hause etwas ähnlich Bescheidenes. Fleisch war selten darunter. Allenfalls, wenn sie einmal besonders viel Coltan gefunden hatten. Wenn sie nichts nach Hause brachten, gab es Ärger. Da mogelten die beiden ihren Müttern schon mal etwas vor und erzählten, dass sie die Ausbeute von heute jemandem zur Aufbewahrung gegeben hätten. Aber die Schwindelei flog meistens auf.

An einem normalen Tag verdienten sie zweieinhalb Dollar. Pro Woche waren das etwa fünfzehn Dollar. Für eine Hundertstundenwoche. Sonntags mussten sie ihre Erze waschen und trocknen, bevor sie sie einem Zwischenhändler in Numbi verkaufen konnten. Doch das waren die guten Tage. An schlechten Tagen kamen auch schon mal Rebellen ins Dorf und schossen wild herum. Oder irgendjemand stahl ihnen trickreich ihre Erze. Oder Männer belästigten sie in übelster Weise.

Trotzdem klagten Zipora und Chance nicht über die Minenarbeit. An Regentagen mussten sie ja für noch weniger Geld auf dem Gebirgspfad von Kalungu nach Numbi schwerste Lasten schleppen. Das war noch härter. Auch weil sie häufig ausrutschten – wie wir mit unseren Motorrädern. Zipora und Chance träumten nie den Traum von einem leichten oder gar luxuriösen Leben. Sie träumten davon, in die Schule gehen zu dürfen, lesen und schreiben zu lernen, um dadurch einen Beruf ergreifen zu können, für den man mehr brauchte als nur eine Schaufel.

## *Die Verantwortung der Rohstoffprofiteure*

Zipora und Chance wurden wie all die anderen Kinder, die im Kongo Coltan oder Kobalt abbauen, brutal ausgebeutet. Ich weiß, dass ich nicht die Macht habe, das zu ändern. Aber ich würde schon gerne dabei mithelfen. Vielleicht sollten Männer wie Elon Musk oder Tim Cook einmal in eines der Minendörfer kommen, in denen Coltan oder Kobalt abgebaut wird. Vielleicht könnten sie den Schulunterricht der Kinder in diesen Minendörfern finanzieren. Vielleicht sogar mit Kantinen, in denen sich die Kinder einmal am Tag satt essen können. Vielleicht könnten sie auch mithelfen, die wirtschaftliche Entwicklung der Länder zu fördern, durch deren billige Rohstoffe sie immer reicher werden. Musk ist ein Genie. Er würde bestimmt Wege finden, wie man nicht nur Elektroautos und Weltraumraketen zum Erfolg führt, sondern auch Kinder, die im Schweiße ihres Angesichts die Rohstoffe unseres Lebensstils zu Tage fördern. Das wäre verantwortungsbewusster, als mit dem blutigem Geld aus Kinderarbeit Präsidentschaftswahlkämpfe in den USA zu finanzieren.

### *Hatte auch ich eine Verantwortung?*

Irgendwann griffen Zipora und Chance wieder nach ihren Schaufeln, um weiterzuarbeiten. Konnte ich ihr Problem lösen? Ich sagte ihnen: »Ihr dürft euren Traum vom Schulbesuch nie aufgeben! Ihr müsst abhauen. Wir müssen eine Schule für euch finden.« Die zwei schauten mich mit großen Augen an. Abhauen? Eine Schule finden? Sie glaubten mir kein Wort. Die Welt ist voll nicht eingehaltener Versprechen. Doch Kinderträume muss man erfüllen. Vor allem wenn sie so bescheiden sind. In meinem Kopf ratterte es. Ich hatte eine Idee. Ich sagte den beiden: »Ich habe einen Plan. Ich werde mich melden.« Mit offenem Mund schauten sie uns nach, als wir uns verabschiedeten.

Nach einer noch abenteuerlicheren Rückfahrt mit den Rock-Bikern von Kalungu war ich am nächsten Tag wieder in Goma. Nun hing alles von Valérie und von Hortense ab, der Leiterin unserer Krankenhaus- und Schulprojekte. Ich erzählte den beiden die Geschichte von Zipora und Chance. Konnten sie die zwei Mädchen nicht in ihre Schule aufnehmen, auch wenn ihnen neun Schuljahre fehlten? Kannten sie eine Familie, die die zwei aufnehmen konnte? Zwei fast unlösbare Aufgaben!

Valérie und Hortense merkten, wie wichtig mir das war. Sie machten ein ernstes Gesicht. Dann zogen sie sich zu einem langen Gespräch zurück. Erst nach Stunden kamen sie zurück. Stolz sagten sie: »Wir lösen das Problem. Dafür hast du doch die Schulen gebaut.« Ich hatte große Mühe zu verbergen, dass mir Tränen in die Augen schossen. Ich biss mir auf die Zähne. Ich wusste, was diese Aussage für Zipora und Chance bedeutete.

Drei Monate später zogen Zipora und Chance bei Hortense in Goma ein. Heute sind sie wahrscheinlich die zwei glücklichsten Schulmädchen von Goma. Auch für ihre Mütter, denen nun zwei wertvolle Arbeitskräfte fehlten, fanden wir eine Lösung. Muss ich betonen, dass die zwei kleinen Mädchen inzwischen an Wunder glauben? Lachend, albernd und kichernd riefen mich Zipora und Chance Ende 2023 über Skype in München an. Sie wollten mir zeigen, dass sie schon nach wenigen Monaten Französisch und Kongolesisch lesen und schreiben konnten. Dann sangen sie fröhlich »You raise me up« von Josh Groban. Sie waren unendlich glücklich. Mission accomplished! Die Träume von Kindern muss man erfüllen, wenn man die Möglichkeit dazu hat. Und die hatte das Leben mir reichlich geschenkt.

## 29. Kapitel

## Russland–Ukraine: noch so ein irrer Krieg?

März 2022. Als ich, kurz nach dem Angriff Russlands auf die Ukraine, von München nach Kiew fuhr, war das Schwierigste die Zugfahrt an die ukrainische Grenze. Weil ich neben einem kleinen Koffer mit Privatsachen noch zwei große Koffer mit Medikamenten mitschleppte. Dreimal umsteigen mit einer kaputten Schulter und drei Koffern, das war eine Herausforderung.

Die zehnstündige Weiterfahrt nach Kiew mit einem alten Auto war bequemer, dafür aber bedrückender. Alle paar Kilometer wurden wir an Panzersperren von Reservisten angehalten. Das Land bereitete sich erkennbar auf einen großen Krieg vor. Die Stimmung war ernst. In manchen der Dörfer, die wir durchquerten, hatten russische Raketen eingeschlagen – mit schrecklichen Folgen. Strategisch waren diese Angriffe auf ukrainische Dörfer sinnlos. Wie so vieles in Kriegen.

Das kleine Dorfgasthaus, an dem wir spätabends ankamen, hatte weder Strom noch Heizung. Die Fenster waren wegen der nächtlichen Luftangriffe abgedunkelt. Es war schweinekalt. Zu essen gab es auch nichts Richtiges. Weder abends noch morgens. Beim Frühstück um sieben Uhr konnte ich gerade noch ein hart gekochtes Ei und eine Tasse lauwarmen Kaffee ergattern. Die anderen zwei Gäste, die es in diese einsame Kneipe verschlagen hatte, waren genau deshalb früher aufgestanden als ich.

### *David stoppt Goliath*

Am späten Nachmittag kamen wir in Kiew an, dem »Jerusalem des Ostens«, einer Prachtstadt mit damals drei Millionen Einwohnern. Ich kannte Kiew seit 2014, seit der »orangenen Revolution« auf dem Maidan. Damals herrschte hier eine knisternde, revolutionäre Spannung. Die jetzige Grundstimmung hingegen war euphorisch, verbunden mit einem fast ungläubigen Stolz, dass es der Ukraine in den ersten Wochen des Kriegs gelungen war, den Angriff der russischen Truppen auf Kiew zurückzuschlagen. Hatte Putin den Verteidigungswillen der Ukrainer falsch eingeschätzt? Oder wollte er das prächtige Kiew für Russland zwar erobern, aber nicht zerstören? Oder hatte er tatsächlich nachträglich seine Strategie geändert und der Eingliederung des Donbass in das russische Staatsgebiet höhere Priorität eingeräumt als der Eroberung der ukrainischen Hauptstadt? Den Ukrainern, die ich traf, war das egal. David hatte Goliath erst mal abgewehrt. Das machte alle stolz.

Kiew war weitgehend unversehrt. Ganz anders, als ich es jeden Abend auf amerikanischen Fernsehsendern gesehen hatte. Ich musste meistens mehrere Kilometer weit fahren, um nennenswerte Zerstörungen zu finden. Oft waren es Warenhäuser oder Kaufhäuser, die von russischen Raketen zerstört worden waren. Wenn ich dann auf Facebook Aufnahmen der zerstörten Gebäude zeigte, erhielt ich fast unverzüglich durch Fotos belegte Kommentare, die beweisen sollten, dass am frühen Morgen Soldaten in das Gebäude einmarschiert oder sogar Panzer in die Garagen eingefahren waren. Die Gebäude waren angeblich militärisch genutzt worden. Ob das wahr war, konnte ich in keinem der Fälle beurteilen.

## *»Eine Playstation 5!« – der Traum des kleinen Wowa*

Beurteilen konnte ich hingegen, dass auch in diesem Krieg Kinder zu Opfern wurden. In einem Kiewer Krankenhaus traf ich den schwer verletzten dreizehnjährigen Wowa. Er war mit seinen Eltern durch Kiew gefahren, als ihr Auto von einer russischen Rakete getroffen wurde. Sein Vater und sein sechsjähriger Bruder waren sofort tot. Nur er und seine Mutter hatten überlebt. Raketensplitter hatten Wowas rechte Gesichtshälfte abgerissen. Die Ärzte hatten sie ziemlich lieblos wieder angenäht. Wenn Wowa sprach, schien er zu pfeifen. Ich fragte ihn vorsichtig, ob er das höre. Er hörte es nicht.

Ich fragte ihn nach seinen Träumen. Er wünschte sich, was sich damals viele Kinder wünschten: eine Playstation 5. Aber die war nicht nur begehrt, sondern auch weltweit ausverkauft. Die Ärztin meinte, eine Playstation 5 zu finden, sei »aussichtslos«. Sie suche auch schon lange. Außerdem sei »das Ding unanständig teuer«. Aussichtslos gab es für mich nie. Spätabends fand ich eine. Auf dem Schwarzmarkt. Neu, aber in der Tat unanständig teuer. Wowas Augen leuchteten. Er besaß nun etwas, was in Kiew nur wenige besaßen. Er spürte, dass er trotz seines Elends und seiner Trauer nicht alle Träume aufgeben musste. Genau deshalb hatte ich das Gerät ja gekauft.

Am nächsten Abend fuhren wir in die Außenbezirke von Kiew. Zu einem ehemaligen Einkaufszentrum, das von russischen Raketen weitgehend dem Erdboden gleichgemacht worden war. Ich stieg durch die Ruinen, um eine Stelle zu finden, von der aus ich das ganze Ausmaß der Zerstörung fotografieren konnte. Die zornigen Rufe eines Sicherheitsbeamten stoppten mich abrupt. »Weg da!«, brüllte er erregt. »Da ist gestern eine Journalistin erschossen worden. Die schießen gezielt auf Journalisten.« Die ukrainische Regierung fürchtete, zu viele getötete ausländische Journalisten könnten die internationalen Medien davon abhalten, weiter in aller Breite über den Krieg zu berichten.

## *Der Kampf um die Vororte*

Hundert Meter weiter stoppte uns die Polizei erneut. Wir fuhren offenbar auf ein Kampfgebiet zu. Ich sprang aus dem Wagen und begann zu filmen. Maximal zwanzig Kilometer vor uns wurde gekämpft. Ich sah – unter ohrenbetäubendem Lärm, Rauchwolken aufwirbelnd – russische Raketen einschlagen. Die Erde bebte. Dann hörte ich das Hämmern schwerer Artillerie. Das mussten die Ukrainer sein.

Völlig unbeeindruckt überquerten junge Ukrainer vor mir die Straße. Sie waren den Schlachtenlärm offenbar gewohnt. Außerdem waren das Nachhutgefechte. Die Russen zogen Richtung Donbass ab. Doch wieder kamen Sicherheitsbeamte angerannt und erklärten wütend, dass ich hier nicht filmen dürfe. Das sei viel zu gefährlich, obwohl die Kämpfe einige Kilometer vor uns tobten. Auch meine Begleiter sahen meine Filmerei kritisch. Aufgeregt zerrten sie mich in den Wagen.

## *Die Jagd auf Kollaborateure*

Mein Gastgeber Dmitro Ishchenko träumte – anders als der kleine Wowa – nicht von Spielekonsolen. Er träumte von deutschem Kampfgerät. »Wir brauchen deutsche Waffen, deutsche Panzer, Jürgen«, sagte er mir mindestens dreimal am Tag. Dmitro, Exdiplomat und »Anarcho-Intellektueller«, wie er sich nannte, akzeptierte keines meiner Gegenargumente. Ich fragte ihn, was er täte, wenn er auf der Straße einen Mann sähe, der mit einer Axt gegen jemanden kämpfe, der nur mit einem großen Messer bewaffnet sei. Ob er loslaufen würde, um dem schlecht bewaffneten Mann ebenfalls eine Axt zu besorgen? So einen Schwachsinn würde er doch nie tun.

Auch bei Kriegen sei es wichtiger, den Konflikt so schnell wie möglich zu beenden, als ihn mit Waffenlieferungen zu verlängern, fuhr ich fort. Der einzige Weg, ungerechte Kriege und

Konflikte zu beenden, seien nun mal Verhandlungen über eine Lösung des Konflikts. Wenn die Ukraine auf die NATO-Mitgliedschaft verzichte, sei der Konflikt schnell beendet.

Dass genau darüber genau in diesen Tagen – Ende März und Anfang April 2022 – in Istanbul zwischen Abgesandten Putins und Wolodymyr Selenskyis verhandelt wurde, wusste ich nicht. Beide Seiten einigten sich – unter ausdrücklicher Zustimmung Putins und Selenskyis – auf einen russischen Truppenrückzug gegen ukrainische Neutralität. Der englische Premierminister Boris Johnson hat diesen kühnen Deal auf Wunsch der USA zum Platzen gebracht. Die USA wollten, dass weitergekämpft wurde. Bis zum letzten Ukrainer.

Dmitro erwiderte, jedes Land habe das Recht, seine Bündnispartner frei zu wählen. Doch stimmte das? Würden die USA akzeptieren, dass Russland und China mit Mexiko ein Militärbündnis schlössen und anschließend russische und chinesische Truppen, Panzer und Raketen an der US-Grenze stationierten? Nie und nimmer! Die Kubakrise hatte das klar gezeigt. Ein Recht auf freie Bündniswahl vor der Haustür von Großmächten gab es nicht und wird es nie geben. Wir konnten uns nicht einigen. Dmitro wollte deutsche Waffen, ich war dagegen. An meiner Sympathie für Dmitro änderte das nichts. Und an meinem tiefen Mitgefühl für das überfallene Land auch nicht.

Bedrückend fand ich allerdings auch, dass es während meines Aufenthalts in Kiew nachts mehrfach strenge Lockdowns, Ausgangssperren, gab und niemand das Hotel verlassen durfte. Einmal dauerte der Lockdown ein ganzes Wochenende. Während dieser Lockdowns wurden vom ukrainischen Geheimdienst unzählige Kiewer Wohnungen nach prorussischen Kollaborateuren durchsucht. Wie geschah das, und was geschah mit diesen Kollaborateuren? Niemand wollte mir diese Frage beantworten. Ich versuchte, nicht daran zu denken, was jetzt gerade in diesen Wohnungen geschah. Kriege sind nie anständig. Fand in diesen Wohnungen während der Lockdowns gerade der unanständigste Teil des Kriegs statt?

Der moderne ukrainische Staat ist jünger als das wiedervereinigte Deutschland. Einige der neueren Stationen seiner Geschichte hatten Frédéric und ich miterlebt. Wir waren 2014 auf dem Maidan, als dort die »orangene Revolution« stattfand und zum Krieg um den Donbass eskalierte. Und wir waren gemeinsam auf der Krim, als Putin diese kurz und bündig ins russische Staatsgebiet eingliederte. Wir haben während der »orangenen Revolution« viel mit den Menschen auf der Straße diskutiert. Sie glaubten, sie schrieben gerade Geschichte. Sie ahnten nicht, dass sie nur »Bauern« waren in einem großen machtpolitischen Schachspiel, das von russischen und vor allem von amerikanischen Geostrategen gespielt wurde.

Unter den knospenden Bäumen der Krim diskutierten wir leidenschaftlich mit christlichen Kosaken, muslimischen Tartaren, prowestlichen Revoluzzern und vermummten russischen Soldaten ohne Hoheitszeichen. Im Schneeregen des Maidan spielten wir mit Demonstranten Tischtennis. Auf dem Maidan trafen wir auch bekennende Rechtsradikale, Neonazis. Wir waren in ihrem braunen Nazizelt. Überall in Kiew sahen wir Hakenkreuze. Ja, es gibt in der Ukraine Neonazis. Aber gibt es die nicht auch in Deutschland? Das wegen seiner Kampfkraft viel gerühmte »Asow-Regiment«, eine 2014 gegründete Eliteeinheit der ukrainischen Nationalgarde, ist unbestreitbar rechtsextremistisch. Seine Vorliebe für SS-Symbole ist unübersehbar. Doch all das macht nicht die gesamte Ukraine zu einem Naziland, wie es die russische Regierung behauptet.

Putins Kumpel, Alexander Sergejewitsch Saldostanow, Boss der berühmten Rocker- und Bikergang »Nachtwölfe«, wusste, was hier gespielt wurde. Obwohl er mich offenbar gut leiden konnte, fuhr er mich zornig an: »Haltet euch hier raus! Das ist unsere Angelegenheit. Der Westen hat hier nichts zu suchen.«

Ernährt haben wir uns in den wilden Tagen der Maidan-

Revolution von deftigen Butterbroten, die es hier umsonst gab. Und die auch in Russland tatsächlich »Butterbrote« heißen.

Damals wäre der jetzige Ukrainekrieg noch relativ leicht vermeidbar gewesen. Gegen einen Verzicht der Ukraine auf eine NATO-Mitgliedschaft und einen Verzicht der NATO auf eine weitere Ausdehnung nach Osten hätte man von Russland relativ leicht eine Garantie der Unantastbarkeit aller Grenzen in Osteuropa erhalten können. Auch ich habe das damals mehrfach öffentlich vorgeschlagen. Doch der Westen nahm Russland und seine Sicherheitsinteressen nicht mehr ernst. Viele westliche Politiker sahen in der Selbstauflösung der Supermacht Sowjetunion, in der Auflösung des Warschauer Pakts und in der Zulassung der deutschen Wiedervereinigung kein Zeichen historischer Größe, sondern ein Zeichen von Schwäche. Auf schwachen Nationen kann man – so glauben manche Politiker des Westens – risikolos herumtrampeln.

Nach neun Tagen fuhr ich nach Deutschland zurück. Anders als bei der Hinreise nahm ich die Bahn. Besetzt war der Zug vor allem mit fliehenden Frauen und Kindern. Ich habe mit vielen von ihnen gesprochen. Alle wollten damals die Ukraine nur vorübergehend verlassen. Sobald der Krieg vorüber wäre, wollten sie in die Ukraine zurück. So hatten sie es mit ihren Ehemännern und Freunden besprochen. Das hat sich längst geändert.

Kurz vor der Einfahrt in den Bahnhof von Lemberg, achtzig Kilometer vor der polnischen Grenze, schlug, nur ein paar hundert Meter von unserem Zug entfernt, eine mächtige russische Rakete ein. Innerhalb weniger Sekunden stiegen über der Einschlagstelle ein glutroter Feuerball und riesige schwarze Rauchwolken auf. Sie verdunkelten die gesamte Innenstadt. Die Rakete hätte genauso den Zug treffen können. Die Zielgenauigkeit der eingesetzten russischen Raketen war gering. Doch das schien hier niemanden zu interessieren. Völlig unaufgeregt machten die Zugpassagiere Aufnahmen der unter schwarzem Rauch verschwindenden Stadt.

Wenige Tage später, im April 2022, fuhr ich nach Moskau. Ich wollte den Ukrainekrieg auch aus der Sicht der Russen betrachten. In Deutschland hatten mir »Russlandexperten« gesagt, dass in Moskau niemand mit mir sprechen werde. Weder die Menschen auf der Straße noch Studenten und schon gar keine Politiker. Doch das war die übliche »Kriegspropaganda«. Fast alle, die ich sprechen wollte, sprachen gerne mit mir.

Ich hatte in meinem Leben die Sowjetunion und Russland in den unterschiedlichsten Rollen erlebt. Während des Zweiten Weltkriegs fürchteten wir Deutschen die Sowjetunion mehr als jedes andere Land. Gleichzeitig ermordeten wir insgesamt siebenundzwanzig Millionen Sowjetbürger.

Als im März 1953 unser Offenburger Klassenlehrer den Tod Stalins verkündete, sprang die Klasse jubelnd auf. Stalin verkörperte für meine dreizehnjährigen Klassenkameraden das uneingeschränkt Böse in jenem »Reich des Bösen«. Ich habe damals nicht mitgejubelt, weil ich beim Tod von Menschen nie jubele. Aber Stalin prägte mit seinem Massenterror, seinen Massendeportationen, dem Gulag, bis spät in die siebziger Jahre auch mein Bild der Sowjetunion.

Das machte es mir in jener Zeit auch schwer, die Entspannungspolitik der deutschen Kanzler Brandt und Schmidt zu verstehen. Wie konnte man freundschaftliche Gespräche mit einem Regime führen, dessen Vorgänger zwanzig Millionen Bürger ermordet hatten? Später wurden meine Zweifel eher größer. Die Sowjetunion stellte in den achtziger Jahren – allen Entspannungsgesten Brandts zum Trotz – atomare Mittelstreckenraketen gegen Deutschland auf.

Schmidt und Kohl stationierten daraufhin in Deutschland atomare Mittelstreckenraketen gegen die Sowjetunion. Aus dem Verhandlungspartner war wieder der Feind geworden, der zusätzlich auch noch einen Krieg gegen Afghanistan begann. Genau in jener Zeit wurde ich zum rüstungskontrollpolitischen

Sprecher der Regierungsfraktion CDU/CSU ernannt. Plötzlich war ich, ob ich wollte oder nicht, die Speerspitze der atomaren »Nachrüstung« des Westens. Und Hauptkritiker des sowjetischen Kriegs gegen Afghanistan. Für die sowjetische Propaganda war ich ab sofort der »Bandit im Bundestag«. Am liebsten hätten mich die Sowjets steckbrieflich zur Fahndung ausgeschrieben.

Doch nun erwiesen sich die durch Brandts und Schmidts Entspannungspolitik entstandenen persönlichen Kontakte als äußerst nützlich. Auch ich konnte in den achtziger Jahren mehrfach problemlos die Sowjetunion besuchen und mit führenden Politikern und Militärs sprechen. Ich entdeckte, dass es auch unter Feinden vernünftige, ja, sogar sympathische Menschen geben kann. Nachdem Gorbatschow 1985 Generalsekretär der KPdSU geworden war, konnten schon kurz danach – durch vernünftige Verhandlungen – die nuklearen Mittelstreckenraketen und Marschflugkörper beider Seiten wieder abgebaut werden.

Und dann kam auch noch 1990 jene historische Stunde, die ohne Brandts Entspannungspolitik nicht denkbar gewesen wäre. Die Sowjetunion gestattete den Deutschen die Wiedervereinigung. Es war wie in einem Märchen. Immer wieder habe ich mir in jenen Tagen in den Arm gekniffen, um zu prüfen, ob nicht alles doch nur ein Traum war. Doch das Undenkbare war tatsächlich wahr geworden. Eine Weltmacht hatte freiwillig auf einen Großteil ihrer Macht verzichtet.

### *Die Antwort des Westens: Ausdehnung der NATO*

Niemand hätte sich damals vorstellen können, dass die NATO nach dieser Vorgeschichte eines Tages beschließen könnte, in all die Gebiete zu expandieren, denen die sowjetische Führung gerade die Freiheit gegeben hatte. Und noch einmal: Wie würden die USA reagieren, wenn Russland und China ein Militärbündnis mit Mexiko schließen und dort, an der Grenze zu den USA,

Truppen und Raketen stationieren würden? Die USA würden das nie zulassen. Nicht anders als Russland.

Das ändert nichts an der klaren Völkerrechtswidrigkeit des russischen Angriffs auf die Ukraine. Aber es erklärt, wie es zu dieser tragischen, von der NATO mitverschuldeten Entscheidung Russlands kam.

Gab es auf diesen Angriffskrieg Russlands wirklich keine andere Antwort als Waffenlieferungen an die Ukraine? Seit März 2022 liefert Deutschland Waffen an die Ukraine. Gegen Russland. Wieder sind wir Feinde. War das wirklich unvermeidbar? Hätten wir uns nach der tragischen russisch-deutschen Vorgeschichte nicht stärker auch für die Sicherheitsinteressen Russlands einsetzen müssen? Feind, Freund, Feind – das ist die Geschichte der deutsch-russischen Beziehungen seit dem Angriff Hitlers auf die Sowjetunion 1941. Es war letztlich auch die Geschichte meines politischen Denkens. Nur, dass ich jetzt im Mainstream nicht mehr mitmache. Unsere Aufgabe als Deutsche in diesen schwierigen Zeiten ist nicht Krieg, sondern Frieden. Das steht schon in der Präambel unseres Grundgesetzes. Wir sollten in den Konflikten dieser Welt Vermittler sein. Ehrlicher Makler und nicht Kriegspartei.

## *Meine fünf Tage in Moskau*

Mein Moskauer Hotel lag genau gegenüber den Türmen des Kreml. Tausend Erinnerungen stiegen in mir hoch. An gute Zeiten, an schlechte Zeiten. An den Kalten Krieg, meine Beschießung in Afghanistan, an die Zeit der Entspannung. Wohin trieb uns dieses Mal der Strom der Zeit? Konnten wir ihn nicht wenigstens etwas steuern? Moskau war so, wie ich es immer erlebt hatte. Freundlich, gelassen und gar nicht verängstigt.

Auch nicht deutschlandfeindlich. Jeder, den ich in den Straßen von Moskau um eine Auskunft bat, half mir. Auch wenn ich sagte, dass ich Deutscher sei. Meine Gespräche mit zwei

Duma-Abgeordneten – nach Aussagen aller Kreml-Experten angeblich eine totale Unmöglichkeit – waren von großer Offenheit und kritisch bis selbstkritisch. Allerdings waren all meine Gesprächspartner der Auffassung, dass es lange dauern werde, bis das erneut entstandene Misstrauen gegenüber Deutschland wieder abgebaut werden könne.

Ich sprach mit Evgeny Popov, der nicht nur Duma-Abgeordneter, sondern auch Moderator einer der beliebtesten russischen Talkshows, »60 Minuten«, ist. Mit Andrey Medwedew, dem stellvertretenden Vorsitzenden der Moskauer Duma. Und mit Alexei Denisow, dem Regisseur und Chefredakteur des TV-Senders Istoria (History). Einige dieser Gesprächspartner traf ich mehrfach. Es waren gute, ernste Gespräche. Jeder wird verstehen, dass ich ihre Vertraulichkeit jetzt mitten im Krieg nicht brechen werde.

Doch wer verbreitet bloß dieses absurde Märchen, man könne in diesen Zeiten nicht mehr offen mit russischen Politikern und Medienschaffenden sprechen? Auch auf den Straßen von Moskau hatte ich interessante Gespräche. Natürlich nur, wenn ich das Glück hatte, auf Englisch sprechende Passanten zu treffen. Alle, die ich ansprach, waren aufgeschlossen und freundlich.

### *Die Studentinnen von Moskau*

Ich wollte unbedingt auch mit Studentinnen und Studenten sprechen. Ein junger russischer Fotograf, der mich zusammen mit seiner Freundin jeden Tag ein paar Stunden begleitete, schleppte mich schließlich zur Mensa einer Universität. Wir kamen dort erst spätnachmittags an. Nur zwei Tische waren jetzt noch besetzt. Ich ging zu einem der Tische und stellte mich als Deutscher vor, der früher einmal Bundestagsabgeordneter war. Ob ich mit ihnen ein wenig diskutieren könne. Die Studenten sahen sich an. Dann schüttelten sie den Kopf. »Nein«, hieß das. Hatten sie Angst?

Der zweite Tisch mit sechs Studentinnen und einem Studenten hatte die Szene aufmerksam verfolgt. Es war ja sonst nichts los. Wieder stellte ich mich vor und bat um eine Diskussion. Diesmal nickten alle sofort. Fast demonstrativ. Klar wollten sie diskutieren. Über den Krieg? Auch darüber. Vielleicht wollten sie dem anderen Tisch ganz nebenbei auch zeigen, dass sie keine Angst hatten. Und mir als Fremdem einfach einen Gefallen tun. Einen Tisch voller junger Frauen anzusprechen, ist ja nicht ganz einfach.

Dann begann eine lebhafte Diskussion. Ich brachte alle Argumente vor, die mir gegen den Krieg einfielen. Manchmal gaben sie mir recht, manchmal verteidigten sie ihr Land. Diese spannende und engagierte Diskussion hätte genauso in jedem Land der Welt stattfinden können.

Weil es überall auf der Welt tolle Menschen gibt. Auch in Russland. Wir diskutierten über eine Stunde lang. Dann waren wir fast Freunde. Die Verabschiedung war herzlich. Wir machten sogar noch Selfies.

### *Gedanken auf dem Nachhauseweg: Waren Verhandlungen nicht doch möglich?*

Ich ging zu Fuß nach Hause. Den Weg ließ ich mir von meinem Fotografen dieses Mal ganz genau erklären. Ich hatte mich in meinem Leben schon zu oft verlaufen. Ich wollte allein sein, die Moskauer Luft auf mich wirken lassen und nachdenken. Über das, was ich hier und was ich in der Ukraine erlebt hatte. Wem gegenüber war Deutschland mehr verpflichtet, Russland oder der Ukraine? Oder beiden? Die offizielle deutsche Politik pflegt die Pflichten gegenüber der Ukraine in den Vordergrund zu stellen. Vor allem aus moralischen Gründen. Die Ukraine war schließlich völkerrechtswidrig überfallen worden. Einen unschuldig Überfallenen könne man nicht allein lassen. Gab es diese moralische Verpflichtung wirklich?

Müssten wir – nach dieser Waffenlieferungsmoral – nicht auf der ganzen Welt angegriffene Länder mit Waffen versorgen? Also früher etwa Vietnam oder den Irak, gestern den Jemen und morgen unter Umständen sogar Taiwan? Nach dem Zweiten Weltkrieg gab es auf der Welt Dutzende von Kriegen. Wenn wir alle überfallenen Staaten mit Waffen unterstützt hätten, wäre die ganze Welt heute ein riesiges Schlachtenmeer. Das kann nicht richtig sein.

Wenn Deutschland gegenüber der Ukraine moralische Pflichten hatte, dann bestanden diese nach meinen jahrzehntelangen Erfahrungen mit Kriegen nicht in der Lieferung von Waffen, sondern darin, dass wir uns machtvoll für eine kluge und faire Verhandlungslösung einsetzen mussten. Die Führung Deutschlands hat das nie getan. Im Zentrum einer solchen Verhandlungslösung hätten stehen können:

- Ein Teilrückzug der russischen Truppen.
- International garantierte Neutralität der Ukraine – bei gleichzeitigem Verzicht auf NATO-Mitgliedschaft.
- Von der UNO kontrollierte Volksabstimmungen im Donbass und auf der Krim.
- Sowie der Stopp aller gegen Russland gerichteten Waffenlieferungen und Sanktionen.

Zumindest in den ersten Kriegsmonaten wäre das eine realistische Lösung gewesen.

Ich fand auf dem langen kalten Weg nach Hause keine andere Lösung als »machtvolle Verhandlungen statt Waffen«. Inzwischen war es dunkel geworden. Als ich an der hell beleuchteten malerischen Basilius-Kathedrale angekommen war, wusste ich, dass ich mich weiter für Verhandlungen einsetzen würde. Gerade weil ich für beide Länder Sympathien hatte.

## *Kritik in Deutschland*

Natürlich bin ich für meine Ablehnung deutscher Waffenlieferungen an die Ukraine hart kritisiert worden. Wie andere auch. Das war in Ordnung. Ich hatte einfach mehr Kriege gesehen als meine Kritiker. Meine Haltung entsprach der Position Japans, das den russischen Angriffskrieg zwar unmissverständlich kritisierte, aber weiter Erdgas aus Sibirien bezog. Und das der Ukraine keine tödlichen Waffen lieferte, sondern lediglich Schutzwesten und Schutzhelme. Das neutrale Österreich nahm eine ähnliche Position ein.

Auch humanitär sollten wir der Ukraine kräftig helfen. Viele deutsche Privatpersonen tun das in bewundernswerter Weise. Auch meine Familie hat in unserer kleinen Stiftung im Zentrum Münchens zwei ukrainische Familien monatelang aufgenommen. Eine davon anderthalb Jahre. Acht jungen Ukrainern geben wir bis heute intensiven Deutschunterricht.

## *Was hätten Brandt, Schmidt und Kohl getan?*

Ich bin sicher, dass sowohl Willy Brandt als auch Helmut Schmidt und Helmut Kohl keine Waffen geliefert hätten. Dass auch sie eine Verhandlungslösung gesucht hätten. Egal, ob das den USA gefallen hätte oder nicht. In der Russlandfrage haben die USA und Deutschland nun mal völlig unterschiedliche Interessen.

Schon ein kurzer Blick auf die Landkarte Europas reicht, um zwei Dinge zu erkennen:

1. Dass es in Europa ohne Russland, das größte Land der Welt, keinen dauerhaften Frieden geben wird.
2. Dass Deutschland und Russland in einer echten strategischen Partnerschaft eine politische und wirtschaftliche Macht bilden würden, an der keine andere Weltmacht vorbeikäme.

Gemeinsam könnten unsere beiden Länder viel Sinnvolles gestalten. Dass eine derart mächtige Partnerschaft nicht im Interesse der bisher fast alles beherrschenden Weltmacht USA liegen würde, macht die Idee nicht falsch. Vor allem dann nicht, wenn sich diese Partnerschaft friedliche Ziele setzen und die Kooperation mit den USA suchen würde.

Die aktuelle konfrontative Russlandpolitik bringt Deutschland nur Nachteile. Wirtschaftlich und sicherheitspolitisch. Nur den USA nützt der Ukrainekonflikt. Die europäischen Konkurrenten der USA werden wirtschaftlich, der alte Rivale Russland zusätzlich militärisch geschwächt. Die USA aber haben endlich wieder ein echtes Feindbild, einen großen »Schurken«, mit dem sie ihre astronomischen Militärausgaben begründen können, die Grundlage ihrer Weltmachtposition sind.

### *Gebrochene Versprechen*

Mein Verhältnis zum früheren deutschen Außenminister Hans-Dietrich Genscher war in seinen letzten Lebensjahren immer enger und vertrauensvoller geworden. Genscher hat mir bei unseren Gesprächen mehrfach detailliert geschildert, wie er während der Verhandlungen über die deutsche Wiedervereinigung dem damaligen sowjetischen Außenminister Eduard Schewardnadse ausdrücklich zugesagt hatte, dass sich die NATO im Falle einer Wiedervereinigung nicht einen Millimeter nach Osten bewegen werde.

Dass hierüber keine Verträge geschlossen wurden, war in jener historischen Situation emotional nachvollziehbar. Verhandlungstaktisch war es ein Fehler der sowjetischen Führung. Der Westen hätte damals als Gegenleistung selbstverständlich einen Verzicht auf die Osterweiterung der NATO angeboten. Und mit hoher Wahrscheinlichkeit auch schriftlich fixiert. Da Gorbatschow das jedoch nie gefordert hat, konnte er den

Vormarsch der NATO später nur noch als Verstoß gegen den »Geist« der Wiedervereinigungsvereinbarungen kritisieren.

Gorbatschow war zu anständig für die weltpolitische Arena, in der Fairness keine Rolle spielt. Und ein Handschlag-Deal schon gar nicht. Die USA sind nicht »handschlagsdeal-fähig«.

## *Moral oder Geostrategie?*

Die Ukraine kann den Krieg gegen Russland nicht gewinnen. Die Ressourcen Russlands an Menschen und Material sind unerschöpflich. Alle echten Militärexperten wissen das. Die Ukraine wird in diesem Krieg gnadenlos verheizt. Sie zahlt jeden Tag einen hohen Blutzoll an die USA, deren Ziel seit Urzeiten die Schwächung ihres Erzrivalen Russland ist. Kritiker des Ukrainekriegs beschreiben die Arbeitsteilung zwischen den USA und der Ukraine mit dem geflügelten Wort, die USA verteidigten die Ukraine bis zum letzten Ukrainer. Den USA ging es im Ukrainekrieg nie um Moral, sondern – wie fast allen Großmächten der Geschichte – immer nur um Geostrategie. In den USA wird das offen diskutiert. Prominente Kriegsbefürworter sehen im Ukrainekrieg ein richtig gutes Geschäft:

»Der Ukraine Geld (und Waffen) zu geben, ist der billigste Weg, um Amerikas Sicherheit zu erhöhen. Das Kämpfen wird von den Ukrainern erledigt. Deren Leute sterben«, beschrieb der Chefredakteur des *Economist* die Hilfslieferungen des Westens. Der Minderheitsführer im US-Senat, der Republikaner Mitch McConnell, ist von diesem Krieg hellauf begeistert: »Kein Amerikaner stirbt in der Ukraine. Wir bauen unsere Industriebasis auf, während die Ukrainer die Armee eines unserer größten Rivalen zerstören. Und das mit drei Prozent unseres Militärhaushalts, ohne auch nur eine einzige amerikanische Soldatin oder einen einzelnen Soldaten zu verlieren.« US-Senator Richard Blumenthal nennt das die »beste Investition aller Zeiten«. Und Bret Stephens schrieb in der *New York Times*, die

NATO zahle »nur mit Geld, die Ukrainer aber mit ihren Knochen und ihrem Leben«.

Wieder einmal wurde vor allem in Europa einem kühl kalkulierten Krieg ein moralischer Mantel umgehängt, um die Zustimmung der Bevölkerung zu gewinnen. Im Ukrainekrieg ging und geht es nicht eine Sekunde um Moral. Weder auf Seiten der USA noch auf Seiten Russlands. Es geht wie in den meisten Kriegen um Interessen und Macht. Deutsche Politiker, die das Gegenteil behaupten, sagen schlicht die Unwahrheit. Keiner erklärt der Bevölkerung die wahren Hintergründe dieses vor allem für die Ukraine tragischen Kriegs.

### *Rückblende: Abendessen mit Gorbatschow*

1995 war ich Gastgeber einer großen Burda-Festveranstaltung in Berlin. Meine drei Tischgäste waren Gorbatschow, Kohl und Genscher. Mit Gorbatschow führte ich ein so intensives und spannendes Gespräch, dass unser Essen kalt wurde. Wir verstanden uns richtig gut. Am Ende des Abends fragte mich Gorbatschow, ob ich einen Verwandten hätte, der denselben Namen trage wie ich, aber anders als ich gegenüber der Sowjetunion ein schrecklicher Falke sei. Er habe den damaligen DDR-Staatsratsvorsitzenden Egon Krenz noch vor dem Mauerfall dringend vor diesem Mann gewarnt.

Ich antwortete lachend, der »Falke« sitze neben ihm. »Sie?«, fragte Gorbatschow völlig verblüfft und lud mich und meine Familie nach Russland ein. Auch die Sowjetunion hat in jenen Jahren ihre Feindbilder sorgfältig gepflegt. Sollten wir Deutsche nicht endlich wieder einen Neuanfang in unserem Verhältnis zu Russland wagen?

## 30. Kapitel

## Warum um Himmels willen gründet ein vernunftbegabter Mensch eine Partei?

Das Erlebnis der Bombennächte des Zweiten Weltkriegs als Viereinhalbjähriger, die Erfahrungen des Algerienkriegs als Zwanzigjähriger und all meine späteren Reisen in Kriegs- und Krisengebiete hatten tiefe Spuren in mir hinterlassen. Wenn ich sagte »Nie wieder Krieg!«, wusste ich, wovon ich sprach. Ich sah vor mir sterbende Menschen, Leid und Trauer. Krieg war für mich das Ende der Menschlichkeit.

Meine Reisen durch fast alle Winkel unserer Welt hatten mir ferner gezeigt, dass es für den Überlegenheitsdünkel des Westens, für seinen nach wie vor tiefsitzenden Rassismus nicht den geringsten Grund gab. Überall auf der Welt war ich großartigen Menschen begegnet. Auch im Süden und Osten unserer Weltkarte. Meine Abneigung gegen jede Form von Rassismus war von Jahr zu Jahr größer geworden.

Unter den deutschen Nachkriegsparteien war die Ablehnung des Kriegs als Mittel der Politik jahrzehntelang unstreitig. Unter Brandt, Schmidt oder Kohl waren deutsche Kriegsbeteiligungen undenkbar. Doch unter den Kanzlern Schröder und Merkel änderte sich das fundamental. Die Bombardierung Serbiens und Afghanistans fiel ihnen moralisch erstaunlich leicht. Sie fanden dafür große Worte wie »Verantwortung übernehmen« oder »responsibility to protect«.

Keiner von ihnen hatte je einen Krieg erlebt, keiner war je an der Front gewesen – oder wenigstens in einem Kriegskrankenhaus. Keiner von ihnen hatte je einen Menschen im Krieg sterben sehen. Keiner hatte miterlebt, wie es ist, wenn ein weinender Vater sein schwer verletztes Kind ins Krankenhaus trägt. Oder eine Frau das Leichentuch von ihrem toten Mann nimmt, um ihm Adieu zu sagen.

Nach 9/11 zeigte sich darüber hinaus in vielen westlichen Ländern, auch in Deutschland, ganz offen ein lange verborgen gehaltener antimuslimischer Rassismus. Ein enger Mitarbeiter kündigte mir mit der Begründung, die Muslime, die ich seiner Meinung nach zu kritiklos verteidigte, würden uns eines Tages alle umbringen. Mich als Ersten. Unter vier Augen höre ich derartige Bemerkungen bis heute immer wieder. Von hochgebildeten Menschen. Mit diesem antimuslimischen Rassismus kann man inzwischen sogar Wahlen gewinnen.

Jahrzehntelang hatte ich – wie andere – versucht, gegen Kriege und Rassismus anzukämpfen. Als parteiloser Jugendlicher mit einer ziemlich hilflosen Demonstration gegen den Antisemitismus der damaligen Rechtsradikalen. Als junger Abgeordneter mit Bundestagsreden, Zeitungs- und TV-Interviews gegen den Afghanistankrieg. Und schließlich als Medienvorstand mit Büchern gegen die große Heuchelei aller Kriege. Und gegen die absurden Fehlinformationen über die muslimische Welt.

Als Zwanzigjähriger hatte ich mir einst hohe idealistische Ziele gesetzt. Ich wollte nicht nur mithelfen, Kriege und Rassismus zu verhindern. Ich wollte mithelfen, die Welt zu einem besseren, gerechteren, menschlicheren Ort zu machen. Wie viele andere junge Menschen. Ich habe diese Ideale nie aufgegeben. Auch nicht als Abgeordneter. Dem sogenannten Fraktionszwang habe ich mich mehrfach entgegengestellt.

Das führte dazu, dass Helmut Kohl auf die Frage von Journalisten, was er von mir halte, antwortete: »Der Todddenhöfer, das ist gar kein Politiker. Das ist ein Idealist.« Damit konnte ich leben. Aber nicht damit, dass die CDU, beginnend mit der Kanzlerschaft Merkels, zunehmend in schlimme Fehler der deutschen Vergangenheit zurückfiel.

## *Merkels Ja zu Kriegen*

Angela Merkel ist – ich wiederhole es gerne – eine sympathische Person. Ihre Bescheidenheit hat mich immer beeindruckt. Bei Begegnungen in meiner Burda-Zeit, aber auch durch die Art, wie sie in ihrem Feriendomizil in Südtirol Menschen behandelte. Wir hatten in meinem Südtiroler Zweitwohnsitz Sulden dieselben Freunde und Bekannten. Den Pfarrer, den sie regelmäßig zum Apfelkuchenessen besuchte, meinen Nachbarn Reinhold Messner, mit dem sie regelmäßig über Gott und die Welt diskutierte und mit dem sie durch die Berge Südtirols stapfte. Oder meinen engen Freund, den Abenteurer Paul Hanny, über dessen fröhliche Flunkereien sie genauso gerne lachte wie ich. Die Art, wie die mächtige deutsche Kanzlerin mit den einfachen Menschen Suldens umging, war beeindruckend.

Weniger beeindruckt war ich von ihrer Ergebenheit gegenüber den USA. Angela Merkel machte letztlich immer das, was die USA von ihr erwarteten. Auch Krieg. Sie hätte sich – anders als ihr Vorgänger Schröder – am liebsten schon 2003 am völkerrechtswidrigen Irakkrieg der USA beteiligt, wenn sie damals bereits Kanzlerin gewesen wäre. Schröder spreche nicht für alle Deutschen, teilte sie der US-Führung in einem Meinungsartikel der *Washington Post* mit. Es dürfe keine deutschen Sonderwege geben.

Ich hatte während ihrer Kanzlerschaft regelmäßig Kontakt mit ihren wichtigsten Kabinettsmitgliedern. Obwohl ich schon lange bei Burda war. Die meisten ihrer Minister mochten mich recht gut leiden, egal, ob sie Wolfgang Schäuble, Ursula von der Leyen oder Peter Altmaier hießen. Aber meiner Bitte, in der Frage von Krieg und Frieden nicht immer nur den USA hinterherzulaufen, wollte keiner nachkommen. Die CDU wurde mir immer fremder.

## *»Herr Todenhöfer, gründen Sie eine neue Partei!«*

Immer häufiger wurde ich gefragt, wie ich als Kriegskritiker Mitglied einer Partei sein könne, für die die Beteiligung an amerikanischen Kriegen etwas ganz Normales geworden sei. Bücher schreiben reiche nicht. Wenn ich sinnlose Kriege verhindern wolle, müsse ich eine Partei gründen, die im Bundestag mithelfe, diesen mörderischen Unsinn zu stoppen. Dort fielen die Entscheidungen, nicht in Vortragssälen.

Diese Frage wurde mir immer öfter gestellt. Und immer dringender. Deutsche Truppen standen damals seit achtzehn Jahren in Afghanistan. Seit fünf Jahren kämpften sie in Mali für französische Uran-Interessen, während die deutsche Luftwaffe in Syrien und im Irak ohne UN-Mandat Aufklärungseinsätze gegen den IS flog und mithalf, die grandiose Kulturstadt Mosul dem Erdboden gleichzumachen.

Als ich 2019 auf Lesetour war, stand wieder einmal eine junge Frau auf und warb in einem leidenschaftlichen Redebeitrag vor sechshundert Hörern für die Gründung einer neuen Partei. Als ich freundlich lächelnd den Kopf schüttelte, forderte sie vom Publikum eine Abstimmung. Wer dafür sei, dass ich eine antimilitaristische und antirassistische Partei gründete, solle den Arm heben. Sechshundert Arme schossen in die Höhe. Eine Riesenbegeisterung entstand. Als hätte ich die neue Partei gerade mit großem Erfolg gegründet und auch sofort Wahlen gewonnen.

Ich war zwar noch immer gegen eine Parteigründung, begann aber intensiver darüber nachzudenken. Im Internet fragte ich meine Anhänger, was sie von der Idee hielten. Wer bereit sei, in einer denkbaren Parteizentrale München persönlich mitzumachen, solle sich melden. Das Echo war überwältigend. Über hundert überwiegend junge Menschen waren bereit, alles liegen und stehen zu lassen, um mitzumachen. Die Sache bekam Tempo. Erste Treffen fanden statt, die Begeisterung stieg.

Am 12. November 2020, meinem achtzigsten Geburtstag,

trat ich aus der CDU aus, der ich fünfzig Jahre angehört hatte, und gründete auf dem Gelände vor dem Deutschen Reichstag unsere neue Partei. Zehn Monate vor der Bundestagswahl.

Hatten wir überhaupt eine Chance, noch rechtzeitig bekannt zu werden? Wir hatten lediglich zehn Monate Zeit, um uns bei einundsechzig Millionen wahlberechtigten Deutschen bekannt zu machen. Diese kurze Zeit hätte nur gereicht, wenn alle deutschen Medien mitgespielt hätten. Doch die dachten nicht daran. Das hätte ich allerdings wissen müssen. Insbesondere die öffentlich-rechtlichen deutschen Medien hatten ja schon seit vielen Jahren kein Interesse mehr gezeigt, über meine Recherchen über westliche Kriege zu berichten. Je klarer ich ihre Afghanistan-, Irak-, Syrien-, Mali- und Jemen-Kriegsberichterstattung widerlegte, desto geringer wurde ihr Interesse an meinen Berichten. Das war nachvollziehbar. Die Öffentlich-Rechtlichen lagen bei allen deutschen Kriegen nach dem Zweiten Weltkrieg daneben. Warum sollten sie jetzt jemandem ein Forum bieten, dessen Warnungen und Vorhersagen sich meist als richtig erwiesen hatten? Ich war ja auch nicht schlauer als sie. Ich hatte mir nur die Mühe gemacht, vor Ort mit allen Seiten zu sprechen. Wieder und wieder.

Und dann war da ja auch noch die öffentliche Aufforderung der ehemaligen Vorsitzenden des Zentralrats der Juden Charlotte Knobloch und der *Jüdischen Allgemeinen*, mir wegen meiner Stellungnahmen zum Gazakrieg 2014 nie wieder ein Mikrofon zu geben. Weil ich es gewagt hatte, Kriegsverbrechen Kriegsverbrechen zu nennen. Egal, ob sie von Sowjets, Russen, Amerikanern, Deutschen oder Israelis begangen wurden. All das hat meinen Wahlkampf nicht leichter gemacht. Aber das wusste ich alles vorher. Niemand zwang mich, trotzdem in den Bundestagswahlkampf zu ziehen. Am Tag nach der Parteigründung veranstalteten wir in Berlin eine Pressekonferenz. Selten war eine meiner Pressekonferenzen so gut besucht. Fast alle großen Nachrichtenagenturen, Zeitungen, ja sogar TV-Anstalten waren da. Und wir alle, unser gesamtes Team, machten nach Aussagen einiger der anwesenden Journalisten einen richtig guten Job. Besonders begeistert war ein Journalist der *Bild*-Zeitung. Endlich könne er seinem Sohn die Vor- und Nachteile von Elektroautos und E-Fuel-Verbrennerautos erklären, sagte er mir anerkennend. Seine Zeitung werde breit berichten. Wir hätten ein richtig spannendes Programm, meinte er.

Der Ärmste brachte leider keine einzige Zeile bei seiner Chefredaktion durch. Ähnlich erging es den meisten anderen Korrespondenten. Die Berichterstattung über unsere wochenlang vorbereitete und geübte Pressekonferenz lag bei null. Noch einmal: Warum sollte man auch mir und meiner Partei ein Forum bieten? Schließlich hatte mich – wie erwähnt – ein mächtiger rechtspopulistischer Journalist, der unsere Demokratie – wie jeder weiß – zutiefst verachtet, als »die größte Gefahr für die deutsche Demokratie« bezeichnet.

Und waren wir nicht tatsächlich eine Gefahr für all die Scheindemokraten, die die Werte unseres Grundgesetzes gar nicht lebten, sondern nur vorheuchelten? Die von den Werten der westlichen Zivilisation, Menschenwürde, Freiheit, Gleichheit, Brüderlichkeit, allenfalls die Freiheit – ihre Freiheit – akzeptierten? Das von mir vorgeschlagene humanistische Programm war für diese Leute in der Tat eine Gefahr.

### *Wahlkampf in Zeiten von Corona*

Die Basis aller Wahlkämpfe seit Gründung der Bundesrepublik waren Wahlveranstaltungen in ganz normalen Gastwirtschaften. Die aber waren wegen der Corona-Pandemie 2020/21 alle geschlossen. Veranstaltungen im Freien, auf öffentlichen Plätzen oder auf der grünen Wiese mussten bei der Polizei angemeldet und vom Gesundheitsamt genehmigt werden. Ein mühsamer Weg voller bürokratischer und politischer Hürden.

Als wir einmal ein Verwaltungsgericht um Hilfe baten, weil die Gesundheitsbehörden unseren Antrag einfach nicht beantworteten, tagte das Gericht freitags so spät, dass wir nach der zu erwartenden negativen erstinstanzlichen Entscheidung nicht mehr in Berufung gehen konnten. Die Oberverwaltungsrichter waren längst ins Wochenende entschwunden. Unsere Veranstaltung war für Sonntag geplant gewesen.

Ein echter Wahlkampf war während der Corona-Pandemie gar nicht möglich. Bei früheren Wahlkämpfen für die CDU hatte ich bis zu zehn persönliche Auftritte am Tag. Beginnend frühmorgens in Vorortzügen, endend abends in einer brechend vollen Dorfgaststätte. Jetzt kam ich auf eine öffentliche Veranstaltung pro Woche. Außer den neuen und kleinen Parteien interessierte das niemanden. Die Menschen hatten während der Corona-Zeit mit Lockdowns und anderen Eingriffen in ihr Leben ganz andere Sorgen. Und da sie die alten Parteien fast jeden Abend im Fernsehen sahen, schien ja alles in Ordnung zu sein. Den Altparteien musste das sogar gefallen. Sie waren jeden Tag im deutschen Fernsehen und auch in den Printmedien präsent. Tagsüber hatten sie ihre Ruhe.

Das öffentlich-rechtliche Fernsehen hätte das ändern können. Es hätte auch die Spitzenkandidaten der neuen Parteien zu seinen Diskussionsrunden einladen können. Natürlich nicht alle auf einmal. Aber zu jeder Diskussionsrunde wenigstens einen oder zwei. Die Diskussionsbeiträge der neuen oder kleinen Parteien wären viel spannender gewesen als die ewig gleichen Versprechungen der traditionellen Parteien, an die sie sich später in der Regel nicht mehr erinnern können. Hätte man in diesen Corona-Notzeiten nicht auch an ein vorwahlähnliches System wie in den USA denken können, bei dem den jungen und kleineren Parteien die Gelegenheit gegeben worden wäre, sich für die Fernseh-Schlussrunden zu qualifizieren? Die »Chancengleichheit aller Parteien« ist schließlich ein zentraler Grundsatz unserer Verfassung.

Aber wer sollte diese Maßnahmen zur Sicherung demokratischer Wahlen in Corona-Zeiten durchsetzen? Die großen Parteien, die in den Aufsichtsgremien des öffentlich-rechtlichen

Rundfunks saßen, hatten daran kein Interesse. Nur Bundestagspräsident Schäuble meldete öffentlich Zweifel an, ob während der Corona-Pandemie wirklich alle Parteien die gleichen Chancen hätten. Die arrivierten Politiker und die öffentlich-rechtlichen Medien hielten sich trotzdem weiter die Treue. »Eine Krähe hackt der anderen kein Auge aus«, sagt der Volksmund. Demokratisch war das nicht.

Ich hätte das Bundesverfassungsgericht anrufen können und müssen. Nach Aussagen eines bekannten Verfassungsrichters mir gegenüber hätten wir »nicht unerhebliche Erfolgschancen« gehabt. Am Ende entschied ich mich gegen einen Gang vors Bundesverfassungsgericht. Ich hatte mich in der Kriegs- und Rassismusfrage bereits mit so vielen mächtigen Institutionen unseres Landes angelegt, ich wollte nicht auch noch bei Wahlen zum »Prozesshansel« werden. Ich glaube, dass das ein Fehler war. Wir hätten vor dem Bundesverfassungsgericht vielleicht eine Chance gehabt. Die Corona-Bundestagswahl war die Karikatur einer demokratischen Wahl. Von Chancengleichheit konnte keine Rede sein.

### *Die eigenen Taschen füllen oder leeren?*

Mangels echten Wahlkampfs blieben uns in diesen ungewöhnlichen Corona-Zeiten nur das verflucht teure Plakatieren und ein bisschen Straßenwahlkampf in oft entleerten Innenstädten. Eine große Plakatkampagne scheiterte erst einmal daran, dass unsere junge Partei kein Geld hatte. Das hatte mit einem weiteren, von mir zu verantwortenden Fehler zu tun. Ich hatte in unser Wahlprogramm geschrieben, dass Spenden über fünftausend Euro gefährliche Abhängigkeiten schaffen könnten und deshalb verboten werden sollten. Für mich ist die Unabhängigkeit von Politikern ein wichtiges Ziel.

Wenn ich früher als CDU-Kandidat von einer bestimmten Berufsgruppe zehntausend D-Mark als Wahlkampfspende erhalten hatte, hatte ich mir ihre Anliegen später zumindest angeschaut. Und ich hatte sie, wenn sie berechtigt waren, instinktiv mit einer gewissen Sympathie begleitet. Ich sage das ganz offen. Dankbarkeit ist keine negative menschliche Eigenschaft. Aber sie sollte nicht durch Geldspenden an Parteien erkauft werden können.

Selbst für die durch Staatsgelder reich gewordenen Altparteien wäre das eine gute Sache gewesen. Sie wären alle freier und unabhängiger geworden. Freier von Lobbyisten, freier von Wirtschaftsverbänden, freier von den reichen Familien ihrer jeweiligen Wahlkreise. Eine erhöhte staatliche Parteienfinanzierung hätte außerdem die wegfallenden Privatspenden sehr schnell ausgeglichen.

Ich habe daher für unseren Vorschlag von vielen Seiten kräftigen Beifall bekommen. Aber die Tatsache, dass ich das Spendenwesen in der Politik moralisch hinterfragte, führte leider auch dazu, dass vor allem wir keine Spenden bekamen. Für Plakataktionen, für welche die großen Parteien in der Regel zweistellige Millionenbeträge ausgeben, hatten wir daher keinen Cent. Taktisch gesehen war mein Vorschlag, private Spenden über fünftausend Euro zu verbieten, ein spektakuläres Eigentor. Warum hatte ich diesen im Kern richtigen Vorschlag nicht erst nach der Wahl gemacht? Und durchgesetzt, dass sich nicht nur unsere Partei daran hielt.

Was tun? Ich beschloss, der Partei ein Darlehen von drei Millionen Euro zur Verfügung zu stellen. Für Plakataktionen in Corona-Zeiten. Das war zwar nur ein Bruchteil dessen, was den traditionellen Parteien zur Verfügung stand. Aber so würden wenigstens einige Menschen erfahren, dass es uns gab. Da ich den größten Teil meines Vermögens bereits für Menschen in Not gespendet hatte, war das auch für mich eine schwierige Entscheidung. Aber immerhin wurde ich dadurch zu einem der wenigen Politiker, die mit ihren Ideen kein Geld verdienten, sondern die in ihre Ideen hart erarbeitetes eigenes Geld investierten. Statt meine Taschen zu füllen, leerte ich sie.

Für unsere Plakate hatten wir gute Ideen. Und gute Slogans. »Renten statt Raketen«, »Respekt statt Rassismus« oder auch »Grüner Wasserstoff statt E-Autos«. Wir konnten uns leider viel zu wenig Plakate leisten. Die großen Parteien hatten einfach zehnmal mehr Geld als wir. Aber auch das wussten wir vorher.

### *Begeisterung auf den Straßen*

In den Sommermonaten nahm unser Wahlkampf trotz allem richtig Fahrt auf. Vor allem im Straßenwahlkampf in den großen Städten. Schade war nur, dass wegen Corona viel weniger Menschen unterwegs waren als früher. Begleitet wurde ich meist von zwei Parteifreunden, die wie wandelnde Litfaßsäulen an Bauch und Rücken je ein Plakat mit unseren besten Wahlslogans trugen. So zogen wir stundenlang durch die Fußgängerzonen unserer Großstädte und sprachen fröhlich und freundlich Passanten an. Endlich entstand so etwas wie Begeisterung. Viele Menschen, die wir ansprachen, freuten sich, dass sie mich persönlich kennenlernten. Trotz Corona-Sicherheitsabstand von anderthalb Metern.

In meinen fünf erfolgreichen Wahlkämpfen für die CDU hatte ich noch nie eine solche Begeisterung erlebt. Sie trug uns durch den ganzen Sommer. Wir erreichten Tausende von Menschen. Das war zwar wenig im Vergleich zu den Politikern, die abends gut ausgeruht im Fernsehen Millionen Menschen erreichten, aber vielleicht sprach sich die Begeisterung, die wir erlebten, ja herum. Wir hatten einen guten Lauf.

Doch im September, kurz vor der Wahl, kippte die Stimmung. Immer häufiger kamen sogar Fans unserer Partei zu mir und sagten mit trauriger Miene, sie seien fest entschlossen gewesen, unsere Partei zu wählen. Doch jetzt fürchteten sie, wir könnten an der Fünfprozentklausel scheitern. Da inzwischen an der Spitze ein Kopf-an-Kopf-Rennen zwischen einer linken und einer konservativen Koalition stattfinde, könnten sie es nicht verantworten, ihre Stimme an Parteien zu verschenken, die möglicherweise an der Fünfprozenthürde scheiterten.

Die Welle »Verschenk deine Stimme nicht!« wurde immer stärker. Auch meine Hinweise, dass wir nach großen repräsentativen Umfragen von INSA ein Potential von acht bis zwölf Prozent hätten, nutzten nichts. Wir kämpften gegen einen Tsunami. Und abends im Fernsehen, wo sich die Altparteien trafen, waren wir ja für potentielle Wähler nie zu sehen.

Vielleicht gab's uns ja gar nicht mehr? Vielleicht stimmte der Fake-News-Leitartikel auf der Seite eins meiner Lieblingszeitung *FAZ* vom 14. Juli 2021, in dem gleich am Anfang stand, unsere Partei sei vom Bundeswahlleiter nicht zur Wahl zugelassen worden. Eine absurde und schlimme Falschmeldung.

Der nicht ganz unbekannte Produzent dieser Falschmeldung hatte nicht den Mumm, seine Fake News an gleicher Stelle, auf der Seite eins der *FAZ,* zu korrigieren. So wie es ein Journalist mit echtem journalistischem Ethos gemacht hätte. Nur zu den berüchtigten Mini-Korrekturen auf Seite vier, die kaum gelesen werden, konnte er sich durchringen. Er hat sich nie bei mir entschuldigt. Weder mündlich noch schriftlich. Monatelang wurden wir von potentiellen Wählern auf diese Falschmeldung der *FAZ* angesprochen. Es ist schwer, gegen eine derartige Falschmeldung auf der Seite eins der *FAZ* Wahlkampf zu führen. Der verantwortliche Redakteur zog uns einfach den Teppich unter den Füßen weg. Er hat uns viele Stimmen und viel Geld gekostet.

### *Der Wahlabend in Kabul*

Wie im ersten Kapitel geschildert, hatte ich wegen der Machtübernahme der Taliban eine Woche vor der Bundestagswahl den Wahlkampf abgebrochen, um mich um die Kinder unseres Waisenhauses in Kabul zu kümmern. Und später auch, um eine elfköpfige Familie afghanischer »Ortskräfte« vor dem IS zu retten. Ich hatte das alles mit meinen Parteifreunden besprochen. Sie hatten meine Entscheidung mitgetragen, obwohl die letzte Wahlkampfwoche bekanntlich die wichtigste ist. Ich wurde so zum einzigen deutschen Parteivorsitzenden, der den Abend einer Bundestagswahl in einem Krisenland wie Afghanistan verbrachte, das die deutsche Bundeswehr gerade panikartig verlassen hatte. Wie absurd das war, war mir natürlich klar. Aber durfte ich anders handeln?

In der Lobby meines Hotels in Kabul ließ ich mich über Zoom zur Wahlparty meiner Partei schalten. Das Wahlergebnis war eine Klatsche, wie ich sie in meinem ganzen Leben noch nie bekommen hatte: 0,5 Prozent. Wo waren all die Menschen geblieben, die uns gefeiert hatten, die uns zugerufen hatten: »Endlich!«? Dass auch keine der anderen jungen Parteien die Fünfprozenthürde geschafft hatte, war für mich kein Trost. Gerade einmal zweihundertsiebzehntausend Menschen waren bereit gewesen, ihre Stimme an unsere Partei, unser humanistisches Manifest zu »verschenken«.

### *Warum ich letztlich der Hauptschuldige an dieser Niederlage war*

Wegen der Zeitverschiebung von dreieinhalb Stunden zwischen Afghanistan und Deutschland saß ich inzwischen völlig allein in der Lobby meines Hotels. Die Bilder der Wahlstudios in Berlin verschwammen vor meinen Augen. Ich ging auf mein Zimmer. Als ich irgendwann nachts, immer noch voll angezogen, aufwachte, versuchte ich, Parteifreunde in Deutschland anzurufen, um sie zu fragen, ob das alles nicht doch ein Irrtum, ein Rechenfehler sei. Aber es war kein Rechenfehler. Wir, ich hatten schlicht krachend verloren.

Die Medienblockade war daran nicht schuld. Man darf Medien nicht so hart angreifen wie ich und sich dann wundern, dass manche zurückschlagen. Auch der Fake-News-Produzent der großen *FAZ* war nicht schuld. Charakter und Anstand sind Glücksache. Es gibt bei den meisten Medien großartige Charaktere. Gerade bei der FAZ, auch wenn sie in manchen Punkten andere Ansichten vertritt als ich.

Und dass der »Zentralrat der Juden« eine letztlich von Netanjahu gesteuerte Lobbygruppe ist, hätte ich auch wissen können. Ich hätte viel früher das Gespräch mit ihm suchen müssen. Auch mit Lobbyisten kann man reden. Was die deutschen Juden betrifft, werde ich ohnehin nie wanken. Die deutschen Juden – oder besser ausgedrückt die »jüdischen Deutschen« – sind aus tausend Gründen ein wichtiger und wertvoller Teil der deutschen Gesellschaft. Ich werde mich immer für ihre Rechte einsetzen.

Nein, das alles war nicht der Grund meines Scheiterns. *Ich* hatte etwas falsch gemacht. Ich hätte in den letzten Wochen des Wahlkampfs, als der Tsunami der angeblich »verschenkten Stimmen« unsere kleine Partei unter Wasser drückte, mit großen Zeitungsanzeigen und Plakaten darauf hinweisen müssen, dass wir nach repräsentativen Meinungsumfragen weit über zehn Prozent erreichen konnten. Stattdessen war ich in Afghanistan, um mich um die Kinder unseres Waisenhauses zu kümmern und um die elfköpfige Familie einer afghanischen »Ortskraft« zu retten. Das war zwar wichtig und richtig. Aber niemand hatte mich daran gehindert, mich auch um unsere Partei zu kümmern und etwas Durchschlagendes gegen die wirklich nicht neue Kampagne bezüglich »verschenkter Stimmen« zu unternehmen. Oder es wenigstens zu versuchen.

### *Was ich daraus lernte*

War das das Ende unserer neuen Partei? Nein, nur der erste Anlauf war gescheitert. An unseren Zielen hatte sich nichts geändert. Ich war noch immer der Meinung, dass es während unseres kurzen Aufenthalts auf unserem Planeten Erde die gemeinsame Pflicht aller Menschen ist mitzuhelfen, eine bessere Welt zu schaffen. Ohne Kriege, ohne Rassismus und unter Beachtung der Werte unserer Zivilisation: Freiheit, Gleichheit, Brüderlichkeit und Nächstenliebe. Und dass wir andere stets so behandeln sollten, wie wir selbst behandelt werden wollen.

Deshalb hat unsere kleine Partei auch bei der überraschend vorgezogenen Bundestagswahl 2025 erneut kandidiert. Ich schreibe diese Zeilen Anfang Dezember 2024, zweieinhalb Monate vor der Bundestagswahl 2025. Ich wusste, dass wir diesmal völlig chancenlos waren, die Fünfprozenthürde zu überwinden. Wir konnten nicht einmal in allen Bundesländern antreten. Weil die bürokratischen Hürden für kleine Parteien trotz drastisch verkürzter Wahlkampfzeit unverändert hoch waren. War das die vom Grundgesetz geforderte Chancengleichheit aller Parteien?

Nur in drei Bundesländern hatten wir die Möglichkeit, an Weihnachten bei Schnee und Eis die erforderlichen vielen tausend Unterschiften zu sammeln. Ich trat im Problembezirk Berlin-Neukölln sogar als Direktkandidat an. Das hieß letztlich Umziehen nach Neukölln. Ich war ja »erst« vierundachtzig Jahre alt. Konrad Adenauer war bereits fünfundachtzig, als er zum letzten Mal als Kanzlerkandidat antrat – und gewann.

Wir konnten dieses Mal nicht gewinnen. Aber wir wollten Flagge zeigen. Für Frieden, gegen Rassismus. Für unsere Ideale. Dafür muss man auch in schwierigen Zeiten eintreten. Und bereit sein, krachende Niederlagen einzustecken. Mein Vorbild Gandhi war auch jahrelang ausgelacht worden. Irgendwann wird unsere Zeit kommen. Genauer gesagt: die Zeit unserer Ideen. Vielleicht durch Jüngere, die aus meinen Erfahrungen und Erkenntnissen etwas gelernt haben. Durch einen neuen Politikertyp, dem das Schicksal unseres Landes und unserer Welt wichtiger ist als seine Karriere. Der die Werte unser Zivilisation vorlebt.

# Gedanken über den Tod

»Wer Angst hat, stirbt jeden Tag. Wer keine Angst hat, stirbt nur einmal«, hat Paolo Borsellino, ein italienischer Richter, einmal gesagt. Furchtlos und offen nahm er den Kampf gegen die Mafia auf. Er wurde ermordet. Und trotzdem hatte er recht. Warum Angst haben vor einem Ereignis, dem noch nie ein Mensch entkommen ist? Das zu unserem Leben genauso dazugehört wie die Geburt? Wir kommen allein und gehen allein.

Ich habe mich früh mit der Begrenztheit allen Lebens auseinandergesetzt. Angst gemacht hat sie mir nie. Für mich war das Leben immer ein Geschenk mit begrenzter Laufzeit. Dass ich auch gefährlichste Situationen überlebte, nahm ich dankbar hin. Manchmal dachte ich, der Tod will mich nicht. Manchmal aber dachte ich auch, vielleicht habe ich eine Aufgabe, die noch nicht erledigt ist.

Ob man meinen Mangel an Angst Mut nennen darf, bezweifle ich. Wahrscheinlich fehlt mir nur jenes Angst-Gen, das bei anderen Menschen zumindest bei tödlichen Gefahren unüberhörbar Alarm schlägt. Nur nachträglich hatte ich manchmal ein mulmiges Gefühl. Etwa als ich erfuhr, dass die Führung der deutschen Terrororganisation RAF während meiner Zeit als Tübinger Abgeordneter in Tübingen wohnte und mich monatelang aus der Nähe beobachtete.

Irgendwann werde natürlich auch ich den Weg alles Irdischen gehen. Es wird das letzte große Abenteuer meines Lebens sein. Der Beginn einer neuen Reise? Auf dem Münchner Waldfriedhof habe ich ein kleines Stück Erde erworben, auf dem einst meine ganze Familie ruhen wird. Ich finde es schön, zu wissen, wo ich die nächsten Jahrhunderte verbringen werde. Auch einen

Grabstein habe ich besorgt. Einen imposanten Felsbrocken aus den Bergen Suldens.

Die Erkenntnis, dass nichts unsterblich ist, hat meine Einstellung zum Tod geprägt. Selbst unser Planet Erde ist nicht unsterblich. Irgendwann wird ihn die Sonne verschlingen. Bevor sie selbst zu einem Weißen Zwerg von der Größe der Erde wird. Auch dieser Weiße Zwerg wird nicht ewig leben. Wie unser gesamtes Universum wird er irgendwann vergehen. Aus der Endlichkeit unseres Universums und unseres Lebens habe ich eine einfache Konsequenz gezogen: Lebe jeden Tag wie ein ganzes Leben! Das habe ich bis heute getan. Ich versuchte dabei, meinen drei Schwüren treu zu bleiben:

- Jeden Menschen so zu behandeln, wie ich selbst behandelt werden möchte.
- Kriegen ihre Charaktermaske herunterzureißen.
- Jeder Form von Rassismus kompromisslos entgegenzutreten.

Der Preis war oft Einsamkeit. Wenn keiner mir folgte, ging ich allein.

# Personenregister


**A**

Abdul 20, 156–159, 212, 214, 233
Abed, Mohammed 316
Achromejew, Sergei 155
Afsari, Abdolvahid 407, 409 f.
Ahmadinedschad, Mahmud 389–393, 395
al-Assad, Baschar 261, 269–273, 277–283, 285–296, 298 f., 301, 340, 355
Alawwad, Awwad S. 382
al-Baghdadi, Abu Bakr 342
Albrecht, Ernst 145 ff., 161, 164
al-Gaddafi, Muammar 261–264, 267 f., 270, 282, 284
al-Gaddafi, Mutassim 261, 267, 270
al-Hariri, Rafiq 380
Ali, Ben 258
Ali, Muhammad 132 f.
Allende, Salvador 113 ff., 117 ff.
Al-Mojaddedi, Sibghatullah 155, 181
Altmaier, Peter 439
Amini, Mahsa 400 f.
Amiri, Natalie 402, 409
Amro, Issa 335
Arafat, Jassir 306
Assange, Julian 294 f.
Augstein, Jakob 314
Aylwin, Patricio 114 f., 117
Aziz, Tariq 226

**B**

Baerbock, Annalena 225, 403
Bahr, Egon 87
Barak, Ehud 288
Barre, Siad 128 ff.
Barzel, Rainer 85, 87, 94 f.
Baum, Gerhart 359
Baumhauer, Albert 123
Bednarz, Dieter 391 f.
Ben-Gurion, David 339
Berlusconi, Silvio 263
Biden, Joe 48, 331
Binkert, Hermann 26
Bin Laden, Osama 211, 213, 216, 222, 264, 393, 396
Bin Salman, Mohammed 369, 380, 382 f.
Blair, Dennis 396 f.
Blinken, Antony 331
Blitzer, Wolf 352
Blumenthal, Richard 435
Blüm, Norbert 90, 314

Bogner, Willy 100f.
Boidevaix, Serge 185
Bolls, Gerd 203f.
Bolls, Hannah 204
Borsellino, Paolo 451
Bottelli, Marco 316
Brandt, Willy 83, 87, 94, 99f., 110, 184, 186, 188, 292, 427f., 433, 437
Breschnew, Leonid 155
Bukhati, Mohamed 373f.
Burda, Aenne 170
Burda, Franz 170
Burda, Hubert 100f., 170f., 173–176, 178, 182, 201f., 214, 233, 255
Bush, George 331
Bush, George W. 211ff., 225ff., 229, 236, 254
Byrd, Robert 229

C

Caetano, Marcelo 107, 109
Castro, Fidel 113, 130f.
Castro, Ramón 130f.
Chamenei, Ali 385f., 393ff., 398f., 402, 407
Chance 20, 415–419
Chatami, Mohammad 399
Churchill, Winston 284
Clark, Wesley 212f.
Clinton, Hillary 263, 294
Cook, Tim 418

D

Däubler-Gmelin, Herta 160
Denisow, Alexei 430
Dermer, Ron 308
Diaz Armijo, Gladys 118
Diehl, Günter 127
Dregger, Alfred 164, 169
Dschawadi-Amoli, Abdollah 393
Dschihadi John 344, 348ff., 360

E

Eitam, Effi 315
Eppler, Erhard 102f.
Erhard, Ludwig 85

F

Faisal, König von Saudi-Arabien 110f., 381
Faisal, Prinz Turki ibn 381ff.
Feldmeyer, Karl 184, 188
Fischer, Joschka 213
Floyd, George 401, 409
Flynn, Michael 294
Frei, Eduardo 114f., 117
Friedrich der Große, König von Preußen 116

G

Gabriel, Sigmar 380
Gandhi, Indira 127f.
Gandhi, Mahatma 13, 91, 107, 319ff.

Gates, Robert 396
Gaulle, Charles de 67
Gauweiler, Peter 140
Geißler, Heiner 90, 185
Genscher, Hans-Dietrich 125, 163, 188, 434, 436
Gerster, Johannes 136
Geyr, Géza von 219 f.
Ghairat, Mohammad Ashraf 40
Gingrich, Newt 230
Glotz, Peter 189
Glucksmann, André 107
Gorbatschow, Michail 169, 172, 186 f., 428, 434 ff.
Grossman, David 312

**H**

Hadi, Abed Rabbo Mansur 368
Hanny, Paul 197, 199, 439
Haqqani, Anas 40 f.
Haqqani, Sirajuddin 40
Harris, Arthur 48
Haule, Eva 177
Heck, Bruno 85–88, 102 f., 173
Herberger, Sepp 105
Herzl, Theodor 310
Heusgen, Christoph 291 f.
Hitler, Adolf 231 f., 236, 283, 340, 429
Hlaing, Min Aung 363
Hoeneß, Uli 223
Hoffacker, Paul 123
Hoffmann, Christiane 391
Honecker, Erich 189
Hussein, Saddam 226 ff., 230, 284, 331, 390
Huyn, Hans Graf 167

**I**

Ishchenko, Dmitro 423 f.

**J**

Jackson, Michael 199 f.
Jenninger, Philipp 145
Johannes Paul II., Papst 227
Johnson, Boris 424
Jünger, Ernst 284
Junis 63 ff., 68
Jünschke, Klaus 91 f.

**K**

Kant, Immanuel 16 f., 21
Karimi, Ali 404 ff., 408
Karsai, Hamid 41, 213, 222
Kennedy, Edward 210
Kennedy, John F. 210
Kerry, John 279, 294 f.
Khama, Seretse 120
Khashoggi, Jamal 382
Khomeini, Ruhollah 386, 389 f., 398
Kierkegaard, Søren 19
Kiesinger, Kurt Georg 83, 85 ff.
Kissinger, Henry 230
Klein, Georg 217 f.
Knobloch, Charlotte 311 ff., 441
Kohl, Helmut 87–90, 102 f.,

135–143, 145–148, 161–164, 171 ff., 177, 179, 184–187, 189, 427, 433, 436 ff.
Köster, Gottfried 146 f.
Krabbe, Günter 128 f.
Krause, Johannes 18
Krenz, Egon 186, 436
Kronzucker, Dieter 130
Kyi, Aung San Suu 363

**L**

Lambsdorff, Otto Graf 145
Lang, Jack 188
Latif, Abdul 262, 264 ff., 270, 284
Lauterbach, Karl 19
Laval, Françoise 141–144, 161, 241
Leeb, Julia 259, 266, 273, 275, 305
Leinemann, Jürgen 142
Leopold II., König von Belgien 412 f.
Leyen, Ursula von der 219 f., 439
Lincoln, Abraham 295
Lindbergh, Charles 70
Lorenzo, Giovanni di 24
Loth, Abu 343, 347 ff., 360

**M**

Maliro, Hortense Kavuo 418 f.
Mallaby, Christopher 185
Marwa 223 ff., 229
Massu, Jacques 57, 59
Matthöfer, Hans 117, 126
McConnell, Mitch 435
McNamara, Robert 167
Medwedew, Andrey 430
Merkel, Angela 204 f., 219, 232, 280, 290–293, 301, 355, 396, 437 ff.
Merz, Friedrich 213, 218
Messner, Reinhold 199, 439
Mildenberger, Karl 133
Mitterrand, François 186
Mogadeddi, Belal 262
Montaseri, Mohammed Dschafar 407
Mossadegh, Mohammad 386, 398
Mubarak, Hosni 259–262, 303
Mugabe, Robert 121 f.
Murphy, Phil 287, 289
Musk, Elon 418
Muttaqi, Amir Khan 35 ff.

**N**

Neitzel, Sönke 221
Netanjahu, Benjamin 308–311, 313, 315, 326 f., 329, 331, 333 f., 336, 399
Nitsche, Eckhard 120, 124 f.
Nouraldin, Ali 364 f., 371–374, 377, 379

**O**

Obama, Barack 280, 287, 289, 296, 300 f., 345, 360, 386, 394, 396 f.

Offergeld, Rainer 145
Olmert, Ehud 329
Omar, Mullah 211
Osang, Alexander 343

**P**
Pahlavi, Reza 398 f.
Perle, Richard 165, 230
Pfeifer, Anton 141 ff.
Pieroth, Elmar 90
Pinochet, Augusto 113–118, 270
Pleitgen, Frederik 298, 352
Ponte, Carla Del 285
Popov, Evgeny 430
Priester, Nina 364 f., 367
Primor, Avi 288 f., 311
Pruys, Karl Hugo 185
Putin, Wladimir 48, 225, 301, 421, 424 f.

**Q**
Qatada, Abu 343, 345–349, 351, 360

**R**
Rahman, Feda 37
Reagan, Ronald 169, 172
Regenhardt, Josef 120, 124
Reinstadler, Mara 197 f.
Reinstadler, Olaf 198 f.
Reinstadler, Toni 197 f.
Rezai, Mohsen 402, 407, 410
Rice, Condoleezza 287
Riedl, Erich 103
Rocker, Stefan 281, 283
Rohani, Hassan 394, 399

**S**
Saldostanow, Alexander Sergejewitsch 425
Saleh, Ali Abdullah 375
Samjatin, Leonid 155
Sarif, Mohammed Dschawad 382
Sarkozy, Nicolas 262, 279, 294
Sartre, Jean-Paul 60 f., 235
Scharon, Ariel 330
Schäuble, Wolfgang 17, 290 f., 396, 439, 444
Scheel, Walter 83
Schewardnadse, Eduard 434
Schirazi, Naser Makarem 393
Schlei, Marie 120, 123, 125
Schlesinger, James 230
Schleyer, Hanns Martin 91
Schmidt, Helmut 117, 125, 138 f., 145, 161, 163 ff., 167, 184, 427 f., 433, 437
Schocken, Amos 326
Scholl-Latour, Peter 124, 276
Scholz, Olaf 48, 329
Schoner, Herbert 91 f.
Schröder, Gerhard 226, 228, 284, 437, 439
Schulze-Vorberg, Max 184
Schulze-Vorberg, Richard 151 ff., 184

Selenskyi, Wolodymyr 424
Simson, Werner von 88, 90
Sodano, Angelo 227
Söder, Markus 26
Soleimani, Qasem 353
Sotudeh, Nasrin 402 ff., 406–411
Spanta, Azizi 35, 37, 40, 45, 238
Späth, Lothar 140 f., 188
Spoghmai 216 f.
Sponeck, Hans-Christof Graf von 226, 228, 284
Stalin, Josef 283, 340, 427
Steiner, Julius 95
Stephens, Bret 435
Stoiber, Edmund 389
Strack, Wolfgang 92
Strauß, Franz Josef 112, 140, 147 f., 151, 161 f., 164, 189, 192
Struck, Peter 214
Suleiman, Pater 300 f.

T

Teltschik, Horst 187
Thatcher, Margaret 186
Todenhöfer, Edith 46 f., 49 ff., 77
Todenhöfer, Frédéric 38, 176 f., 200, 204, 214 f., 227 f., 230, 282, 291, 297–300, 307, 309, 312, 316 f., 332, 334 f., 340–344, 348, 351–357, 403 ff., 411, 425
Todenhöfer, Inge 76
Todenhöfer, Joachim 15 f., 76–79, 243
Todenhöfer, Nathalie 195 f., 200, 227 f., 241 ff., 245, 286, 325, 351
Todenhöfer, Valérie 17, 39, 175, 199 f., 209 f., 215, 244–247, 412 ff., 418 f.
Todenhöfer, Werner 50–55, 75, 77 ff., 83, 89, 201, 215, 257
Trump, Donald 294, 386, 398
Turpeinen, Pennti 200

V

Velayati, Ali Akbar 402, 407
Vogel, Bernhard 137 f., 142
Vogel, Pierre 359
Vorster, Balthazar Johannes 106

W

Wagenknecht, Sahra 186
Wagner, Leo 95
Wajed, Abdul 31–40, 44 f.
Wajed, Amanullah 31–34, 37
Walter, Fritz 105
Weber, Juliane 90
Weidel, Alice 18
Weidenfeld, Lord George 228, 233, 255
Weinberger, Caspar 165, 168 f., 172 f.
Weingärtner, Dieter 354
Weizsäcker, Richard von 90

Welzer, Harald 221
Westerwelle, Guido 279
Will, Anne 26
Windelen, Heinrich 88
Winkler, Hans Günter 71
Wolfowitz, Paul 213, 230
Wörner, Manfred 167 ff., 177
Wowa 422 f.

**Y**

Yamani, Ahmed Zaki 111
Yussuf 264, 266 f.

**Z**

Zedong, Mao 133, 340
Zia-ul-Haq, Muhammad 156
Zipora 20, 415–419

# Bildnachweis

**Bildteil I**
Deutscher Bundestag: 15 (Presse-Service Steponaitis)
JL: 22
Privatsammlung Jürgen Todenhöfer: 1–14, 16–21, 23–28 (N.N.)

**Bildteil II**
Ali Noureldine: 50
JL: 38, 39, 41, 43
privat: 44
Privatsammlung Jürgen Todenhöfer: 29–37, 40, 42, 51–53 (N.N.), 45–47, 54 (Frédéric Todenhöfer), 48, 49 (Nina Priester)

Es konnten nicht alle Inhaber der Rechte an den abgedruckten Fotografien ermittelt werden. Sollten in Einzelfällen Ansprüche bestehen, so bitten wir um Nachsicht und gegebenenfalls Mitteilung an den Verlag.